遂昌文獻集成

胡剛　李鋒　主編

中共遂昌縣委宣傳部　遂昌縣社會科學界聯合會　整理

康熙遂昌縣志

〔清〕繆之弼　程定　著

李巖　點校

西泠印社出版社

圖書在版編目（CIP）數據

康熙遂昌縣志 / (清) 繆之弼, (清) 程定著 ; 胡剛, 李鋒主編 ; 李巖點校. -- 杭州 : 西泠印社出版社, 2023.12
（遂昌文獻集成）
ISBN 978-7-5508-4411-7

Ⅰ. ①康… Ⅱ. ①繆… ②程… ③胡… ④李… ⑤李… Ⅲ. ①遂昌縣—地方志—清代 Ⅳ. ①K295.54

中國國家版本館CIP數據核字(2024)第000976號

康熙遂昌縣志

胡　剛　李　鋒　主編
〔清〕繆之弼　程　定　著　李　巖　點校

出版發行　西泠印社出版社
（杭州市西湖文化廣場 32 號 5 樓　郵編：310014）
責任編輯　儲岱越
責任校對　應俏婷
責任出版　馮斌強
照　　排　杭州立飛圖文製作有限公司
印　　刷　浙江海虹彩色印務有限公司
開　　本　710mm × 1000mm　1/16
印　　張　31.5
字　　數　377 千字
版　　次　2023 年 12 月第 1 版
印　　次　2023 年 12 月第 1 次印刷
書　　號　ISBN　978-7-5508-4411-7
定　　價　530.00 圓

《遂昌文獻集成》編纂委員會

總序

毛建國

遂昌歷史悠久，文化積澱深厚。四千多年前，遂昌先民在這裏繁衍生息，創建了『東方文明曙光』——好川文化；自東漢建安二十三年（二一八）建縣至今，已有一千八百年歷史。

在漫長的歷史長河中，遂昌人才輩出，著述豐厚。據記載，清代以前遂昌縣考録進士七十餘名，有古籍二百八十餘部。宋代龔原哲學著作《周易新講義》和尹起莘歷史名著《資治通鑑綱目發明》，名垂千古；宋代王鎡《月洞詩集》、元代鄭元祐《僑吴集》《遂昌雜録》及尹廷高《玉井樵唱》被收入《四庫全書》；明代王養端、括蒼詩派後起之秀黃中及朱應鍾的詩作，應櫝律法專著《大明律釋義》，戲曲家湯顯祖遂昌任上寫成的《牡丹亭》，萬古流芳；清代毛桓書畫、王夢篆《窺園詩鈔》、吴世涵《又其次齋詩集》，清新脱俗……這些鴻篇巨製，傳承遂昌千古文脉。但由於年代久遠，水火摧殘，典藏古籍老化破損嚴重，且零散各地，搶救、保護和傳承這些珍貴的文化資源迫在眉睫。

『睹喬木而思故家，考文獻而愛舊邦。』這些珍貴的古籍文獻作爲遂昌的文脉所承、斯文所繫，是遂昌最寶貴的精神財富，是遂昌尋找自身歷史淵源，釐清自身發展脉絡，更好地走向未來的根和魂。現在，遂昌縣整合各方力量，邀請縣内外專家學者，分三年實施，將系統地整理、收集遂昌自宋至清十餘位先賢二十餘部典籍和四部縣志等，點校後編纂成《遂昌文獻集成》。

整理編纂《遂昌文獻集成》，在遂昌歷史上尚屬首次，工程浩大，意義深遠。《遂昌文獻集成》是遂昌歷史文化典籍的集成，具有濃鬱的地方特色，文獻價值大，對地方學術文化研究裨益甚多。同時，《遂昌文獻集成》具有獨特的城市形象宣傳價值，將這些長期束之高閣的文獻展露真容，普惠大衆，爲遂昌歷史文化的傳播與弘揚提供有效途徑，也增強海内外研究者對遂昌歷史文化的關注和興趣，可以有效提升遂昌的形象與文化影響力，并激發全縣人民熱愛家鄉、建設美麗幸福家園的自信心和自豪感。

適逢二〇一八年建縣一千八百年之際，開展《遂昌文獻集成》整理，亦爲慶祝建縣獻上一份厚禮。是爲序。

二〇一八年五月

點校説明

遂昌縣志，始見於《文淵閣書目·新志類》著録，則當創修於明正統以前。其後嘉靖、隆慶、崇禎、順治，皆有續修。順治後曾三次議修，皆未成議。康熙年間，繆之弼初任遂昌知縣時，『邑之舊乘，曠不續修者六十年』，導致『幾致漫漶無可考』。『繆令不憚況瘁』，『黽勉重新，爰不吝捐貲設館局，訪耆碩之見聞，嚴事迹之宥濫，華不過其實質，復著以文』，始自《輿地》，終於《雜事》，凡十卷，六十有六目，延邑人程定等所輯，定例則繁簡得當。記載了遂昌之形勝、古迹、賦役、田産、户口等，皆悉詳載，『六十年之曠廢可續』，可謂志乘之詳盡者矣。因此，《康熙遂昌縣志》不僅是研究遂昌地方文史的重要資料，而且對於瞭解康熙年間及康熙以前的政治、經濟、社會與文化也具有重要的參考價值。

繆之弼，字勷一，號劻岳，江西撫州崇仁縣人。康熙二十九年舉人，康熙四十八年任遂昌縣知縣，任滿去。乾隆二十六年回任。三十年春，高宗南巡，時年一百七歲，奏對免跪。時人因之爲聯曰：『上有萬年天子，下有百歲小臣。』傳爲曠世盛典。

本點校據南京大學圖書館藏清康熙五十一年（一七一二）刻本影印本，有缺失和模糊不清之處較多。對於本次點校，有以下幾項説明：

一、盡量保持字體原貌，書中异體字，仍舊使用，如『仝』、『縣志』、『愳』等，不用『同』、『志』、『懼』，等等。

二、保留縣圖原貌：對於書中遂昌縣圖，影印原圖，保留原貌。

三、《乾隆遂昌縣志》（清王燈纂修，清乾隆三十年刻本）在很多地方沿用《康熙遂昌縣志》，所以許多在《康熙縣志》中不清楚之處，例如古詩詞、古地名等等，一般不會變化，我們也參考《乾隆遂昌縣志》進行校勘、補充。

四、其他缺佚或模糊不清之處，我們參考《遂昌縣志舊志綜合版》，將不清楚的地方照録下來，例如卷之九的詩和書目部分，只要是原文中出現了詩的題目或者是原文中的一兩句内容，我們以此爲線索，查找比對，相應補充，書量使之完整無缺。因這部分内容較多，所以不在校勘説明中一一説明。

五、確實無法認清與補充的，少者以□表示，成段、成頁的缺失，則歸入校勘説明。

李岩

遂昌縣志序

今天子統一區宇，聲教四訖，海甸徼荒，梯航而至，從古幅員未有如此其廣也。爰詔直省各以志書上之史官，以資修輯。兩浙風土人物由來稱盛，至明季，山海交訌，其爲耆定惠保，殆難言之矣。我國朝定鼎，經綸布濩，其風土人物漸次復古。戊申冬，先忠貞公來撫兹土，四載之中，頗稱況瘁。浙東地多荒蕪，官民交累，不辭險阻，按縣履畝，踏勘得實，具聞于上，蒙恩豁免，浙民至今猶德之。越四十有四年，余濫叨聖恩，督視閩浙，遂昌令繆之弼重修縣志，乞弁其首。余惟文章之大者在史，其次莫如志。蓋以志也者，上考星分，下窮地理，中道人事。星分與地理，往籍可憑也，至於田賦、户口有增損，學校、公署有興廢，城池、關梁、兵防有修補。名宦之遺愛，必彰往以昭來。人物之鍾秀，必借賢以勵愚。官職之爵秩必敘，選舉之芳名必登，賢俊隱逸之著作必載。標孝義，使人敦品行；闡貞節，使人企壺德。詳物産，知土地之宜；紀風俗，知習尚之正。即羽化杯渡，曲藝寸長，皆得以名著，其爲人事，不知凡幾矣。不謂繆令攟摭，編次巨昨細昈，如發櫛綿貫，其殆以太平休暇，鼓吹一代之休明乎！因走筆如其請，其亦曰恩報國恩，獨有文章爾。繆令勉乎哉！

旹康熙五十有一年歲次壬辰一陽月中浣之五日。

總督福浙等處地方軍務兼理糧餉、兵部右侍郎兼都察院右副都御史加一級紀録十三次奉天范時崇題。

遂昌縣志序

我國家車書一統，聲教所被，南朔東西，無遠弗居。幅員之廣，玉帛之盛，駕三代而軼漢唐矣。皇上既詔直省各以郡縣志進館局，備修輯，近復命廷臣輶軒四出，繪薄海内外輿圖，將著爲信史。納八荒於尺幅，置九有於片幀，密勿之思慮深長，宵旰之經營遠大，於以宏億萬年無疆之休，裕千百世有道之祚者也。

兩浙星分斗牛，環山瀕海，據三吴上游，岩壑靈秀，户籍蕃庶，英賢輩出，爲東南一大都會。余於庚寅冬，恭膺特簡，來撫是邦，所轄十有一郡。察其土有肥磽，賦有多寡，民有淳頑，政有繁簡，固未可以槩論。若括蒼，則僻處萬山，深林叢箐，最易藏奸。閭閻耕鑿而外，罔識其他。遂昌一邑，又界在郡之西鄙，崇岡復嶺，詰曲逶迤，鳥道羊腸，尤稱險隘。矧地逼三衢，越僊霞關，即與閩壤犬牙相錯，其間藝麻靛者多非土人，性不易馴，誰曰彈丸黑子而可驟臻上理乎？故子丑間有萑苻奔突之患。聞繆令之弼莅事甫旬日，能躬率鄉勇，運籌捍禦，協力殲平之。年來息事清刑，地方寧謐，其無忝厥職可知矣。

兹繆令修邑志既成，請序於余。按：遂志從順治甲午校仇後，迄於今幾致漫漶無可考。繆令不憚況瘁，黽勉重新，始自《輿地》，終於《雜事》，別爲十卷。每卷之下，復臚列諸條，准今酌古，綱舉目張。覽其辭，約而該、徵而信，是足以傳矣。余因之有感焉：夫作宰之道，必使一邑之山川文物風會變遷，瞭如指掌，洞若觀火，然後施諸政事中，其肯綮迎刃而解。苟不講求有素，胷鮮成竹，則催科何以使之不擾，訟獄何以使之無聞，田疇何以使之盡闢，學校何以使之振興，風俗何以使之敦龐，盜賊何以使之消弭？一切因革損益、興利祛弊之法瞀然無知，其何以异於學制錦哉？今繆令之治遂也，建義學、清租田、新黌宫、備祭器、崇祀典、修橋樑、補荒課，使其民知誦詩讀書，尚禮好義，皆得爲政之要。雖然，繆令毋以此自詡，朝乾夕惕，孜孜以民瘼是求。《志》所稱臨川諸君不難與之頡頏上下，而後此之執筆者且將書其迹以勵後人，彰黼黻於今時，著循良於异代，豈不甚偉！是不徒於蠹蝕之餘揮毫掞藻、侈文字之觀而已也。

旹康熙五十有二年，歲次癸巳前五月端午後五日。

巡撫浙江等處地方提督軍務、兵部右侍郎兼都察院右副都御史加三級王度昭撰。

序

予按舊志載：前明崇禎間，閩寇流入遂之茶園，當事者命官舉兵平之。遂議析遂之石練爲練溪縣，升遂昌爲平昌州，并龍泉隸焉，已而不果。予待罪兹土十有五載，屬邑之情形、風俗，皆稔見聞之。遂固岩邑也，界接閩豫，居多异籍，所業者藝蔴靛采鐵，故多聚徒衆而不能無争鬥。地皆崇山邃谷，尤奸宄之所易匿，防維必嚴，洵宜急講，若如議者之説，一改易州縣間，遂足以盡防維之善歟？向己丑冬，狼豕自衢郡竄入，幸有備，不得肆其毒。事既聞，天使暨撫鎮來勘。予實滋愧，身爲十牧之倡，不能弭此小丑，上廑聖懷，尸素之責，其又奚逭！當是時，繆令莅邑事才旬日，董率鄉勇設策保禦，得以草薙而禽獮之，無所遺漏。既又撫輯其良善，煦濡教誨，一以爲慈母，一以爲嚴師。及今三載，環邑之衆以安以樂，户不假鑰，予之所不逮，惟繆令是賴。政既成，且修舉廢墜。入其境，耳目焕然一新。若邑之舊乘，曠不續修者六十年，爰不吝捐貲設館局，訪耆碩之見聞，嚴事迹之冒濫，華不過其實質，復著以文，自《地輿》迄《雜事》，凡十卷。其中序次攸宜，上足以揚國家之太平休暇，下足以維一方之人心風俗。前徽不泯，後型且昭。復於其剞劂將竣，請序於予。余惟修志之難等於修史，今厥有成績若是，其公與斷，亦約略可睹也。繆令惟勉爲之不已，其於遂也，已安若未安，已治若未治，則災眚無侵，禎祥自發，氣運昌而人文盛，其足以爲後乘光者，不更于繆令是賴歟！予故樂得而爲之序。

旹康熙五十一年壬辰菊月上浣日。

中憲大夫、知處州府事加一級遼海劉起龍霖庵氏撰。

郡守心盤王公遂昌縣志舊序

今年夏秋際，余方憫旱，昕夕虔步以禱。平昌之志告成，又請序於余。余慨然曰：『民生用阜，山川如故。』而所以保釐茲民生，奠麗彼山川者，厥惟艱哉。平昌爲郡之西南陬，余昔之三衢，道經焉。見峰岩秀巀而嵯峨，聽湍流震渫而揚波，輾然曰：『將古人之磊砢而英多者，其在是乎？』又閱試牘，見文風秀拔，時有傑彥以挺角風檐，余益信山川之靈。長□怪其壤地褊小于蒼甌翠鳥，能以奮振若此，今閱《志》始知之。遂四鄉所牙制而衺延者，西與北且百數里。其人之藏修而誇好者，亦往往以邱壑間見奇。出而撫翼雲衢者，又多採芳窮岩，憂然而鳴，鳴則驚人。故文英焕乎振栝郡。其間奇節之善士，霜立之孤鶩，與山川仝不朽者，亦又比比而是。今以閩寇不靖，蹂躪庭户。昔也震隣，今且剥膚。廬舍蕩矣，財賦難問也；衿農流矣，緇黄難奠也；塲圃鞠矣，金碧無輝也。流離不減於監門圖矣。即有英多之人，烏能保雞藜之雋業，以與風檐角哉？此余以民生山川猶昔，而不能無保釐奠麗之嘆也。雖然，士民之望治，猶余今之望雨。適序成，即日天心憫茲下黎，沛然大澍。倘山中寇亦猶茲雨，不崇朝而殲滅殆盡，則謳歌太平，嬉游懷葛，直轉眼事耳。余又於斯《志》三致意焉。

順治甲午。

中憲大夫、知處州府事陽城王崇銘序。

舊遂昌縣志序

余自隆慶丁卯春，以户部尚書郎來守括郡。入其境，見峰巒聳翠，盤鬱嵯峨，民物相與環麗其間，慨然有起敝維風、與民更新之意。既而曆覽圖籍，按十邑之分封，省民俗以制治，廼知封域之寥闊，山岡之攢簇，窮厓遐谷，有人迹鮮能到者。矧遂隸西鄙，寔衣冠人物之區，甲科之後先相望者，與他郡争衡，其山川形勝甲於全省。邇年以來，礦徒出没，莫可底止，若有所恃而然者，使不有以志之，司民牧者，將何以觀風悉隱，而措之裕如之治哉？余用以爲懼，日思與共事者圖之。越明年戊辰，邑令池子浴德持以告，則業已就緒矣。首敘天文、地理、王制，以立三才；繼以人物，終以外志，凡若干卷。因請於余爲之裁訂、評隲而命諸梓，余曰：『善哉，此余之所欲爲者也。夫六典不作，無以考周。圖籍不收，無以知秦。郡邑之志所以不可無也。余素知子潔己愛人，慮周而才通，不期年而庶務效勤，邑志亦緣是以成。批而閲之，於其申施彰理，可以觀政；擴蘊揮聚，可以觀學；持例舉凡，可以觀才；摛精掞華，可以觀文；考規承則，可以觀榘。一志而衆善修焉。子之用志亦殷矣。是志也，而豈徒哉！察三才之并立，則知法理之宜；察土産之滋生，則知耕織之本；察山川之形勝，則知文武之興；察户口之登耗、民風之淳漓、仕籍之煩簡，則樽節愛養鼓舞激勸之意，又若有躍然動者，豈徒志哉！復按圖而觀，若陟檡山峙流，險要舉在目中；而該縣之池郭不完，則又憮然而懼，曰：是可不思患而預防乎？則是志也，余以是益嘉子用志之殷，而能成余之所欲爲者也。遂固古平昌邑，而志則自今日始，豈昔以爲無益而略之耶？抑亦以爲未暇及此而遺之耶？吾知子必深以爲憾矣，此志之所以成矣。雖然，志成矣，顧自六朝宋以迄於今，官師茲邑者，既書其名又書其字，又書其鄉貫、履歷，將使後之人指其名而議之，曰：某也廉，某也貪；某也仁，某也酷；某也正大，某也回邪。是非之公不在董狐之筆，而在直道之人心矣！然則志之成也，將不爲勵世之書乎？』令拜手稽首，曰：『浴德承命矣，敢不勉哉！』請書之端，以爲序。

時隆慶二年秋八月。知處州府事、前南京户部郎中古穎李學禮撰。〔一〕

校注

〔一〕此句原稿僅有『時』字，據《乾隆遂昌縣志》（清王憕纂修，清乾隆三十年刻本，本書以下凡遇到《乾隆遂昌縣志》皆爲該版本）補。

遂昌縣志後舊序

邑有志，猶國有史也。粤自《禹貢》著於唐虞，至成周，疆理萬國。天下之圖，職方掌之；邦國四方之志，小史、外史領之。其經制尤備焉。後世作於朝廷者曰史；于四方者曰志。明興，四方之志蓋爛然矣。法雖與史异，而備物垂軌，足爲勸誡，其大要寔相類，則志在四方，亦史也，庸可忽乎？

遂昌隸括郡爲名邑，故未有志而附於括乘者，歲久多舛遺，觀者病之。丙寅冬，邑大夫池侯明洲初入境，采故問俗，靡得而述，心竊慨焉。不期年，政行化洽，民是翰而士攸式，四境蒸蒸稱治。乃迺欲振一邑之墜典，俾文獻足徵也。於是集師儒，攟摭記傳之説，網羅金石之文，旁搜博采山氓宿老之談，考訂編次，爲《志》若干卷，凡若干萬言，亦殫厥心矣。戊辰夏，余自刑部尚書郎承乏泉南，取道歸省，適遘先君之變，杜門守制，得遹觀厥成焉。蓋首天文，次地理，次王制、人物，而三才之道已著。復附之外志，亦崇正黜邪云爾。且辭不繁而其事備矣，序不淆而其統正矣，文不侈而其體質矣。書其美，則惡者戒；書其得，則失者彰，而勸懲之義昭矣。後之莅兹邑者，按籍酌時，鑿鑿可見行事，上裨于國，下利於民。誠有如郡侯李亨庵公之所云者，是其所關甚大，豈徒紀述彌文已哉？若王仲淹謂陳壽之《書》、范寧之《春秋》無過半者，蓋以遷、固而下，製作紛紛，率競博洽而鮮勸誠，其志寡也。池侯是志其可傳矣。夫余辱侯命，於是僭爲之序。

隆慶二年仲秋之吉。

賜進士出身、中順大夫、知泉州府事、前刑部郎中邑人吴孔性頓首譔。

邑令朝聖徐公修遂昌縣志舊序

遄秋即恭承上臺命，督修邑史，慄慄惶懼，以不克勝爲虞。爰迓賢軓，集紳士，登父老，而權諏之曰：『即勝兹役，與衆分勤，亦與衆分榮焉。闡幽顯微，括芳剔瑜，幸夙夜祗承之，毋怠。』紳士父老咸躍勇唯唯，趨蹡史席，以共襄乃事。凡再易歲，八閲月而始成。成之吉，整席披鉛，展函而讀，僉曰：『《志》較前粲然可觀，亦緯然而理也。』何則？《志》首《山川》，山川則泉石煙霞爲後，而險迤遐邇爲先矣。次《財富》，財富則貨産生殖爲後，而會計庾廩爲先矣。次《人物》，人物則簪纓榮達爲後，而道德節義爲先矣。其前之筮仕兹土而有功於民者，則又誦之；其地理之通會閉開與利弊一方者，則又眉列之。凡夫蠢動之草竊，與用兵之顯績，仙靈之异，吉祥之驗，暑雨祁寒之故，靡不擇其大端，以與我子民相係切者，再四去留之也。僉曰：『都休哉！』余亦曰：『丕成哉，諸賢之烈也！』歎不能不愀然而私慨者：明之末，靛寇即已兹種，延及於今，已十餘載，日夕靡甯。余莅兹土凡三期，介馬而馳，躬閲險阻，以與周旋，櫜鞬不啻數十次。無奈山川之崇沓，與門户之雜處，兵至賊颺，兵歸賊來，一剿一興，實逼他邑。天實爲之，謂之何哉？按兹册而與昔之全盛時較，不知費若何之疴癢與幾何之歲月而始能復故時之觀也。興言及此，余又臆傷而神愴之矣。

順治甲午。知遂昌縣事遼陽徐治國序。

增修遂昌縣志舊序

松川之役未竣，平昌之局繼啟。兩載間，余以小輿犇命往復者凡四五，今秋始告厥成。凡余於途之所經景與目會，墨之所載事與聲通者，以遂類屬之。里數十而遥，其間情俗之謬淳，與山川之轇寂，已迥乎不侔。遂之山較松減其曠遠而峭蒨過之，水較松加其湍急而瀠抱勝之。故簪纓之傑、文學之英、盛名之時，亦累若而較廣之。年來山烽不靖，咸用奠厥生，然與都人士無咎也。天道好旋，羹沸海寓，人歌《黄鳥》之章，家賦《哀鴻》之什，居士室而講絃誦，比比是矣。究也蒸蒸焉、英英焉，鋒雖弢而穎時脱，其揣摩風雅，以潛通四海之聲氣者，自不乏人。大抵遂之俗，君子好義而樂善，有古人風。民愚而畏法，地脊而俗儉。鼎革之後，視昔尤甚，是在礪玉冶金者加以鑄造之功耳。至財富之盈詘，台榭之興衰，則又與時消長，不足以寄幽人之慨。若夫山川層結，霞蔚雲蒸，復何异乎？山陰大有侔於桐渚。余方欲喚夢牛而叩紫，撫翔鶴而淩風，浮家來居亦所願也。矧遂之人都雅綢結，實有兩越上游況味哉！采風者可以得其概矣。

順治甲午七夕，荊溪伊人胡世定題於延秋亭

前邑令卧齋趙公遂昌縣志舊序

古之侯國，皆有掌記之官，以志損益沿革之政。自罷封建，置守令，郡邑遂無專官。然而稗史紀載，如周稱、虞預之郡書，樂資、王韶之編記風土則盛宏、韋璩，都邑則潘岳、陸機，往往溢於金匱石室之藏。要以褒美彰匿，未必因革足徵；採俗詢方，或無經濟可考。方之于史，僅得一體。若夫覽一方之利弊於簡編，揖千古之賢哲於方册，小以資省觀之咨諏，大以宏撫廵之化理，上經天，下緯地，而中之和人，均於志焉繫之。志如是其重且急也，是宜季核歲修，況可曠之數十年久乎？遂志創自明洲池先生，距今八十有餘紀矣。明季先令任宇許君，夙負三長，雅意續修。時朱君玉几、周君介夫兩廣文，慨有同心，據所睹記，編摩集録，以草創而待潤色，會未果。繼而余筮令平昌，因得寓目，耿焉有懷。顧時當鼎革，哀鴻嗷野，狺犬吠澤，千瘡百孔，杜擭窓阱之弗遑，復有志而未逮。歲甲午，余奉璽書往返八閩，適昌令徐君偕紳衿以邑乘序請，始慶是志之今乃有成也，實係郡伯心盤王公以异才刺括蒼，飭蠱釐新，百廢具舉，於萬冗中首重志典，既偕前司李紫垣、張公續修郡乘矣，復檄十邑共舉墜緒，而首應者徐君，敦聘名碩，取兩廣文之草創，而沿拭衺絡之，爲綱十，爲目六十有八，詳而核，信而有徵，上下八十餘年間，氣化之盛衰，政治之隆替，版籍之登耗，士風民氣之淳□，文武陰陽之張弛剥復，與夫苞桑何以鞏，綢繆何以豫，洎弭匡定何以周，疇薙宜拔，嬰宜撫，疇利待殖，蠹待櫛，莫不班班如指上螺於都休哉。雖然，以余所聞，吾昌邑民生至今日凋瘵極矣，遂地南東迫迮，而西北廣袤，邇來西北半壁，竟爲蛇豕盤踞，民游於釜，寇環於疆，空山有燐，逃亡無屋，鄭圖誰繪，周緯誰恤，是在痌瘝民瘼者，按圖披籍，鏡曩軫今，驅鼾榻而解倒懸，生死而肉骨之，庶復睹熙隆之盛乎？雖然，吾又心儀吾昌邑士紳之能食古而生新也。發明綱目，古史也，余昔復睹重刊之役，幸厠名簡端矣。今兹邑乘，新史也，余復樂觀厥成。夫以四郊多壘之際，而舉千秋不朽之典，是豈非運將傾否，邑多賢豪，必有晦庵、堯庵其人者，復起而補浴天日，粉黼休明，以彪炳史册而重光，寧直續兩司馬之紿札已哉。爰忘其不斐，敬泚筆以昭文獻之徵。

順治甲午，監察御史、前遂昌令古瓦趙如瑾序。

邑令任宇許公補遂昌縣志序

平昌，古太末地，其山巉岩而峭削，其水紆迴而漂激。仙真高隱，名卿巨儒，往往項背相望〔二〕非有博雅君子稽文考獻，成一家之言，何以昭示來季？甚矣，志不可以已！丹山草創於前，明洲潤色於後，有成書矣。而歷年既久，建置遂殊，科目之彦，與立言、立德之士，後先接武，倘非删定纂修，無以垂寔録，則補志又不可以已！

予四載令兹土，以戎馬生郊，有志焉未逮而成之者。朱君玉幾、周君介夫兩先生，通古今，明於典故，其言炳耀，如文獻之足征。而且一片熱心，感慨時事，思起敝扶衰，皆將於一志中寄其大意。而疑之者，或以爲志非古也，虞夏所不經見，始於孟堅氏之方域耳。且也門有寇，廷有逋，手口交瘁，日不暇給，安用是可已而不已者！予曰：『唯唯否否。夫志，固豐年玉、凶年穀也。十雨五風，銅鑣無儆，則考古士於焉粉飾而藻繪矣，即多壘如今日乎！然觀於天星分野，禍福可知也。梓慎望雲，而知陳、鄭火，越得歲、吴勝之，史墨謂越必沼吴，天道豈迂哉！疆域形勝，運籌决策者考焉。蕭相國入關收圖籍，得知天下阸塞險要，漢祖因以滅項，得地利耳。高無近旱，下無近水，管大夫所以造邑都也，守逸攻勞，城郭焉依。暵潦災祲，壇壝是禱，建置可無稽耶？弼教成理，於是有官師之記；書升論秀，於是有選舉之詳。而貪墨無繇儆，則揚治行以箴官邪；頑懦無以興，則標人物以風來哲。至蕞爾一同，民疲役重，蘇威譬之張弓；財盡賦繁，劉宴謂如竭澤。當世君子，苟於食貨加之意焉，彫瘵其有瘳乎？乃察災祥，則師尹有省；明禋祀，則鬼神無恫；考藝文，則古獻可徵。又安在網羅今古、摭拾舊聞者之非，以靖四郊、蘇殘弊耶？故曰：兩先生之補志，是不可以已也。觀其補志諸條，如諄諄於學田之飽蠹橐、田賦之宜條鞭。至人物、詩文，俱斷斷不苟收。噫！即此可以知兩先生矣。夫職方撣人，肇於《周禮》；封山命海，始自《禹經》，而土之赤埴青黎，塗泥黄壤，與夫物産之爲瑶琨篠簜，怪石鉛松，《夏貢》一書固輿志之祖矣，豈曰始於孟堅氏？遂今文非古哉？予故樂道之，以復兩先生之請，而并告夫後之雅意救時者。

時壬午年臘日，欽江客吏許啓洪題。

校注

〔一〕往往項背相望，原稿無『相』字，據意補。

邑人翁學淵草創遂昌縣志原序

夫志豈易言哉？邑有志，古列國史也。史官掌記時事，藏之金匱石室者，秘而弗彰，以俟天下後世公論之，定將以考信於志也。是故作志君子，宅心欲公，秉筆欲直，知人欲詳，覈事欲實，學博而才贍，識明而見遠，量宏而器大，有紀必信，弗信弗紀者，斯可以語志矣，斯可以資史矣。學淵未有一於是也，何以與語志焉？特搜前人散佚之書，采今日多士之論，及廣於四方所聞，見之志，去取折衷，續成草稿，雖淺陋弗文，莫之或掩，斷斷乎傳信決疑，不敢鹵莽，殆亦足以備斷案，昭鑑戒。將來任其責者，公是公非，加之删定，或可藉之爲完乘乎？矧舊志漫滅無足考，已不知編志爲誰。成化甲辰，一嘗修入郡志中，又多脱咯，嗣更五十餘年，竟未有續修之者。夫古人重載藉以征永久，若并是而逸之，將軼事弗傳，何所考據以决信從乎？此區區續稿之所以成也，抑慨吾遂嘗有『襆頭壇』之謡，今拓川非囊日周氏、尹氏父子昆弟所産之地耶？樵夫、牧豎以耕以息而已，非惟科目之英，久焉乏之，而欲其申咕畢秀凡民者，亦不可得。地非靈於昔，而人才獨不傑於今，顧學與弗學，有志與無志焉耳。兹稿即續，庶幾環邑父老，暢然令其子弟自奮以植志，時敏以務學，蒸蒸乎凡民日起而後秀，雖有德有造之咏可追也，孰謂志之所系小小哉？孰謂邑之志不有關於國史也哉？録成，因書此以告邦之人，以俟後之博雅者。

先大夫提戎閩楚，簡命皇皇，詩賦詞章，時不暇給，而邑乘則文獻攸關，不容墜地。故於歸假極意搜羅，創爲草稿。俾起而纂修者，考核有資，是其苦心獨運或共許爲邑乘之褒鄂也。兹際邑侯繆大父台特修曠典，不肖濤溢叨志館，莊誦遺文，緬懷先緒。所幸事以人傳，亦人以事傳，而箕裘未紹，堂構無能，夙夜捫心，實堪愧悔，且不肖高、曾祖父片善微長散與譜帙者，亦往往有之，不能附名傳記，實後起不善記述之罪也。反居然右名諸君子，他日地下何以仰對前人乎？始終固辭，不蒙原免，用是不揣鄙陋，仰嚽數言，附梓序後，庶差免不孝之負罪云爾。

嗣孫歲貢生濤謹識。

續修遂昌縣志序

志，猶史也。史，始於黄帝，夏、商分置左右史，《周官》有大史、小史、内史、外史、御史，分掌其事。至列國，俱各有史官。厥後史家擅勝者，無如遷、固。若華嶠，稱曰良史；若吴兢，止稱其『不假借』；若李延壽，止稱其『直筆』。况夫學不足，則取材荒略；才不足，則設辭闒茸；識不足，則持論乖錯。作史之難蓋如此，而志又豈易乎哉？特志與史微有分，史善惡兼舉，志則揚善而隱惡。史是非互見，志則存是以泯非，凡以示勸也。示勸則盡量而予，未免唯其文不唯其情，傳其信兼傳其疑。烏乎可？今夫峰岩聳拔，迅流震濮，輿圖之大概也。秩統坊表，何以遞有變更？官師表率，何以各自奮勵？人才有昔盛今非之感，何以使振興弗替？制賦有裁留增减之殊，何以使公私俱利？德功之報，何以踵舉不廢？戎兵之設，何以更置維新？其在龍韜虎符，功高於保障，循良卓茂，澤溢於寰區。以及砥行立節之概，引商刻羽之才，何以勳猷不讓曩哲，而風徽可立後型？至於蔓草荒煙，頹垣古塚，一經俯仰，感慨係焉。藪蘖叢奸，福善禍淫，一爲傳述，鑒誡以之。凡此者，必博稽往迹，殫著新猷，後先相承，變通會適，文不過情，疑不參信，始足以傳。修志之難，又如此而已云〔一〕。遂志則尤難。遂有志，創於先明浴德池公，越順治甲午，治國徐公修焉，後之計復舉者三，皆中寢。更苦於汜漲，舊志多浸没，而梨棗所載，半飫蟲鼠之腹矣。况我皇上治定功成，德教遐敷，一旦遣使者輶軒四出，搜羅掌故，有司將何以對？故予來莅兹土，芟薙蠹訌外，即揭邑之廢墜者，以次興舉。尤於續修邑乘爲兢兢，而又喜借鑒往行前言，以飭功率物，一切臆見師心，未敢自逞也。於是請於督撫、兩憲，俱許可，乃諏吉開局於署之東園。邑紳士鄭士楨等分類而編摩之，司鐸陳君雲鍾、高君弘緒詳加討論焉，若校訂及潤色，則程子定所珥筆而成者也。其間爲綱者十，爲目者六十有六，繁不盡繁，簡不盡簡，要使觀者知遂之形勝在某山某水也，知遂之古迹在某閣某亭也，知遂之風俗，則曰若者淳，若者漓也；知遂之吏治，則曰某也廉，某也能也；知遂之賦徭，則知土田幾何，户口幾何也；知遂之以科第顯者若而人，以德行著者若而人，以忠孝節義傳者若而人，是又知其人文燦同日星也。庶幾文不過情，疑不叅信，而一邑之紀載具備，六十年之曠廢可續，自一傳再傳，而人心且共知勸歟！若後之從事兹役者，筆擅三長，舉余志所溢美、所闕略者，從而删定之，增訂之，使得無舛謬，以永垂於不朽，又豈非余之所厚望也哉！是爲序。

康熙五十一年壬辰歲吉旦，處州府知遂昌縣知縣記録二次、前誥授徵仕郎、内閣中書舍人，崇仁繆之弼勗岳氏題於内省齋。

校注

〔一〕又如此而已云，『已』原訛作『以』，據句意修改。

重修遂昌縣志紀言

郡邑之有志，猶人身之有五官四體，燦然備具，而脉絡復爲流通於不息也。鐘不肖，長憶髫年伺先君子宦游三山諸勝地，車轍所至，靡不輒取郡邑乘備目前。雖灌莽塵坌中，亦必鉤深致遠以出之而後快。今而知數數於此者，匪他，蓋急所先務也。

括之昌山爲浙中鄒魯地。偶有講學課文之暇，詢及邑乘，諸生有捧而進者，翻閱之，則修自順治甲午年以迄今茲也，其爲年蓋已六十矣。此六十年中，其政績之可傳者，豈無有董饒陽之盡心爲民、林伯玉之勵經造士者乎？其理學之可傳者，豈無有龔深父之經旨粹深、鄭半翁之德行峻潔者乎？且而知常先生之忘筌歸里，青城山人之賦詩上昇，六十年中，文章之種子未絶也。況乃鄧家父子留一劍以散萬金，時氏弟兄抱雙忠而懸孤憤。六十年來，忠義之根芽彌茁也。問甲午以後何無入志者，以不踵修之故。問一曠何以知斯，以有心者無力，有力者無心，因循歲月，視若餼羊之故。余惄焉久之。忽江右繆公奉子命來宰是土，興革甫定，即慨然曰：『乘不再葺，是余之責也夫，是余之責也夫！』爰是卜吉設局外館，邀請同鄉于一程君主其事，近則紳士之博洽者贊之，皆無黨無偏，相與各抒所見，以無負令尹公之必公必慎焉。仍其前而續其後，憑所見以實所聞，不特傳先哲之美，抑且樹後賢之型；不特安已朽之靈，抑且鼓方新之績，邑乘之美觀無有壯麗於此者，而政績、理學、文章、忠義，不一一有以自見也哉？是役也，始於康熙五十一年之六月，告成于本年之九月。此百余日中，食指莫可勝計。其所需之費，皆令尹公之分清俸以給焉者，或者曰令尹繆公重名義任果決，言之必可行也，行之必觀厥成也。將來進登臺省，洊曆樞要，爲國家建久安長治之業，豈僅是學、才、識三長爲足專美一時哉！然葺志，其一斑之可見者也。是爲紀。

康熙五十一年歲次壬辰菊秋處州府遂昌縣儒學教諭古麗陳雲鐘頓首拜撰。

修志序

今上御極之昭陽大淵獻歲，修《一統志》，檄行直隸而下各以省志獻。兩浙奉命祗事，爰集耆英開局棘院，搜輯編摩，矢公矢慎，焕然成書。緒從諸君子後，得窺若府若州若縣之星野、疆域、賦役、官師，與夫節孝、文藝、科名、隱逸之類，不啻親履其地，親歷其事，親接其人，而知志之不可以已矣。無何分鐸平昌，見遂志自順治甲午邑侯治國徐公修訂之後，歷年六十，棗梨蠹蝕，聽其魚魯混淆，豕亥舛錯，罕有起而議修者，或患獨力難成而慮工費莫支也。江右崇仁繆公，文章宗匠，烹鮮岩邑。下車以來，政治懋昭，百廢俱舉，慨然躬任編纂，延同里文學程君互爲衡定，廣擇邑明經諸生之有學行者，相與分考，而總持其大綱。蓋邑之星野、疆域，亘古如斯，他如賦役不無因革，官師不無純雜，節孝之孰難孰易，文藝之孰勝孰負，科名隱逸出處殊途，推而巨細，兼該各從其類，稍有遺憾，即屬傳疑，安在能修耶？兹仍徐氏之舊，詳覈已載未載，斟酌其間，稽典制以合時宜，參輿論以愜人心，彰往知來，洵千秋不朽事業，又何惜工費之繁劇乎！昔劉知幾論作史三長：曰學、曰識、曰才。志猶史也，緒無一長，濫廁斯役，因思志書由縣而州而府而省，彙於一統。當年武陵薦紳先生不及見繆侯之殊猷异績，臚列省志達於朝，爲邦家光耳。乃今遂志既傳，觀風問俗，採訪卓越而不次優擢焉。緒將拭目以俟而豫爲之券。

康熙五十一年歲次壬辰季秋月吉旦，處州府遂昌縣儒學訓導仁和高弘緒魯峙氏拜撰。

校注

〔一〕百廢俱舉，『俱』原訛作『具』，據意思修改。

續修遂昌縣志序

《遂昌縣志》纂修既竣之明日，同事諸君子或把卷展然，或開卷怡然。體極恭，言極遜，舉酒相屬，謂予茲役有微勞，定當之。顏赬背泚，得復爵，致辭以前，曰：士君子與人交，寧以遇不遇异哉？遇則得行其志，有關吏治民風者，尤留心焉。若不遇，則借文章以發其沉鬱，藉楮墨以行其予奪，以俟世或有知者，庶幾相諒云爾。況予獲交繆先生廿有三載，德業交勤勉，間嘗造其廬，獎額充庭，類以科第稱，無所焉。獨觀於大中丞李公諱基和，額以尚義可風，後且召，詞曰：歲甲申，江右歉收，民苦於餞，中翰繆年兄捐廩以濟梓里之困乏者。余嘉其好義行仁，更卜將來之循聲惠政，有造册於斯民多矣，而樂爲『天旌其閭』云云數語者，亦獎亦勸，道盡先生平生矣。洎乎之官，一介往來，坐詢其德業無忝素抱乎？則曰：『遂君子敦詩而說禮，其小人力田而好義，蠢爾者畏武，頑殘者遷善，而缺建廢舉無虛日，夕則於所構新齋内省焉。』予聞之喜，爰束裝，不憚跋涉，疾所治，見其山川果靈秀，都鄙果有章，田野果已治。及登夫子之堂，巍而煥；觀禋祀之宇，壯而麗。明德薦馨，亦云隆矣。足迹徑東西胖南，絃誦不輟。父老告予曰：『賢有司所廣樂育者，其在斯乎？旅接都人士，俱彬彬華國選。讀其所爲文章詩歌，則又嘆化雨之沾濡，而蔚興可拭目待也。』由此觀之，循聲惠政，有造於斯民實多。揆諸李中丞所云抑又何負？既而遂以修乘請，先生即專其責於予。予固習聞江文通所云作志之難，然而繼往開來，莫大於此。予辭其難，又孰爲其難者？豈士君子與人交，與不遇於世者之所爲哉？乃於形勝阨塞，茀核舊迹而侈游觀，無益之詞不載。官署學校，以時新葺者，其巔末□具。賦税視乎土田，一經丈量，例入《賦役全書》，亦縷悉之，以示合轍。他如創義學、建鐘樓、徧橋樑、築堤堰諸造作，則特書年月，備録序記。至於人文關乎氣運，風化至於政治，并不遺纖悉，俾勵志行、立名節者，知所標準，得與君子山之蒼蒼、雙溪水之泱泱竝奠麗於天壤而已。予每掩卷自思，惟思稽之不實，言之無文，使諸君子嗤爲典人交者之不忠若是。若有知我者，庶幾相諒，則又出自望外矣，勞云乎哉！

康熙壬辰歲穐八月穀旦，西江古陽豐程定于一氏撰于平昌官署之澹園。

康熙壬辰歲續修遂昌縣志姓氏

大總裁

總督福、浙等處地方軍務兼理糧餉、右侍郎兼都察院右副都御史加一般紀録十三次　范時崇月校
奉天鑲黃旗人廕生。

巡撫浙江等處地方，提督軍務、兵部右侍郎兼都察院右副都御史　王度昭帶河，山東諸城人壬戌。

提督浙江等處學政、翰林院編修　宋至山言，河南商丘人癸未。

副總裁

浙江等處承宣布政使加三級仍帶紀録十二次　徐欐復雲，奉天廂紅旗人監生。

浙江等處提刑按察使司按察使犯録三次　吕猶龍雨村，奉天正紅旗籍，山西曲沃人貢生。

浙江督理糧儲漕務道參議加六級　胡承□松□，鑲白旗人廕生。

浙江等處提刑按察使司分巡温處道副使録二十九次　毛文銓晉階，奉天鑲白旗人貢監。

處州府知府加一級劉起龍霖庵，奉天鑲白旗人，□生。

處州知府同知録二次　彭銘□江，福建莆田人舉人。

主修

遂昌縣知縣犯録二次　繆之弼勛岳，江西崇仁人舉人。

訂正

遂昌縣儒學教諭陳雲鍾道□，金華永康人拔貢。

訓導高弘緒峙，杭州仁和人例貢。

编纂

儒學廪膳生程定于一，吉安永豐人。

參閲

本縣貢生鄭士楨。

翁濤

華文澤

本縣監生　俞次禹

本縣廩膳生　葉舒

李瓊藻

童圖往

毛桓

王啟緒

本縣增附生　王雲路

項世楨

周吉人

周良佐

督理

本縣典史　易大有　江南江都人

督工吏：周欽瑛　包文炳　童鳳城　董啓瓚

凡例八則

一、修志等諸修史，學、才、識尚矣，而詳略繁簡亦必務使得宜。今揭其綱爲十卷，以次聯絡其間，而爲目則六十有六，所謂詳不厭煩，略不厭簡。俾稽考者便於翻閲云。

一、志首《輿地》仿職方也。惟王建國，君子省方，故《經制》次之。而中邦成賦，其權皆屬於職官，故受之以《官師》。由是而典禮可行，隆《禋祀》也。武備悉具《兵戎》，詰也。人才有陶冶，文章有司命，故承之以《選舉》，因而以《人物》標一邑之英俊，以《藝文》發一邑之精華。若《仙釋》亦足以翼聖教，《災祲》亦足以資修省，故概之以《雜志》終焉。

一、遂邑山深土瘠，樹藝五穀外，更無他産堪入貢獻。有司惟錢谷是急，錢谷鐵案，莫過於《賦役全書》，今既頒有成額，可謂綜該詳明，特户口不無增減，土田時有荒墾。凡軫念痌瘝者，按成則爲加損，寓撫字於催科，官民庶兩便乎？

一、官師之賢，見於治行一時，頌之百年，傳之且專。禋祀之示崇報也。官兹土者如傳舍，非輿論悉協，縱傳記、詩歌概不敢入，第爲之直書其姓氏，亦臨官不諱之義也。凡武功亦如之。

一、志，昭勸懲之書也。挾私遺漏、徇情溢美，難淆公論。《選舉》之條易見，獨於《人物》中，孝、義、節、烈，採訪必覈其真，收録不至於濫夫？亦曰公忠盡其在我，是非存乎其人爾。

一、序、記、詩、賦，所謂藝文，不一其體，要皆景觸情生，瑰瑋絢麗，形諸楮墨也。兹惟擇其有關於經術、政事，有俾于人心風俗，及景仰前哲芳蹤者，登諸志，餘雖工弗録。

一、纂修乃千秋大業，兹蒙各憲，俯允編輯，弼司厥事，敢不抱兢永之心，亦賴分纂者共襄厥成，著其姓字，例得分榮。至於舊志纂修，諸先輩風雖邈矣，企慕隨之，故仍列其名於舊序後，庶不没前人之勞勛云爾。

一、庋版宜密，志以傳信。殫智瘁神，公道允協方得成書，倘匪人鑱名更姓，不免以假亂真。務須會其版數，刻爲一册，筦鑰封識於櫝，專責禮書，遇印刷時請之官，刻期完事，計數歸筦，不爲久遠，可以傳信，而鼠蝕、魚蠹之患亦免矣。是爲例。

壬辰季夏，邑令繆之弼再識。

遂昌縣沿革表

唐虞	夏 《禹貢》：揚州要服	商 揚州之域	周 初屬揚州，春秋時屬越，戰國屬楚
	秦 始皇平百越，分天下爲三十六郡，屬閩中郡	西漢 初從諸侯滅秦，又從漢人擊楚，孝惠三年，立越王之後摇爲東海王，屬東甌國。武帝黄龍元年，徙東海王於淮，以地屬會稽郡	東漢 光武區地入太末縣，仍屬會稽
	三國 吴赤烏二年分太末之南界，置平昌縣，以去治東鄉十五里，兩山前後平叠，形如昌字，得名也。初屬東陽郡，後分東陽置臨海，屬臨海郡	晉 分臨海置永嘉郡。大寧元年，改永嘉爲永寧。太康元年，改平昌爲遂昌縣，屬永寧郡	隋 文帝開皇八年，廢臨海、永寧二郡爲縣，且分置栝蒼縣、松陽縣。九年，合四縣置處州，尋改處州爲栝州，遂屬之。
	唐 改栝州爲縉雲郡，以臨海縣置台州，永嘉縣置温州，改栝蒼縣爲麗水縣，升松陽縣爲松州。武德八年，廢	五代 因唐以遂昌縣屬處州	宋 分天下爲十九路，以縉雲郡爲處州路，屬浙東道。遂昌縣隸處州路

续表

	元 改處州路爲總管府，屬浙東道，遂昌縣隸總管府	明 改總管府爲處州府，隸浙江布政使司，仍屬浙東道，成化八年，析遂昌縣北鄉、八都、九都地合置湯溪縣	
國朝	清 遂昌縣隸處州府		

《遂昌縣志》天文丑分牛宿圖

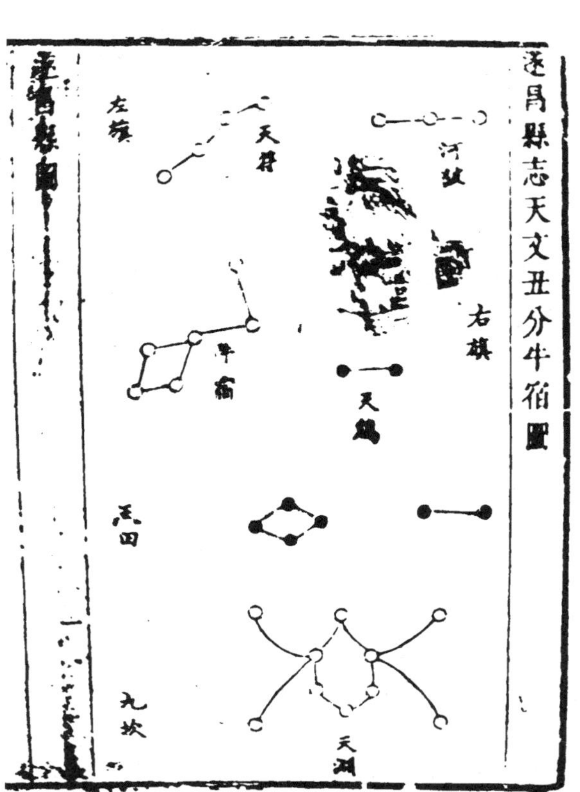

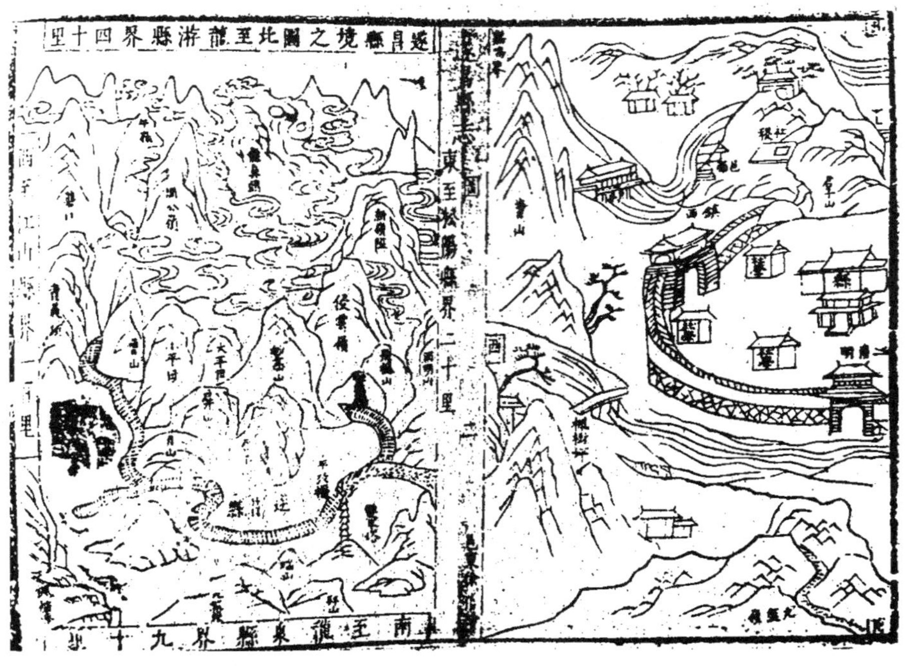
遂昌縣境之圖北至龍游縣界四十里
東至松陽縣界二十里
南至龍泉縣界九十里

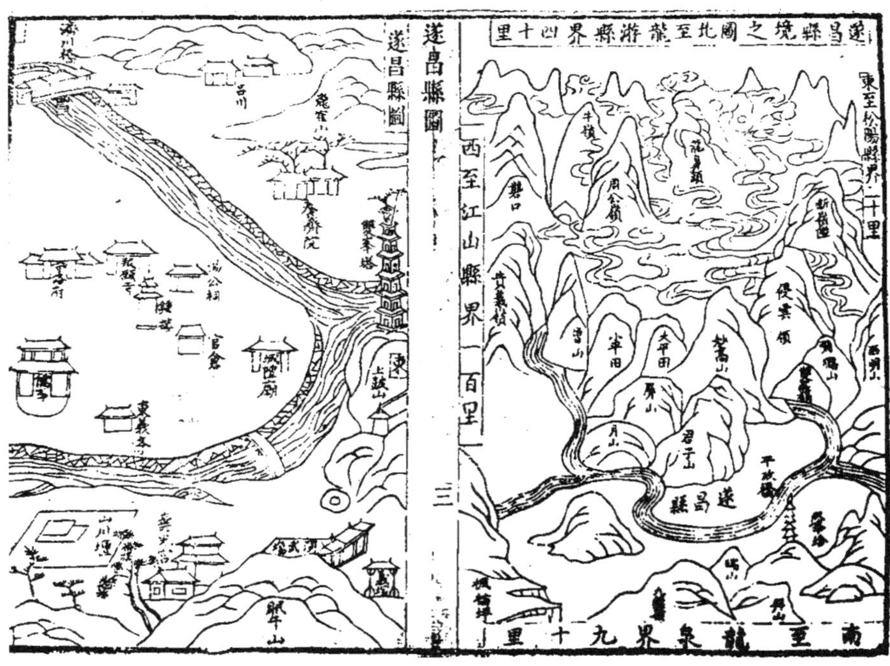
遂昌縣境之圖北至龍游縣界四十里
東至松陽縣界二十里
西至江山縣界一百里
南至龍泉縣界九十里
遂昌縣圖
遂昌縣
周公嶺
龍鼻頭
新嶺隘
候雲嶺
大平田
月山
平政橋
城隍廟
官倉
東嶽廟
上鼓山
三

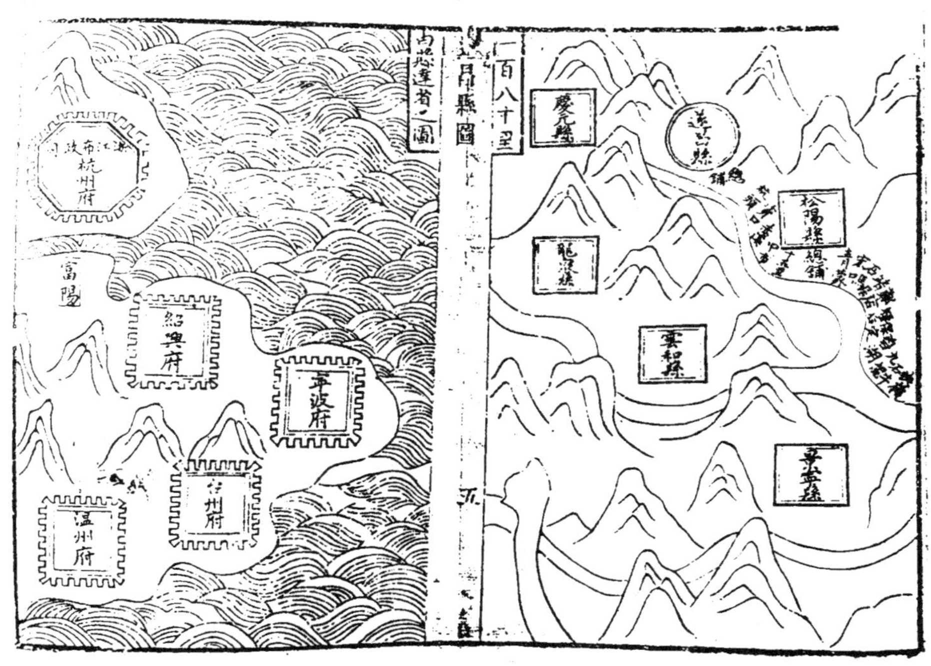
由縣達省之圖
遂昌縣圖
一百八十里
浙江布政司
杭州府
富陽
紹興府
寧波府
台州府
溫州府
慶元縣
遂昌縣
松陽縣
龍泉縣
雲和縣
五

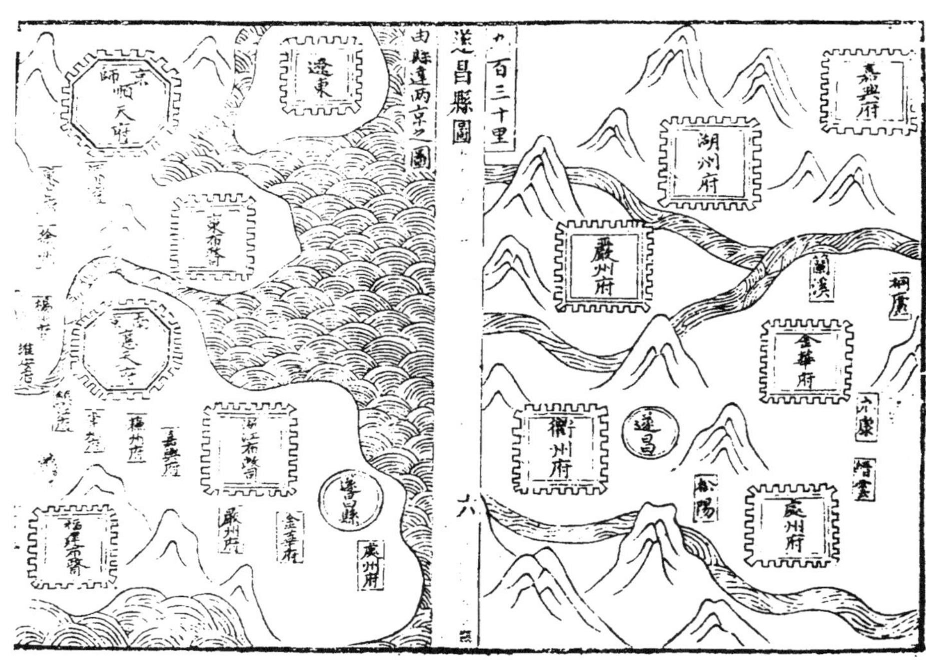
由縣達兩京之圖
遂昌縣圖
一百三十里
京師順天府
遼東
浙江布政司
遂昌縣
嚴州府
金華府
處州府
嘉興府
湖州府
嚴州府
蘭溪
桐廬
金華府
衢州府
遂昌
永康
縉雲
松陽
處州府
六

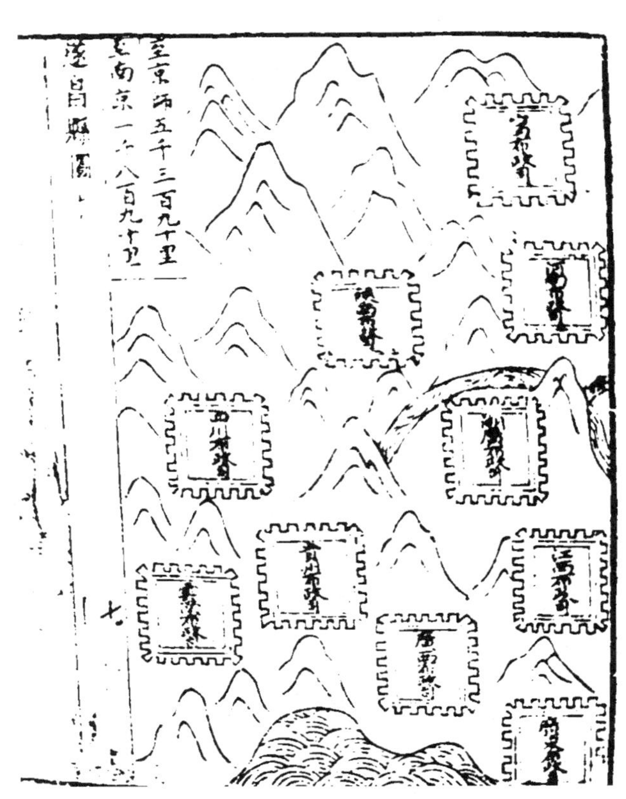
至京師五千三百九十里
至南京一千八百九十里
遂昌縣圖
四川布政司
七

目録

卷之一

輿地志

自大禹敷土奠川，以宅四隩，而地理畫矣。漢《月令》云：總丘陵，原隰阪，險曰地。地者，百物之所生，萬物之所養也。《周官》：以大司徒掌邦土，使民知地域廣輪之數，故山林川澤隨適不迷，物曲土宜各有攸利，用是而政可舉、民可阜、禮樂可興矣。志地理。

沿革

《禹貢》繫要荒服，春秋屬越國，秦屬會稽郡，漢太末縣地。吴赤烏二年，始分置平昌縣，屬東陽郡。晉太康元年，改遂昌名，隋屬處州。唐武德八年，省入松陽縣。景雲二年，刺史孔琮奏復之。宋、元、明并同，明成化八年，析八、九兩都入湯溪縣都址，二十二年仍編舊額浮税於各都，至今爲累。

分野

遂邑，《禹貢》揚州之域，分野屬斗，《天文志》稱斗南十二度至須女七度爲星紀，其辰在丑，吴越之分野，《傳》曰：斗南，星魁也，北星杓也。石申曰：魁，第一星，主吴；二星，主會稽。遂，會稽之支邑也。觀斗、魁之度變，則遂邑之休徵、咎徵舉足覘矣。

疆域

縣爲里七十有九，東距西、南距北，皆一百里。東南距西北一百二十里，東北距西南二百六十里。東距松陽縣界二十里，距縣六十里；南距龍泉縣界九十里，距縣一百八十里；西距江山縣界一百里，距縣二百三十里；北距龍游縣界六十里，距縣一百二十里；東北距金華縣二百里，距湯溪縣一百五十里；西南距龍泉縣二百四十里，西北至西安縣一百七十里。由縣達處州府一百八十里，由縣達浙省九百三十里，達江南一千八百九十里，北京五千三百九十里。

形勝

按，遂之山，自閩浦跨龍泉貴義嶺而下百餘里，發爲妙高，五龍出焉。中則君子，左則兑縠，右則屏月，吴高南有拜山，以爲案。東有塔山以爲關，塔之外，則西明鎖爲重關，此邑會諸山之大略也。若由三衢仙霞關而來者，則伏爲奕山、湖山，歷大、小坪田爲白馬山，度侵雲嶺入湯溪，爲婺絡之祖龍也。極東則尹公覆螺，極西則大樓九峰，皆山之最秀峻者。

邑之水凡二派，發源於南者，自龍泉分脉，北行八十里至邑南，瑞山之前達河頭塔垵，與後溪合。發源於於西者，自雞鳴峰蜒瀠紆歷大定三峰，至梅溪東行至吕川下，與前溪合。峰岩、嶺隘、井泉、橋渡，迴環拱揖，碁置星羅，斯一邑之大觀乎！

環邑山倍於水，左有土鼓之异，右有文筆之奇，瑞山屹其前，兑谷擁其後；白馬蜿蜒，飛鶴廻翔，兩溪夾流，一水東會，乃栝西一名區也。舊府志：西接建甯，北連衢婺，岩巒聳秀，溪澗澄澈，爲一郡冠。舊縣志：聯巒層溪，有山水之勝。張貴謨記：山明水秀，爲文獻巨邑。程敏政記：環邑十二景。

鄭邏有詩

《妙高晨鐘》：突兀層巒拔地雄，龍飛鳳舞壯花封。半岩梵刹鐘聲響，驚動紅輪出海東。

《清華夜月》：雕閣憑虛浮碧波，玉鉤飛掛翠岡阿。冷熱剩有□樓興，夜寂雲空發浩歌。

《眠牛積翠》：瑞仙奇巧肖眠牛，草色疑華翠欲流。山下畫牛仙已去，白雲何處是丹丘？

《飛鶴籠嵐》：山擘侵雲舞鶴來，嵐光重疊擁城隈。千年一變青蒼色，城郭人民换幾回。

《君子儒業》：君子佳山縣北頭，林巒魯聚太丘儔。年來不倦歸閑興，幾度登臨憶勝流。

《壽光仙迹》：老子眉端燁紫毫，道君褒翰委青蒿。一時勝事今如此，莫問玄都千樹桃。

《梅溪春意》：燦燦梅溪萬玉妃，歲寒顔色帶春輝。攜壺幾度山城外，索笑無言獨醉歸。

《文筆雲峰》：嵂崒層巒肖穎鋒，交芒聳射遍冥穹。應教髦彦蒸蒸起，昂首英飛邁越東。

《土鼓含音》：試敲石鼓響聲奇，疑是宫商落翠微。好看最宜春日暖，兒童競擊笑忘歸。

《襆頭應運》：一拳怪石在清灘，環邑山川氣運關。嘉會到時應上岸，花封比屋半衣冠。

《月山樵唱》：好山如月四時佳，滿眼清光溢翠華。閑坐小軒聽樵牧，歌聲隱隱帶煙霞。

《兑穀書聲》：巒林深處爽山窗，燈影呻吟徹夜長。人步落花載酒過，問奇環聽講虞唐。

名山

瑞山　在邑東隔溪，昔有异人乘白虎至此山創庵煉丹。紫雲呈瑞，丹成而去，故名。有井曰『煉丹井』，又以形似，曰『眠牛山』。曹道沖詩：琳館蕭蕭蘚上壇，地無俗迹户常關。檜花迎露春風細，羽客含真冥坐閑。跨虎何年歸碧落，煉丹應許定朱顔。騶虞去後神光現，從此仙翁號瑞山。吴志詩：郊原雨足草連天，耕盡人閑幾許田。今日更無人叩角，隔溪閑藉落花眠。四明屠隆詩：散步溪橋看野鷗，一樽落日上眠牛。長鑱煙外山光暮，短笛風中草色秋。叩角未因歌石起，出關聊爲著書留。百年天地多郵傳，何用登臨涕泗流。邑人葉澳詩：自放桃林不記年，如今穩向白雲眠。須知石骨乾坤老，最喜花紋雨露鮮。竟夕回頭疑喘月，長眠跪足肯蹊田。世閑芻飲難招汝，漫道封人會著鞭。

塔山　在瑞山東，上有土鼓礨。宋知縣朱元成以西有尖山，乃建塔其上，與之對峙，增高捍門，爲邑治屏障。

飛鶴山　在邑東一里，山形似鶴張翅迴翔，逆水直上，爲東方合流護沙云。屠隆詩：矯首孤雲不可絲，松黄仿佛似鳴皋，千年逸氣淩霄漢，一夜西風借羽毛。沙苑何妨金簇冷，緱山常伴玉聲高。因君欲訪蘇躭去，海色蒼茫百丈濤。

西明山　在邑東五里二都，有清華古閣，山在二都則居西，在邑中則東也。自葉坦塔山而外第二重水口，青烏家謂：『於此築浮屠，則科第可蟬聯矣。』山麓建清華閣。知縣許啟洪别詩：幾度看山夜杖藜，三年一夢寺雲西。未能解綬憑鴻籠，聊復攜琴任鶴啼。戴暫簪冠辭舊衲，留無玉帶做新題。朝來爽氣臨風發，自有仙源路不迷。

平昌山　在邑東十五里孟山頭，兩山前後如昌字，古以名縣本此。

馬鞍山　在邑東二十里，長濂山勢環抱東鄉之望也，有五株松同根而生，狀如馬鞍，故名。四明楊守勤詩：吁嚱兮奇哉！五松百尺何崔嵬！宛如虯龍探珠出海掛晴旭，倉鱗片片迎天開。五子噓雲欲飛走，乘風盪漾轟春雷。老翁何必數燕山，淩空獨抱明堂材。桃李繁華俱失色，梗楠縱大皆凡胎。秦王空有大夫爵，層層結緑封莓苔。我來草元常對立，奎光映五同徂猍。

尹公山　在邑東三十里，與百丈岩相連，隋大業中，有尹姓者煉丹於此，因名。

牛頭山　在邑東東三十五里，峰巒層叠有九，又名九雲峰，與松陽接境。世傳真人葉法善曾騎虎創庵於頂，至今遇旱禱之有應。知縣胡順化詩：翠屏雲九叠，并壑樹縱横。桃種玄都觀，篁開舍衛城。亭餘霞褥紫，座吐白毫明。瑶草淩冬秀，嘉陵語畫清。琅璈泉遞響，瓔珞薜初縈。石繞疑聽法，鶴歸豈姓丁。只言金布地，倏睹工爲京。飆馭隨花雨，潮音問鳳笙。分山傳試劍，攝魄爲題銘。鉢裏呼龍出，林邊跨虎行。應知仙不死，能證理無生。媿我吞腥客，徒深訪古情。

君子山　在縣治西百步，山麓多士大夫家，故名，又名城山，入《一統志》。

拜山　在邑南隔溪，林巒奮伏，體勢迴擁，若俯拜於邑。

魚袋山　在邑南溪滸，象雙魚袋，故名。有神，屢著靈异，與拜山相連。

妙高山　在邑西，秀麗峻拔，蓋山之近而尊者，半麓建嵩隱禪院。

皖城齊鼎名詩：出郭探奇异，言尋静者居。花光迷徑遠，松影落窗虛。法侣舊相得，詩朋典有餘。清談供苦茗，歸路瞑煙踈。

四明屠隆詩：妙高峰頂絶人群，策足岧嶢磴路分。萬樹秋林風落果，一溪晚碓水春雲。松關寂寞修行乞，石鼎氤氲香自焚。手拾蹲鴟煨宿火，一壺攜得醉斜曛。

知縣康晉詩：登高逢九日，爽氣襲人裞。環眺千峰峙，俯臨萬竈低。笙歌知幾處，簻怨在□閨。安得陽生脚，重重到遂邽。

邑人項天騆和詩：晴陟輕千仞，天風欲舉裞。高軒登處聳，平楚望中低。菊醴陪□令，鴛針出繡閨。栽培慙朽質，何幸托郊邽。

項天衡詩：萬卷孤峰頂，峥嶸氣未降。書聲兼梵唄，筆壘折幡幢。山鬼陰號谷，松雲曉濕窗。未能小天下，直欲陋齊邦。

武林張翼《無相院》詩：相相原無相，相從相者生。能知相相因，相即是無相。

屏風山　在邑西里許，狀如玉扆，爲邑西屏幛。宋太常周述、邑令湯顯祖、許啓洪各有四景詩。

《鷺洲釣月》，周詩：維揚喬木翰林家，底事投閑釣鷺沙。真隱每嫌勞物色，煙波深處足生涯。湯詩：瞑踏孤舟一釣魚，半鈎新玉挂蟾蜍。猶憐白鷺蕭蕭影，秋老寒塘獨照渠。許詩：釣臺較此竟何如，惹得吴剛叫碧虚。是鷺是凫看鳥影，姮娥欲下步徐徐。

《天馬雲樵》，周詩：封事何如樂採薪，嶒崚石磴路堪馴。林深不識日昏晚，一任山隈卧白雲。湯詩：白馬鞍中晝出雲，誰家伐木帶晴曛？不應長是丁丁響，時有遷鶯斷續聞。許詩：幾片雲從太嶽分，樵雲玉斧碧空聞。世閒伯樂應難遇，天馬時看卧白雲。

《吴皋東作》，周詩：天設名區擁翠屏，草堂風度曉雞聲。年來不作繁華夢，飯犢郊原學耦耕。湯詩：唤起青牛更莫眠，吴皋春雨杏花天。他山種樹能多少，西作陶家酒米田。許詩：漫從父老勸深耕，春雨犁頭樂太平。婦餉姑炊兒飯犢，聲聲布穀雜鳴鶯。

《月岩夜讀》，周詩：歸來築室月山旁，屋斗長懸午夜光。清白流芳無别業，詩書滿架酒盈缸。湯詩：君子山房月倍清，娟娟憐與讀書明。如今更有閑官燭，只聽伊吾三兩聲。許詩：映月邃思映雪時，讀騷沉醉月偏宜。琴心寂寂千年静，剩有藜光向月隨。

月山　在屏風山右，圓聳如滿月。説者謂眠牛在東，若犀牛望月。葉可權、邑令湯顯祖各有《草堂四咏》。

《松屋卧雲》，葉詩：長松蔭庭風月清，曉氣觸石秋林暝。虬枝濕重窗户暗，空翠滴露吟魂驚。變態須臾發深省，起來但覺衣裳冷。歲寒欲約陳希夷，移居來伴陶弘景。湯詩：樓轉松風韻紫虚，眠雲夜冷畫芙蕖。山中所有應如此，直是江南陶隱居。

《竹牕延月》，葉詩：爛銀盤掛青琅玕，流光透濕生虚寒。嫦娥翳鳳下瑶闕，静約君子追清歡。環珮摇摇戛鳴玉，天風吹香入醺醁。神酣笑殺騎鯨山，花下一壺何太俗。湯詩：風露娟娟浣竹林，月窗秋影夜來深。不知叢桂山中客，長聽瀟湘雲水音。

《荷亭酌酒》，葉詩：闌干曲曲水花縈，吟倚香風恣賞情。笑倩麴生論臭味，愛同君子叙歡盟。碧筒入座春光溜，白羽摇牕暑氣清。翻怪靈均空製服，對花不飲强醒醒。湯詩：酒是金盤露滴成，花如素女步輕盈。西風暮雨何辭醉，便向池亭卧亦清。

《竹院烹茶》，葉詩：舍南舍北緑猗猗，坐倚清蔭煑茗時。夢入渭川思醒困，香分陽羡待搜詩。童烏敲火燒枯籜，老鶴衝煙過别枝。却對此君重啜罷，個中風味少人知。湯詩：君子山前放午衙，濕煙青竹弄雲霞。澆將玉井峰前水，來試桃溪雨後茶。

翁高詩：何事區區守一丘，春花過了月明秋。等閑濁酒籬邊興，寂寞寒花雨裏愁。不識故人猶在否，每思前事且歸休。西風又是青山晚，落葉無聲水自流。

朱應鐘詩：落日千家砧杵聲，登臨孤客有餘情。屏山何事遮東北，只見西南一半城。

吴高山　在邑西二里，山峻臨溪，舊以吴姓居此得名。

曾山　在邑西十里，尖鋭聳拔，一名尖山，又號文筆峰，爲西南秀聳。寺名廣仁院。唐皇甫謐《曾山送客》詩：凄凄游子苦飄蓬，明月清尊祇暫同。南望千山如黛色，愁君客路在其中。邑令徐治國詩：錦陂初雨潤新松，接踵籃輿此地同。百翠結來供静業，一灣繞處悟宗功。名從恩重疑青禁，法向仁通尚紫宫。兩載視雞纔一過，願隨雲水老吴儂。

白馬山　在邑西三十里，又名丁公山。相傳有丁公家山下，喜跨白馬，歿爲神，故有嶺曰『丁嶺』，村曰『丁村』，水下流曰『丁口』。其山峰巒秀聳，天日晶朗，遠見衢、婺。上有叢祠，曾著靈异，是爲縣之鎮山。今祠圮基存。

四明屠隆詩：青冥萬丈接丹梯，山氣高寒鳥不啼。隱隱空中落鐘磬，茫茫霞外擁招提。上方只訝星河近，下嶺纔知雷電低。太白胡僧長耳相，好於此處結龕棲。

湖山　在邑西七十里，越王峰下溪流瀠遶，分夾復合，室居壯麗，文物殷盛，西阻名區也。

黄山　即湖山西岸，俗名檳榔尖，以邑令黄養蒙登眺改名，上建『廓然亭』。

《自爲記略》曰：邑治西行六七十里爲湖山，黄山實秀出其間者也。二年乃得兹山而游，王、葉諸生咸載酒以從。山之巔端曠若平地，蓋余與諸生傳觴處也。於是諸生遂謀即其地而亭之，坐其中，湖山可一覽而盡也，扁曰『湖山一覽』。少折而山腰爲翠微亭，又折而山麓爲石門，曰『栝西第一山』。山舊名檳榔尖，諸生更爲黄山，謂山之勝若有待於余也。余嘗聞父老言，兹山實關文運，若上駕以亭，如龍之驤首而思奮，於科第未必無助。余初以其説誕謾，迺今亭成，而王生養端果獲上第於京師，而謂斯亭之作不有關乎哉？然則勝又非所論也。

邑人王養端《從游詩》：乘春結丹梯，陟彼千仞岡。晴風散雲竇，紅日出海桑。扶摇既不極，曠蕩安可量。林花俯萬户，璚波廻四坊。豈無淩空翼，乃有馳陸驤。念彼同游者，渺然今一方。

王鎡詩：湖山掩映鴈潭秋，今古詩人説勝游。緑柳影分騎馬路，赤楓葉落釣魚舟。前坡風送歸樵笛，别業雲藏賣酒樓。長記尋梅冰雪裏，氈靴駝幗鷫鸘裘。

奕山　在邑西，踰湖山五里許。形勢高峻，中多平曠，朱姓世居，文物繁盛。

桐城胡效憲《奕山晤友人朱家瓚》詩：魯國而儒止一人，牙如慧也百其身。縱横七發勘療病，游戲千言擬答賓。侯至宋□方入夜，氣暄鄒谷已生春。裁書欲寄湘南燕，卻怪潮來不我親。

又，《奕山塘亭》詩：霾緣旭日分朝爽，桂喜秋霖足晚香。返照謾疑花是葉，揚輝可是蚌含光。每思惠子臨濠濮，纔過夷門問大梁。見説雙峰新釀就，東籬菊綻報蜂黄。

朱家瓚和詩：讀盡奇書壓萬人，共推南郡是前身。淵泉理學追元晦，山斗文章羨楚賓。户牖别開眸炯電，乾坤我闢腹笥春。莫言句曲山中相，且向桃源問可親。朱所敬和詩：扶桑旭躋氣初爽，桂接槐隄帶露香。魚躍欲從雲霧起，鴈横忽麗斗星光。豪吟安得亭爲筏，遠睇將無樹作梁。更有一般堪物色，楓何赤也菊何黄。

麗水令桐城方亨咸《迎盟伯胡效憲於奕山，朱家瓚從龍閣》詩：空谷幽輝麗少徵，煙霞骨月古知稀。幾重雲路通三徑，萬壑溪聲聚一屏。柯爛石壇仙剩子，家依青魯俠流徽。惠然幸返跫然足，奕奕山城鶴正飛。

獨山　在邑西八十里，上下山皆不相續，又名『天馬山』。前臨大溪，地狹居稠，文物富盛。

釋良縉詩：天馬山高秋氣清，登臨風物正關情。長雲去鳥連吴樹，亂水斜陽帶越城。隔岸松杉看石磴，下方樓閣指蓬瀛。誅茅欲卜他年事，六六峰前此結亭。

朱應鐘詩：此地何年鑿，高深不可攀。地形天馬壯，山勢五龍蟠。間道開閩岫，長河下信安。人爲冠蓋望，花作武陵看。東去關城阨，西來户牖寬。奇峰多嵂崒，飛石自巑岏。保義爲鄉望，和光號里閈。虎臨青嶂僻，龍起石潭寒。渭老堪垂釣，龎公尚考槃。絃歌舊聲在，時俗古風還。通德誰應振，嗚珂人所難。不知牛斗野，太史夜曾觀。

小赤壁山　在天馬山右麓，下臨深潭，石壁如削，有棲靈岩、石樓、石户、石天牕，南有武夷洞、仙梯石棋盤、仙人濯足石及青霞岡、石釣臺，勝絶萬狀。

邑令湯顯祖《赤壁望蒲城》詩：棲靈岩下碧泉分，石户天窗時出雲。夜踏仙梯滿霞氣，海光初映武夷君。

葉澳和詩：幽洞靈岩海氣分，釣臺棋局宿晴雲。仙人絶壁凌梯去，道是青霞謁帝君。

青城山　在邑西八十里，石壁萬仞，瀑布飛瀉如練，初不通人迹，惟樵者捫崖而上。下有廣谷、龍井三泓及相公岩、玉女峰、芙蓉峰，皆神林僊窟。

屠隆詩：向平此日快游蹤，千里名山一瘦筇。天削古崖撑白日，雨飄寒瀑濺青松。風雲長護神靈窟，環佩疑歸玉女峰。定有真人掌仙籍，璚芝石髓幾時逢？邑令湯顯祖詩：萬仞飛泉挂石龍，青城如霧洗芙蓉。自非仙令鳴琴出，誰闞秋窗玉女峰。

葉澳和詩：玉女飛泉起玉龍，青城跨取玉芙蓉。山靈竊得雲中影，削石依稀似數峰。

蔡山　在邑西九十里，世傳五代時蔡家兄弟來居此，故名。

大方山、小方山　在邑西一百二十里，高萬餘杖，絶頂平曠數百畝，可廬外望之，如方石，又號『玉屏風』。

兑谷山　在邑北，龍脉豐擁而下。

梅山　在邑北一里，濟川橋上流，峰巒聳特，爲邑北障，

唐山　在邑北十八里，五代時僧貫休望氣登山，即其地創翠峰院以居。院北有澗，廣五畝，虎跑出泉，澄澈甘冽，歲旱不竭，號『虎跑丘』。丘東有山，盤陀而下，蓋蜀王女尼目擊金刹浮圖成化之，後院圮基存。有温州僧惠宰，夢神人導至一所，既覺，景象宛在目中。乃西游抵遂，至峰頂，則

皆夢中所見也。迺募緣創建堂宇，莊嚴佛相，豎山門，內闢池亭，名勝爲一邑冠。山北二峰卓峙，一名觀音峰，一名羅漢峰，入《一統志》。

釋仲一詩：路入唐山見翠峰，古來香火即今同。虎丘雲暖千岩雪，神塔光回萬壑風。禪月有心曾照水，應真無念肯談空。七人煮茗團欒坐，插座酬機作梵宮。釋真可詩：浙江靜夜月中峰，總是吾師管子龍。畫出如來無量相，人間無水不遺蹤。

邑令鍾宇淳《九日登山》詩：浮世有代變，青山無古今。路廻群巘合，池久劫灰沉。酒醉茱萸色，人分薜荔陰。白雲堪睥睨，無語自禪心。

邑令湯顯祖詩：東梅嶺路踐龍蛇，似阻天台石磴霞。忽忽雲堂見尊都，紅魚波裏白蓮花。 唐山三十六瀠廻，繞徑如絲雲霧開。獨坐野堂春寂寂，幽香寒雨正東海。

邑令許啓洪《別》詩：每學宗文作卧游，一生幾屐向誰謀？别來朗月思玄度，夢去唐山憶貫休。上乘只因飛錫到，貧官可許衲瓢流。何當合掌歸龍象，莫使山僧笑馬牛。

邑人葉澳詩：欲識前因蛻殼蛇，青峰高映赤城霞。安知見在非尊者，莫向空中更見花。未睹瞿壇睡室蛇，沉沉古寺護雲霞。分明悟得前身事，個個原來不看花。

四明屠隆詩：一性能含萬象通，詩成個字妙明中。娟娟夜色新籠月，蕭蕭天香古桂風。禮像尼來光相現，臨流自照法身空。松門不減琉璃火，千載唐山相梵宮。

邑令傅恪詩：千攢萬簇景悠揚，山有唐休借姓唐。一泒雲孫皈象教，半空曇祖俯羊腸。人生幻夢成真果，局面殘楨照夕陽。虎井羅峰看不盡，偷閑自笑宰官忙。

邑人項應瑞詩：翠微春到景悠揚，仙令題詩軼盛唐。勢走龍蛇椽是筆，句警神鬼錦爲腸。虎跑泉畔敲殘局，羅漢峰頭醉夕陽。但得長公閑半日，何妨洗鉢老僧忙。

邑令胡順化詩：縣北唐山寺，相傳休上人。清池炤禪影，老樹圻龍鱗。谷暗聞泉響，嵓平見畝昀。野芳猶競發，九月亦殘春。

竟陵胡恒詩：路倚層嵐鳥去邊，怪從絶頂見平田。雲扶崖置松間屋，虎爲僧跑石上泉。小憩池塘凉瀉影，閑看水礁濕春煙。諸君物外同深趣，書幌繩床借坐眠。

竹覆諸天緑有聲，掩關人解住凄清。千竿藏寺沿流入，一覽通泉逵徑行。游戲應逢尊者現，蕭條偏覺凈因生。何當雪滿篔簹谷，結作奇光片片明。

邑人項應祥詩：嵬嵬招提境，隱隱青桂叢。林林列蒼虬，一一摩太空。灌植遡塵劫，杳邈復朦朧。有唐貫休者，持鉢闢雲宫。法力頗弘上，卓錫流瀜瀜。靈秘日以啓，漸與人寰通。我來千歲後，策杖陟巃嵸。峰巒自突兀，煙霧相冥濛。盤桓仲宣侶，揮拂焦尾桐。孤亭抱群緑，芳沼浮亂紅。蒲團坐明月，羽衣凌輕風。合掌禮伽那，長嘯倚崆峒。百年駒過隙，四顧塵若夢。貲稱金谷麗，寵説驃騎雄。終軍雖云少，馮唐一何窮。得失氷泮澌，富貴霜委蓬。纍纍步兵厨，卓卓彭澤松。渺予事組綬，頗爲時牢籠。萍踪偶兹會，尊酒仍再同。侵晨落疏星，斜陽送歸鴻。君還三台北，我棲雙溪東。道路阻且修，相思心忡忡。勗哉各努力，意氣如長虹。

邑人項天衡詩：白日經壇静，青山珠殿深。花香醺貝葉，竹籟薄鯨音。面壁高僧事，擔簦過客心。隨緣午齋罷，一爲灑塵襟。

邑人黄九津詩：石凳岧嶢路幾盤，精藍孤聳入雲端。梵音飄渺諸天近，樹色微茫下界寬。塵袂半沾嵐氣濕，風林乍掩葉聲乾。香厨不用留僧供，户外群峰秀可餐。

邑人包萬有《記》：唐山在遂昌縣北一十五里，於栝蒼山爲小祖山。南唐時，僧貫休結庵於此，居十四年後，游吴越王所。又應西蜀王召而去，頗爲王衍待遇，賜紫衣，號禪月大師。唐山與羅漢之名本此。其路從齊坑山後，後人以東梅嶺遠，復又闢東門塢里上之，有半山亭。又土有羅漢峰，與觀音峰對峙。峰上爲香爐岡，有亭。香爐岡而内爲虎跑址，有泉，相傳爲虎跑出。群峰上蟠，衆阜下距，外寬内密，自爲一區。好事者謂廬山有香爐峰、虎溪粟里，此足擬其勝云。昔人又稱『羅漢』爲『翠峰』，『觀音』爲『碧峰』。於禪月庵遺址創庵，曰『翠峰庵』，最後即庵稱寺。外此爲水口，於内若低而實高，水聲潺潺，下濺如珠瀑，爲龍湫。遇大雨則澎湃擊石，其下如練。或有龍寓，六七月常雨雹。北過而下，復有峰，曰『釣礌』。又折，有石洞，幽深險窅，人不敢入。從旁扳援而上，至洞脊，壁立數仞，府視悸不自保。殿前有方沼，有亭清澈可浥，常畜金鯽百數尾，聞木魚聲聚而就食。其地高氣寒，又多飛霧，器用衣巾時濕如沭。烈風暴發，滿山松篁相撼若怒濤，非氣完神王者不敢久居也。余輒不忍舍，乃營旁隙地築草堂三間，以其地之剩也，榜曰『剩庵』，讀書其中，恒丙夜披衣起坐，俛仰宇宙，氤氳寥廓，欣然會心，物我俱忘。庵之對有小麓，作小亭曰『嘯亭』，倣孫登之長嘯也。邑大夫莆田林侯，憫先君子之賷志於斯也，命入田爲檀越，請於上臺，以寺後五葉蓮花地畀予窀穸先君子，而予得以零雨濡霜之時，不忘先人邱墓于咫尺又可優游林壑，彈琴著書，遂其麋鹿之性者，侯之賜也。予雖不善詩，庵中乏咏數什，命曰《唐山寤歌》，附以名賢題咏，因漫記之。

又詩：平昌淪隱處，結屋向唐山。誰惜春秋景，爲憐冬夏間。門邊陟岵屺，夢裏挹容顔。霜雨時濡降，瞻雲咫尺間。

邑人朱家瓚《讀書唐山》詩：翠微故是讀書臺，小築玄亭傍梵開。萬嶺笙篁供遠韻，一窗雲霧落新裁。齋頭煮字懸藜杖，石隙題詩繡碧薹。徽惠龍威分半席，傳經豈爲看山來？

武林張翼詩：一簾花雨故宮秋，影接浮屠漾碧流。河海性宗千澗合，煙霞色相兩峰收。鳥迎佳氣藏雲暗，鶴驚清霜載月投。好向夢中評去住，即今燈火爲誰留？

邑令徐治國詩：紛紛井焰吐靈蛇，十界光輝五色霞。禪月當時歌得比，便須留作鉢羅花。

大平田山、小平田山　二山在邑西百丈坑上。

琴山　在邑西。

茶山　在邑東二十里，長濂隔溪。

五龍山　在邑西，峰巒蜿蜒而下，形如五龍翔集，因以名山。僧無高子萬曆間構寮苦守，募建般若庵。今庵已成四十餘年，其徒清丘住持，幽深廖闃，允稱禪定佳勝。

荊溪胡世定詩：微雨吹雲嶺半浮，踈踈溪響送殘秋。寒蛩傳谷欺孤鳥，蒼葉飄風變翠疇。天際茱萸游處醉，鑁頭風味罄邊收。憑高更望高何極，千里搴裳未易愁。

郡人胡烈詩：蜿蜒萬壑繞群峰，擁護飛蓮現五龍。擊破翠微驚蟄卧，夜寒明月一聲鐘。

郡人徐顯志詩：孤寓經旬卧竹林，寒花香擁翠幢深。煙雲時入松花鉢，冷浸空王般若心。

邑人朱家瓚詩：一刹依山闢，五龍引頸長。禪心松際寂，游興雨中強。野韻勘邀客，寒花解荐香。買山吾有意，此地足遨翔。

葉町净居山　在邑北五里。崇禎五年，僧貫一創造卉隱庵莊嚴閣，棲隱習静，居然一梵刹云。

岩

東閬岩　在邑東十里。峻壁若列屏，頂壖平曠，亦東方勝地。

百丈岩　在邑東四十里。削石淩空，數百丈，特聳，與尹公山相對。

覆螺岩　在邑東四十里。岩下土皆白，惟絶頂黑砝，狀如覆螺。登眺則金衢恍見，邑西奕山亦有此岩，名狀俱同，相傳有白鶴，仙人處其上，里人遇旱登岩雩禱，甘澍立應。

相公岩　在邑西八十里蔡溪前，石壁若削，僅一徑可側足入，岩中可藏數百人。相傳里人避寇者多隱於此云。

石姥岩　在邑西八十里。穹窿硉矹，上插雲霄，人迹罕到。間有樵者捫蘿而上，言絶頂出泉爲池，有二金色鯉魚，或隱或見。又有花一枝，青紅兩色，殊爲奇絶。

九峰岩　在邑西一百里。其峰秀拔，有九岩，每岩約廣三丈許，石壁險峻，罕有至者。相傳，元至正間，有道人盧其上，修道煉丹，數十年後莫測所之。今存丹井，狀如甕，亦名『龍井』，爲奕山屏障，遇旱登峰，雩雨立應。

里人朱家瓚《雩禱有應》詩：敢言呼吸我通帝，何幸甘霖滿翠微。知是神功邀普澤，雲興風騎自猶夷。

大樓岩　在邑西一百五十里，岩崇十仞，廣五尋。春夏飛瀑不絶，冬則凝結倒懸如玉浮圖，其下灌木叢篠，積雪堅壯，若瑶林、崑岫相聯屬。春半暄，暖水柱墜叢薄，聲震澗谷。净空禪師嘗結屋棲止。東百步有梵字，名『保興』，面西爲龍湫者三十有六，山下之溪爲周公源，上流踰岩南二十里，有楊溪，源通三衢。遂邑岩岫絶勝者，唯唐山與此而已。

邑人王養端《記略》曰：大樓岩去遂昌縣西一百五十里而遠。嘉靖甲子冬十月既望，余與堂兄子智卜、樂邱於洋溪雅滙之上，思登兹岩。次日，由竿坑入，不四五里抵山麓，二十餘里至風礱源，又西數里，爲宏坑。從郚南岡脊燃茅穿石，蜿蜒而行里許，先至一洞，深可旋舟，高容竪纛，即大樓岩也。上有飛瀑，下垂洞口，或散如飛霰，或灑如過霖，索索淙淙，四時不絶。隔島望之，若陰晴异景，塵凡殊界者，乃龍安洞也。時有黄龍出没其間，世人雩雨，無有不驗，理或然也。余徘徊久之，巳從洞東舊路轉折而南，過木瓜洋，下木岱嶺，俯瞰周公一源，上下可數百里。返照入林，野雲抹樹，從遠一望，真圖畫金碧山水也。

又，《登樓岩望龍安洞》詩：獨立樓岩最上巔，萬峰蒼翠落飛泉。俯尋玉乳平臨地，仰直銀河直到天。曾有黄龍來聽法，豈無白鶴下參禪。幡然不盡憑虚興，三十六泓生紫烟。

金石岩　在邑北二十五里，唐末巢寇至，邑簿張軻倡義，率民駐其上以禦之。其巔可容萬馬，出泉成池，歲常不竭。

棲靈岩　在獨山，上有需濟亭、仁風亭，諸仙迹詳『天馬山』下。

峰

玉井峰　在邑西二十里。元尹六峰，築會一堂與此隱居，著有《玉井樵唱》。

五雲峰　在邑南二十里。復岫盤嶺。（上建葉法善廟，旁有石龜洞、試劒石）。

花峰　在邑西四十里。山勢奇秀如花，故名。

南樓峰　在邑四十里。

雞鳴峰　在大柘邑西四十里。宋初，常有雞聲達於鄉井，牧人迹之至巔，獲一石紺，青而潔，挈以歸。後雞聲寂然，而入仕者衆，因以名峰。

蓮花峰　在雞鳴峰西，秀特似蓮花面。宋周待制綰之居此，因號『蓮峰居士』。

九雲峰　在邑東三十里。

筆峰　在邑西八十里。獨山與石梯相連，天馬相對。

石梯峰峰巒尤卓絶，登之，衢栝隱約可見。

東峰　在邑北十里十三都。

金溪十峰　在邑西一百四十里坑西。

邑人黄中詩：

《芙蓉峰》：突兀東南玉削成，雲來一片在虛冥。巨靈劈作花千瓣，悵望秋天在□青。

《梅花峰》：何處飛來雪裏花，碧霄片片出檐牙。清芬常帶煙嵐氣，不管人間有歲華。

《文筆峰》：拔地孤撑入大鈞，分明筆陣掃千軍。春深雨過淋漓處，滿眼雲煙緑字文。

《錦屏峰》：紫氣重重繡作堆，當空一片畫圓開。晴雲半抹峰頭出，玉几移將天上來。

《金鵝峰》：勁翮飛天不賴風，翩翩直北下雲中。赭邱願得爲形陣，縱寫黄庭不可籠。

《玉蝶峰》：雲際雙雙接翅飛，言共天上抱花歸。廣寒高處偏多露，日午門前曬粉衣。

《展誥峰》：木鳳金泥濕紫鸞，雙尖對閣緑雲端。尋常牘有煙嵐護，不許人間俗眼看。

《紫駝峰》：青海南來忘却年，一鞍高聳入雲煙。日行千里不歸去，驀得山中有异泉。

《叠秀峰》：群峰簇簇族下天門，遠勢渾疑六馬奔。一片晴光迷滿眼，那如紫翠參朝昏。

《獨對峰》：獨對峰前萬樹春，青天矯矯出風塵。試看禁苑千官集，争羨丹墀獨對人。

知府許國忠詩：振衣凌秋空，危標出天表。千林綴紺楓，萬壑叢蒼篠。重嶂互盤旋，漭蕩失昏曉。突兀芙蓉峰，梅花相對嫋。文筆插青霄，錦屏將群遶。金鵝直北飛，玉蝶向西繞。展誥碧雲封，紫駝玄霧杳。叠秀何逶迤，獨對自窈窕。十峰鬱嵯峨，四顧神飛矯。瀑布瀉深泓，斜陽留樹杪。凉風兩腋生，明月萬川皎。我來秋氣清，况復秋色縹。仰觀天宇寬，俯視塵寰小。停驂龍鼻頭，静聽喧林鳥。行役苦匆匆，游思殊未了。

嶺

湖嶺　在邑東二十里，居民隨地形高下構廬。

九蟠嶺　在邑南隅溪。屈曲九折，最爲鍾秀。

貴義嶺　在邑南八十里。

樟樹嶺　在邑西十里。

百丈坑嶺　在邑西四十里。叠嶂倚空，石壁如削，至有攀援不能上者。

梭溪嶺　在邑西五十里。

石飛嶺　在邑西六十里。

百步嶺　在邑西六十餘里。邑人葉澳詩：層崖一徑入雲端，秋色深沉日景寒。蟲語白茅相歷亂，鳥翻紅樹半凋殘。三千奮擊南溟近，九十踟蹰末路難。因上望村村上望，風南天北是長安。

三歸嶺　在邑西七十里。

朱坳嶺　在邑西七十五里奕山。

碧秀嶺　在邑西八十里，今稱爲盤溪云。

洞峰嶺　在邑西百里。孤峰峻聳，自下望之，如插青天。陟其巔俯瞰一村，恍然身在物外。邑令湯顯祖詩：西行百里洞孤峰，上有龍門常出龍。不知龍出能多少，只看龍湫雲氣重。

龍門嶺　在邑西百里。石磴嵬峨，行者甚難，若登龍門。

門頭嶺　在邑西八十里。閩浙通衢。有詩見《藝文》。

石馬嶺　在邑西百十里。

侵雲嶺　在邑北十五里。下有馬埠巡檢司。〔一〕

東峰嶺　在邑北十里。

東梅嶺　在邑北二十里。嶺上有三十六曲，盤繞險阻。下嶺不百十步，又有夏旦嶺，亦然。

馬戍嶺　在邑北三十里，高峻崎嶇。

大穀嶺　在邑北四十里。

小穀嶺　越大穀嶺里許，蜓長崒嵂，數倍於大穀嶺，路通龍游。

銀嶺　在邑北八十里。

斗禾嶺　在邑東二十里。舊稱斗米嶺，僧真元正其方位，定今名。舊有鄭氏建庵，圮，僧長林徙建嶺下，邑人項天慶題額『普濟』。

林頭嶺　在邑東二十里。

滂嶺　在邑東三十里七都。

錢村嶺　在邑西三十里。

逆嶺　在邑西八十里奕山。

校注

〔一〕下有馬埠巡檢司，『檢』原作『簡』，據句意改。

隘

貴義嶺隘　在邑南七十里，接壤龍泉。流賊抵龍泉，每由此道入寇。正德間，知縣張鉞設寨守之。

龍鼻頭隘　在邑西一百三十里奕山，衢信盜賊出没之所。正德間，知縣張鉞設寨守之，有龍鼻頭渡，出風洞，四時風出如扇。下一里許，則西安界。有巖剥巡檢司索木排常例，人甚苦之。萬曆六年，知縣鍾宇淳請院司立石禁之。

《自爲記》略曰：通商惠民，王政首務。睦隣修好，古昔休風。嚴剥界連北壤，乃指稱盤結，索取分例，越界藥魚，肆行鬥毆，積蠹殃民，莫此爲甚。會同西安，明揭弊端，刻石禁諭：往者不究，來者可追。而今後敢有稔惡怙終，故違憲條者，法紀具在，其孰敢私？嗟嗟！山兮永峙，水兮常東。勒石以示，永永無窮。金石可泐，我碑不滅。所不悛者，其視此石。

新嶺隘　在邑北六十里。山勢峻絶，兩山如門。北至衢州龍游，唯一道可通。正德間，知縣張鉞以西江姚源之變，設寨守之，又名赤津嶺。

釋真可有《留題》：湯遂昌，湯遂昌，不住平川住山鄉，賺我千岩萬壑來，幾回熱汗沾衣裳。又詩：步入千峰去復來，唐山古道是蒼苔。紅魚早晚遲龍藏，須信湯休韻不灰。

邑令湯顯祖詩：歸去侵雲生赤津，瘦藤高笠隱精神。只知題處天香滿，紫柏先生可道人。

又詩：前身那擬是湯休，紫月唐山得再游。半偈雨花飛不去，却疑日暮碧雲留。

邑人項天衡詩：磴道盤空起，行人曲折登。春杉全帶霧，野客少逢僧。山僻虎留迹，日暄魚上罾。但從酒家宿，客路亦何憑。

坑西隘　在邑西一百四十里，路通江、浦，廼要害之徼也。嘉靖間，因礦賊起，知縣池浴德設寨守之。

礱口隘　在邑西一百四十里，界連龍、浦。嘉靖間，礦徒竊發，每烏合於此，知縣池浴德設寨以守。

高坪隘　在邑北七十里。萬山之巔，中寬平，方十餘里，四圍崒嵂，嶺通一線。康熙四十八年，流匪盤踞，知縣繆之弼設兵守之。

闕堂隘　在邑西一百二十里，界接龍泉咽喉之地。康熙四十八年，知縣繆之弼設兵守之。

北界隘〔一〕　在邑北四十里，京、省通衢，知縣繆之弼詳請增兵守之。

按：平昌環溪爲池，依山爲城，郡西僻壤也，苟設險以固，教民以守，暴可弭矣。

校注

〔一〕北界隘，原作『北界』，據句意補。

磹

龍磹　在邑東，昔時民居稠密。

襆頭磹　在邑東五里大溪中。狀如襆頭，水涸則見。諺云：襆頭磹上岸，遂昌官一半。宋時溪南漲沙與山麓等登桂籍者相望，亦一驗歟！詩載《形勝》。

仙岩　一名仙磹，在邑南三十里壬午岱。崇山峻嶺，至磹忽平衍，舊建梵宇。有田十餘畝，旁有一磹，宛然獅子蹲踞張口。中可容數百人，祀神曰『仙聖』，雩雨立應。磹背有仙女、虎掌、鎖匙諸迹，深四五寸許，歷歷可辨。旁插一峰，上巉下嶄，高可數十丈，土人稱爲涼傘峰焉。

石印磹　在邑西七十里，湖山水口，方如印，溪水四面洄漩。

唐巾磹、紗帽磹　俱在邑西五十里麻陽溪中，形狀宛然。

印石磹　在邑東十里，華使君廟西南隅。其石巨而方如印，下有飲馬池。

龜磹　在邑南拜山下溪中，似龜浮水面。舊直，今轉而横。

上水龍磹　在邑西石門灘大溪中，水激之澎湃潰湧，如龍上水，故名。

山風磹　在邑西一百十里，磹下有小洞從巔通麓，深邃，常有風出如扇。

石鼓磹　在邑北四十里，有石高丈許，擊之聲如鼓。

界石磹　在邑東二十里，松陽界上。其磹如鏡。邑令湯顯祖詩：玉輪江上美人精，黄鶴樓西石照明。何似松蔭側園鏡，一溪苔蘚暮灘聲。

洞

含輝洞　在邑東十里，初號章仙洞，以章思廉常住此。又傳爲宋高宗避金人之地。紹興間，邑令劉邦光易今名，刻以石壁，今有廟。

知縣許啟洪《別詩》：一樹桃花半有無，問津何處影模糊。前朝曾記龍魯隱，此日憑誰鳥可呼。月掛松頭林卿杳，煙迷柳色洞雲孤。殘霞收拾囊中去，剩有餘輝映玉壺。

靈泉洞　在含輝洞之上，形如船屋，有泉出其間，下可坐數十人。昔時嘗爲曲水流觴，有石碁盤，遺迹猶存。

邑人王養端《記略》曰：按《一統志》，遂去縣治東十里有石洞者二，傴僂而入，不數步，高遂盈丈，下可坐數十人，中有溜，響如鳴琴，多竅上出晶，晶映日若天窗。近北緣塹而躡有洞，側出蟠，屈深廣石間，微泉脉，脉婉轉，堪爲流觴曲水。石壁少偏，刻『靈泉洞』三大字。盖太末十八年，瑞山道士所書。

四明屠龍詩：谽谺咫尺開雙洞，虛敞何年鑿五丁。聞有羽人修玉液，久無雲屋貯仙經。松間神霧寒長住，石上靈泉瀉不停。天氣欲沉秋颯颯，疏星斜迸斷崖音。

邑人黃中詩：靈竅通溟海，逶迤細入池。暎天開曙色，輝日動寒漪。潤物渾無迹，爲霖定有期。

尋幽來洞口，掃石一題詩。

豹隱洞　在邑西五里竹坑。

膏龍洞　在邑西二十五里好義里。踰洞十里，有何相公廟，有禱輒應。

石門洞　在蔡山之源。石門高廣丈餘，深不可測。昔浮圖氏秉燭入，經一晝夜，倏聞風聲，寒凜而止。洞外有竹，冬夏一色，風起則枝梢鼓舞掃地，洞前潔净無塵。

仙鵝洞　在邑西九十里兩井，上飛瀑布，旁皆石壁，深絶危險，龍常蟄焉。禱雨者見白鵝出井，方得雨。

龍安洞　即洛浯洞，在邑西一百五十里。洞崇十五丈，廣一尋半，穴深莫知其極。南對大樓岩，岩頂飛瀑流湔，下爲三十六泓，第四泓號『龍井』，廣延皆二尺三，面石壁如削。旁有龕，昔净空禪師嘗戒定其中，見泓有黄龍，背金色晃耀，受其戒，俾應鄉人雨暘之禱，受紙獻無得踰三百，至今禱者投紙於泓，過數則紙浮而出。

川

吕川　在邑雙溪橋東，俗名吕村，昔時民居頗衆。

航川　一名航頭，在邑東十里。前有深潭澄澈。宋時科第相續。

葉可權《航川八景詩》：

《東闐曉雲》：闐峰崛起蒼玉屏，曉氣觸石天冥冥。白衣掛樹山色濕，宛如流水含春水。暾光穿林鶴初醒，薄雲浮空結虛暝。老僊醉卧石室深，起來但覺衣裳冷。

《西明夕照》：流鳥側翅天色暝，滿地餘輝弄晴景。東山恍若啣燭龍，西崦猶如食金餅。魯陽奮起揮天戈，寸晷不駐朱顔酡。羊脾未熟歲已暮，願駕六翮留羲和。

《清華秋月》：飛閣峨峨瞯空碧，清氣逼人風露寂。望舒駕月行青溟，滿地金波悄無迹。天色如水空塵埃，寒光透室秋徘徊。姮娥對鏡作隊舞，青鸞飛上瓊瑶臺。

《妙高晴嵐》：長風捲雲天界寬，濕氣縹渺蒸林巒。老僧曬衲日色薄，空翠滴落山光寒。爐烟生香清晝永，佛骨多年不知冷。錫聲破夢白鶴飛，古寺蕭蕭散青影。

《洗馬寒泉》：將軍勇氣超吴越，鉄馬追風汗流血。寒泉一掬清戰塵，六月人間灑飛雪。雪花濺落馮夷宫，霜蹄蹴月如游龍。何須更尋漏窪種，此水直與銀河通。

《釣魚清風》：老翁扁舟弄明月，洲渚無人鳥飛絶。清風凛凛醒醉魂，華髮蕭蕭吹白雪。白魚如玉蘆花飛，白浪萬頃堆琉璃。雲臺舊業付流水，一聲長嘯蒼苔磯。

《後墅春耕》：濃雲壓樹春雨足，十脉如酥秋水緑。大兒後墅扶耕犁，稚子前坡飯黄犢。黄雲捲空桑柘疏，鼓聲日夜鳴枌榆。烹羊炮羔醉耳熱，仰天拊缶歌烏烏。

《長安晚渡》：平蕪斷楚迷行路，夜渡茫茫煙水暮。孤舟隔岸呼不來，落日寒沙點鷗鷺。浮雲萬里空悠悠，長安不見令人愁。長安在西向東笑，欲借兩腋天風秋。

好川　在邑西二十里，川流環好，俗呼考村。舊有攀桂橋。

關川　在邑西一百二十里，其水西流，毛氏世居。

祥川　在邑東四十里六都，周姓世居。

東川　在邑西一百三十里，黄姓世居。

溪

雙溪　在邑東，前後兩溪至此合流而東下，故名。

後溪　在雙溪上游〔一〕。

梅溪　在邑北梅山之陽，二水環滙，植梅茂盛，故名。有詩載《形勝》。

梧桐溪　在邑東三十里。《永嘉志》云：梧桐溪有兩源。

湯溪　在邑西大田巡門山下深潭之側，水温如湯，故名。

柘溪　在邑西四十里，雞鳴峰側，室居密比，地夷田腴。宋時仕宦甚盛，稱柘溪之周。

梭溪　在邑西六十里丁嶺下。

宋侍郎盧襄詩：

赤欄橋底白石溪，水落石出青無泥。小魚依石避鳧鷖。半畝碎朝馬蹄快，走游平沙楊柳堤。

煙波日暖花影濃，身無六尺老玉驄。平頭奴輩懸詩筒。穿林彈射亂蒼落，游人十里聞香風。
野雉低飛宮錦身，溪魚三尺黄金鱗。玉壺滿注秦淮春。時平身健早行樂，趂取巾韝無戰塵。
美人嚼蕊題花葉，鐵鬚粉翅憐雙蝶。相逐高低盡輕捷。詩翁欲轉一笑妍，自拭菱花取金鑷。
手持六尺老藤枝，腰插六角輕蒲葵。白苧裁成新道衣。醉歸不免覓花嗅，酒暈已得山風吹。

官溪　在邑北三十里，京省必由。

桃溪　在邑北四十里，應氏世居，昔時科甲爲一邑冠。

練溪　在邑西五十里，吴氏世居。

邑人項應祥《八景詩》：

《石泉拖練》：千尋懸石竇，萬道落瓊鋪。試向吴門望，還如疋練無。

《文峰儲胥》：絶壁風雲護，崔嵬不可攀。昔爲戈戟地，今作太平山。

《大畈農歌》：地闢雲千畝，春深雨一犁。鼓含忘帝力，天籟響山溪。

《横岡牧唱》：短褐横牛背，相呼逐幔坡。歸來望松逕，吹笛月明多。

《太虚异箭》：肅慎飛來日，開山結蘂珠。至今傳僕射，無處覓邱瑜。

《安福神材》：天闢菩提境，楩楠永夜輸。如來今寂寞，蔡相亦躊躕。

《龍門靈湫》：遐源分積石，下與百川通。白日起蛟電，飛騰凌太空。

《樓峰霽雪》：寒谷吹鄒律，層崖次第春。松頭千點玉，相對却精神。

金溪　在邑西一百四十里，上有十峰，詩載前。

盤溪　在碧秀嶺下。

按：遂溪水悉澗壑，支流滙爲一川，源淺流迅，頑石磥砢，不可通舟，俱從陸驅馳爲艱。

校注

〔一〕在雙溪上游，『游』原作『頂』，根據句意修改。

潭

塔潭　在邑東塔山之下。

千人潭　在邑東三里。正統間，民兵與鮑村寇陶得二戰於此，兵敗溺死者甚衆，故名。

杭川潭　在邑東十里，西明山下。凝藍流碧，與日影争光。臨眺者吟咏甚多。

官潭　在邑南拜山下壽光宫前，又名射圃潭。

銅缽潭　在邑南二十五里。有泉三泓，形圓如缽。舊傳有翁氏兄弟結庵採藥於此。

緑廻潭　在邑西七十里，一村皆灘，惟此緑波廻旋，深不可測。

龍聰潭　在邑北四十里。中有一竅，四圍水旋入焉，莫知去流之處，常有龍浮於上。

井

玉井　在邑西二十里吴塢，井中石色如玉。

天師井　在西鄉二十三都昇溪。泉冬煖夏寒，鄉傳天師所浚，飲此可以療疾。

九井　在邑西一百二十里黄礎磜頭，形勢最高，有龍井九口，趨地下流，龍居其中，烈風雷雨時作，人至甚暑覺寒。如旱，禱之多應。

三井龍湫　在邑北三十里深山復岫中。石壁高數仞，瀑布中流爲三泓，最上一泓水緑色，深邃不可測，盛暑寒氣逼人。旱歲，禱者投茗醴果物於其下，如不潔即浮上，取其水而獲魚蟲，雨即驟至。

泉

虎跑泉　在唐山翠峰庵北澗，廣五畝，因虎跑出泉，歲旱不竭，亦名虎跑丘。

源

梧桐源　在邑東五十里，東流至松陽縣正念寺入大溪。

赤葉源　在邑東六十里，經五都、四都、二都、高路入大溪。

上通源　在邑南一百二十里，自龍泉分水北行八十里至縣，又東合於後溪。

後溪源　在邑西四十二里。

以上源之東行至松陽栝甌者。

柘上源　在邑西八十里。上接浦城罟網源，西流會蔡源，至蔡口與洋溪會於周公源，西行龍鼻頭至衢。

桃溪源　在邑北一百里。合白水源、馬埠、官溪、大小俟入大溪，歷靈山北行。

以上源之西北行至衢州者。

馬戍源　在邑北八十里。

輔倉源　在邑東一百里。發於大高嶺，北行。成化八年，改屬湯溪縣。

以上源之北行至金華者。

卷之二

食貨志

民爲邦本，食乃民天。善經邦者，必於此加意焉。蓋食貨足則賦税遵定限，丁徭奉成額，匪須有常貢，常平多厚積也。至若遂邑，僻處萬山中，其氣陰，況其地磽，鮮嘉産焉，亦可以知其物力之艱難矣。然天之生物蔑有，欲其樽節愛養，而纖悉又豈可略哉？志食貨。

户口

明　初無可考。

景泰三年，户：一萬三千四百四十五，口：三萬二百三十。

天順六年，户：一萬二千九百七十五，口：三萬一百三十四。

成化八年，分八都、九都入湯溪縣，户：一萬一千八百二十九，口：二萬五千一百三。

成化十八年，户：一萬一千六百一十八，口：二萬四千四百七十。

弘治五年，户：九千五百六十七，口：二萬四千五百八十。

弘治十五年，户：九千一百三十五，口：二萬四千六百九十五。

正德七年，户：八千八百九十，口：二萬四千六百九十一。
嘉靖元年，户：八千八百六十二，口：二萬四千七百二十。
嘉靖十一年，户：八千八百六十，口：二萬四千七百二十。
嘉靖二十一年，户：九千一百六十，口：二萬四千七百二十二。
嘉靖三十一年，户：九千一百六十，口：二萬四千七百二十三。
嘉靖四十一年，户：九千一百六十九，口：二萬四千七百二十三。
隆慶二年，户口人丁：一萬一千四百七丁口五分。

國朝

順治　年，户口人丁一萬一千四百七，丁口五分。
康熙六年，奉行清查，十年編審，户口人丁額如舊。
康熙五十年，編審户口人丁，原額一萬一千肆佰七，丁口五分，每丁繳銀六分六釐四毫。
實征銀七百五十七兩四錢五分八釐。

田糧

隆慶二年，田：二千二十一頃七十六畝九分五釐三毫。地：一百二十五頃三十四畝七分四釐。官山：二十五頃七十七畝二分。民山：七百七十頃一十一畝四分。塘：五頃六十四畝七分一釐。

國朝

順治　年，田地山塘一如原額。

康熙三年，清丈。

康熙六年，明白回奏案内，題准豁免積荒田七百七十二頃七分三釐三毫九絲二忽八塵，豁免積荒地一十九頃八十一畝五分七釐六絲五忽六微五塵，山塘額如舊。

康熙九年，開墾積荒田七頃二十五畝。

康熙十年，無徵荒逋，題蠲田三十八頃八十三畝八分三釐二毫八絲四忽三微。

康熙十二年，開墾積荒田六十二頃五十三畝三釐。

康熙二十一年，開墾積荒田四十一頃五十四畝。

康熙二十二年，開墾積荒田四一頃一十八畝五分六釐。

康熙二十四年，開墾積荒田一頃一十五畝四分。

康熙二十九年，開墾積荒田五頃五十九畝六分七釐。

康熙五十年，編審實存田地山塘：

田：一千三百三十九頃一十八畝四釐六毫二絲三忽六微二塵，每畝征銀八分八毫四絲，每畝征米七合三勺三抄，實征銀一萬八百二十五兩九錢三分四釐八毫五絲七忽七微二塵四秒四漠八纖，實征米九百八十一石六斗一升九合二勺七抄八撮九圭一粟一粒三黍四棲六慷。

地：一百五頃五十三畝一分六釐九毫三絲四忽三微無塵，每畝征銀一分七釐五毫。每畝征米一合五勺，實征銀一百八十四兩六錢八分四毫六絲三忽五微一塵一秒二漠九埃，實征米一百五十石八斗二升九合七勺五抄四撮一粟五粒二黍五粞。

原額官山：二十五頃七十七畝二分，每畝征銀八釐四毫，該銀二十一兩六錢四分八釐四毫八絲。

原額民山：七百七十頃一十一畝四分，每畝征銀六絲，該銀四兩六錢二分六毫八絲四忽。

原額塘：五頃六十四畝七分一釐，每畝征銀一分五釐一毫，每畝征米一合五勺，該銀八兩五錢二分七釐一毫二絲一忽，該米八鬥四升七合六抄五撮。

田地山塘及人丁共實征銀一萬一千八百二兩八錢六分九釐六毫六忽二微四塵五渺六漠五埃八纖。

一 加顏料：新加銀一百一兩二錢二分四釐五毫六絲二忽五微。

一 加蠟茶：新加銀一十兩三錢二分六釐七絲一忽八微三塵五渺。

一 加匠班銀：二十一兩八錢一分六釐三欵，於地丁項下每年每兩帶徵。

一 加收零積餘米：一石六斗六合二勺四圭九粟，改徵銀一兩六錢六釐二毫□□四微□塵。

以上田地、山塘、人丁，則通共實徵一萬一千九百三十七兩八錢四分二釐四毫八絲一忽七塵六漠五埃八纖。

遇閏年加徵閏銀二百五十七兩六錢八分五釐九毫四絲五忽四微二塵六渺二埃七纖二沙。

田地塘共實徵米〔一〕：九十八石二斗九升六合九抄七撮九圭二黍六粒五黍九粞六糠（一除收零），積餘米一石六斗六合二勺四抄四圭九粟。

實徵米：九百九十六石六斗八升九合八勺五抄七撮四圭三粟六粒五黍九粞六糠，折征□□□□□□□□。

共徵銀：一千一百九十六兩二合□釐八毫二絲八忽九微二塵三秒九漠一埃五微二渺。

遇閏年加征閏米：七十三石六斗五升三合，折徵每石解銀一兩二錢，共折征銀八十八兩三錢八分三釐六毫。

附載外賦入地丁科徵本縣課鈔銀三十一兩四錢一分一釐三毫八絲內均徭出解銀一十六兩抵裁冗兵；又里甲出辦銀一十五兩四錢一分一釐三毫八絲，歸經費用，一一款隨糧帶征，即在地丁糧征之內。外賦不入地丁科徵。薦新芽茶三斤每斤價銀一錢六分，共折征徵銀四錢八分茶户出辦。

校注

〔一〕田地塘共實徵米，『徵』原作『該』，據《乾隆遂昌縣志》改。

附賑恤

康熙十五年，大赦僞耿所陷郡縣，遂邑錢糧全免一年。又於十六年，皇恩大賑所陷郡縣難民，遂邑賑銀八百兩。

康熙二十五年，彙報水災，遂邑免銀八百八十一兩九錢四分七釐七毫二絲。

二十八年，聖駕南巡，大赦浙省錢糧。

四十四年，皇恩大赦全省錢糧。

四十七年，赦浙省丁銀，遂邑免銀七百五十七兩四錢五分八釐。

四十八年，皇恩大赦浙省錢糧。

五十年，皇恩浩蕩，將天下四十七年以前積逋及本年正供概行蠲免，浙省獨先。

賦税

起運

户部項下

銀硃：三十一斤六兩六錢六分。該銀一十四兩四錢五分一釐四毫七絲五忽，補墊損解路費共銀五兩一錢八分九釐九毫六絲四忽五微。

膩硃：一十五斤九兩五錢二分。該銀二兩三錢三分九釐二毫五絲，補損路費共銀一兩九錢九分六釐一毫六絲。

黑鉛：六十三斤三兩九錢二分。該銀二兩二錢一分三釐五毫七絲五忽，補損路費共銀九錢六分一釐三毫二絲四忽。

烏梅：二十四斤一兩一分。該銀四錢八分一釐二毫六絲二忽五微，補損路費共銀三錢二分二釐四毫四絲五忽八徵七塵。

五棓子：六斤五兩二錢四分。該銀二錢二分一釐四毫六絲二忽五徵，補損路費共銀九分六釐一毫七絲八忽。

黄蠟：三十斤九兩一錢五分。該銀四兩八錢九分一釐五毫，補損路費共銀一兩七分六釐一毫三絲。

黄熟銅：二十九斤四兩二錢二分。該銀三兩三錢六釐八毫三忽七微五塵，補損路費共銀八錢六分五釐三絲六忽微五塵。

桐油：一百八十斤九三錢二分。該銀五兩四錢一分七釐四毫七絲五忽，補損路共銀二兩九分四釐七毫五絲七忽。

本色黄蠟：五十五斤二兩五錢五分六毫。該銀一十一兩三錢二分一釐一毫二絲二徵五塵。

芽茶：四十二斤五兩三分九釐。該銀二兩五錢三分八釐八毫九絲六忽二微五塵。

以上顏料本色及本色蠟茶，每年二月間確估時價，具題造報，徵銀解府，委官辦料解部。

顏料改折：銀硃，三十六斤五兩八錢四分，該銀十六兩七錢二分七釐九毫。膩硃，五斤十兩三錢二分，該銀八錢四分六釐七毫五絲。烏梅，二十一斤一兩九錢一分，該銀四錢二分二釐三毫八絲七忽五微。黄熟銅，三十八斤八兩二錢，該銀四兩三錢五分一釐九毫一絲二忽五微。桐油，二百三十斤九兩五錢二分，該銀六兩九錢一分七釐八毫五絲。全折生漆，五十一斤一十一兩一錢五分六釐，該銀五兩一錢六分九釐七毫二絲五忽。全折嚴漆，二十九斤一十兩一錢五分，該銀三兩五錢五分六釐一毫二絲五忽。七項補損路費共銀一十三兩一錢七分四釐七毫九絲七忽一微二塵五渺。

黄蠟改折：一百三十斤十五兩七錢四分五釐四毫，該銀四十四兩五錢三分四釐五毫八絲九忽七微五塵。路費銀：四錢七分七釐三毫六絲四忽四微三塵七渺五漠。

芽茶改折：四十一斤十三兩六錢六分一釐，該銀四兩三錢三分六釐二毫七絲一忽二微五塵。路費銀：四分三釐三毫六絲二忽七微一塵二渺五漠。

葉茶改折：五十八斤三兩九錢，該銀二兩三錢二分九釐七毫五絲，路費銀二分三釐二毫九絲七忽五微。

以上徵銀解府，隨府解部，共銀一百二兩九錢一分二釐八絲二忽七微七塵五渺。

顏料改折加增時價：銀硃，每斤加銀二兩一錢四分。烏梅，每斤加銀六分。黄熟銅，每斤加銀三分七釐。桐油，每斤加銀四分五釐。生漆，每斤加銀一錢。嚴漆，每斤加銀一錢八分。膩硃，每斤減銀三分。加減合算，共該一百一兩二錢二分四釐五毫六絲二忽五微。

黄蠟加增時價，每斤加銀四分該銀九錢一分四釐八毫三絲三忽五微。路費銀，九釐一毫四絲八忽三微三塵五渺。

芽茶加增時價，分别二則加價，共該銀五兩八錢九釐六毫八絲七忽五微，路費銀，五分八釐九絲六忽八微七塵五渺。

葉茶加增時價，每斤加銀九分該銀三兩四錢九分九釐三毫一絲二忽五微。路費銀，三分四釐九毫九絲三忽一微二塵五渺。

以上不入科則，每年於地丁項下每兩科加徵解司，另欵解部，共銀一百一十一兩五錢五分六毫三絲四忽三微三塵五渺。

農桑絹：折銀，除荒逋，實征銀一十兩四錢五分八釐三毫九絲四忽九塵。路費，除荒逋，實征銀壹錢三毫八絲四忽五渺一漠。

折色蠟價：除荒逋，實征銀壹百五兩四錢五分八釐九毫三絲二忽四微八塵。路費，除荒逋，實征銀壹兩五分三釐五毫八絲九忽四微五塵。

富户：除荒逋，實征銀六兩二錢九分四絲七二微一塵塵。路費，除荒逋，實徵銀六分二釐九四微八塵。

昌平州：除荒逋，實徵銀二兩一錢三分八釐六毫一絲六忽七塵。路費，除荒逋，實徵銀二分一釐三毫八絲六忽一微七塵。

江南藥價：除荒逋，實徵銀二分七理五毫五絲五忽三微四塵。路費，除荒逋，實徵銀七釐六絲五忽三塵。

柴直：除荒逋，實徵銀二十三兩二錢一分二毫七絲四忽一微九塵。路費，除荒逋，實徵銀二錢三分二釐一毫二忽七微五塵。遇閏加柴直及路費共三兩三分。

顔料改折價墊損解：除荒逋，實徵銀四百六十四七錢八分八釐一毫二絲五忽七微四塵二渺五漠。路費，除荒逋，實徵銀四兩六錢四分七釐八毫八絲一忽三微六塵五渺三漠二埃五纖。

鹽鈔：除荒逋，實徵銀一十三兩四錢八分一釐三毫二絲五微五塵八渺六漠。路費，除荒逋，實徵銀一錢六分一釐七毫五絲七忽四微七塵五渺一漠四埃三纖三沙。遇閏加銀，鹽鈔及路費一兩八錢七釐四毫九絲六忽五微五塵一渺二埃七纖二沙。

九釐：除荒逋，實徵銀一千六百七十五兩八錢四分九釐八毫二絲七忽四塵。路費，除荒逋，實徵銀一十一兩七錢三分五釐四毫八絲三忽四微八釐。

以上地丁，除積荒荒逋，共實徵銀二千三百一十九兩三錢五釐六毫四絲一忽八徵八塵四渺六漠六埃八纖三沙。

禮部項下

薦新芽茶：三斤。奉文折徵，每斤價銀一錢六分，共銀四錢八分。黄絹、袋、旗號簍、損、路費銀：二兩。

茯苓：一斤一十兩七錢八分四釐七毫九絲五忽二微三塵八渺九埃五纖三沙。每斤價銀七分，奉文折二解一，該實辦銀：一錢一分七釐一毫八絲三忽四微七塵九渺一漠六埃七纖七沙。津貼路費：一錢一分二釐九毫一絲八忽四微五塵二漠二埃五纖一沙。

藥材改折：奉文改折，茯苓，三斤五兩五錢六分九釐五毫九絲四微七塵六渺一漠九埃五沙。每斤價銀七分，該銀二錢三分四釐三毫六絲六忽九微五塵八渺三漠三埃三纖三沙。甜葶藶，一十三兩三錢九分一釐，每斤價銀二分三釐，該銀一分九釐二毫四絲九忽五微六塵二渺五漠。共津貼路費：該銀二錢四分四釐二毫八絲一忽五微四塵九渺七漠七埃四纖九沙。

以上本色及改折，又及絹、袱、簍、損、津貼路費，共地丁銀二兩七錢二分八釐，外賦芽茶折色銀四錢八分。

牲口：除荒逋，實徵銀五十五兩三錢五分二釐四毫一絲五忽四微一塵。路費：除荒逋，實徵銀五錢五分三釐五毫二絲四忽一微六塵。

藥材折色：除荒逋，實徵銀七錢五分三釐一毫七忽二微六塵。津貼路費：除荒逋，實徵銀四錢七分六毫八絲四忽二微四塵。

光禄寺菓品：除荒逋，實徵銀二十六兩四錢一分八釐一毫九絲八忽二微七塵。路費：除荒逋，實徵銀二錢六分四釐一毫八絲一忽九微九塵。

光禄寺籙笋：除荒逋，實徵銀八兩七錢三分一釐七毫一絲七忽八微一塵。路費：除荒逋，實徵銀八分七釐三毫一絲七忽一微六塵。

以上折色及津貼路費，共地丁銀九十二兩六錢三分一釐一毫四絲六忽三微。

工部項下

白硝麂皮：除荒逋，實徵銀一十三兩四錢五四釐二毫二絲二忽二微七塵。

雕填匠役：除荒逋，實徵銀二兩二錢二分三釐二毫四絲二忽三微五塵。路費：除荒逋，實徵銀二分二釐二毫三絲二忽四微二塵。閏加銀匠役及路費：共二錢九分七釐四毫四絲五忽。

漆木料：除荒逋，實徵銀一兩八錢三分二釐八毫五絲一忽八微三塵。

桐木水脚：除荒逋，實徵銀一十二兩五錢八分九絲四忽四微一塵。

弓改牛角：除荒逋，實徵銀肆佰八十六兩八錢四分九釐六毫五絲三忽六微七塵。路費：除荒逋，實征銀四兩八錢六分八釐四毫九絲六忽五微四塵。

箭：除荒逋，實徵銀一百四十七兩二錢五分五忽七塵。

弦：除荒逋，實徵銀八十一兩七分八釐七毫八忽四微八塵。

胖襖褲鞋：除荒逋，實徵銀一十六兩九錢八分三釐一毫二絲七忽四微六塵。

四司工料：除荒逋，實徵銀一百三十四兩七錢七分二毫一絲八忽九微四塵。

軍器民七：除荒逋，實徵銀七十九兩二錢三分一釐七毫七絲八忽二微七塵。

軍器路費：除荒逋，實徵銀一十一兩二錢六分六釐三毫五絲三微五塵六渺。

班匠銀，二十一兩八錢一分六釐。

以上折色及路費，共地丁銀九百九十二兩四錢一分九毫八絲二忽七塵六渺。不入田畝帶徵班匠銀：二十一兩八錢一分六釐。

裁改存留解部

順治九年，舊編裁剩解部，并米折銀四百二十二兩五分七釐三毫八絲三忽九微一塵九渺三漠三埃一纖七沙。内：本府巡鹽應捕抵課，并滴珠銀三兩八錢二分二釐二毫四絲四忽。本縣捕盗銀四十三兩二錢。上司按臨并府縣塑望行香、講書、筆墨、香燭銀三兩。外省馬價銀二百四十三兩六錢四分八釐八毫。本府預備倉經費銀一十二兩八錢。本縣預備倉經費銀二十一兩六錢。預備本府雜用銀一十一兩。預備本縣雜用銀五十三兩二錢一分六釐二毫二絲。馬步巡司弓兵銀一十四兩四錢。收零積餘銀一十三兩七錢六分三釐八毫七絲九忽四微二塵九渺三漠三埃一纖七沙。收零積餘米銀一兩六錢六釐二毫四絲四微九塵。前項除荒逋共實徵銀二百九十二兩八錢九分二釐三毫一絲五忽四一塵四渺九漠八埃九纖七沙。馬價路費除荒逋實徵銀一兩五錢三分二釐五毫四絲八忽三微二塵。閏加銀一兩五錢一分八釐五毫二絲。

順治九年，裁扣銀：二百六十兩。內：本府通判、步快、皂隸、燈夫、轎傘扇夫銀三十四兩八錢。馬步巡司書皂銀三兩六錢。本縣知縣修宅、家伙銀二十兩。吏書、門皂、馬快、民壯、燈夫、禁卒、轎傘扇夫、庫子、鬥級、倉書銀一百九十三兩二錢。典史、書門、皂馬銀八兩四錢。前項除荒逋，共實徵銀一百六十三兩五錢四分一釐二毫二絲七忽三微三塵。閏加銀二十兩。

順治十二年，裁知縣迎送上司傘扇銀八兩。除荒逋，實徵銀五兩三分二釐三絲七忽七微七塵。

順治十三年，漕運月糧三分，撥還軍儲銀七百六十六兩一錢六分二釐三毫九絲二微三塵，除荒逋，實徵銀四百八十一兩九錢一分九釐七毫五絲九忽二微二塵。閏加銀二十二兩九分五釐九毫。

順治十四年，裁扣銀二百二十三兩六錢八毫五絲。內：本府進表委官鹽纏銀五錢五分一釐八毫五絲；本縣知縣薪油燭傘扇銀三十兩四錢九分；生員廩糧銀一百二十八兩；上司經過、公幹官員下程、油燭柴炭銀八兩；門神、挑符銀六錢；鄉飲酒禮銀六兩五錢；提學道考試心紅、紙扎、油燭、柴炭、吏書、廩糧、皂隸米菜銀二錢九分；提學道考試搭蓋篷廠銀七錢五分；歲考生員試卷、果餅、激賞花紅、紙扎、筆墨并童生果餅、進學花紅銀七兩九錢一分九釐；歲考生員試卷、果餅、激賞花紅、紙扎、筆墨銀八兩五錢；馬步巡司弓兵銀二十八兩八錢；括蒼渡渡夫銀六錢；周公、龍鼻二渡渡夫銀二兩；預備銀内扣按察司進表水手銀：六錢。前項除荒逋，共實徵銀一百四十兩六錢四分六釐七忽六釐五塵。閏加銀二兩六錢一分六釐六毫六絲五忽。

順治十四年，裁膳夫銀四十兩。除荒逋，實徵銀二十五兩一錢六分一毫八絲八忽八微二塵，閏加銀三兩三錢三分三釐三毫。

順治十五年，裁優免銀四百七十兩四錢九分一毫，除荒逋，實徵銀二百九十五兩九錢四分四毫九絲三忽八微六塵。

順治十六年，裁官經費銀一百五十兩六錢四分。内：教諭俸銀三十一兩五錢二分；喂馬草料銀一十二兩；門子銀一十四兩四錢；馬步巡司俸銀三十一兩五錢二分；書皂銀一十八兩；弓兵銀四十三兩二錢。前項除荒逋，共實徵銀九十四兩七錢六分七絲二忽一微四塵。閏加銀二十兩五錢五分六釐三毫。

康熙元年，裁歲考心紅銀八兩九錢五分九釐。原編提學道歲考心紅、紙扎、油燭、柴炭、吏書門皂米菜銀五錢八分；提學道考試搭蓋蓬廠工料銀一兩五錢；歲考生員合用試卷、果餅、激賞花紅、紙扎、筆墨，并童生果餅、進學花紅銀一十五兩八錢三分八釐。除順治十四年裁半外，今裁前項，除荒逋，共實徵銀五兩六錢三分五釐二毫五絲二忽三微九塵。

康熙元年，裁吏書工食銀七十八兩。本縣知縣吏書銀七十二兩；典史書辦銀六兩。前項除荒逋，共實徵銀四十九兩六分三釐三毫六絲八忽二微一塵。閏加銀六兩五錢。

康熙二年，裁倉庫、學書、工食銀一十九兩二錢：倉書銀六兩，庫書銀六兩，學書銀七兩二錢。前項除荒逋。共實徵銀一十二兩七分六釐八毫九絲六微四塵。閏加銀一兩六錢。

康熙三年，裁教職門子銀七兩二錢。除荒逋，實徵銀四兩五錢二分八釐八毫三絲四忽，閏加銀六錢。

康熙三年，裁齋夫銀三十六兩。除荒逋，實徵銀二十二兩六錢四分四釐一毫六絲九忽九微四塵。閏加銀三兩。

康熙八年，裁驛站上司中夥宿食銀三兩五錢。除荒逋，實徵銀二兩二錢一釐五毫一絲六忽五微三塵。

康熙十四年，裁扣銀一百三十五兩三錢六分九釐八毫二絲六忽：知縣心紅銀二十兩；修理倉監銀二十兩；喂馬草料裁半銀六兩；季考生員試卷、果餅、花紅、紙扎、筆墨裁半府銀一兩二錢五分，縣銀三兩；修理府縣鄉飲棹椅、什物銀一兩；司備用銀八十四兩一錢一分九釐八毫二絲六忽。前項除荒逋，共實徵銀八十五兩一錢三分八釐二毫五絲九忽五微二塵。

康熙十四年，裁扣銀四十六兩二錢四分七釐六毫五絲四忽：季考生員試卷、果餅、花紅、紙扎、筆墨裁半府銀一兩二錢五分，縣銀三兩；修城民七料銀五兩九錢四分六釐三毫；縣備用銀三十六兩五分一釐三毫五絲四忽。前項除荒逋，共實徵銀二十九兩八分九釐九毫九絲九微七塵。

康熙十五年，裁扣銀二十一兩七錢九分二釐八毫：各院觀風，季考生員試卷、果餅、花紅、紙扎、筆墨府銀：二兩八錢；府縣新任祭門府銀四錢一分六釐七毫；縣銀一兩六錢六分六釐七毫；府縣應朝、起程、復任、公宴、祭門府銀二錢縣銀一兩一錢三分三釐四毫；優免銀一十五兩五錢七分六釐。前項除荒逋，共實徵銀一十九兩四錢八分六釐三毫九絲六忽五微五塵。

康熙十六年，裁扣銀一十一兩三錢六分：喂馬草料裁半銀六兩；迎春芒神、土牛、春酒，裁半銀二兩；府縣升遷，給由公宴、祭江府銀五錢六分，縣銀二兩八錢。前項除荒逋，共實徵銀七兩一錢四分五釐四毫九絲三忽六微四塵。

康熙二十三年，裁督院彬字號座船水手銀一十五兩。除荒逋，實徵銀九兩四錢三分五釐七絲八微二塵。閏加銀一兩二錢五分。

康熙二十七年，裁歲貢生員赴京路費銀三十五兩一錢一分：府銀五兩一錢一分；縣銀三十兩。除荒逋，實徵銀二十二兩八分四釐三毫五絲五忽七微四塵。

康熙二十七年，裁扣銀一百九兩二錢六分四釐九毫八絲三忽：科舉禮幣，進士、舉人牌坊銀三十八兩五錢六分九釐四毫五絲；會試舉人水手銀二十三兩；武舉筵宴銀五錢；僱税家伙并募夫銀一兩六錢；迎宴新舉人旗匾、花紅、旗帳、酒禮府銀一兩五錢五分五釐五毫六絲，縣銀二兩三錢三分三釐三毫四絲；起送會試舉人酒席、路費、卷資府銀三兩五錢，縣銀二兩八錢六分；賀新進士旗匾、花紅、酒禮銀三兩三錢三分三釐三毫；起送科舉生員花紅、卷資、路費、酒禮府銀五兩，縣銀二十七兩一分三釐三毫三絲三忽。前項除荒逋，共實徵銀六十八兩七錢二分八釐一毫九絲一塵。

康熙三十一年，裁驛站本府各驛銀二百八十六兩四錢一分六釐九毫一絲三忽八微八塵。除荒逋，實徵銀一百八十兩一錢五分七釐一毫三絲四忽五微二塵。閏加銀八兩六錢三分一釐七毫。

康熙三十九年，裁官經費銀一百七十四兩。内：通判步快銀四十八兩；皂隸銀七十二兩；燈夫銀一十二兩；轎傘扇夫銀四十二兩。前項除荒逋，共實徵銀一百一十一兩七錢四分四釐三毫。閏加銀一十四兩五錢。

以上共地丁銀二千一百一兩一錢五分八釐四毫六絲八忽八微六塵四渺九漠八埃九纖七沙，積餘米改徵銀一兩六錢六釐二毫四絲四微九塵。

留充兵餉改起運

田、地、山，銀一千五百四十一兩八錢八分四釐七毫九絲二忽五微六塵，除荒逋，實徵銀九百六十九兩八錢五分二釐七毫一絲二忽八塵。

均徭充餉，銀八十四兩九錢，除荒逋，實銀五十三兩四錢二釐五毫七微八塵。

民壯充餉，銀一千三百七十六兩四錢三分，除荒逋，實銀八百六十五兩七錢八分九毫六絲七忽四微四塵，閏加銀一百三十三兩五錢。

預備鹽米折銀七十七兩三錢，除荒逋，實銀四十八兩六錢二分二釐六絲四忽九微，閏加銀二十五兩七錢三分三釐四絲六忽八微七塵五渺。

撥補軍儲克餉，銀六百三十兩八錢六分一釐九毫一絲二忽，除荒逋，實銀三百九十六兩八錢一分五釐一毫二微九塵。

軍儲餘米充餉，銀二百七十二兩七錢，除荒逋，實銀一百七十一兩五錢二分九釐六毫八絲七忽二微九塵。

曆日充餉，銀四兩二錢，除荒逋，實銀二兩六錢四分一釐八毫一絲九忽八微四塵。

會裁冗役充餉，銀七百三十九兩四分三釐四毫，除荒逋，實銀四百六十四兩八錢六分一釐七毫八絲七忽三微六塵。閏加銀四十九兩九錢一分一釐七毫。

協濟西安縣夫馬抵解兵餉，銀三十兩，除荒逋，實銀一十八兩八錢七分一毫四絲六微二塵，閏加銀二兩五錢。

以上共地丁銀二千九百九十二兩三錢七分六釐八毫一絲八微五塵。

鹽課（運司專轄）

馬步巡司弓兵，抵課銀一十二兩，滴珠路費銀一錢二分。閏加銀一兩一分。

以上共地丁銀一十二兩一錢二分。

漕運（糧儲道專轄）

隨漕本色月糧，給軍米一千五百石，除荒逋，實徵米九百九十六石六斗八升九合八勺五抄七撮三圭三粟六粒五黍九粞六糠，閏加米七十三石六斗五升三合。

隨漕折色：淺船料銀二百六十七兩二分二釐四毫，康熙三十四年，歸船政官支銷，余銀解部充餉。貢具銀五十五兩七錢三分二釐六毫二八忽，康熙三十四年歸船政官支銷，餘銀解部充餉。月糧七分給軍銀一千七百八十七兩七錢一分二釐二毫五絲八微，閏加銀五十五兩五錢五分七釐一毫。

以上本色月糧外折色地丁銀共二千一百一十兩四錢六分七釐二毫七絲八忽八微。

驛站（驛傳道專轄）

本府各驛，銀五十一兩，係地丁編徵，各驛支銷，細欵註本府項下；閏加銀六兩二錢，係驛站新加地丁編徵。

司存留項下

曆日紙料，除荒逋，實徵銀六兩二錢八分六釐一毫，閏加銀一錢四分三釐一毫四絲七忽。

戰船民六料，除荒逋，實徵銀二十二兩四錢三分一釐一毫。

以上共地丁銀實徵二十八兩七錢一分七釐二毫。

府、縣存留項下

本府拜進表箋、綾函、紙扎，寫表生、員工食，銀一兩八錢三分八釐一毫五絲，除荒逋，實銀一兩一錢七分二釐四毫。

本縣拜賀、習儀香燭，銀四錢八分，除荒逋，實銀三錢五釐。

本縣祭祀，銀原額一百三十七兩四錢五分内。

文廟二祭，原額銀五十九兩五錢七分，除荒逋。

啓聖公祠二祭，原額銀一十二兩，除荒逋。

社稷山川二祭，原額銀三十二兩，除荒逋。

邑厲壇三祭，原額銀二十四兩，除荒逋。

土地祠二祭，原額銀一兩八錢八分，除荒逋。

鄉賢名宦祠二祭，原額銀八兩，除荒逋。

以上六條，除荒逋，實徵銀八十六兩一錢一分九釐九毫八絲九忽八微一塵。

文廟香燭，銀一兩六錢，除荒逋，實銀一兩一錢一分八釐八毫。

迎春芒神、土牛、春酒，銀二兩，除荒逋，實銀一兩二錢七分三釐。

本縣知縣員下編給

知縣，俸銀四十五兩，除荒逋，實銀二十八兩六錢四分一釐三毫九絲九忽。

門子二名，工食銀一十二兩，除荒逋，實銀七兩六錢三分七釐八毫，閏加銀一兩。

皂隸一十六名，工食銀九十六兩，除荒逋，實銀六十一兩一錢三釐七毫，閏加銀八兩。

馬快八名，工食銀每名六兩。馬械巡船，銀每名一十兩八錢，共銀一百三十四兩四錢，除荒逋，實銀八十七兩四錢九分四釐九毫九絲七忽一微一塵。閏加銀一十一兩二錢。

民壯五十名，工食銀三百兩，除荒逋，實銀一百九十兩八錢三分一釐五毫，閏加銀二十五兩。

燈夫四名，工食銀二十四兩，除荒逋，實銀一十五兩二錢七分六釐，閏加銀二兩。

禁卒八名，工食銀四十八兩，除荒逋，實銀三十兩五錢五分二釐一毫，閏加銀四兩。

轎傘扇夫七名，工食銀四十二兩，除荒逋，實銀二十六兩七錢二分七釐四毫九絲九忽七微。閏加銀三兩五錢。

庫子四名，工食銀二十四兩，除荒逋，實銀一十五兩二錢七分六釐，閏加銀二兩。

斗級四名，工食銀二十四兩，除荒逋，實銀一十五兩二錢七分六釐，閏加銀二兩。

知縣員下共編給實徵銀四百七十八兩八錢一分六釐九毫九絲五忽八微一塵。

典史員下編給

典史，俸銀三十一兩五錢二分，除荒逋，實銀二十兩六分一釐五毫。

門子一名，工食銀六兩，除荒逋，實銀三兩八錢一分八釐八毫。閏加銀五錢。

皂隸四名，工食銀二十四兩，除荒逋，實銀一十五兩二錢七分六釐，閏加銀二兩。

馬夫一名，工食銀六兩，除荒逋實銀三兩八錢一分八釐八毫，閏加銀五錢。

典史員下共編給實徵銀四十二兩九錢七分五釐一毫。

儒學教職員下編給

儒學訓導俸銀三十一兩五錢二分，除荒逋，實銀二十兩六分一釐五毫。康熙十年，復教兩官同食一俸。

廩膳生員，廩糧銀六十四兩，除荒逋，實銀四十兩七錢三分五釐三毫。

齋夫三名，工食銀每名一十二兩，共三十六兩，除荒逋，實銀二十二兩九錢一分三釐三毫五絲一忽，閏加銀三兩。

膳夫八名，共工食銀四十兩，除荒逋，實銀二十五兩四錢八分九釐五毫，閏加銀三兩三錢三分三釐三毫。

門斗二名，工食每名七兩二錢，共銀一十四兩四錢，除荒逋，實銀九兩一錢六分六釐八毫，閏加銀一兩二錢。

儒學員下共編給實徵銀一百一十八兩三錢六分六釐四毫五絲一忽。

鄉飲酒禮二次：銀六兩五錢，除荒逋，實銀四兩一錢四分一釐八毫。

本府歲貢，路費、旗匾、花紅、酒禮：銀九錢，除荒逋，實銀五錢七分二釐九毫。

縣歲貢，旗匾、花紅、酒禮：銀四兩五錢，除荒逋，實銀二兩八錢六分四釐一毫。

府縣巡鹽應捕共五名，府鹽捕一名，縣鹽捕四名，每工食銀七兩二錢，共銀三十六兩，除荒逋，實銀二十二兩七錢一分三釐三毫五絲一忽，閏加銀三兩。

本府解户役，銀三十兩，除荒逋，實銀一十九兩一錢一分七釐六毫。

看守布、按二分司公署門子二名，工食銀每名二兩，共四兩，除荒逋，實銀二兩五錢四分六釐五毫，閏加銀三錢三分三釐三毫三絲。

偏僻三舖司兵，工食銀三十七兩五錢：縣前舖三名，每名四兩五錢，共十三兩五錢。杭頭舖、資口舖各三名，每名四兩，共二十四兩。除荒逋，實銀二十三兩八錢六分三釐一毫。閏加銀：縣前舖，一兩一錢二分五釐；杭頭、資口二舖，一兩九錢九分九釐九毫九絲八忽。

通濟橋夫五名，工食銀二十五兩，每名銀四兩，共銀二十兩。又每名修橋銀一兩，共銀五兩。除荒逋，實銀一十五兩九錢三分一釐九毫，閏加銀二兩八分三釐三毫三絲。

各渡渡夫，工食銀二兩六錢：周公、龍鼻二渡夫二名，每名一兩，共二兩。除荒逋，實銀一兩二錢七分二釐七毫。括蒼渡夫一名，銀六錢，除荒逋，實銀三錢八分一釐九毫。三渡共一兩六錢五分四釐六毫。閏加銀，周公、龍鼻二渡，一錢六分六釐六毫六絲五忽，括蒼渡五分。

孤貧三十四名，布花、木柴銀二十兩四錢，每名年給銀六錢，共該前數，除荒逋，實銀一十二兩九錢八分四釐三毫二絲七忽六微六塵。

孤貧三十四名，口糧銀一百二十二兩四錢，每名歲支銀三兩六錢，共該前數，除荒逋，實銀七十七兩九錢五釐九毫七絲二忽三微四塵。

縣獄重囚口糧，銀三十六兩，除荒逋，實銀二十二兩九錢一分二釐三毫。

以上府、縣存留，共實徵銀九百三十七兩二錢五分七釐一毫八絲七忽六微二塵。

外賦

税契，銀額無定。

伢税，銀四兩二錢。

牛税，銀二兩。

《舊志》故明賦税事例，附録于左，以備查考。

夏税，麥七百六十三石二斗六升二合八勺。

秋税，米五千九百四十三石六斗九升六勺。

本府永豐倉，秋米四千一百二十四石七斗八升三合七勺二抄五撮。

本縣存留倉，秋米二百四十石。

温州府平定倉，秋米五百五石。

樂清縣廣豐五倉，秋米五百九十五石。

顔料，秋米四百一十九石三斗六合八勺七抄五撮。

預備，秋米五十九石六斗。

本府儒學倉，麥一百石，聽給師生俸廩。

際留倉，麥一百石。

温州府樂清縣廣豐五倉，麥五百七十三石二斗六升二合八勺。

永革縣里碑詳文

康熙十一年，知縣李翔爲凜遵憲法，落甲分催，滚單實可行，現里實可革，絶無窮之積弊，立便民之良法，懇請詳憲批允勒石，以利徵輸，以垂永久事：

據通縣士民、里老、鄉約等呈稱：遂昌積弊較他日而倍甚，一困於荒額之未豁，一困於熟田之不清，一困於現里之爲累，一困於同户之不分，一困於丁口之不均。此五弊者相爲終始，而遂昌之積弊竟至於不可解。幸蒙各憲軫恤地方，得沐一豁再豁之皇仁，而遂昌之荒額不爲累矣。蒙臺下車之初，首急歸户，幸而歸户告成，而熟田已立清矣。丁額現蒙恩請照田定丁，而丁額允無不公不均之弊矣。獨是現年之爲累，例以一甲催十甲，革雖立革，同户之不分，每以此户累彼户，清未易清。又幸歸户之後，即逢定圖之年，蒙臺遵奉憲行，照田定里，焦心苦思，親自酌定，日夜不遑，一以至公無私，分毫不爽。且遠近各別，親疏各分，既無追呼不應之慮，又無同户混淆之憂。編審一成，適荷撫憲落甲分催一示到縣，蒙恩凜遵憲示，落甲分催，每圖置滾籤一枝，隨置滾簿一本，近者相去未幾，十甲輪領輪繳，遠者勢難統催，分甲自領自繳，此甲之糧不累彼甲，此户之糧不累彼户，野不睹追呼之擾，堂不聞箠楚之聲，開征近一月，而漕運幾完十之四，較之往年之用現里，其難易美惡相去霄壤矣。現里同户之累，一朝除之，上可便公，下可便私，此誠徵輸裼之良法，而永可遵行者也。竊幸法良弊去〔一〕，又慮法久弊生，乞臺爲遂昌救一日，尤爲遂昌救百年，恩詳各憲批示勒石，永革現里，各甲完各甲，各户完各户，遂昌子民永沾恩於無既矣等情前來。據此，竊查遂昌彈丸小邑，自兵寇之後，諸弊叢生，莫可救藥，誠有如所陳者，幸而仰藉各憲加意軫恤，目今荒額已豁，熟田已清，現里已革，同户已分，丁額請均，此誠遂昌死而復蘇之日也。但荒熟之田已定，奸猾無所施其巧，户丁之〔二〕册若均，里胥何由挾其詐？獨是現里之弊，職遵憲示，落甲分催，每圖用滾籤一枝，遵照編定田地山塘里役分數，置滾簿一本，某某田地山塘折實里役共若干，某某應銀米若干，俱分列簿內，令其自查自投，近者相去不遠，定在一圖一籤一簿，輪領輪繳，完者不赴比，遠者相其地勢，遠鄉傳催，各籤各簿，分分欠者，方行提比。此職開徵十一年漕糧，已月單實可行，現里實可革，而已有效者，惟是一甲二甲，編審在前之里民，無不共樂，法良弊去，皆無現里之苦；三甲四甲，編審在後之里户，又無不共慮，法久弊生，切憂後有現里之累，且包當現里之人，苦於無技可逞，固不敢顯抗法，亦未始不隱撓法。所以當編審之初，現里未革，里户惟恐定入一甲二甲，及開徵之日，現里不用，里户又悔不定夫一甲二甲，此所以切切焉有勒石永革之請也。職念繫國課民命攸關，未經詳明，職何敢擅便，合亟具由申詳，批允勒石，以絶弊竇，以垂永遠，職與遂昌子民共頂戴高深於無量矣。蒙巡撫都院范批：據詳落甲分催，革去現里，足見該縣力於奉行，既稱有效，民困獲蘇，仰勒石垂久，永絶積弊。

校注

〔一〕竊幸法良弊去，『竊』原作『切』，據《乾隆遂昌縣志》改。

〔二〕户丁之，至本段『永絶積弊』部分，爲原文所缺，據《乾隆遂昌縣志》補。

名宦邑令李公　諱翔　准行公費呈

康熙十一年間，邑士民爲恩從民便，循行公費，永除里弊，以保殘疆事：

蕞爾遂昌，土瘠民貧，屢遭寇害，慘苦异常。更有現里一事，爲害最烈，弊竇百出，使費浩繁，輕則破家，重則喪命。曾經條陳三院酌議，每田一畝，輪糧七釐，以資公需。奈後加派濫觴，無所底止，以致逃亡相繼，田土抛荒，額賦日虧，官民交困。幸清朝鼎新，仁政覃敷，荷清丈蠲荒之恩，革現年積陋之弊，良法美意，曠世一遇。但現里之民，雖蒙憲革，每歲里費，勢難盡除。如遞年解糧、解餉水腳有費顔料、蠟茶水腳有費聖廟兩壇、春秋貼祭有費，收糧、簿串、流水、官簿有費，各憲壽誕錦屏、餽儀有費，學道科歲供應花紅、送考路費有費，司道府差承催糧餉、飯供有費，包封節禮、表箋、紙扎、輪值、請領曆日有費，赴省貼比、日結月單有費，年終奏銷、年禮炭價有費，生員科舉、貢生進京例給盤纏有費，上司按臨中夥下馬、下程公宴夫價有費，立春、霜降、考試、觀風酒飯有費，如三年之内朝覲路費，坐縣修理糧廳有費，十年之内如黄册路費、芽茶藥材輪值木腳有費。歲有不得不用之費，用有萬難盡革之條，支應不一，欵難撥備，凡遇動用，呼應莫措，是以合邑紳衿、鄉耆、里老，揆情度勢，從長酌議，每圖、每甲、每田，一畝輪銀九釐，其衿户每各免銀八錢，以別士庶，其紳户公議坐田不派，以勵後起，分作四季輸納，衆擎易舉，便民省財，此至公至當，極平極均，申請舉行。遞年收支公費，現議在城里排有公直能幹者，每季簽用四人經收動支，官無染指，民無重瘝自此投糧完費之外，雖窮源老叟，三尺孤童，無擾撫患，可登衽席。兹幸逢仁臺莅政伊始，霖雨隨車，和風不逷，敢陳公費成規，如行則便民省財，不行則患深害重，仰幹俯從民便，循例力行，庶上下無累，里弊永杜，則士民幸甚，殘疆幸甚。

康熙四十七年知縣丁宗益詳革樂輸碑文稿

康熙四十七年。爲詳明從前陋弊，請憲嚴禁，以垂永久事。切查遂昌自遭兵火以來，山縣荒凉，民生凋蔽，糧額無多，而正耗較他邑爲最減。前任以各項公捐支應，毫無所出，當准里民公議，每田一畝，輸銀九釐，令里户公收，以爲地方公用。其所由來，已非一日。卑縣念此山邑窮民，正賦尚在不給，何堪此額外之徵？故自抵任之後，即嚴行禁革。但日久必至法弛，而圖終必先善始。誠恐陽奉陰違，私相指派，合行通詳，勒石永禁等情。

奉總督部院梁批：仰布政司查明，檄行勒石永禁，毋許陽奉陰違，致干察究。取具碑模繳查，奉巡撫浙江等處地方提督軍務都察院右副都御史王批：如詳勒石永禁，取墨刻呈驗釐。奉浙江等處承宣布政使司批：仰照另檄遵行。又奉仍候撫督院批示檄。奉浙江等處提到按察使司分温處道高批：據詳禁革私派，具見實心，御處州府查議通詳。仍候撫督二院暨藩司批示檄。又奉本府正堂劉批：私派久經嚴禁，今據詳遂邑從前尚有每畝輸銀九釐之陋規，如詳勒石永禁。各等因到縣合行勒石永禁。爲此合邑士民人等知悉後，毋許指樂輸名色，私派里户，擾累士民。敢有陽奉陰違，致被察出，定行立拿究觧。各宜永遠遵守。須至碑記者。

附　憲巡

康熙九年六月，巡撫范公承謨親臨遂邑，踏勘荒田，雖崇山峻嶺，不憚煩勞，一一清查，凡所經由地方勸輸□□，各安耕鑿，所有荒額，静候減除，其心□□□□，至今士民莫不感其□□。

康熙四十九年五月，欽差大人查，暨筆帖式二位，并將宣諸，都統道高及巡撫黄公秉中、總旗胡公泮、巡道高公其佩，奉命踏勘都司張朝臣被難情形，由邑士民□爲异事，其在遂境内駐劄九日，凡經臨之地，雞犬無驚。知縣繆之弼竭力支理，蒙垂命岩邑不厭菲薄，撫憲黄公反加温語慰勞。自後寄迹愚頑，悉皆洗心革面，所過者化，其此之謂歟！

積穀

一各省州縣案内官紳商賈捐穀三百三石八斗。

一照畝捐貯案内，里户捐穀一千一十一石二斗五升三合五勺四撮。

一積貯天下本計案内，捐納監生支奉撥松陽、宣平二縣補額湊貯共穀六千六百四十三石三斗，内去任已故藴知縣虧空穀一千九百一十三石三斗五升三合五勺四撮。

一採買備賑案内，積穀一十七石六斗。

一請照江南開例案内，捐納監生穀七千一百五十石。

案：自康熙十八年起，五十年止，除虧空外，共實在積穀一萬三千二百一十二石六斗。

常平倉

在城東隅，舊司基内。

康熙三十四年，知縣韓武捐俸建倉一十四間。康熙五十年，知縣繆之弼捐俸建倉三間。

以上縣倉共貯穀六千五百九十二石六斗整。

東鄉

大務倉，二間，貯穀五百五十石。

馬頭倉，二間，貯穀四百石。

俱康熙五十年知縣繆之弼捐俸建，二處共貯穀九百五十石。

西鄉

大柘倉，康熙四十四年，知縣陳思溶捐建三間。康熙五十年，知縣繆之弼捐建五間，貯穀一千九百五十石。

石練倉，康熙三十四年，知縣韓武捐建三間。康熙五十年，知縣繆之弼捐建三間，貯穀一千五百六十石。

大路街房一所，倉三間及基井隙地，康熙五十年，知縣繆之弼捐俸置，貯穀七百五十石。

奕山倉，康熙三十四年，知縣韓武捐建一間。康熙五十年，知縣繆之弼捐建二間，貯穀八百六十石。

北鄉

馬步倉，康熙三十四年，知縣韓武捐建一間。康熙五十年，知縣繆之弼捐建二間，貯穀五百五十石。

以上鄉倉共貯穀六千六百二十石。

遂昌高山細流，不通舟楫，舉步峻險，搬運維艱，故於城鄉各處就近置倉，民甚便之。

物産志珍异者

穀類

穀類：香粳，白芒稻，可日早，松花糯，大菽，觀音粟。

果類：雪梨，紫桃，大栗，櫧子可作粉，榛子。

蔬類：冬筍，觀音筍，羊尾筍，薯，蕨根可作粉，芹。

竹類：方竹，孝順竹，鳳尾竹。

木類：桐今少，椿，杉，白檀，垂柳。

花類：素心蘭，玉芙蓉，丹桂，海紅，官閣梅。

草類：岩松，芭蕉老結甘露。

藥類：山茨菰今少，何首烏，茯苓，黄連，黄精，七葉一枝花。
禽類：畫眉、青翠、海青、白鵰、錦雞、鴛鴦、黄鸝、拖白練。
獸類：虎，豹，熊，猴，鹿，玉面貍，竹鼦，穿山甲。
鱗類：鯉，鱓，鯽，鯖，鱥。
介類：鼈，蚌。
蟲類：蕲蛇，石鱗，蟬，斑蝥。

坑冶

黄岩坑，在四都梧桐口，去邑四十里。界連松、宣二縣。鑿深水蓄，内可方舟。雖欲開採，人力莫及。成化間，太監盧永督課苛急，遂至騷擾，官民俱疲。正德末，礦徒蝟起，監司郡縣禁未即定，惟四塞糧餉乃散。嘉靖末，王相奏准採礦煉丹，水深費重，利微而止。萬曆己亥，委内官曹金、劉忠相繼開採，靡費縣帑千余金，水不得幹。更用火烹鑿石，崩，斃百餘人。尋奉旨報罷。開採有害無利如此，保境息民者鑒諸。

梭溪坑，在二十三都，去邑八十里，巔崖峻絶，人迹罕通。鑛脉微細，盜採者一朝無十文之利。徒罹法網，卒以散止。

櫸樹欄坑，在十一都外源，去邑五十里，今絶。

金雞石下坑，在十一都雞鳴坳，去邑五十里，今絶。

卷之三

經制志

夫量地作邑，度邑居民。地邑民居，必總之官聯，頒之法紀，俾民知所守，而教化興焉。所爲承上莅下，懸法布令，表著有位，官師有字。至於旗亭舖舍，存貯收恤，上下公私，各有奠麗。志經制。

秩統

本縣知縣：一員。

縣丞：一員。隆慶元年裁省。

主簿：一員。清朝裁省。

典史：一員。管捕。

司吏：七名。裁。

典吏：十四名。

里長：七十九名。康熙十年奉革。

老人：每都一名。今廢。

門子：二名。

庫子：一名。

民壯：二百二十名。内撥分守道虎兵五名。

皂隸：二十二名。

獄卒：二名。

鋪兵：九名。

木鐸老人：四名。

馬步司巡檢：一員。清朝裁省。

司吏：一名。清朝裁省。

弓兵：十五名。

儒學教諭：一員。

訓導：二員。清朝裁一員。

司吏：一員。

廩膳生二十員。

增廣生：二十員。

附學生：不置額。

教讀：四名。

齋夫：二名。

膳夫：八名。

門子：四名。

庫子：二名。

掃殿夫：三名。

陰陽學訓術：一員。

醫學訓科：一員。

僧會司僧會：一員。

道會司道會：一員。

城池

縣無城，有關門四：東曰『迎恩』，南曰『南明』，西曰『鎮西』，北曰『朝天』。俱屬短垣，依山臨溪。萬曆丁未，知府鄭懷魁移文本縣知縣辜志會，重加修葺，至今賴保障焉。

鄭公懷魁《移文》：移遂昌令，蓋聞易象設險，詩歌實墉。其惟庶尹，奉天子命，撫茲土以扞圉此民也。無備不急而務防，不然，刺史行縣得入其疆，而考修廢焉。括自郡四墉，而外具城郭者，惟青田、慶元，餘七邑皆盧旅而處，無异於大聚落。遂昌居括綰轂，兼山麗澤，可城矣。不能以城，前令嘗議及焉，而遞代不果。今子大夫爲宰于斯也，無營繭絲，而事保障繚垣之役，俅度築削，百堵皆興，俾獲于掫于晝而宵聚欜其寇賊奸宄，罔或恣闌，出入以溷，有司豈惟邑有寧，宇郡實賴焉。《傳》曰：『民難與慮始，易與樂。』成又曰：『思其終也，思其復也。』茲垣始既成矣，盍惟其終而復是圖將風雲之所漂摇、波濤之所激射，毋亦日陁月陊，以爲邑長吏憂，邑之父兄子弟自修補其廢墜與？抑官司爲之致役也？勢在不已，而基務不傾，是其計將安施而資將安出？古之人明于平陂往復之不常也，故□斯城而慮復于隍，曾是短垣，可無長策，尚與上大夫共圖之。郡之與邑，共是一室之中，垣墻合好，則彼此共焉。安得云爾？有版築，我勿知也。其自郡之賦入不領于上下經費可佐邑之用者，具以籍聞，宜悉指而畀之，以襃大役。教至毋忽，綱紀施行。

邑人項應祥《記》：遂故不列墉，蓋西北枕妙高之麓，矗矗千仞若負扆。棋布其下，穆昭二流夾肩抱膝而東，湾泓滮湝，若天設之塹。至環域數百里，危崖絶壑，交牙錯距。在昔季劫大盜飆起，延之莫敢入。以故彈丸黑子不克墉，亦不必墉，往往博約及肩足捍已。明興，化日舒長，露積寢殷。無賴仄目揶揄，陰援暴客於境外，爲同室蠹。又操割者不戒於篚篋以和之，綠林胠篋，實繁有徒，幾不免有李涉暮雨之嘆。比癸卯冬，公然磔閭左而攫之金，則前兹所罕覯矣。邑侯辜公甫下車，巧與事遘。會冶金使者踞近郊，亡命烏合闤闠，益凜凜重足。侯憮然曰：『有是哉？是尚可不亟牖户桑土哉？』乃下令屬諸父老、黔首謀繚垣，以備不虞。肇自西南暨東北，延袤數里。削土盈仞，有咫趾，廣三尺，冠木其上，冒以瓦。啟便門若干，通採汲。籍三户丁年，晨而昏之。西北則緣山麓以仍其故。百姓歡然子來，畚鍤雲集，百堵具作，不再朔而功告成。蜿蜒逶迤，望之巋然雄鎮也。迄今五閱歲，士甯其家，民安其業，無復昔時萑苻宵拆之警，莫非侯賜。青衿士大夫争繪圖、詩歌喁喁頌侯德，不佞業已俚言引其端已。丁未秋八月，郡伯鄭公移檄下里，申厥令，蓋計侯將飛舄，而垣或壞，無復固護吾民者。學博孫君懋昭、洪君有觀、董君用威率諸生周稅輩，仍屬餘記以勒諸石。余不佞，復唯唯執簡爲識，歲月如此。

公署

縣治在君子山麓，中爲親民堂，左贊政廳，右鑾駕庫。堂前甬道爲露告亭（知縣池浴德建，今廢），爲戒石亭。東西列房科，東曹下爲際留倉（今廢）。前爲儀門者三，後爲穿堂，爲君子堂（萬曆十七年知縣萬邦獻重建）。知縣湯顯祖詩：『君子堂前煙樹齊，山炊水碓盡橋西。庭中有狀多蕉鹿，市上無喧少鬥雞。』額曰『高大光明』，左爲耳房庫，又左爲貯册庫（萬曆七年，知縣鍾宇淳建。十七年，知縣萬邦獻重修）。庫後爲澹泊齋（知縣池浴德建），右爲知縣宅，東左爲縣丞宅（裁廢），右爲主簿宅（裁廢），前爲典史宅。又前爲吏廨（二十二間，嘉靖間知縣蕭質創建，後圮，知縣黄德裕重建，今廢）。儀門外，左爲土地祠，爲寅賓館（萬曆七年，知縣鍾宇淳建），爲申明亭，爲監房。右爲總鋪，爲旌善亭（二亭在鄉者三十一所，湮没無存）。前爲大門，門之上爲譙樓（嘉靖二十六年，知縣黄養蒙撤故易新，制度軒敞，額曰『西括雄觀』）。東南墻外爲火巷（知縣鍾宇淳闢）。

初，縣治自宋熙寧九年邑令錢長侯創建，其後興廢不一。明洪武三年，知縣魏良忠重建公廳，立譙樓。正統兵火後，典史王安新幕廳。天順元年，知縣王貴修葺。成化七年毁，主簿文英重建譙樓。弘治末，縣治復毁，知縣邵文忠、張鉞相繼成之。正德十三年又毁，知縣張淵復建。後歲久傾圮。崇禎二年，知縣胡順化重建，自爲記曰：縣親民堂建於弘治乙丑，距今百二十餘年矣。丙寅春，不佞始莅兹土，顧瞻榱棟傾圮摧折，勢將壓焉，思有以易之。以受事方新，上下未孚，弗敢舉也。越三年，報滿，移且近，當仍舊貫以俟來者，而始念炯炯不能已。摎帑中得所積百金，佐以薄俸，決計改創。具其事於上官，皆先後報『可』。又念工役淩雜，勢不能以身周旋其間，部署總核，寄非其人，此區區者能堪漏巵乎？乃取平日所睹記，悉其操履公平者某輩，參以輿論，得八人焉。採木近郊，戒無犯人冢樹，無奪人廬舍所庇蔭，隨其願售者，計大小與值焉。而田野民益大喜，指示僻塢良材，争先挽至，間有獻所植不願受值者。以季秋月十有三日，鳩工始事，會天日晴霽，和暖若暮春，匠役無龜手縮瑟之患。兩浹月堂成，宏敞軒豁，繪彩粗備。遠近觀者詫爲前所未有。於是諸鄉紳暨士民相率治具躋公堂而落之，舉酒於不佞曰：『兹堂之圮，歷數十年矣，上穿下濕具瞻，謂何前任吾邑者非不緦緦計之？顧憚勞惜費，因循代去。今得公一撤而新之，費不加賦，民不知役，父老子弟敢不任受明賜！請以是觴。』不佞瞿然曰：『有是哉！諸君獨不聞古語乎？「夫升高而招者，臂非加長也，而見者衆；順風而呼者，聲非加疾也，而聞者遠。」故適秦者立而至，有車也，適越者坐而至，有舟也。今平昌雖僻在山谷，然嘉木叢生，鬱若鄧林，不煩遠市傍郡邑，而干霄蔽日之材輻輳階下，堂不患無具矣；民間採伐争赴牽挽，木若無脛而走者，所舉某輩蚤起宴卧，指畫督率不遺餘力，工不虞媮墮矣；邀諸君之靈，適有天幸，雨師不驚，滕六退舍，工師之操斧斤者，與役徒之荷畚鍤者，皆白汗交流，處蔭欲清，嚴寒無所患苦矣。而不佞乃得因材於山，因力於人，儌倖於雨雪之不狎至，拱手安坐而樂觀厥成也。然則斯堂之成，所藉助於山靈者十六，所儌惠於天時人力者十四，不佞偶以身當之，適會其成功耳！不足當諸君高會也。雖然，不佞於此亦覺有惕然者，當議創時計畫已定矣。一二不逞之徒，尚造蜚語，冀撓工役，使非不佞不忌謗，不避勞，斷以必行。斯堂之焕然，其何日之與有？蓋慮始樂成，人情自殊。天下事大率類此，寧獨一堂爲然哉？諸君子幸識之，以見爲令者調衆口之難焉。』是爲記。邑倅黄君正、樞尉黄君轂與有贊助之勞，例得并書。

空嘯閣　知縣許啟洪建，衙内有詩：有魏王喬令，敢雲飛舃居。偶然成小築，終自笑蘧廬。醉我煙來際，親人月上初。孫登誰共嘯，霞落四山餘。

閣借雲爲護，雲流閣作郵。千松排鶴徑，萬壑隱龍湫。寂□煙千縷，凄清月半鈎。何須阮家屐，一嘯萬山頭。

和月和煙閣，惟琴惟鶴官。三撾鼓欲碎，五柳夢初殘。梅福心原熱，元龍氣不寒。卧游登百尺，栝嶺一泥丸。

《夜宿詩》：鉏雲無半畝，夜色滿空庭。遣興看陶句，驅魔誦道經。蛩聲和露冷，燈影帶煙青。此意憑誰語，梅邊月一亭。

《雪卧早起，時有寇警》詩：竹色梅香凍曉煙，山猿僵卧萬峰巔。劍隨龍子寒争吼，衣炤山人色更鮮。□□冰絃隨夢杳，述離粉帳與雲連。開窗且讀陰符卷，風鶴於今正嶺邊。

《别嘯閣詩》：空嘯樓開嶺上煙，一瓢掛雪碧天懸。行惟四壁隨雲載，剩有千山竹雀看。月冷層宵人漸遠，霜明瘴嶺夢應還。寄言此後携琴客，莫訝孫登善學顛。

梅舫　知縣許啟洪建，衙門有《别梅舫》詩：不須十月報先開，雲度靈槎幾樹梅。香雪有心留月護，玉魂無恙怕風催。嘯回孤鶴林逋句，夢斷霜禽何遜杯。連夜美人吹楚笛，好憑青鳥粤東來。

内省齋　康熙四十九年冬，知縣繆之弼建於川堂之右，其題額小引曰：君子無憂，懼其不能無憂者，時勢爲之爾。余以己丑冬來遂，土瘠而民貧，士靡而俗健，百廢待舉，尚可次第措置也。第視事甫逾旬，空山嶙起，草木皆兵，捍災禦患，是誰之責。未幾，而天使暨撫鎮馳邑，巡視□車秣馬，伊誰是問，能無憂且懼哉？幸而奮不顧身，計獲玁狁，竭蹷奉上，供給攸宜，邑諸大務，焕然一新，休哉！光復何憂與懼哉？以是知内省之不可以已也。爰構數椽於堂右，時加内省，其間因得顔之座次，曰『内省』。

内省宅對：退食毋忘臣節，燕居應念民艱。

二堂照面匾：觸目驚心。

二堂對：政有餘閑簾捲清風吹鶴夢，案無留牘庭移明月伴琴聲。

大堂匾：居敬臨民。

大堂對：吾儒一行作吏飲水茹蘗職分宜然，登斯堂也必思興利除害，庶幾上不負君下不負學；我朝三載考績獎廉黜貪國法允當，莅兹土者惟期寧民息訟，差堪仰可對天俯可對人。

儀門對：受天子命出宰岩疆，非公虚無以理重口；讀聖賢書得行素志，必名斷乃克服群心。

頭門對：若保赤子，如見大賓。

省氣亭　知縣繆之弼建，以居告訐者，乃使民無訟之至意焉。

代庫樓　康熙四十九年，知縣繆之弼建於衙内，有引曰：余初抵遂，平流匪查异籍，立蓬長侮既外禦矣。而又念他邑有墉而遂無墉，他邑有庫而遂無庫。且内署環圍築以土，又頽傾過半焉。一經徵收糧銀，折封後無從投貯，果將何恃以無恐？子乃仿民間保家樓規制，砌石巃起，高凡五丈，廣可丈餘，内架閣層、叠窗，虚四達，堅若壁壘，火與盜何患哉！會所費約五十餘也。

儒學

在縣東南隅，中爲先師廟，前爲露臺，東、西列兩廡。前爲戟門，又前爲泮池，跨以石橋。又前爲黄門，外臨半月池，引水其中，環以石欄。廟後爲明倫堂，東、西列兩齋（博文、約禮）。東宅而下爲號舍，外爲禮門。堂後爲敬一亭（隆慶元年，知縣池浴德建亭樹碑石以爲記），爲鄉賢、名宦祠（二祠舊在黄門外，因圮徙建）。右爲教諭宅，宅前爲啟聖祠。禮門外爲訓導宅者二。初，學在縣西郭，歲久就圮，宋皇祐中，縣令何辟非始遷今址（有邑人周綰、鄭球《碑記》）。

明成化七年毁，通判郭鼎始建明倫堂，十年，推官趙巡建大成殿，塑神像，置祭器，未既代去。二十年，知縣俞黼成之，戟門兩廡齋舍悉爲創建。主簿文英建櫺星門。弘治八年，知縣黄芳重修（有邑人吴志《記》）。正德丁丑又毁，教諭戴鑾請於知府林富重建（有縉雲周南《記》）。嘉靖間，知縣黄養蒙開拓學前基地、泮池，知縣洪先志修葺，置石檻（有武林高岩《記》）。萬曆六年，知縣鍾宇淳一新之。萬曆十六年毁，知縣王有功請括民間欺隱官田易價爲再建資，未幾行取去。十八年，知縣萬邦獻成之，并徙建啟聖祠於禮門内，體統適宜，於櫺星門内建名宦、鄉賢二祠（祠舊址在櫺星門外，月池之左右，因毁，移建于此。）又建土地祠，在東廡門内）。

宋郡丞梁鼎《文宣王廟記》：皇帝御宇之十載，處之屬邑遂昌簿清河房從善分俸，募民建先聖廟宇於邑之遺址。越二月〔二〕，廟成，像設既備，乃績其事聞於州。通判郡事安定梁鼎嘉其能，爲親立之碑，曰：

維先聖之道，廣博淵粹，不可得而知也。嘗聞其指于《連山》之書，曰：『立天之道陰與陽，立地之道柔與剛，立人之道仁與義。』嘻，天地之道大矣，遠矣，而仁義行於其中，謂之三才，儒之本也。故我先聖戴仁抱義，恢乎至教，以爲民極。則我先聖之道，媲合二儀，無得而窮。孟子云：『夫子賢于堯舜遠矣。堯舜行仁義於己者也，先聖傳仁義於人者也。堯舜之道不及于夏，先聖之教施予萬代。』則所謂賢於堯舜者，有旨哉。唐開元中，始敕郡縣置祠嚴祭。洎唐室板蕩，干戈既作，廟學悉廢，亦將百年。逮我皇宋平一妖祲，纘統區宇，然郡邑先聖祠鮮有存者。知郡殿中丞尹輔有感，慨然興建，期月有成。郡中惟遂昌首復其事。既完葺矣，非頌聲無以揚其休烈，庶百世之下，知皇宋文德之誕敷也如此。乃作誦曰：

赫赫先聖，二儀配德。享以王禮，祀于萬國。惟此吴會，缺而不治。仁義之道，將墜於地。猗歟佐邑，乃嚴斯宫。乃像斯容。來復儒學，於穆儒風。光扶聖運，播於頌聲，垂之無窮。

雍熙二年，仲春日建。

宋龔原《儒學記》：自慶曆中，天子詔興學，郡縣吏務應者，至鳩民財，新棟宇，否則因舊夫子廟爲之，各隨力以稱天子育才意。方是時，遂昌之學圮于大水，毗陵李侯、海陵王侯實修之。故雖彌二十年而其新乃若初造者，使吾邑講有常師，而學無廢業，數君子之賜也。邑人皆曰是宜書，且以屬余，故道其本末，俾刻于石。若夫道德性命之理，教者以敎，學者以興，則三經義方行，譬諸飲河，可取而足也。尚何言哉！時熙寧年月記。

宋周綰《重修儒學記》：遂昌偏居一隅，先時籍不滿萬户，地險且瘠，大率以詩書爲資，士風彬彬，與麗水、龍泉二大邑等，他邑莫敢望焉。宋興四葉，聖天子恢儒右文，復詔天下立學。遂昌于時首相率應詔，而縣序之建，迨兹八十餘年矣。士之薦於有司者，多以魁選，角立傑出。進爲時用者，踵相躡而背相望焉。自兵興，士不群萃而學，處爲吏者，方以趨辦賦調爲急，學館之成壞，漫不加省。今鄭侯之來也，專以儒術緣飾吏事，咸有條理，因得餘力從事於學。鳩工度材，取傾者扶之，缺者補之，漶漫不治者雅飭之。役不煩民，工不逾時，輪奐一新。使士之來者，隆師親友，得意講明聖人之道，且以風勸於四境。士德侯之賜，願有記，以書請予者交至，乃爲之言曰：『夫學校者，禮義所自出，而道之所由興也。道不可須臾離，則學校不可一日廢。三代之學，皆以明人倫，流風餘澤漸民也遠。周衰，王道迹熄。魯之僖公，以修泮宫見頌；鄭之子産，以不毁鄉校爲賢。至於學廢不修，則子衿刺之。下逮言偃之于武城，區區小邑，猶以弦歌爲政。自秦滅學言治者推漢、唐。學之盛衰，雖由時主之好尚，至一郡一邑之間，或廢或興，未嘗不系其守、令之賢否何如也。蜀之文翁，閩之常衮，此尤其表表者。若韋景駿、羅珦輩，皆以一令之微，修學宫，辟黌舍，列於循吏。今鄭侯此舉，真可以比美古人矣。』客有言曰：『今日之事，正當以馬上治之，于學校乎何有？』予曰：『不然，事故有若緩而當急、若後而當先者。漢光武未及下車，先訪儒雅，息馬論道，曾不敢暇。唐更安史之亂，時多故矣。劉賓客奏記，深以學校不修爲憂；杜甫衡山宰新學之咏，反復稱嘆，至謂侁侁舞雩之風，可以坐壓戎馬之氣。乃知尊主庇民，固不在彼而在此也。伏觀翠華南幸，駐蹕武林，括蒼乃今股肱郡，剖符出宰者，皆一時望人。殆不當效前日俗吏，徒以簿書期會爲事也。况時當用武，斯文委地，晚學後進，往往挾其私見，曲説以自是，而老成之典型，承平教養賓興之制，寢不及見，可勝昔哉！鄭侯乃能於干戈擾攘之際，以名教爲先，以陶冶士類爲急，使此道中僨而復振，其賢於人遠矣。异時美化行於閭里，人才成就，出爲在邦家之光，社稷之衛，而來者知所矜式，則人思咏侯之德，豈有量哉！』侯諱必明，字南仲，閩人。縣序之修，始于紹興辛酉季夏，其成則仲冬也。時歲臘月朔記。

宋鄭球《重修學記》：縣之學，占城闉之勝，規模亦壯矣。前逼通衢，而勢少隘，識者病焉。淳熙丙申，林侯被命出宰，首謁先師，延見諸生。閲數月，剸裁盤錯，悉意於學。參衆議遷其門而南，仰揖曾山，頫瞰平湖，雲煙葱蘢，秀氣可掬。又闢其墻而廣之，外爲坦途，以遠喧囂。訖工于明年冬。若其經營謀畫，學職閭丘景憲實贊之。俾衿佩萃於其間，非惟江山之助，藻掞天庭，芥拾青紫，袞袞相望。當知出入是門，由是路者，必唯禮義之歸，率斯道以發揮遠業。戴林侯之德，曷有窮已！昔漢于公令高其門，容駟馬車蓋，晉王濬使廣其路，容長戟旛旗。二公祈徯於後，雖皆如志，特爲一家榮耳。侯今此舉非己私也，况吾邑自舍法更，士不復養於學。兹學既新，侯始搜括舊租，爲養士經久計，春秋校試諸生，其凡例率約上庠法，所以設心者甚廣，而望於邦人者甚切。諸君勉之，其無負。侯名采，字伯玉，慈祥明敏，加之公勤處事，得寛猛之中，致君澤民，固其優爲，可謂知所本矣。士夫願有記，球竊喜載名其間，并爲邦人賀，乃不敢辭。

宋鄭琳《重修儒學記》：舊聖廟在西郭，圮。宋雍熙二年，簿房從善重建。皇祐中，令何辟非於邑東南隅始創學宫，後令施肅成之，宣和三年毁於寇。後二十一年，令鄭必明重修。又二十有八年，知縣李大正補漏全缺，鑿環流溝於西，植登瀛閣於東。逮淳熙丁酉，林公采來主邑事，累改叠修，遷面曾山，闢廣垣墉。慶元己未，左史張公奉祠里居，邑士請主其議，復徙重門南向拜山，築垣居水，鑿池立橋。遷竪登瀛閣，名曰『雙峰』，下曰『麗澤』。又創軒，名曰『見山』，仍新講堂之額曰『明倫』。四齋：『博文』『敏行』『懷忠』『敦信』，氣象愈偉。學舊有租米四十餘石，林公搜括民田之絶而冒佔者，盡以歸之學，歲入税額七十餘石，學有贍士之金。中間令有獻助於郡庠者，林公力請而回。去後復爲郡所需，太守胡公登視郡縣爲一體，因諸生請，慨然復歸舊物，嗣今可爲經久之計云。

明吴志《重修儒學記》：學校，王政之本，教化之原也。平治天下者，不可一日廢。昔我太祖既定大統，即詔立學，列聖相承，恪遵成憲。立法之詳，致治之美，三代以降，未有過於此時者也。遂昌學燬於火，繼而作之者，苟簡弗稱。弘治八年冬，莆田黄侯來長是邑，展謁周覽，即以興役自任，相基乾艮兩隅，局於氓廛，喧囂狹隘，廼購隣之隙地，衡縮若干仞，以充廣之。於是命梓人掄材役徒，各執藝以趨事。首聖廟兩廡兩門，壞者更之，欹者正之，剥蝕者飾治之。明年，作明倫堂，博文、約禮二齋。又明年，作興賢坊，庖廬湢室。像設祭器，咸易以新。積人之力，而勞不及於民；積錢之用，而費不出於官。規制之宏壯，儀物之完具，前此未有也。侯於是每遇公暇，輒至學宫，揖諸生而進之，告以忠君孝親弟長之道，修身齊家治國平天下之理，使收其放心，養其德性，以馴至於聖賢之域。侯之知急先務如此。諸君游息於斯，務思自樹立，以不負朝廷養育之恩。黄侯作興之意，庶幾吾邑之人材風俗，日見其盛也。教諭華君夫、訓導蕭君玉、陳君鰲，欲侯之績垂不朽，又慮將來之不侯法也，遣其徒項文、朱珙、徐雲來徵予文〔二〕，以記庸序，次其梗槩以復。侯名芳字，仕英，凡境内橋梁道路塘門禁倉庫皆治，使端潔堅壯。以爲經久計，學校爲重，故尤究心云。弘治丁巳孟冬朔記。

知府朱當《重建儒學記》：邑人周南。遂昌邑博戴君鑾、遺庠生華鼎、戴憲賫書幣來予知白，請爲建學記。遂學自宋已來，興不一二。今正德丁丑冬，縣聞之郡，郡侯林公毅然任振起奇贏，兼捐己俸，殿宇堂廡次第告成。惜隣火不戢，又隨煨燼。公聞之，乃又節省俸入，視前增倍，俾鑾市美材，鳩匠石以成厥美。經營於己卯犯，訖工於庚辰冬。若殿廡堂齋門墻庖，既完且美，規制宏整，視昔百矣。夫舉殘敝而一易以新，難也；隨毀而再新之不旋踵焉，尤難也。林公急於興庠校，獎後進，三載之間，俗美化行，前此未有，遂昌人士當何如其爲報也？公名富，字守仁，八閩之莆陽宦族。

邑人鄭還記：柳江戴君鑾來掌吾學教事，視齋廡壞陋弗支，而禮殿尤甚。時幸郡侯林公爲政，以興學爲先，往陳其所當修舉者，得緡錢若干，遂撤其壞，拓其陋，因舊以爲新。一夕，以民火弗戒，罄燼無遺。戴君乃督役去瓦礫，相基址，謂疇昔區畫尚未盡善，乃復陳其經營之略於侯。侯可其請，乃次第措給白金五百餘兩。遂不憚寒暑，不間雨暘，或肩輿原隰，或徒步險隘，登山擇材，鳩工興作，度延袤，定方向，移明倫堂於近北、大成殿於近南，齋、廡、戟門、號舍，整而有度，焕然改觀。甫畢工，而遂膺國博之命，自謂建學非郡侯不能成，乃走幣周都院，徵文勒石。侯曰：『此戴廣文之功也，於我何有？』邑令張君淵請別以志。竊惟戴君長教兹邑，文學其職也。學之修廢，蓋非其責，而乃身任是役，經畫出人意表，官緡出納，毫髮無私，是其智足有見，廉足有守，才足有爲，可以仰體郡侯興學之盛心矣。顧乃不敢當，而獨歸之侯，侯不欲居，而復歸諸君。古人德之風復見於兹矣。《易》曰：『有勞而不伐，有功而不德，厚之至也。』郡侯有其功而不德、戴君有其勞而不伐者歟！是爲記。

武林高儀《記》：浙之東南有郡曰處州，治介萬山間，其地最僻。郡之西北有邑曰遂昌，越在一隅，其地爲尤僻。民之生其間者，安於田里，不見外慕。於是士皆沉茂雅樸，稱爲易教。誦詩讀書，被禮服義，以游於庠校，升于科第，而効用於天下者，蓋自建學以來，彬彬然可考而知也。顧其學先年再燼于火，正德己卯，教諭戴鑾始經營之，而詘於財力，僅備規制。迨今三十餘年，承其簡陋，繼以朽壞，上漏旁穿，弗蔽風日。嘉靖庚戌，海陽洪君先志來爲邑令，既謁先聖於廟，乃登堂以臨諸生。顧而嘆曰：『學敝甚矣，兹非有司者之責乎？夫學，教士之地也。敝且莫省，則於教士之道，其肯加之意乎？比歲科舉乏材，而士業不振，殆職此歟？惜吾政未信於民，而遽興役，不可。』久之，政令既通，民用孚洽，乃斤材斲石，考日聚工，屬典史何京董其役。若殿廡，若欞星門，若堂齋，若號樓，以次修治。撤敝易腐，補罅支傾，期於堅緻。復跨泮以爲梁，緣梁以爲檻。凡所規建，秩然畢備。又以戟門外有池，蓋前令黄君養所闢，而引南溪之水以入焉者。近亦湮塞，乃濬上之渠，甃以完石，障以長欄，植以芳桂。彼民之緣渠以居者，十家置一石窗，窗内污者有罰。於是紆縈澄精，若帶若環，而學制益美矣。時適督學阮公檄至，欲表章名宦鄉賢，立祠以祀之。君即偕師生考其應祀者若干人，拓學東南隙，并黄公舊闢西南地，建二祠以祀焉。教諭廣陵鄭君器，以洪君崇學造士至意不可無記，乃命其弟直暨諸生王養端重茧來杭，請文刻石。予惟古者列國，莫不有學，學則三代共之，《春秋》於築囿則書，築臺則書，作門、作廄則書，而不書建學，豈無學乎？蓋書其事之可已不已者，而以建學爲常事，不可已，故不必書也。今之郡縣猶古之列國，若守、令則諸侯之任也。乃汩没于簿書期會之間，困悴於趨走徵求之末，視學校廢興不啻逆旅，間有修舉，又或藉以侵公帑充私槖，孰肯視爲事之不可已，而以興學造士爲心如洪君者哉！故使孔子作《春秋》於今日，又必易其事而有不得不書者矣。昔者蜀之與閩，士不知學，文翁、常袞一振作之，遂遽收得士之效。矧遂昌素稱多士，非閩、蜀比，而洪君日與諸生講聖賢心學之傳，其意又出文翁、常袞上。今復舉此，以樹風聲、新瞻聽，士有不翕然變勃然興者乎！是故居則爲名儒，而化行一鄉；出則爲名臣，而業垂萬世；庶無負洪君意，而於學校爲有光也。科第云者，特致吾身之階耳，果足爲士子望哉？學之修，始于某年月日，成于某年月日。洪君政多善，百廢具興，此其一事耳，若縣丞俞督櫝、主簿楊炳，訓導夏璧、馮邦瑞，皆樂觀厥成者，得附于記。

郡人何鏜《修學記》：遂昌故太末地，是在姑蔑之墟，括蒼之西阻也。自吴赤烏初年始爲邑。宋雍熙乙酉，邑主簿房從善建先聖廟，於是遂始有學。慶曆中，邑人龔武陵先生篤志明經，崛起濂、洛未興之先，致身通顯，於是遂昌人始知學。歷代以來，屢圮，尋徙。至正德間重建，隨毁而再新之。嗣多修拓增飾，見謂留心庠序矣。然惟壯觀視爲名高，其甚者，憊精力於徵輸、期會、更歲、臨試，以應一時品題，見謂舉其科條，不至廢鞠已耳。乃化導誘進，一意敦率，所以觀人文而化成之者，蔑如也。嗟乎！難言哉！雲間鍾侯，自萬曆戊寅初夏始到官，時時行邑中，秩有條理，諸所貞舉，率破拘攣，務垂斯人久遠利愛，乃於學校教化，尤爲篤志。雅意興起，底於熙明。時群諸生，試其課業，品第高下，犁然當所失得，業既欣欣服從，謂得良師帥焉。已又聯彙聚立課限，俾人自敬業，爰以疇昔精義所自得者，示之標的，蓋不半歲，而士知鄉方矣。於是廉得前令所覈廢寺羨産，裒其值若干，召耆民分督貿財，鳩工率作。凡先師廟宇，諸賢翼室，以至廨舍膳堂，靡不增美。費不足，則捐俸入給之。已又建聚奎亭於池西，視昔不啻重新焉。已於事而竣，弦誦之聲，洋洋域中，山谷之老，無不遣子入邑，争欲爲學官弟子。時郡太守校視諸邑童，求可補博士、諸生者若干人，惟遂昌爲十邑最高，可以應選，試下亦不失爲進修。士躩然稱之曰：『是安所得俄頃助耶？』余惟子言之『君子之德風，舉善而教不能則勸』，誠然乎風之哉！士有不勸非夫也。昔漢文翁好教化，修起學宫成都市中，至今曰蜀好文雅，況當時耶？余曰：『見遂昌人士，彬彬多文學，日躋於顯融，即旁邑將聞風興起，謂括蒼儒林，寖可比鄒、魯焉，實鍾侯始基之矣。』是役也，肇工於是歲秋七月，落成於冬十有一月。不煩里旅捐帑藏而樹聲貞教於是，底績將貽休於億千百載云。鍾侯名宇淳，字道復，華亭人。起家丁丑進士，明敏温惠，故達才也。乃巡檢周維忠、義民華橋承令共理，而文學博士洪君一鵬、林君朝列、趙君廷信，樂觀盛美，得并著之。

仁和張瀚《重建文廟記》：遂昌，處支邑也，而君子、妙高、眠牛、飛鶴、土鼓、文筆諸奇巘，夾層溪，而剡碧流藻焉。即材産若文梓、孤桐、樫、榕、松、檜之屬，飾犧尊而繩梁棟者，不下他郡也。士生其間，起而肩斯文之任，補前人未竟之勛。粵尹起莘而後，如周如應，炳蔚蜚芬，亦既有聲東偏矣。雖維嶽降神，亦會其學宫儲育也。顧自成化辛卯來，遞興遞圮，凡火者再矣。今天子御極，己丑復火焉。夫學士之肆，先聖所妥靈也，而燼薦更，豈盈虛之數冥冥者適然耶？茀竊异之。先是，南城萬公戊子將偕計北上，夢神人彷佛先聖像者贈之言，有『文廟鼎新，荀龍薛鳳』三句，寤而莫之解也。比己丑，拜遂昌命，下車謁先師，始知鼎新之任，非偶然也。廼復理前令王公所發官田議及諸工費便宜狀，上之郡守郭公，調劑中度，報可。公於是括所欺隱官田若干畝，召民貿價若干緡，鳩工庀材，分任視成，以方舊制，宏麗矣。得巨材爲樂，旋斲之，龍翔鳳翥，脉若天成也者。益信荀、薛之兆，又非偶然也。啓聖故祀殿，右具湫隘。公謂聖靈不安，災得微祟是乎？以改建於左。調民居佔逼火巷，致弗戢而沿習，猝難法繩也。令計户厚築崇墉，屹然數仞焉。諸土地、名宦、鄉賢祠、禮門、兩廡齋祭器并庫，悉焕然一新之，廟貌改觀矣。惟兹役不違時，民不知擾，甫期而告成也。遂士民扶攜瞻仰，快先聖而得賢侯，蓋武相躡焉署學事。余鄉孝廉於君還武林，爲頌侯莅平昌，節用愛人，清心寡慾，未易縷指也，虔請記。余謂學校之説，其所關風教寧尠淺哉？赫然先聖監臨於上，而日繩督士於詩、書、禮、樂之趨，蓋儲俊乂於中，爲當寧獻也。矧寓内文化翔洽，久而後先稱循良吏兹土者，又愛養誨迪日有加焉，將無孕靈毓秀，含吐英芳，赴鼎新之會，發龍鳳之祥者出耶？是在多士矣。多士苟能一遵功令，稟先聖之規，瓔瑑三物，鑣蓑四術，躬修而肅成之，道德、經術、文章名世，是故處則養蒼生之望，隱然覘公輔也。清操諒執，式勵靡風，一出而策鴻奇輝，竹素彬彬，質有其文焉。其或師表一方，則毅然張主斯文，續河東於越之遺傳，而以行誼屹當世。即厄而處泰山之勢，觸雷霆之威，則又正氣激昂，其風烈所披，勃令山河生色。夫是乃無負熙明，有光荀、薛也。不然，捷徑青紫之媒，沉溺利達之術，其於禔躬繕性，忠上慈民，藐焉置弗顧，是不特玷衿佩羞山川，爲先聖之弃，人抑亦重辜萬侯鼎新之舉，可惜也，是在多士矣。郭公諱宗磐，晉江人。王公諱有功，吴縣人，侯諱邦獻，舉庚午第三人。

縉雲鄭汝璧《興學記》：歲强圉作噩之次，不佞讀《禮》仙都山下，遂昌邑博士楊君士偉、夏君薊、吴君從善，介弟子員華生牧民輩，儼然造余而請曰：『不腆敝邑黄山、白鶴之勝，以啓我膠庠，先哲往往輩出。迺者風氣間詘，文隅堂構未備，多士自謁莫外，無能藏修其中，以親炙羹墻，領師儒之訓；其食貧者，多莫振於膏晷間，則興學謂何？爾時臨川湯侯以文章名海内，由南祠曹左遷下邑，謁先師而瞻嘆曰：『嘻！勸學興教，是實在予。』迺修明倫堂，創尊經閣，建象德堂。捐俸鳩工，既奂既翼，釁序風物，焕然一新。復置學田若干畝，群士之窶而志滓者，館穀而周之。日有餼，月有課，手爲批隲其文，時時横經程藝，陳説古昔，士用争相濯磨，彬彬然起矣。侯莅邑之日長，旦暮且徵，吾儕不能忘侯之德，願得先生一言，記侯所爲興學者。』余聞之鸒然曰：有是哉！侯於是知務矣。古者重徵辟、寄選舉於鄉里。故下之作人不祗庠序，上之司徒、司馬，在在興勸，亦不獨寄之令。我朝郡邑建學置師，而督勸一責之宰邑者，大宗伯司其綱而勢遠，督學使者董其事而力分，博士專其職而權輕。故親之而悅，尊之而信，身教之而從，惟令能爾。令而簿書之是亟，而造士無所事，夫誰與興學者？夫侯亶可謂知務矣。雖然，侯之閣而尊經也，惟以弼風隅之缺已乎？堂象德而飆寒士也，將群居而徒給之資助已乎？課藝而時也，將呫嗶之是工，而青紫之是拾已乎？如其秖是而已也，亦何以興？即興，將安裨？夫士不患寡而患不名，不患不名而患無所以名。六經炳若日星，守之窮，可以師世；行之壯，可以善世。故離經而哆於言者，行必竄；謀食而踰於檢者，塞必變；騁灘龍而詭於則者，實必漓，而詣必不遠。是豈諸士所自待而亦非侯興學之意矣。昔子輿氏論豪傑之士，雖無文王猶興。矧有所興，而可苟焉已哉？余括誠褊小，然多賢豪長者。若文成諸子，處則超超，出則朗朗。夫非先進之遺乎？多士事賢者而友其仁，景行前哲，當必有興焉者矣。《魯頌·泮水之什》曰：『濟濟多士，克廣德心。』請以是望多士，多士勖之哉！侯名顯祖，字義仍，萬曆癸未進士。

康熙五十年，知縣繆之弼重修。陽城程定《記》，載《藝文》。

明倫堂　順治七年，教諭鐘天賜重修。尊經閣，在明倫堂後敬一亭舊址。

萬曆二十二年，知縣湯顯祖建，自有詩《尊經閣成，率諸生恭讀御箴十八韻》：君子猶名地，周公即有源。平昌開舊館，前令作新門。朱雀何飛舞，靈蛇太伏蹲。或爲開地理，爰築見天根。遂爾升層棟，因茲賁復坦。山川夾户牖，日月倒懸軒。氣脉宜龍舉，堦梯此駿奔。鍾球懸聖作，鼓篋付司存。似謁河宗帝，如招洛誦孫。橫經將吏事，直道倚君恩。未覺絃歌冷，粗知色笑暄。自公垂勝賞，于役動高騫。掌故登堂禮，諸生避席言。弁星趨北斗，冊玉候西崑。入國傳經語，觀風展德論。射堂樽俎合，文圃竹書翻。嶺借游蘭馥，池紆不碧温。第令周士貴，始識漢儒尊。

同知許國忠《春日登閣》詩：崇經開傑閣，佳麗擅名區。製作遵昭代，章儀藉碩儒。巍基莫磐石，勝地備堪輿。勢壓平昌里，尊臨君子嵎。重軒錯陵轂，層棟俯城隅。藻井淩霄起，雕墻遶檻迂。典章盈二酉，載籍富三都。冊并西崑府，文聯北斗樞。何年存舊址，此日建新櫨。僊令崇文教，真人圖聖謨。經傳西裔盡，吟和郢中孤。才是洪鑪縱，天將大鐸需。鑄顏流令緒，御李挹芳瑜。璧署明奎聚，詞林樹羽模。琴鳴山鳥下，舄振野雲紆。士習登群品，人倫啓正途。青藜燃秘館，絳帳接蓬壺。宸翰窺周製，圭璋見夏瑚。春深龍欲化，日曉鳳將雛。禮樂從今盛，衣冠較昔殊。芝蘭叨夙雅，桃李羨春敷。行紀傳詩卷，論心對酒壚。登樓同作賦，千載見吾徒。

四明屠隆詩：元化洩胚渾，溟涬釀炙轂。太和日鬱蒸，庶類繁以育。二五紛綸轉，太極秉樞軸。形骸苞靈光，鎮以無名璞。方寸湛靈明，六合相照燭。民遵大道趣，坦夷絶畛域。一自隳形氣，鑿智宣嗜慾。邪徑從此開，靈府日以牿。戎夷接車軫，戈矛伏堂皇。人心罔底極，橫流誰爲坊。斯道不淪蝕，天廼生素王。偉哉封人言，木鐸振四方。大冶鑄群士，芠然咸成章。剛述經钜手，六經何煌煌。昏塗啓泰熅，安事爝火光。鬱儀與結璘，萬古照八荒。良宰先教化，講道明五常。尊經此名閣，東壁輝文章。藐彼二酉度，安川宛委藏。庶共追步趨，時時見羹墻。

邑人項應祥《記》：甲午春，王正月，邑侯創尊經閣成，廣文先生、楊君士偉、黃君繼先、夏君薊，率多士相與徵余言爲記，余以病弗閑筆研辭，三君起曰：『經，古人傳心之要道，莫宏焉。尊經閣以萃古人之精蘊，典莫盛焉。閣成於臨川湯義仍先生，文在兹焉。之三者，先生又烏得以無言耶？』余幡然曰：『唯！唯！三先生命之矣，不佞即不文，請得因三先生方爲之記。』夫侯成閣，閣萃經，經傳心，則夫尊經也者，舍心其奚以哉？予讀莊周斲輪之説曰：『古之人與其不可傳者，死矣。』今之所讀者，古人之糟粕已耳。此無他，知以可傳者，求古人之迹；不知以不可傳者，求古人之心。若然，則奚取於經？又奚取於尊經也與？侯弱冠以博洽聲馳宇内，其文炳矣。甫入仕，抗疏大廷，權貴辟易避三舍，其節昭矣。頃以遷官客吾邑，邑人謂侯將傳舍之，侯乃諄諄民瘼，而尤注意黌序，殫厥心焉其政勤矣。余嘗瞰鳴琴餘暇，就侯唇吻，則滔滔若大河長江，一瀉千里，其論宏矣。是文章節義、政事言語，侯以身兼之。自非心即古人，條暢《六經》懿旨，詎能是哉？廼今學者剽竊緒餘，唔咿呫嗶，爲襲取青紫徑竇，使詡詡號於人曰『吾能讀經』，甚且句讀未暢，而名利念頭不啻交戰於胸中，幸博一官，即侈然營營爲身家計，罔所弗至，曾不知所讀古人書爲何義。嗟乎！此離經叛道之尤，德之賊也，則何取於經？又何取於尊經也？與爾多士服習侯明訓久矣。雍容廟門，仰正經閣，當思古人之遺經謂何？邑侯之建閣謂何日與二三同志商確其下，以文章則尚經世而陋雕蟲，以節義，則大綱常而小徑竇；以政事，則貴循良而賤搏擊；以言語，則崇忠信而黜浮誇，如是則庶幾哉！讀古人之經，不愧古人之心，异日者亦將如侯掇巍科、建大業，駸駸不可量焉。斯於建閣之意爲無負焉耳！不然，尋章摘句，徒取世資，未免蹈斲輪糟粕之戒，爲莊生所非笑，將不爲經之罪人也與？將不爲侯之罪人也與？不佞發迹此中，不勝本根之念，而又親承侯教，知侯所望於多士者殷也，故以規不以頌如此，不識三先生以爲何如？

崇禎十年，知縣何廷楝拆改爲敬一亭。今廢。

聚奎廳　在儒學門右，鄉賢祠舊址。

萬曆七年，知縣鐘宇淳建，自有詩：闌干北斗夜珠明，華氣微薰酒力平。高處不勝涼似水，泠然清露濕金莖。

草昧千年見此亭，乾坤星聚眼重青。香風冉冉觸珠墜，清路娟娟玉佩聲。銀漢欲流傾倒峽，靈光□自起遺經。呼鸞試問沖□侶，太史□頌奏客星。

萬曆□年，主簿张自新重修，改名魁星亭。顺治七年，教諭鐘天賜重修文昌閣，在儒學門左，名宦祠舊址。

萬曆十二年，知縣王有功建。縉雲鄭汝璧記：

循邑東而巋然宮者，遂昌縣儒學也。循儒學泮池之有而翼然閣者，文昌閣也。先是，泮池右故有聚奎亭，創自前令鍾侯，而虚其下，似於風氣弗完。姑蘇王侯來綈視，始捐俸倡師生而構爲今閣。閣凡三楹，高可數十武，其上貌梓潼帝君像，下爲講業之所。翬飛藻飾，焕乎有文，而不侈於度。鳩工於萬歷丁亥春，迄秋竣事。既成，則群集譽髦其中，月爲文會者再，咸饟廪於侯，品隲陶甄，多士彬彬然起，相與歌棫樸，頌侯之德。而博士徐君朝陽、金君彬、周君思問，命弟子徐生應乾輩，請余文記焉。詩不云乎：『倬彼雲漢，爲章于天，周王壽考，遐不作人。』我國家右文崇化，二百年于兹，人才濟濟，輝映明時。作人之效，登三五而軼宋唐，猗歟盛矣。雖然，國祚締造之始，文運初闢，氣完而厚。斯時也，先天開而川嶽効職，生甫降申，似無資於贊助者。至於綦隆之久，精日以洩，而氣漸漓，寖明寖昧，絀伸相倚。於是有裁成輔相之功，藉地利以回天運，而靈淑始巹。以余耳目所睹記，大抵然矣。遂昌萃黄山、白鶴之勝，建學以來，英賢輩出，自昔稱盛焉。乃邇者閑亦少絀，則及時相助，非今育才首務哉？侯之建兹閣也，相地宜昭，天光而新，景運有三善焉，作人之功偉矣。雖然，閣必名文昌則又何也？夫諸生亦知文昌之所爲三，爲一必經天緯地焉而文，殿邦淑世焉而文，然後能掀揭宇宙而聲施永永，若鉛槧特其餘耳。我國家文教極盛在高、孝兩朝，而勛賢名世亦無如雨，文成公劉伯温翊運贊謨於龍飛日月之初，王公伯安戡亂定功於鼎運，豐中之日。道徨功業，揭日行天，銘旂常而炳耀今古，寧獨文章擅世乎哉？夫二公皆余鄉人也。劉公生同郡，高山在望。而王公從祀廟廡，多士羹墻見焉。文不在兹乎？多士日夕考業於斯，相與睹日星之昭，回望宫墻之美，富乘維新之景，會循名懋實，進德修業，昌於而家，以光被于國、于天下，接武鄉之兩文成公垂休耀靈於後世，則庶幾哉無負王侯作新之意矣。苐令規一，第以取世資，即如梓潼一十七世，爲士大夫，其説杳渺，固非余所敢知，抑豈王侯屬望多士之盛心爾？多士其尚勖之哉！侯諱有功，吴縣人，萬曆癸未進士。豈弟作人，窮穀謡之，兹其一端也。

順治七年，教諭鍾天賜重修。

校注

〔一〕越二月，『越』原作『粤』，據句意改。

〔二〕文，此字後少了兩頁，即卷之三的第十二、十三兩頁，根據後來的《乾隆遂昌縣志》補至武林高儀《記》的『故居則爲名儒』。

學田

宋有田贍學，今廢。萬曆七年，知縣鍾宇淳申請撥寺租貳百石充入，立碑明倫堂，紀其田畝、土名。就學舍立倉一所，每年僉選公正人户二名，并德行、生員二人眼同徵收存貯，以給本學月課，及資助貧生之費。至後八年，將租折價，縣自徵收，不復由學。半爲衙門皂壯占耕逋匿，月考堂饌無所出，貧生不以時給，有名無實，美意虚矣。

有邑人吴孔性《記》：遂昌儒學故無田，自鍾侯之莅邑也。甫期年，治功兹起，民用大和，尤加意學校，慨士之不可無養也。於是廉得廢寺觀田若干畝，計歲輸租若干石有奇，歸之學，以給士之貧而好修、不能助婚葬及旦夕有饘粥者，仍操其羨，爲諸生膏火食饌之資。乃上其議于當路，當路咸嘉獎焉。蓋遂建學二百餘年矣，而學田創建於今，誠爲曠典，不可無述也。文學虞君廷皋、王君廷俊、傅君恕，偕弟子員徐朝儀等徵文於不佞，勒之石以垂永永，竊惟國朝稽古弘化，崇儒右文，辟士於學而廪其秀者，額有定數，大君振作之義也。常額之外，有田養士，而勸率之，由于禮教，父母曲成之，仁也。常習孔孟恒心之訓，其責望於士者甚重，而士之豪傑自期者固當無所待而典也。矧侯盡師帥之，隆教養之法，幸際明聵而顧不憂道勉學焉，何以自别於凡民哉？夫士之於學，猶農之於耕也。果能修禮、陳義、本仁、播樂，而勿正、勿怠、勿助焉，則學爲醇儒，士可語道處不失耕莘之樂，出不蒙素餐之譏，而遂人文由此益彬彬，賢侯作養之盛心庶幾無負矣乎！侯之於是田也，剩額于石，置倉於學，僉殷寔公正一人同士之有行者，綜理其事，出入皆有籍，歲終則按籍覈焉。嗟乎！侯之養士可謂周且詳矣。侯諱宇淳，字道復，丁丑進士，華亭人。此田久爲學租，每值科歲之年，有司官征租銀三十七兩零，解學院以賑諸生中之貧者。

萬曆三十七年，邑人項應祥置養士田三百碩，自爲《學田權與記》：嘗聞賢才不擇地而生，實待養而成。遂雖蕞爾，不得比於大方，而俗尚淳龐，山川鬱繆，靈秀萃焉。未嘗無賢豪英傑之材生於其鄉，如昔張子智、周蓮峰、尹堯庵、應警庵諸先生，道學勛名，光映史册，渠獨非邑産也乎哉？是所謂不待文王而興者上也，其次則莫急於所養。惟是萬山深處，土瘠民貧，邇來青衿學士聰明特達者，雖不乏人，或沮志於東郭，或隱憂於北門，倀倀蹙日不暇給無論，講學明道、上追千古不傳之緒，即制科一途，中材所嘗試而習見者，亦落落若晨星焉。言之欷歔，令人短氣。先是，邑長有給田選秀以興學者，意非不甚盛也。顧茹吐惟上，關白苦於見帝；盤據惟下，詰責難於捕虎。藉令饑饉在郊，慶吊在閭，輒欲激西江而蘇涸轍，難已。果爾，雖有田與無田等，是非田不足以養士也。智者樹的，愚者僕焉；賢者藏府，不肖者竊焉。豈其始念至此哉？不佞發迹此中，稔知斯弊，每爲同志者扼腕久矣。頃歲以河洛之役，卧痾山中，馳疏乞身，不報。而掛名容臺，日損大庾，辭之既非小臣所敢，受之又非病臣所安。因是量衡，以所入俸緡，置買腴田若干，送入學宫，以備多士不虞之需。雖竹頭木屑，媿非廣廈千間，而撮土寸壤，或泰山萬一。且於國家恩養臣子之惠，亦不至於虚縻而無補矣。顧其田租畝額，不必稟於院司，不必隸於督學，秖憑師長及通學友生公舉有行誼、能幹辦者兩人，司其出納，秋仲造册，呈縣稽查。凡遇多士有凶荒意外等事，劑量多寡，旋聞旋給。務使賢士得蒙實惠，而不類者不得氾濫其間。庶篤行者有所激而雅操益堅，力學者得所資而寒暑不輟。又幸有仁父母雅志振作於上，賢師傅正已表率其中，行見多士彬彬興起。异日者掇巍科、躋膴仕，道德勛業與日月争光，即張、周、尹、應諸君子且虚左焉。不佞將藉手仰酬國恩，而俯逭《伐檀》之誚，在斯舉矣。多士勉乎哉！

温陵洪啟睿《記》：粤稽古貴士，無若成周。而周養士，無若井田。井以中公養君子而設爲庠，植俊民髦士。庠者，養也。士之駿碩者，從海濱來就養，文治遹隆。逮其晚季，鍾尼山爲萬世師，迄今襟帶之士，斌斌養於學宫。顧士額漸增，縣官廩不能給，士有沐浴菁莪而不飽半菽者。於是，廣置學田佐之。未久，而實意漸湮，不以飽士，而以飾元黄之篚，或胥吏鼠潤其間。中丞遂昌項公有憂之，會以容垣里居，斥九百之羨，置養士田，比於與隣里鄉黨之誼，而爲之録，與例大都給助。則先力行篤學，而次病者、貧者。存貯則於學宫，支收則於師友，隸籍則於邑，邑而上弗聞也。若曰吾以佐縣官養士，與他錢穀宜關白者不同爾。邑令學博琢貞瑨，以其録來屬不佞爲之記。不佞承乏藩省，向又當爲諸生師，睹中丞盛舉，且喜且愧，而喜有感於范文正事也。文正以西帥入執政，歷年久始克就義田千畝。中丞清鄉里居，輒捐饔飧，置養士田，幾半文正，則文正難而中丞易也。義田贍族，僅不令子孫干其間耳。養士隸於學，於後人無所私，於公府毋敢奪，慮深而規密，則又文正易而中丞難也。文正家吴會，族指繁而俗靡，千畝之入，僅贍一家。中丞家遂昌萬山中，俗樸茂而士亦易給，粟三百石贍一邑士，則又文正易而難，中丞難而易也。『親親，仁也』，倡之晚季，則激爲義。『賢賢，義也』，視邑若家，視士若一體，又洽爲仁，要其自家而邑而天下，俾人無虞，俯仰勉修賢人君子之行，以庶幾三代遹隆之風，則又正與中丞其仁體同也。即遡之成周，以井授田，而西伯之善養老，仁體亦同也。公方領中丞，節帥吴會，適當文正之鄉，而肩共任，旦暮樹保釐績，晉秉國成，他日勲名，當不讓文正。世世歌《菁莪》《棫樸》之化，乃自遂昌始，則遂昌固中丞周召哉！中丞名應祥，庚辰進士，四仕爲令尹，以治行第一，召長六垣，晉奉常、銀臺，玆拜新命，稱中丞云。

按項中丞養士田，俸緡所置，送入黌官，當時朝請夕給，士蒙寔□，迨作。縣佐所捐租一百籮，每年收羨銀肆兩，有司官發齊長工房，修理學宫，庶不失項、徐二公之雅意云。

相圃　萬曆七年，知縣鍾宇淳訪有隔河東隅右官地，創射堂三間，門一間。萬曆二十三年，知縣湯顯祖重建大堂房三間，扁其堂曰『象德』，左右共列房舍三十二間，可坐生徒六十人，二門一間外，鑿月池架木橋，大門房共三間。自記：

今上二十有一年三月望後三日，予來遂昌又三日，謁先聖廟，甚新，從學官諸生講堂，堂敝，其後益庳。問所藏書，無有。問縣隅中或有他學舍爲諸生講誦，無有也。四月朔，始克視事。發檄，有學使者廣陵陳公所爲書，命諸生射，諸生皆對不能，云：『無射堂也。』按，縣治南石櫟緣溪而迤，有斷垣，負牛山，故令鍾嘗爲若堂者，今廢。而其旁壽光仙人有宫，堧蕪甚衍，可以相益。諸生言如此，爲之欣然。望吉，廼授地形於學官於君可成、周君思問、黄君繼先，直以報學使者，且營射堂矣。請以學租三千錢爲端。而予爲縣官，於禄入固無所愛。凡訟之獻金矢而不直者，賦其材，或以輸作。會夏五月，大雨水，諸山之材畢來，工作咸集，六月堂成。瞰東山坡陀而蒼，其西有峰，遡澗而進門，其空夕陽也。門之中，引泉爲池，池之上，除道甚修，凡百數十步而垂堂，可以馳步射也。道左右各廣丈餘，而霤若繩，爲學舍者各十五，屬之門。舍容二人，合之可坐生徒六十人。闠闠如也。缭以垣。六月耘，七月穫作者告休，八月而後克成，費百金。其右旁，武射埸也。尉率歲閲兵壯，而肄射，餘月課捕盜賊。射虎尚不能中程，何以令士射？夫士射亦禮射而已耳。六藝，射於禮樂爲附。天子選士，祭必射於澤宫，卿大夫歌《采蘋》。采蘋，言士有幽微而可采也。予所以爲射，將歌《蘋》而薦士焉，非射而已也。君子始生，爲弓矢以射天地四方，有志於其事，勉所以不愧爲男子者，噫！豈惟射哉！

又《自置田記》：余築平昌射堂二十八列，定其房。士相師友而游，至夜分，莫不英英然、言言然，講於《詩》《書》六藝之文。相與爲文，機力日以奇暢，大變陳常。初，余以『相圃』名堂，蓋非專矍相義，殆欲諸生有將相材焉。徵於今，异時必多有副余望者，余幸斯堂之與人永也。裁道宫之田而食於斯，兼以時葺，爲勒移而示後人。

《移文》：處州府遂昌縣知縣湯，爲育養學校，以垂久化事。萬曆二十二年八月十八日，據本縣儒學廪、增、附生員徐榮、李春芬、華牧民等呈稱：蒙臺下下車，俯念山城人文未振，加意作典，鼎新尊經閣，創建射圃，陶鎔士類，千載奇遘。復蒙發租資給修葺，已經學師會議，遞年諸生在圃肄業，輪推一人管收前租，除葺屋宇外，餘租照數分給諸生膏火之助等情到縣。據此，看得遂昌學宮隘窄，旁無書舍，有社學四所，俱淺小無房。本縣重建射圃，兩旁書舍共三十間，聚諸生有志者日夜誦習，僻邑得之，號爲盛事。但恐以後無人守視，容易圮壞。因查本縣城隍廟，僅廟祝一名，食田二百三十籮；壽光宫道士三名，食田至二百五十籮。夫費國租以養游食之人，不若移以養菜色之貧士。今於城隍廟廟祝糧内撥田八十五籮，遞年遴擇諸生主之，以歲請教官查視修理，稽核實數，年終開報，以免欺冒。又於壽光宫中撥田一十五籮，與住相圃人看守門墻，庶射堂不致圮壞，而諸生永得矍相之觀矣。具由申蒙欽差提督學政副使蕭批：據申，具見該縣作興教育盛心，俱不识庙官食田，起自何年，分作射圃之贵，是否彼此各妥，如詳依行，繳。據此，故牒學遵行，去後所撥出廟宫田租土名田畝，若不刻石備照，誠恐年遠不無更易移换、冒費侵漁情弊。今將申允文移并撥過土名田畝租額，逐一備細開列其左，以示後來，毋負本縣作興學校至意，須至碑者。

又詩：禮樂在平昌，諸生立射堂。山形君子似，地脉聖人旁。四獸風雲合，三龜日月良。天門馳直道，星舍翼迴廊。半壁新泉煖，成帷舊木蒼。嘗闻般口序，如見孔之墻。遠憶桑蓬色，清歌蘋藻香。修容隨抗耦，射策擬穿楊。有鵠求臣子，爲侯應帝王。同科非爾力，得雋廼吾祥。

郡守任可容詩：南浦雲呈彩，臨用筆有花。文章光射門，氣節直淩霞。豈效園駒促，寧同伏馬譁。朝陽鳴鳳鳥，窺井笑蝦蟆。道爲投荒重，名緣折檻誇。政期還上國，何幸共天涯。白晝閑琴席，青山到縣衙。春風吹杜若，秋水暎蒹葭。共道河陽令，來尋勾漏砂。新民除陋習，問俗起媮窳。多士歸金治，諸生列絳紗。論文清晝永，校射夕陽斜。相國依山麓，經樓鬬物華。藏書名并美，觀德事非遐。此日求龍種，他年美兎亶。育才方植李，報政已逾瓜。五斗憐元亮，朱絃過伯牙。祥鸞棲枳棘，良驥伏鹽車。合浦還明月，延津會莫邪。弓旌應不遠，遷客漫興嗟。

同知許國忠詩：并轡游鍾阜，同官寄括蒼。憐予牛馬走，羨爾鳳鸞翔。門第推江表，聲名冠豫章。英姿深藴藉，意氣絶倫常。混迹長安里，披肝走馬塲。條忻知己貴，轉覺世途長。抗疏輕祠部，投荒出海洋。賜環歸百粤，綰綬令平昌。閉閤懷民切，褰帷問俗忙。春風歌化雨，寒谷發勾芒。象德開元圃，傳經闢講堂。飛泉明幾案，積翠暗芸牕。華館分星位，青藜射閂光。一人張正鵠，多士欲騰驤。禮樂還三代，蓬弧志四方。延賓過勝地，列席攬群芳。喜接登龍會，慚非倚馬郎。菁莪將獻葉，桃李滿門墻。

荊溪胡世定詩：野蔓離離覆短墻，書煙秖聚半空廊。傷心花縣徒千古，珍重先生玉茗堂。

湯令去後，士民思之，尸祝于堂。萬曆二十六年，本府知府鄭懷魁爲之《記》：

序者，射也。矍相之圃，維新社而祝之；庚桑之祠斯在，豈非中多爲雋？斯賓禮以典，去後見思，迺神道成享。士各繹己之志，民知有父之尊。明平昌令、前祠部郎、臨川湯公，諱顯祖，字義仍，學者所稱若士先生者也。掌祀鄉曹，屈居宰縣。中攖逆鱗於龍頷，終鎩長羽於鴻儀。可謂伯夷秩宗直哉！有惟清之節，子文令尹已之，無作愠之容。夫其目空塵寰，胸苞法象，探索賾隱，讀人間未見之書；窮極高深，垂身後不朽之業。故能貞教靡倦，巹如百昌之鼓惠風；樂善無私，沛若百川之歸巨海，宏開藝圃，高揭射堂。士有列次以居之，邑籍閑田而餼之。相如七經之學，遺愛通都；孟堅九流之文，收藏崇閣。二十八舍，寧止奎壁之圖書？三百六旬，不輟春秋之絃誦。爾廼講習多豫，較閱餘閑，豹侯設正，鹿中受算。決拾既佽，揖讓有儀。方鼓圓鼛，全用薛魯之奏；危弓安矢，合成唐史之規。正直無回，審固不撓。循聲而發，序賓以賢。引觶就豐，釋弸交韔。温温秩秩，肅肅雍雍。將由射不主皮，當令觀者如堵乎？三宅三俊，成斯士之譽髦；六養六安，蘇群生之彫敝。擊柝待暴，伏莽無戎。釋獲但取乎和容，藏器何勞於解悖。方衆志赴寧侯之鵠，忽遁思動伊人之駒。已歲序星周，風儀天遠。佩韘者徘徊於其地，執經者彷彿乎其人。爰即澤宫，立兹配社，官師率作，俊乂服勤。踵其事以增華，審厥象之維肖。閣表尊經之舊，堂仍象德之名。恍從於公，旂鸞奉載。笑之色真遘之子，籩豆陳有踐之儀矣。於戲！行可質天地鬼神，而時逢事拙；文能安民人社稷，則學古功偉。萬鍾不入其心，三公寧易其介。代瞻清範，俗化元淳，温厚尊嚴，時行而氣已備。詩書禮樂，國人而教，可知斯事詘道伸，位輕名重者也。載稽銘典，詎闕鏤文。識虎蜼之吉金，鑱龜龍之貞石。庶使《采蘋》五節，思君子無争之風；《茇棠》三章，流國人勿剪之咏。其詞曰：

禮稱天紀，亦曰人綱。匡君弼違，範俗率良。湯公蹇蹇，諫顯祠郎。艱危百折，尹兹平昌。經曲咸秩，飲射有章。教時學士，繩立矩翔。君子之峰，相圃在陽。雙旌雲舉，三聘星行。手之柔矣，膂力其剛。省括於度，不吴不揚。發功祈爵，敬而無方。綢繆禮樂，式序衣裳。於越鄒魯，昭代周商。身兮既隱，道廼彌芳。飛矢無忒，儀的可常。子衿且佩，悠思難忘。我圃我社，有序有皇。貌公莅止，群趨侍旁。築匪道謀，公卜允臧。右臨演武，左界壽光。嘉名肇錫，公訓用彰。聖在六籍，男事四方。父師臨汝，饗祀烝嘗。德尊報遠，武城桐鄉。千里俎豆，蔚乎相望。甌歌越舞，鐘磬鏘喤。容輝儼若，燕譽無疆。

天啟四年，提學道吴之甲移文建祠祀之，復於堂後再建饗堂，每年前租備祭，餘則以備修理之資。

按，相圃租碩，湯令恐垂久遠有侵漁之弊，故將租額土名開載明白，勒之于石。其畝額錢糧，另撥租二十五碩與城隍廟，廟祝納糧聽里，凡錢糧現里與相圃俱無干涉，其田租仍公議頭首六人，每年二人輪流收租，向以田租所入分給諸生油燈之資。自尸祝湯侯于堂，遞年租價以一兩六錢供祭，以一兩二錢翻，蓋餘則諸生交盤積貯，用資修葺。庶幾此堂可籍於有永矣。但年久月湮，向者移文所載之學租不無借端無果腹，仙令之蒸嘗幾於中斷，象德之堂構亦半傾頽，咎將誰歸耶？蓋前田原委學查核，非委學掌理，而有攬收前租者，恬然爲橐中裝也。崇禎十三年，知縣許啟洪查追侵騙學租銀兩，將役責監追，擬時湯令受業門生廣文朱九綸、周士廉、時可讓、徐朝偉、周應鶴等具呈許令，庠師劉啟賢遂復還諸生輪收，而蒸嘗復澤，堂構聿新，從此永永勿替矣。宜興之作人也，寧後於臨川哉？

按，相圃書院創建于知縣鐘公宇淳，後湯公顯祖莅遂，擴充大堂房舍共三十二間，可席諸生六十餘人。其二公造就人才之意，可謂至矣。迨明季，斯堂竟蕩然無存。又湯公撥出城隍廟田八十五籮，以養士之貧而力學者；又撥出壽光宮田一十五籮，以給看守相圃人，庶不致圮壞，永得壯觀。湯公之籌畫，可不謂盡善歟！不意射堂既傾，而此田不知歸於誰手，世遠年湮，故老無存，册籍罔稽，真有負于湯公作人之盛舉也，悲夫！康熙五十一年菊月，知縣繆之弼識。

予自康熙四十八年十月來莅平昌，甫下車即詢邑有義學否，諸生告曰：『昔韓公武所建之於東隅，但名存而實未舉耳。』是時禦寇不遑，越明年，天使暨各憲駕臨，供給奔走，未暇及此。至五十年，始得捐薄俸延師，令邑之貧而有志者來學焉。時只得義學一所，尚假諸民館以從事，不可久。因於西、南、北三隅各創一義學。且又思學既廣設，無恒産以供延師費，亦不可久，爰清出學田一百二十畝七分零，每學品搭分田畝額不等。數載後，每年每學該完編銀二兩九錢二分五釐零三毫七絲五忽，令司教者主之。其額派銀，春、夏、秋免徵，俟十月收晚租後完納。但遂俗有先一年將田典佃之銀，次年撥租抵補之弊，之後有此情節，許合學攻擊，有司執法擯斥之，另擇師掌教收租焉。況日久不無侵漁争競，曾經詳明，各憲在案。詳文稿載《藝文類》中，今將四義學田土名號段開列於後，庶田可永照而教可長施矣。繆之弼再識。

東義學田租坵畝

一　東鄉洋澳坦

道堂下，田六丘，租捌石，計二畝一分五釐五毫九絲四忽。
胡石，田二丘，租肆石，計一畝二分二毫二絲一忽。
崇光口，田五丘，租肆石，計八分二釐二毫。
此處共收穀一十四籮。

一　社後坦

方門前，田一丘，租叁石，計一畝七絲九忽。
前車門，田四丘，租伍石，計一畝六分四釐七毫九絲二忽。
白墓下及三格，田二丘，租陸石，計一畝八分三釐三毫五絲四忽。
屋邊即派三畝，田二丘，租陸石，計一畝七分八釐六毫。
石亭下，田一丘，租壹石，計二分三釐五絲四忽。
此處共收穀一十四籮。

一　二都坦

官路邊，田三丘，租二拾石，計六畝九分二釐五毫四絲六忽。

師姑畈，田一丘，租壹石，計四分四釐五毫六絲三忽。

小屏風，田一丘，租陸石，計一畝四分八釐一毫五絲三忽。

此處共收穀二十九籮。今小屏風堰水漂壞，收二十七籮。

一　東門外

舞獅山下，田一丘，租陸石，計一畝七分一釐四毫五絲。

占村大路前，田一丘，計一畝三釐一毫三絲七忽五微。

沙田兒，田一丘，計九分三毫八絲三忽。

此處共收穀九籮一斗。（田半在鄉，故多一籮九斗幫之），以上五處共收穀六十四籮一斗。東義學倉業收租完糧。

南義學田租坵畝

一　南門外

烏里，即爐頭社壇前，田十二丘，租拾五石，計四畝二釐九忽。

此處收穀十籮。

路頭畈，田三丘，租陸石，計一畝八分四釐一絲八忽。

吴岑，田一丘，租叁石，計八分二釐七絲五忽。

十王殿前，即路下，田一丘，租肆石，計九分六釐六毫六絲七忽。

大垵前，即雙坑口，田七丘，租肆石，計一畝六分六釐二毫九絲二忽。

此處收穀十籮五斗。

一　北門外

吴突頭門前下畈，田三丘，及殿頭山下，田一丘，二項共租拾石，共計二畝四分一釐一毫七絲四忽。

後江，田五丘，租玖石，計三畝一分一絲三忽。

此處共收穀十八籮。

蕭岑，田一丘，租玖石，計二畝九分八釐八毫八絲九忽。

此處收穀七籮七斗。

一　金岸坦

東岸，即殿頂，田四丘，租十六石，計五畝四分一釐二毫一絲三忽。

此處收穀十四籮後。

一　五都古亭

後潘社頭，田四丘，租陸石，計一畝九分五釐一毫七絲八忽八微。

此處收米十六桶，作穀二籮，原係壽光宫學租。
以上六處共收穀六十二籮二斗，南義學田業收租完糧。
西義學田租坵畝
一　西鄉丁口坦
泗洲堂下，田九丘，租二十石，計六畝四分八釐七毫八絲一忽。
代穗，田十四丘，租十八石，計五畝三分四釐三毫九絲一忽。
水碓邊，田三丘，租叁石，計一畝九釐三毫九絲六忽。
唐塢口，田二丘，租肆石，計一畝一分九釐三毫四忽。
官山下，田十八丘，租伍石，計四畝三分八釐九毫一絲八忽五微。
此處共收穀三十六籮，原係壽光宫税租。
一　好川坦
石臼兒，田八丘，租玖石，計三畝一分六毫八絲九忽四微。
爐頭，田一丘，租叁石，計九分六釐九毫七絲九忽二微。
考里殿前，田五丘，租伍石，計一畝四分四釐六毫六絲六忽五微。
此處共收米二十四桶，作穀三籮。

一　西門外

石角，田九丘，租陸石，計一畝九分三釐八毫九絲六忽。

石江畈及排土，田八丘，租捌石，計三畝一分三釐一毫五絲四忽。

此處收穀八籮八斗。

一　東門外

舞獅山下，田三丘，租壹石陸門，計七分八釐四毫七絲四忽。

舞獅山下，即葉坦庵前庵後，田三丘，租陸石，計一畝二分五釐一毫四絲五忽。

葉上，田三丘，租七斗，拍一分九釐。

禁塢，即社公橋，田三丘，租叁石，計八分一釐七毫二絲六忽。

此處共收穀五籮二斗。

一　北門外

蕭岑，田二丘，租陸石，計二畝一分一釐三毫零。

東峰江下畈，田一丘，租貳石，計五分一釐五毫六絲三忽。

周家畈，田二丘，租陸石，計一畝九分四釐四毫一絲七忽。

又，周家畈，田一丘，租伍石，計一畝四分二釐一毫，歷來無收。

以上六處共收穀一十三籮二斗，西義學田業收租完糧。

北義學田租坵畝

一　北門外

東梅寺下，田十丘，租二十石，計六畝八分七釐一毫四絲六忽。

西塢，田十一丘，租玖石，計二畝九分八釐六毫四絲六忽。

羅漢橋頭，田十一丘，租十二石，計四畝三釐五毫四絲二忽。

沙墩，田十三丘，租玖石，計二畝八分五釐九毫四絲二忽。

此處共收穀二十六籮，原係資壽院稅租。

葉坳口頭，田三丘，租伍石，計一畝三分二釐三絲三忽。

姜山下，田一丘，租捌石，計二畝一分八釐八毫九絲二忽。

古院門前即尹村，田一丘，租貳石，計四分四釐二毫五絲八忽。

古塘口及官陂堰頭，田一丘，租陸石，計一畝二分三釐九絲。

水閣碓後（即陂頭），田一丘，計租肆石，計八分一釐七絲五忽。

此處共收穀十五籮。

西角塢，田三丘，租貳石，計四分七釐三毫七絲忽。

此處收穀一籮二斗。

項村頭，田三丘，租十五石，計五畝二分八毫七絲九忽。

大覺畈，田二丘，租肆石，計一畝二分八毫一絲三忽。

此處共收穀十二籮。

烏川源，田二十六丘，租肆石，計一畝二分六釐四毫六絲八忽五微。

横江源頭及大畈，田十一丘，租拾石，計三畝三分八釐七絲七忽八微。

此處共收穀八籮。

以上五處共收穀六十二籮三斗。北義學田業收租完糧。

奕山書院：離縣八十里，撥購田一十九畝零，□□□□□計浮租五十七碩，實收穀二十三碩，每年實納糧銀一兩八錢。按，此田久荒，圃人楊輝升費工開墾，聽其自耕自納。詎楊輝升於四十六年爲彭匪黨羽剿滅之後，輝升問罪脱北，而余丙壽種四載，于五十年間朱姓士民首發，例應入官。四朱姓向稱書鄉故家，衣冠濟濟，邇來文運稍頽，五十年冬月，知縣繆之弼撥爲奕山書院贍用。遇年公舉文、行兩優者爲塾師，收租以作束修。其錢糧，在塾肆業諸生均永完納，除土豪不得干預外，即同族就近生員亦不得安萌□□，庶幾敦化永久而文風□□矣。

遺愛祠：臨川湯公顯祖，海内名士也。其詩歌、文辭，卓冠藝林。即莅平昌，善政善教，軼越凡吏，專祠禮之，宜也。舊祀之於射堂，每年抽租銀一兩六錢以供春秋祭典。詎射堂無存而祭典亦廢，大可慨矣。予與湯公生同鄉，仕同地，入斯境即草創專祠以棲其肖像，且以名宦叚公弘璧附焉。每朔望，聖殿行香後，必至其處肅瞻拜尊崇之，無非是則而是傚也。復於五十一年冬，乃捐資建大堂以壯觀，且置田三十九畝一分零，立爲官遺愛户。其租，每年輸派充禮生者一名，收管其糧，春、夏、秋免徵。十月晚租訖，令經手人賣穀完納外，餘穀約可易銀十兩，内外不等。有司官每年稽查，以杜侵漁之弊。酌議每年除銀二兩修蓋祠宇，春、秋兩祀，每舉費銀三兩，内以八錢備香燭祭品，其二兩二錢買豬，祭畢送有司：主祭胙十斤，兩儒學與祭各三斤，防守、典史各二斤，廩生與祭者各一斤，不到者勿問。禮生每名二斤，輸值收租者倍之。禮房各一斤半，與同收租者加一斤。其陳設餚饌，則收租之鄉約禮房共領神惠焉。若天時或有旱潦，穀價不無低昂，其間酌量加減，是又在賢有司加之意焉可爾。原叚公祠，賴首事周吉人、周欽瑞、華世采、徐辜、華發祥五人匡維，今祠廢，奉叚公與湯公同享。每祭每名送胙一斤，以不没其勞勩云。又，邑中鄉老，遇有公事，頗爾竭力効勞，每祭給胙六今，令鄉老均沾其惠焉。平昌令繆之弼識。

今開遺愛祠續置祭田租額於後：

共計田三十九畝一分五釐二毫四絲二忽，内有下則田六畝零，以新墾田四畝四分六毫一絲補之。

每年該糧銀三兩七錢九分八釐。

租額開後：

原租共計一百四十四籮一斗。

每年實收穀七十二籮一斗。

又新墾下則田四畝四分六毫一絲，以補三十九畝中□瘠田者，原租一十六籮五斗，每年實收穀八籮二斗。每年實收穀八籮二斗。

二項共租一百六十籮六斗，該實收穀七十八籮六斗，例每籮退□穀五斤，該退穀六籮五斗。每年實收净穀七十二籮一斗，若遇歉年，又照大例減收可也。

計開塅號租額：

雙坑路頭，田一丘，租四籮四斗，額，一畝九釐七毫六絲七忽。

仝處，田二丘，租叁籮六斗，額九分八釐。

仝處，田一丘，租伍籮，額一畝二分二釐九毫二絲五忽。

仝處，田二丘，租四籮八斗額一畝一分八釐七毫九絲六忽。

仝處，田三丘，租四籮肆斗，額一畝一分一釐六毫八絲三忽。

仝處，田二丘，租八斗，額二分六毫一絲。

仝處，田二丘，租叁籮六斗，額八分九釐四毫五絲四忽。

仝處，田一丘，租貳籮八斗，額六分九釐。

米缸垢，田一邱，租貳籮四斗，額六分五毫三絲二忽。

米缸垢溪邊，田一丘，租壹籮三斗，額三分二釐九毫五絲八忽。

米缸垢上原挖靛塘，田二丘，租叁籮，額原八分八釐七毫四絲二忽，今九分一釐。

高垢，田二丘，租壹籮八斗，額四分四釐八毫七絲五忽。

仝處，田一丘，租壹籮六斗，額四分一釐三絲三忽。

仝處，田一丘，租貳籮，額五分九釐七毫三絲八毫。

仝處，田一丘，租叁籮一一，額七分八釐四毫八絲八忽。

高丘下，田二丘，租貳籮，二一額五分五釐三毫二絲三忽。

仝處，田一丘，租貳籮，額六分七毫七絲一忽。

高丘，田一丘，租柒籮二一，額一畝七分八釐四毫八絲八忽。

高丘上，田一丘，租叁籮九斗，額九分六釐九毫三絲八忽。

魚山腳溪邊，田三丘，租壹籮四斗，額三分四釐一毫三絲八忽。

魚山下，田四丘，内荒三丘，租一，額一分一毫六忽。

魚山腳碨頭，田一丘，租貳籮，額四分八釐六毫八忽。

魚山腳過坑，田二丘，租貳籮，額五分二毫。
仝處，田一丘，租四籮四斗，額一畝一分五毫。
雙坑路頭墾，田三丘，租壹籮陸門，額四分一釐一毫六絲七忽。
仝處，墾田二丘，租貳籮八斗，額六分九釐三毫七絲九忽。
仝處，墾田二丘，租叁籮五斗，額八分七釐三毫七絲五忽。
仝處，墾田一丘，租壹籮，額二分四釐四毫八絲。
米缸丘溪邊，墾田四丘，租壹籮九斗，額四分一釐。
高丘下溪邊，墾田二丘，租壹籮二斗，額二分九釐。
以上俱系吴自珍名下，共佃租八十二籮五斗
該收實穀四十一籮三斗。
魚山下，田五丘，租二斗，額五釐三毫二絲九忽。
魚山腳，田三丘，租伍籮三斗，額一畝三分四釐七毫九絲二忽。
仝處，田二丘，租柒籮，額一畝七分五釐一毫三絲八忽。
仝處，田二丘，租八斗，額一分九釐五毫七絲九忽。
仝處，田二丘，租貳籮二斗，額五分五釐九絲六忽。

全處，田二丘，租，額三分四釐，荒。

全處，田二丘，租壹籮，額二分五釐四毫一絲七忽。

魚山下，墾田二丘，租壹籮五斗，額六分四釐四毫八絲三忽。

嶺後，田二丘，租壹籮六斗，額四分二釐一毫六絲七忽。

全處，田一丘，租柒籮，額一畝七分六釐三毫三絲三忽。

嶺後七畝，田一丘，租伍籮七斗，額一畝四分二釐九毫九絲二忽。

全處，田一丘，租捌籮四斗，額二畝八釐六毫六絲七忽。

全處，田一丘，租捌籮，額二畝二釐一毫二絲五忽。

全處，田一丘，租貳籮，額四分七釐五毫。

全處，田一丘，租貳籮四斗，額六分一釐九毫五絲。

全處，田一丘，租壹籮四斗，額六分八釐七毫八絲六忽。

全處，田一丘，租叁籮二斗，額三畝三分一釐二絲五忽。

嶺後寮前溪邊，田一丘，租陸籮八斗，額一畝七分七釐一毫一絲三忽。

全處，田一丘，租四籮六斗，額一畝一分五釐三毫絲三忽。

嶺後七畝全處，墾田一丘，租壹籮四斗，額三分釐三絲五忽。

嶺後寮前溪邊仝處，墾田二丘，租壹籮，額二分六釐七毫七絲三忽。

仝處，墾田一丘，租六斗，額一分五釐。

以上俱系盧奇遇名下，共佃租五十四籮一斗，該收實穀二十七籮一斗。

雙坑荒處下，田二丘，租陸籮，額一畝五分四毫。

此一號係姜士遠佃，該收實穀三籮。

馬步巡檢司　在十二都馬步，歲久就圮，仍仝奉裁復新之，亦不往駐在城理事。

陰陽學　今廢。

醫學　今廢。

惠民藥局　在縣治東，今廢。

僧曾司　在報願寺。

道會司　在壽光宮。

啓明樓　在縣東報願寺左邊，萬曆二十二年，知縣湯顯祖重建。

自詩：

舊有金輪地，樓傾怯曙鐘。自他施抖擻，於此寄春容。以下雲平壑，爲高翠遶峰。聲間懸十里，色界抵三重。霽晚千椎迴，霜霄九乳濃。空中靈響落，世上耳根逢。沸海翻晴鶴，露雷隱夜龍。花臺遥箭刻，鐙塔閃芙蓉。去逐香螺吼，來參法鼓鼕。無因報宏願，長睡一惺忪。

又，《登樓晚眺》詩：

可憐城市欲紛紛，直上層樓勢入雲。獨樹老僧歸夕照，一山棲鳥報斜曛。初驚梵唱淩空静，還隱鐘聲入定聞。忽怪夜來星劍曉，諸天於此震魔軍。

四明屠隆爲賦曰：

大地欲曙重昏坼，火輪忽湧海氣赤。萬國猶在微茫中，神光隱隱扶桑側。先有一星名啓明，前行似報東方白。烱烱盡奪列宿光，孤朗幾堪敵兎魄。天雞咿喔飛蟲鳴，玉漏銅壺不復滴。此時鐘聲出麗譙，羲和得令初駕鑣。九關啓鑰容宵度，三殿傳放蚤朝。征衣殘月催機杼，旅騎清霜滑板橋。平昌山城俗樸茂，百事向來從簡陋。野鹿時窺長吏衙，清猿手代壺人漏。昏曉天上無常期，寒暑山中有氣候。出門起視明星爛，夙夜只恐陰雲覆。四面蒼煙高插天，亭午日始出岩岫。湯君分符宰此城，平昌更漏始分明。鐘聲縹緲聞空界，樓勢嵯峨接太清。畫棟雲霞生莽蕩，虚欄河漢切縱橫。使君欲眠來登眺，把酒聊舒萬古情。

康熙三十八年毁，五十一年，知縣繆之弼捐俸重建，《記》載《藝文》。

按察分司　在邑東，元大德七年縣尉衛琮建。續改察院司　崇禎八年，知縣何廷棟重建大堂，康熙十三年廢，康熙三十四年知縣韓武建。爲常平倉。

布政分司　報願寺右，今廢。

府公館　在報願寺内，今廢。

預備倉　在報願寺東。明初有東倉，在二都東閬。南倉，在六十都葉塢。西倉，在二十都外源。北倉，在二十都馬步。洪武二十四年，邑父老赴京，領回鈔價糴穀存貯四處，以備荒旱，今并廢。往時，歲編斗給守之，費用繁重，以致隱富差貧，後平派徭役動支，每年僉定，倉吏看管交盤，上下稱便。明末圮。順治十年，邑令徐治國重建（今廢）。

社倉　在報願寺内，預備倉之左。萬曆二十七年，知縣段宏璧奉巡按李公楠建置，今廢。

義倉　在報願寺預備倉之前。崇禎元年，知縣胡順化奉温處道張福臻建，今亦廢。

社學　正德六年，知縣張鉞撤慈仁廟、安樂王廟，改創東西二社學於東西隅，各占田七十畝，共計實租三百六十籮。定居東名官素教，西名官預養，僉殷實年首掌之，歲給教讀束修，餘贍生徒紙筆之費，及納税糧軍需、兑徭役雜辦。嘉靖二十九年，知縣洪先志增置南北社學，其學田給帖，四社教讀分管外，取租與年首收掌納賦，士民立碑在東社學，各士名載碑陰。今兩户額租，隨陰陽學記官收納糧，餘給四隅，教讀自行官收。

縉雲樊獻科《社學記》：

遂昌令洪侯莅治之三載，政治民和，乃修葺黌序，以敦士習，教化彰矣。既而恐小子無造，黨德或遺，稽昔正德間，亞卿張兩山公令遂日，嘗立東西社學以訓子弟，取廢寺田以贍塾師。歲久舍宇傾毁，田租亦漸入豪室。乃捐俸新宇，任怨以復其田。又見民居稠集，止儲養於二社，未免教澤難周，遂請於督學阮公，建南、北二學，籍舊租以分贍四隅，而請記於予。予聞先王以道德一天下之民，而宣之教化，自成均以至郡國鄉黨之學，莫不具備。《王制》：諸侯之學，小在内，大在外，以選士，由内升外也。天子之學，小居外，大居内，以選士由外升内也。我國家援古定制，國學掌於司成，郡學列於諸藩，社學設於鄉井，即古大學、小學之義也。《學記》有小成、大成之别。《漢書》所載，八歲入小學，學六甲、四方、書記之事，始知室家長幼之節。十五入大學，學先聖禮樂，而知朝廷君臣之禮。其有秀异者，由鄉學而移之庠序，移之國學。若德行、道藝，書於州長、黨正、閭胥，及卿大夫之賓興，升於司徒，帥於樂正，辨論於司馬，皆自下及上，何莫非自小學始哉！我國家設教養士，非獨重於國學，而鄉社之典，載在令甲，寄其職於有司。比年以來，或視學校爲旅社，而修舉之者己鮮矣，况社學址爲邱墟，寧有思教其子弟而養之者乎？今洪侯奮然以立學敦教爲己任，非其智識足以自達，才力足以有爲，能如是耶？予知侯之用心，殆將循名以責實，非徒侈觀以起譽，俾遂之子弟，習於節文，閑於蹈舞，明於講肄辯説，導之勤而春秋冬夏有其術，視之詳而一年二年有其等，發其心知以善其内，謹其視聽言動以善其外，循於事物，通於倫理，其涵濡鼓舞之化，足以敷宣道德，移易風俗，而上稱朝廷育士興賢之意，則侯之所建樹者，顧不偉哉！侯志邃而氣閎，其所務必遠且大者。予故繹古而爲之記焉。若塾田之數，附載碑陰，使繼此者得所考云。侯名先志，克肖其字，廣東海陽人，繼齋其别號也。嘉靖甲寅孟夏朔日記。

東社學　崇禎二年，知縣胡順化遷建於貞烈坊下。南社學：甫竪架未成，升任去。後復圮。按，正德間，張令鉞創租置東、西社學。嘉靖間，洪令先志分租，增南、北社學。當時四隅有館，教讀有租，貧家子弟樂入社館，縣學擇人任之，而小子有造。迄今社館圮而不修，只供朔望迎送，鄉飲歌童多不解《鹿鳴》之章矣。噫！兩侯設學之意綫孤。順治十年，邑令徐治國留心教化，查覈塾租。

風雲雷雨山川壇：在邑南一里，舊有神門四座，神厨三間，宅所三間，今俱廢。

社稷壇　在朝天門外一里，舊有神門四座，神廚三間，宅所三間，今俱廢。

邑厲壇　在邑北門外一里。

城隍廟　在邑東迎恩門内，洪武間建。嘉靖二十八年，知縣洪先志重建兩廊，立六曹，土地旁建齋所。麗水主事張敦復記：

四十五年，夏澇，盜起，分守道勞堪遣官致祭文：堪受職於皇朝，謬典二郡，神承符於天帝，永護一方疆。二司有陰陽表裏，怠職弗任，厥罪惟均。堪莅兹以來，夙夜戰惕，惟此下民是憂。乃者，雨暘愆期，夏麥浥爛，盜眚交境，赤子流亡，固堪之弗職也。然神血食兹土，以爲我民主，抑獨無念乎？竊聞之郡神擬郡大夫秩，邑神擬邑長吏秩，則堪又僭附總守之責矣。乃敢與神盟：『自今伊始，若旱乾水溢，歲罔有秋，以困我民，則是神之不靈，以忝□天帝也。堪將齋虔告於太玄以請罰，神其無悔！若黷貨剥衆，敗乃官常，以殃我民，則是堪之不肖，以忝皇朝也。神亦齋虔告於太元以請罰，余又何悔？幽明互鑒，曷容欺焉。菽水定盟，庶幾聽只。謹告。』

隆慶元年，知縣池浴德修葺。萬曆十九年，知縣萬邦獻重建。康熙四十二年，知縣蘇嵏重建。

瞻華公署　在邑北四十里，界接龍游，知縣鍾宇淳創建，推官易騰雲重修。

飯堂公館　在十四都，去縣六十里。

鼓樓公館　在十四都，去縣九十里。二館俱界接龍游，今廢。基存旁架，原設四所，今廢。

養濟院　在邑東城外十里許。

坊

太平坊　在邑左。今廢。

宣化坊　在儀門外，主簿文英立。今廢。

與賢坊　在學左。今廢。

育才坊　在學右。今廢。

泮宮坊　知縣胡熙立。今廢。

澄清坊　在東隅。今廢。

進士坊　爲蘇民立，在东隅城隍廟下。今廢。

仁壽坊　在邑東壽光宫。今廢。

安定坊　在南隅，知縣黄芳立。今廢。

通遠坊　在西隅。今廢。

公正坊　在西隅。今廢。

君子坊　在北隅。

春桂坊　在北隅。今廢。

范仙坊　在北隅。今廢。

義民里坊　在二都，龍鳳二年，知縣魏良忠立。隆慶元年，知縣池浴德重修。今廢。

學桂坊　爲舉人毛翼立，在南隅。萬曆二十二年，裔孫毛廷相、毛德淵重修。今廢。

登雲坊　爲舉人吴紹生立，在北隅。今廢。

晝錦坊　爲進士周德琳立，在十一都。

青雲坊　爲舉人蘇祥遂立，在南隅。今廢。

登第坊　爲舉人張瓚立，在東隅。今廢。

步蟾坊　爲舉人王永中立，在南隅。今廢。

淩雲坊　爲舉人吴文慶立，在南隅。今廢。

應麟坊　爲舉人徐景明立，在北隅。今廢。

擢英坊　爲舉人俞宗進立，在西隅。

廖奎坊　爲舉人張誠立，在東隅。今廢。

時英坊　爲舉人鄭傑立，在二都。

父子進士坊　爲吴紹生、吴志立，在北隅。

沖霄坊　爲舉人朱仲忻立，在二十都。

進士坊　爲朱仲忻立，在二十都。

翔鳳坊　爲舉人董晟立，在西隅。今廢。

騰霄坊　爲舉人王玘立，在東梅口。

進士坊　爲王玘立，在東梅口。

尚書坊　爲進士蘇民立，在東隅。

昴霄坊　爲舉人黄公標立，在縣前。今廢。

大司馬坊　爲蘇民立，在迎恩門内。今廢。

世科坊　爲舉人王煏立，在東梅口。今廢。
進士坊　爲應棐立，在十一都桃溪。
五馬坊　爲進士應果立，在報願寺西。
大文宗坊　爲進士應櫝立，在儒學門左。
總督重臣坊　爲兵部侍郎應櫝立，在縣左。今廢。
獨持憲節坊　爲御史黄中立，在縣右。今廢。
丹鳳坊　爲進士翁學淵立，在縣右。今廢。
大總憲坊　爲進士吴孔性立，在學右。
進士坊　爲葉以蕃立，在獨山。
天垣諫議坊　爲進士鄭秉厚立，在司左。
天垣都諫坊　爲吏科都給事中項應祥立，在縣前。
貞烈坊　爲生員徐懋厚妻王氏立，在東隅徐祠門右。

塔

雙峰塔　宋紹熙壬子，縣尉葉水、知縣朱元成建。堂名『曾雲』，以西有曾山亭，名『知津』，以前臨大溪，有塔院，以供灑掃。

張貴謨《記》曰：吴赤烏二年，立平昌縣。至晉太康初，改曰遂昌。地頗岩僻，聯巒層溪，有山水之勝。縣前瑞山高壯盤鬱，曾山剡碧西峙，號文筆峰。南北兩溪合流而東。邑多秀民，學耕文穫，以舉進士爲業。六邑戰藝，推而先登；名人魁士，踵袂相接。如龔武陵、周蓮峰，由太學登甲科，以經術文章行世傳後；城山之劉、柘溪之周，皆三世登科；其他持己居官者多有風迹，不啻百年於兹矣！邇年俊秀，群試有司，往輒報罷。陰陽家謂：『風氣蕩泄，地與時之遭爾。』紹興壬子，衆議於水口山增卑益高，建七級浮圖。時葉邑尉來賓主之。越四年，邑有賢侯，下車之始，營治勤劇，剗刮弊源。因民有逋租匿役及探借吏役緡錢過多，磨瑕補罅，不日辦治。又剖訟適決，民吏憚服。搜考得羡財，遂訖塔事。塔勢騰突，拔地撑空，土枕龍角，衝接奎躔，與文筆相值。自此文祥秀氣，當復探發。學者宜與，共群相爲師友，講古言道，從事於忠信孝友，畜爲事業，奮爲詞章，躡足天庭，起取顯美，當自此塔始。塔旁駢以松竹，築堂植亭，輝映左右。塔名『文筆雙峰』之塔，堂名『曾雲』，亭名『知津』。東南偏有屋名『塔院』，給人以供灑掃。衆山横環，一水清瀉，景物四時，嬉遨共樂。里有钜公及時之名卿，俱以掄魁大手書塔名。若記，以開文筆雙峰之讖云。侯朱姓，名元成。慶元丁巳夏日記。

邑令朱元成詩：平昌秀氣自今多，湧水山頭萃堵波。七級撑空千尺外，一心盡瘁兩年過。銀鉤玉唾開佳讖，陣馬風檣看決科。從此明經應萬佛，不須雁塔教如何。

鐘秀塔　在二十四都奕山之隅。嘉靖十四年，朱姓里人建。

元魁塔　在二十二都湖山。萬曆十三年，王姓建。知縣辜志會有詩，載《藝文》。

亭閣

御書亭　在邑北。康熙三十九年知縣蘇宴恭迎皇上南巡賜宸翰書。朱子詩：兩岸蒼峭石，護此碧泓寒。秋月來窺影，麗珠吐玉盤。

省氣亭　在縣前屏墻外，知縣繆之弼四十九年建。

熙皞亭　在濂溪三臺山下。

平政亭　在東隅平政橋頭。

百歲亭　在高林。

一息亭　在奕山，康熙四十八年，奕山朱宗瀛建。

明秀亭、西亭、二亭，俱在湖山。

偕樂亭　在高林。

來翠亭　在邑西隅。

冷水亭　在赤山下。

少憩亭　在東峰。

憑虚亭、咏歸亭　俱在關川。

鑑漪亭　在瑞仙橋頭。

半山亭　在邑西妙高山麓。

邑令鍾宇淳《九日登亭》詩：秋日登高逢送遠，披蘿忽見白雲生。暗飛野馬天河渺，露令蓮房景倍明。涼沁詩脾渾進酒，風從虚間不勝纓，吴吟不是悲秋者，望闕瞻雲總系情。

亭廢址存，今半麓書堂舊址，僧海法建爲嵩隱禪院。

得月亭　在邑南。臨溪有十八景。邑令黄德裕詩：石筍樓空枕急湍，公餘登眺倚闌幹。黄花對我添秋興，緑酯逢人戰午酣。山色數重雲外見，水光一片鏡中看。清涼味到天心處，自覺身輕振羽翰。《隔岸梵音》，邑令林剛中詩：祇樹參差簇碧雲，幾龕佛火隔蹊紛。月移寶相林端現，風度梵音檻外聞。邑人項應瑞詩：古寺微茫水國分，鐘聲香靄隔澳聞。老僧定後心如水，叩齒焚香理白雲。《河梁晚釣》，訓導周官詩：傍水漁磯垂釣清，絲綸不捲晚風清。自耽石上藤蘿月，豈似桐江空釣名。

邑人童志禹詩：斜陽疏影下前溪，僮叟持杆下釣齊。幾葉翠鱗貪餌上，笑尋村釀過橋西。《九蟠積雪》，訓導蔣治詩：天開名勝九龍蟠，積雪陰陰可耐寒。俄聽風雷籠爪甲，還疑噴霧失山巒。

邑人項宗堯詩：鋪瓊片片冠花曹，驢背詩□有錦袍。嶺上閑雲寒不走，與梅徹骨卧江皋。

《眠牛積翠》，邑令徐治國詩：城南紫氣擁仙宫，閑卧青牛歆碧空。踞足元非牢莢態，潛身莫試福衡功。沙堤草鋪甜弱緑，野徑花堆睡軟紅。若是勾芒能免起，尋耕萬頃答天工。

荊溪胡世定詩：一嶂横青兕，煙飛幾案間。躬耕嘶月倦，首蹭踏雲還。吐霧驚羌嶺，淩溪鑰紫關。桃林疑放後，即此幻青山。

《溪亭月色》，淮陰高綿祖詩：萬翠凝光瀉急湍，孤高峰半露初安。夜深擕笛吹無影，輸□漁蓑夢亦寒。

《飛鶴回嵐》，邑令徐治國詩：萬古清英一鶴翔，千峰頭上獨昂藏。非辭繐帳翻身去，豈下芝田回頭望。項艷花紅迎日麗，翎鋪草白帶煙光。云誰得跨沖霄漢，近□令人氣轉揚。

邑人童志禹詩：一嶺抗青紫，群峰争羽翰。向溪應飲瀣，浸月伴驂鸞。翠滴元裳濕，松鳴露響寒。雙溪樓上望，僊籟正珊珊。

《月山樵唱》，淮陰高綿祖詩：持斧砍幽翠，歌傳空穀聲。嶺寒風習習，鳥静木丁丁。唤侣激村調，沿流争澗鳴。一肩松竹徑，天籟志孤清。

《相圃書聲》，邑令徐治國詩：五夜文光微太清，半牕掩映月華明。憑君滿腹精神語，不北尋常句讀聲。

邑人朱家瓚詩：琴花飄渺列幽扉，剩得書帷帶草稀。一縷夜深聽欲澈，隔林燈火正霏微。《仙局雲深》，邑人項宗堯詩：饌客青精飯一瓢，素雲白鶴兩相招。個中可寓雲通枕，那必柯山度夕朝。今廢。

壽域亭　在邑西二里，明嘉靖西隅邑人周慶養建，後圮。康熙丙戌，裔孫之駉重建。

黄山亭　在邑西二十二都，名廓然，詩記載黄山。

如蘭亭　在相圃左廓。

嗣服亭　在石飛嶺。

淩雲亭　在邑西八十里。

仁風亭　在獨山。

需濟亭　在獨山。

東望亭　在碧秀嶺。

南觀亭　在碧秀嶺。

疑雷亭　在碧秀嶺。

覽勝亭　在邑西百里。

尚義亭　在邑西百里。

侵雲亭　在邑北二十里。

芙蓉亭　在邑北二十里，今廢，基存。

芳碧亭　在碧瀾橋側，今廢。

種德亭　在邑東二里。

恩市亭　在奕山。

緑玉亭　在兑谷包山下，舊名緑漪，因湯令詩更今名。邑令湯顯祖詩：平昌此亭能種竹，但有此君人不俗。非貪翠氣影紅粒，會與簫聲摇緑玉。風漪緑玉暮雲寒，瀟湘水色清琅玕。只道於中耀靈鼠，那知其上游飛鸞。飛鸞窈窕籠煙雨，包山丈人此亭主。家似渭南稱素封，人如江上依慈姥。何來有客宜幽閑，綽約玲瓏君子山。不妨僊縣移琴曲，竹葉樽中時往還。

清華古閣：在二都西明山麓。前縣丞餘允懷詩：擁縣青山欲盡頭，傑然飛觀俯清流。寒潭渺渺疑滕閣，風月蕭蕭亞沈樓。嘉木敷陰長在眼，孤舟横渡幾經秋。我來細咏清華句，更向清華意外求。縣令朱元成詩：喬木深山野渡頭，敢窮勝事擬名流。經營悉似康成手，氣象端侔庾亮樓。塵碎尚憐三折臂，物華巳度幾番秋。故人遠訪稱詩債，緣木欲魚未可求。

庠生徐昱詩：晚來徐步上危樓，極目滁湖一色秋。出水無痕清似靛，月鈎如釣下滄洲。

梅川綱炬詩：西湖路上探新晴，自詑年來尚有情。倚閣未能空萬象，臨流誰復悟三生。村中日正炊煙合，天外風高白露輕。莫去且舒長嘯齒，孫登原亦解清聲。

教諭鄭器《重建閣記》：海陽洪侯，服承明命，父母兹土，未下車，詢民利害，思興起釐革之。既莅任，明禮敕法，恪勤朝夕，示民以向。方乃修拓泮宫，創建社學，平徭薄賦，弭盜緩刑，百弛俱張，罔有奸宄以幹法度者。適風和日舒，以農事循行郊野，出郭五里，過西明山，覽其風景之异，顧左右曰：峰巒蜿蜒，川穀融結，神靈棲焉。且高閣臨深，而地通衢，括公私賓旅，尚有賴焉。誰能爲我闢而新之？時有唐山沙門默照對者，侯首捐俸，命任其事，默照受法旨，於東甌之中川寺杖錫，遠覽徧訪名迹，見翠峰之幽奇，慕禪月之頓悟，遂投衲以居而莊嚴乎梵宇，其方藥普濟，真慈雲甘露也。既受事，即結無量因緣，募一切法財，撤故易新，具諸色相，使民知所祈禱，改建清華閣於西北，遠環邑治，以爲關鑰，層檐翬飛入窗，洞啟景物，錯陳於檻外，偉乎一重地且佳勝也。侯邀器及諸僚登焉，以聽民風，以廣惠施，以眺萬物。熙熙和樂，不减春臺，庠生王子僑輩侍，曰：侯於家給人足之餘，爲順俗宜民之舉，任清修苦行之僧，尊禮尚施，先憂後樂，今而後知侯之善爲政也。先生其亦有言以垂不朽？曰：器也陋，無以對揚休績，惟曰：是舉也，洪侯主之，默照成之，工始嘉靖壬子菊月次年仲秋之晦竣事，以志日月云耳。侯名先志，號繼齋，若丞俞君叔樌、簿楊君炳、尉何君京、學訓夏君璧、馮君邦瑞，皆觀厥成者。嘉靖甲寅歲季夏吉。

邑人黄中詩：抱郭清溪樹裹來，倚天樓閣俯山隈。春迴花徑香風細，雨霽珠林曙色開。白日雲腥龍欲起，碧枝露冷鶴初回。投禪未解無生訣，浪向人前説鏡臺。

邑人宋應鐘詩：雙溪東下路猶長，高閣平臨緑水涼。下馬獨來當六月，不勝花氣逼人香。

邑令鍾宇淳詩：古閣淩霄迥，林深野興投。穿雲千樹出，帶月一溪流。嵐氣晴猶濕，花香曙更幽。虛舟吾意愜，天地復何求？

又次黄侍御韻：一道飛泉淲淲來，萬山深護白雲隈。禽言天籟虛相答，雨氣花陰閟欲開。卧聽松濤風乍入，行吟竹徑月初回。嗒然心地真空水，不是逃虛獨倚臺。

邑令林剛中詩：閑從車騎問桑蔴，路入西明境最佳。借借蜃樓淩海古，飛飛鴛閣拂天涯。慕泉作雨催詩急，春樹當空送酒賒。不爲詞人饒興致，山來粉黛逐春華。

四明屠隆詩：高閣憑淩四望賒，真稱水木湛清華。晚山黄葉明孤寺，茆屋蒼煙隔數家。歲古龍蛇銷畫壁，天寒鸂鶒卧金沙。舊題一半封苔蘚，感慨登臨落日斜。

邑人黄學詩：清華雅勝逐溪來，沙白流清映日隈。曉霧濛濛崖氣合，晚風拂拂鏡潭開。雲濤起處龍騰躍，竹律和時鶯囀回。可笑塵寰猶浪迹，登臨不异步虛臺。

邑人王季皋詩：覽勝懸崖上嵐光，碧樹隈紆瀠雙澗。合迢遞萬峰迴漫，適登臨興全憑作。賦才山雲如有意，長嘯許重來。

邑人項天衡詩：傑閣臨官道飛凡，倚法筵四圍開，岫碧百户俯清淵，漁唱隨鷗狎巒沾，到市便徘徊久，忘發心賞獨泠然。

邑人徐應乾詩：雕閣憑虚俯湍流，朱明有約集名儔。薰風共對來清馥，皓魄高懸助勝游。堪笑浮萍難定據，不妨促席漫淹留。東山未副蒼生望，掀髯狂歌進酒甌。

郡伯王崇銘詩：群溪集翠激雲雷，孤閣淩霄破壁開。氣壯五丁迴地脉，景浮三竺接天台。白鷗不盡涼煙浴，蒼葉無窮夕照摧。於此駐車閑選勝，一峰應醉一霞杯。

司李趙霖吉詩：峰廻孤徑上幽磴，下視雪聲喧翠微。灌木助陰飛羽蓋，野花收艷傍輿推。湮深隔岸知村合，僮散前陂放犢稀。耳目此時難應接，山陰豈獨擅聲希。

邑令徐治國詩：鴛閣巍巍俯碧涯，浮青挹翠果清華。西山佳氣朝來爽，北斗奎光夕倍賒。煙補竹疏先月到，雪添梅瘦帶雲斜。行行且止間登眺，天外風高送晚霞。

荊溪胡世定詩：倚天積翠屹崩沙，曲檻盤空古道斜。控制兩溪屯屬玉，瀠洄千嶺立丹霞。宜招黄鶴來芳樹，恰稱珠簾捲落花。植竹籬容我卧幾，聲煙磬即爲家。

邑人朱家瓚詩：岧嶤古閣簇雲封，翠矗清華擁貝宫，呼吸已知通帝座，樓臺了不礙虚空。水流檐影晴江上，波浸山容暮靄中。忽憶坡翁禪味語，欲追寒拾問崆峒。

清溪閣　在四都長濂。

四明楊守勤詩：畫樓縹緲凌神壑，千尺巉岩巨靈鑿。銀潢煜爚不可近，仰面恍惚虚崖落。古樹懸崖自槎枒，開遍元都幾度花。玉洞玲瓏吐雷雨，深潭晶漾驚龍蛇。溪月雙清映緑林，仙家白晝長陰陰。寒虹咽斷支祈泣，丹崖深鎖松鼯吟。石鼎瑶梯在何處，徜徉願借漁樵路。鶴背乘來緱嶺風，作賦不愁山易暮。

普賢閣　在北隅，今廢。

擁清閣　在東城惠濟堂前。

川上樓　在北門外妙智堂左。

鎮西樓　在四都長濂。

媚清閣　在四都長濂，里人鄭一豹建。

從龍閣　在奕山，里人朱文盛建。自有詩：數弓甌脱地，竹樹植成陰。信得閑中趣，偏多方外心。菟裘堪自老，羊仲閑相尋。課讀蒔花罷，白雲深復深。子朱九綸詩：飛閣遠塵埃，登臨一快哉。地偏車馬寂，夜静鷺鷗來。竹徑依山轉，柴門不浪開。會心處處是，何必説蓬萊。邑人黄國龍詩：憑欄時極目，野趣較偏多。雨後山光潤，風前鳥語和。捲簾雲自入，泛竽客能過。卓矣柴桑士，清貞寄薜蘿。談笑蓮花幕，歸來鬢尚玄。大饒栽竹興，賸得買山錢。樽酒嘉賓洽，琴書俗事蠲。一經行有托，池上看聯翩。

四明劉志棟詩：縹緲樓開傍覆螺，覆螺無雨白雲多。不緣山潤留雲住，指口蛟龍起碧波。

邑人黄德徵詩：稽古斑斑指上螺，寒牕夜雨集英多。眉端電劃蟄龍起，咫尺三千擊水波。

孫朱家瓚詩：簇簇如來頭上螺，宛然爾我得朋多。三尊立地能成佛，色相俱空般若波。

唐山。紛紛并焰吐靈地，世界光輝五色霞。禪月賞時歌得此，便須留作鉢羅花。

橋

近縣

雙溪橋　在邑東一里，舊名迎恩。元至大元年，主簿楊廷瑞建，後圮。明宣德五年，御史潘岳改建，又圮。正德初，知縣邵文忠鳩石經始，未幾代去，知縣張鉞成之。下爲三洞，門上覆瓦，凡五間。今廢。康熙五十年，知縣繆之弼捐俸重建。

平政橋　在碧瀾橋下。隆慶元年，知縣池浴德以橋圮病涉，改卜成之。前令蘓重建，日久橋□損壞。四十九年，知縣繆之弼捐資倡首率居民協力共修。

碧瀾橋　在邑東前溪，即河頭橋，後圮。

瑞仙橋　近東邑學，邑南七十四步，舊名登瀛，又名拱仙。元至大三年，達魯花赤暗打刺建，日久，橋木損壞。康熙五十一年，知縣繆之弼捐俸重建。

東泉橋　在南明門外。

安定橋　邑南半里，正德間，里民創造，建亭□□□□外復構小亭以憩行旅。久廢。康熙五十年，縣學廢，生李□藻等具呈，知縣繆之弼捐俸倡首，里民協力重建。

惠通橋　即碧瀾橋舊址。萬曆七年，知縣鍾宇淳因平政橋圮，值冬涸，見舊址下有石脚，遂募民創築石樑。下有五洞門，上兩旁有石欄杆，均垂永賴。有鐘鳴橋成之讖，至後果驗。碑記失傳。

衆安橋　邑北五十步。

董店橋　邑北一里。

濟川橋　邑北一里，舊名永安，俗稱東梅。宋嘉定間，知縣陳逵因木橋易朽，募民疊石爲址，改書『濟川之梁』。後北。萬曆十年，知縣王有功修築，用板上覆以屋。四十一年，知縣林剛中又復重修，更稱固焉。崇禎丁丑歲，礀圮橋壞，知縣何廷楝重修，後邑令韓武於五十五年復修，至今堅固。

東鄉

杭川橋　在二都，離縣五里。

濟明橋　在二都，離縣七里。

金岸橋　在二都，離縣十里。

上崗橋　在二都，離縣十里。康熙五十一年四月間，有一民婦歸寧過此橋，因橋板損壞，其婦溺於水，訟之於庭，知縣繆之弼不勝惻然，爰捐俸銀，率士人協力，頗稱永固矣。

大橋　在三都，離縣十五里，橋上建有瓦屋。

太和橋　在三都，離縣二十里。

連頭橋　在三都，離縣三十里。康熙五十一年七月，山水陡漲，沖去，知縣繆捐俸率士人協力重修之。

赫靈橋　在四都，離縣二十里。

湖邊橋　在五都，離縣二十五里。康熙五十一年，知縣繆之弼捐俸率士人協力重建。

古亭三溪橋　在五都，離縣三十里。康熙五十一年，知縣繆之弼捐俸率士人協力重建。

後潘橋、張村橋、墈下橋、大務橋、石西橋、知里橋　此六橋在六都，離縣三十餘里，俱系小橋。康熙五十一年七月，山水陡漲，盡行推去，知縣繆之弼捐俸率士人協力重建。

滂嶺橋　在七都，離縣三十五里。今蘇姓易之以石。

北鄉

楓橋　在邑北，離縣十里。

鄭陂橋　在十二都，離縣二十里，係石橋。

馬橋　在二十二都，離縣二十里。從前邑監生俞咨禹捐貲砌石墩，上架以木板。康熙五十一年七月間，山水陡漲，衝去橋樑木板，知縣繆之弼捐俸重修。

大小頭坑二橋　在十二都，離縣二十五里。

新路垵橋　在十二都，離縣二十五里。康熙五十一年七月，山水陡漲，推去。知縣繆之弼捐俸率士人協力重修。

石鐘橋　在十二都，離新路垵二里，離治二十三里。原係木橋，康熙五十一年，山水陡漲，盡行推去，有里民李日茂情願捐銀三十兩砌石墩，但工程浩大，費用不支，知縣繆之弼捐俸二十兩，贊襄其事，其餘李日茂又募緣成之，架木板，可稱永固矣。

黄坑橋、公赤橋　俱在十二都，離治三十餘里。向系木墩，屢興屢廢，里民李日茂捐資募緣易以石墩，架以木板，厥功匪小。

西鄉

三峰橋　在十三都，離縣七里，俗名三墩橋，上有屋，橋東有亭，頗稱堅固。

大定橋　在十三都，離縣十里。

丁口橋　在十三都，離縣十里。

嶺下高橋　在十四都，離縣十五里。

好村橋　在十五都，離縣二十里。

沙口橋　在十五都，離縣二十里。

牌前橋　在十五都，離縣三十里。

萬石橋　上下二橋，俱在十八都，離縣四十里。

大田橋　在十八都，離縣四十里。

湯溪橋　在十八都，離縣四十里，橋上有屋。

濟衆橋　在十九都，離縣六十里。

蔡口橋　在十九都，離縣八十里。

唐坑橋　在十九都，離縣一百里。

永濟橋　在十九都，離縣一百里。

磐溪石橋　在二十都，離縣一百里。

濟川石橋　在二十都，離縣一百里。磐溪朱之挺、關川毛經道、毛彬損資倡首重建。

關川橋　在二十都，離縣一百二十里。毛姓重建，橋上有屋。

源水橋　在二十都，離縣一百二十里。

文昌橋　在二十都，離縣一百四十里。

晝錦橋　在二十都，離縣一百四十里。

垂紅橋　在二十都，離縣一百四十里。

梭溪橋　在二十二都，離縣八十里，橋上有屋。

小溪橋　在二十二都，離縣八十里。

石印橋　在二十二都湖山，離縣八十里，溪石如印。

朱村橋　在二十二都，離縣一百里。

大坑口橋　在二十二都，離縣一百五里。

金竹橋　在二十三都，離縣一百十里。康熙五十一年，僧通明募化下坳石塊，三墩上蓋屋九間，知縣繆之弼捐資建。

恩市橋，在二十四都，離縣一百一十里。

渡

焦灘渡　邑西八十里。

斬蛟渡　邑東一里，舊易木橋，名碧瀾，今架石樑。

杭頭渡　邑東十里，舊名長川。

金岸渡　邑東十五里，妙法院前，舊名今溪，今架木梁。

界首渡　邑東二十里松陽界，今架木爲梁。

梭溪渡　邑北六十里。

北界渡　邑北四十里，龍游縣界。

龍鼻頭渡　邑西百里奕山，西安縣界。

周公口渡　邑西九十里。

定溪渡　邑西百里長定。

堤

胡公堤　在邑南五十步，今名大堤。宋縣丞胡涓所築。

邑令鄭必明《記略》曰：胡公，鄱陽人，諱涓，字霖卿，幼應神童舉，後以進士，嘉靖中貳遂昌。一日，父老請曰：『邑介兩溪，每霖雨霶霈，溪流漲溢，則堤岸湍齧，而濱溪之民不安枕。矧縣治去流百數武，而儒學又切近其側，兹尤不可緩者。元祐間，龍圖張公根嘗興葺是堤，閱時既久，堤亦寖壞。公能訪舊迹，起而築之，百姓蒙利厚矣。』公慨然有問曰：『吁吁嘻嘻，夫水利農田，予之職也哉？其敢不勉。』繇是晝度夜思，乃募民出丁役，具畚鍾，累石爲址，矻然盤固。及今十五年，無奔衝突蕩之患者，公之賜也。先是，創堤處曰宫潭，横跨一里餘，其深可數尋許。興築之始，有竊笑其旁者，曰：『是潭豈易實哉？』公毅然不顧，曰：『人之處事，患志不立，有志者事竟成也。』乃身自董役，日不下數千人，官給之直，是以民不告勞，役不踰月，而堤成矣。古之人，其行事有一便於民，有一利於公者，咸得書名信史，以垂不朽。今胡公能建不拔之基，貽無窮之利，同視古人，可以無愧，予故樂爲之書。

堰

大堤堰　在邑南半里，水通儒學泮池，今圮。

葉坦堰　在邑東。長四十四丈，灌田二百五十餘畝。

龍礓堰　在邑東。長三十一丈，灌田一百五十餘畝。嘉靖間圮於水，隆慶元年，知縣池浴德捐俸築之，倍固。

吴高堰　長三十餘丈，灌田一百餘畝。通西角南隅官溝，至儒學前。

官潭堰　邑南，爲學前護沙。

獨山堰　邑西，長二十八丈，灌田五百餘畝。

尹村堰　邑北，長一十八丈，灌田一百餘畝。

官陂堰　邑北，長一十八丈，灌田一百餘畝。

長安堰　二都，長五十丈，灌田六百五十餘畝。

高路堰　二都，長二十六丈，灌田六十餘畝。

野航堰　二都。

石頭堰　三都，長二十丈，灌田二百五十餘畝。

蕭嶺堰　十三都，長十六丈，灌田六十餘畝。

石郭堰　十四都，長三十二丈，灌田三百五十餘畝。
楓屏堰　十四都，長三十丈，灌田一百一十餘畝。
礓安堰　十四都，長十丈，灌田一百五十餘畝。
窰頭堰　五都，長二十一丈，灌田五百餘畝。
梧桐堰　四都，長一十三丈，灌田三千七百畝。
鄭墓口堰　五都，長二十二丈，灌田二千五十餘畝。
查渡堰　七都，長二十三丈，灌田一百五十餘畝。
石柄堰　七都，長二十六丈，灌田二百五十餘畝。
河頭堰　十都，長二十八丈，灌田三十餘畝。
外磅堰　十都，長二十六丈，灌田二十五畝。
欄頭堰　十都，長十八丈，灌田二十餘畝。
周阪堰　十都，長十五丈，灌田二十五畝。
溪泠堰　十一都，長十五丈，灌田二十五畝。
岩進堰　十二都，長六丈，灌田八十餘畝。
石髓堰　六都，長十五丈，灌田三千七百餘畝。

嵩伯堰　十六都，灌田八十餘畝。

舊溪堰　十七都，長十六丈，灌田四百餘畝。

馬夫人廟前堰　十八都，長七十五丈，灌田三百五十餘畝。

船埠頭堰　二十都。

石纓堰　三都。

六峰堰　八都，長二十四丈，析入湯溪。

日食嶺腳堰　八都，長二十六丈，析入湯溪。

峰上堰　八都，長二十四丈，析入湯溪。

磨石堰　在三都，今廢。

鄭家堰　二十一都，長六丈，灌田一十餘畝。

大路堰　十九都。

石倉堰　十八都。

宏山殿前堰　十八都，湯溪，灌田一百餘畝。

穉下堰　二十二都，湖山，長三十餘丈，灌田一百餘畝。

陳村畈堰　二十四都，王川，灌田一百餘畝。

湖山堰　二十二都，長五十餘丈。

山歸堰　二十二都，長四十餘丈，灌田一百餘畝。

超潭堰　二十四都。

十畝堰，二十三都，金竹。

壩

繆公壩　在邑西蓮花潭頭。康熙二十五年丙寅夏四月，洪水爲災，河邊一帶城垣、民居盡皆衝決，水勢湧南不復東流，水之古道擁積，而沿城以下竟成深淵。每淫雨後，溪水漲溢，堤岸湍□，年漂月蕩，不惟溪濱之人不獲爰處，即自西而南之地將爲魚穴蟹莊，此遂昌之第一患也。邑侯繆公留心民瘼，百堵俱舉，爰念此患，而來告曰：『築城垣必先避水之衝擊，砌堤路必務復水之故道。水之故道即復，則此岸自日積月累而無崩決之患矣。於是出俸金鳩工，於上流築壩以防之。募民出工，具畚鐘搬積石，開其道，順其性，無復抱南而衝突焉。是役也，始事於壬辰秋七月，中不踰月而功告成。我侯之功，不幾與水俱長也哉！

巷

碧瀾巷　在東隅登第坊左。

墓庵巷　在東隅。

呂巷　在南隅。

水車巷　在南隅。

黄塘巷　在南隅。

胡巷　在南隅。

西寺塢巷　在西隅。

王巷　在西隅。

文明巷　在北隅。

君子巷　在北隅。

范仙巷　在北隅。

鄉都

建德鄉　一都　二都　十三都　十四都　十五都　十六都　十七都　十八都

資忠鄉　三都　四都　五都　六都　七都

桃源鄉　八都　九都　十都　十一都　十二都

保義鄉　十九都　二十都　二十一都　二十二都　二十三都　二十四都

一都　四隅在城内。

二都　在本街金岸等處，去城十里。

三都　六橋等處，去城二十里。

四都　長濂等處，去城二十里。

五都　古亭等處，去城二十里。

六都　祥川大務等處，去城三十里，祥川俗名張村。

七都　馬頭等處，去城三十里。

八都　析入湯溪。

九都　析入湯溪。

十都　内外源等處，去城五十里。

十一都　應村、高平等處，去城四十里，道出龍游。

十二都　馬步等處，去城二十里。

十三都　東峰等處，去城十五里。

十四都　内外源等處，去城五十里，道出龍泉。

十五都　沙口等處，去城二十五里。

十六都　葉塢等處，去城二十里。

十七都　後磐等處，去城四十里。
十八都　大田等處，去城四十里。
十九都　石練等處，去城五十里。
二十都　獨山等處，去城八十里。
二十一都　坑溪等處，去城一百十四里。
二十二都　湖山等處，去城七十五里。
二十三都　華溪、金竹等處，去城八十里。
二十四都　奕山等處，去城八十里。

鋪舍

縣前鋪。
杭頭鋪，在邑東一十里。
資口鋪，在邑東二十里。

風俗

邑山稠田狹，民甘儉約，而勤耕種，崇禮義而尚儒雅，古稱好訟喜鬭，習險難治，今殆庶幾。（《舊府志》）文物之盛，彬彬鬱鬱，與他郡争衡。（《張根記》）

節序

元旦　祭先祝中霤及竈，行交賀禮。

立春　先一日，官府迎春於東郊，祭芒神，鞭土牛，民乃興事。

邑令湯顯祖詩：今日班春也不遲，瑞牛山色雨晴時。迎門競帶春鞭去，更與春花插兩枝。家家官裏給春鞭，要爾鞭牛學種田。盛與花枝各留賞，迎頭喜勝在新年。

邑人葉澳和詩：見説迎春日較遲，東風送暖太平時。兒童竊學紅樓勝，乾插梅花三兩枝。好對春牛共著鞭，生涯無可不耕田。從今休惹公門事，便是民間大有年。

元宵　家燃燈祀先，街巷祀廟設祭，結彩懸燈相續，鼓吹喧闐，烈炮煙火，或巧蒙藏燈，鼇山觀游摩肩。

社日　鄉社各祭先農，祈穀報賽。

社後　卜吉，與温元帥城市拖船逐疫，扮台閣迎歲，盛餙四鄉仕客，雲集喧觀。

清明　插柳踏青，祭掃先墓。

四月八日　俗飯青精，僧人浴佛。

端午　角黍祀先，佩香囊，飲菖蒲雄黄酒，以辟邪。門插蒲艾，繫縷採藥。

七夕　兒童浴髮于河，女子間有乞巧。

中元　祀先，爲蘭盆之會。

中秋　祀先、延賓、玩月。

重陽　祀先，泛茱萸酒，噉新菽，登高，會客。

冬至　官行賀禮，民祀祖先。

臘月　掃舍索逋，多有嫁娶、安厝者。

除夕　祀祖先社廟，火長飲□，坐夜守歲，爆竹達旦。

按，班固云：民函五常之性，其剛柔緩急，音聲不同，繫水土之風氣，故謂之風。好惡取捨，動静無常，隨君上之情欲，故謂之俗。《周禮》稱，東南會稽，風氣柔弱，俗尚鬼神。括之西鄙，亦會稽之餘域也，而人性剛勁，風氣激烈，無亦山道水淺抑或世更代變歟？邵子有言：『至正之謂經，至變之謂世。』顧時無百年之世，世無百年之人，時與人之相代，何翅相半也。自今觀之，家立宗祠，代置祭祖，野無曠土，市鮮游民，士敦廉節，民知詩禮，此俗之美者也。其不美者，則習賭釀盜，好戲信邪，勢遞貧瘠，習漸澆漓，武勝文衰，溺女停柩而喪葬之禮多與家禮左，雖沿習已久，驟更爲難，在岦塊之君子又何可輕言讀禮，此爲風俗之最先務歟？乃若善處知勸，不善處知懲，乃澆靡之頹習復淳樸之懿風，則在□上，爲之鼓□□□爲之□生矣。

蓮花漏堂　在縣廳之側。宋隆興中，知縣王綜建。今廢。

嘉瑞堂　在縣廳之西。宋嘉定中，左藏司馬掀建。今廢。

潘材《記》：物以瑞書，非偶然也。善政致和，和氣致祥，明驗所繇識也。嘉禾同穎載於書，秀麥兩歧形諸史，此固古今知其爲瑞者。然非成周泰和之治、漁陽可樂之政，雖瑞有可書，何取其爲瑞哉？我平昌於括蒼爲屬縣，密邇行都，承宣流化之寄，每不輕畀。嘉定己未，上命左藏司馬侯典是邑，會寺簿王公擁郡符，條教一新，和洽千里。侯以賢見知，得行其學道愛人之意，有撫字而無督迫，有教化而無鄙夷，政與天通，春風鼓舞，自民及物，熙然有懷生之意。廼季夏之月，嘉蓮呈瑞，雙花聯芳，見者謂和氣之效。閱秋，百穀方仰雨，侯躬禱諸祠，甘霔隨車，歲獲豐登，粟穎垂金，纍纍陂隴間，至有一本發十八莖，莖生十八穗。農以瑞薦，觀者如堵，洋洋乎歡聲盈耳。於是即縣西之堂扁嘉瑞，圖之於屏，俾材志其實。竊謂侯之意非以瑞爲誇也，年豐不虛其應，侯以是而喜也。侯以儒學施於吏治，廉於立身，勤以莅事，明不至於察，寬不流於弛，德化洋溢，民氣和悦，薰爲嘉祥，政之發於用者如此，是宜命之名而貽諸不朽也。侯名掀，字仲舉，温國公聞孫，克世其家者也。嘉定十六年九月日記。

對吟軒　在縣側。宋紹興中，縣丞韓允寅建，今廢。

張貴謨《記》：郡有太守丞，縣亦有丞，皆所以貳政也。余嘗考古今之變，太守丞古卑而今尊，邑丞則古尊而今卑。兩漢郡守權獨盛，丞忽忽不樂，有輒弃官而去者。至唐置司馬通判事，今號監郡，則尊矣。韓文公記藍田丞，於位言高，於官言尊，及論其力勢，乃云反出主簿尉下。今邑所置，未免有如文公所論者，蓋習俗世變之异也。然而官無大小、崇卑，而有名實之辨。古人或辭尊居卑，及能所居之官，則官雖卑而不自失其尊，亦在夫人而已。吾邑丞韓侯，嗜學博古，攻詩，蚤登太學，文藝有聲，僅得一官。再轉而爲丞，視其職雖無一可施用，未嘗起負予之嘆。暇日葺軒於廳之側，前植松竹，誦乃祖所作《藍田記》，扁曰『對吟哦詩』以自見。既屬余和，又欲得文以記。予謂今之士夫流落州縣，若侯之丞兹邑，能借松竹以全其高，亦可謂官雖卑而自不失其尊者矣。對斯軒也，清風徐來，泠月下墮，雪花摇空，光彩映發，使於是時舉杖曳履，邀王子猷、李太白抱琴舉酒，相與徜徉於一觴一咏之間，信足以滌塵容、排俗狀，以增藍田之舊觀云！予故喜爲之書。侯名允寅，字肅可，會稽山陰人也。

放生池　在儒學東，隄間西接官塘，北有亭。宋知縣林采創開，今廢。

蔣公湖　在邑東二十里，湖塘廣袤四千八百步，世傳五代時蔣都鎮居其地，一夕陷爲湖，舉家溺焉，鄉人祈禱有應。紹興初，湖淺，民請爲田以贍學，存其中之深者五畝，以留遺迹，猶有柱端在水底，今亦不可見矣。

瑞蓮堂　在邑南君子山右，今廢。

雙峰閣　宋時建，今廢。

張貴謨《記》：余少讀書，年十五，游鄉校。又十年，入太學，升舍。遷登乾道五年第。既歸，典邑李侯大正下車修學，建登閣東南隅，余爲作《修學記》。及慶元戊午春，余以左史奉祠還里，首謁廟學，見新塔崇成，與西山相直，氣象甚偉。或謂重門内，盍築垣居水，遷登瀛閣於講堂後，增壯主勢，於陰陽爲宜。邑士聞之忻踴經始，時尉攝事，慨然任責拓地、鑿池、立橋，如泮宮之制。撤講堂後直舍，增卑培薄，移閣其上，名曰『雙峰』，以增文筆之秀。閣東西翼，以兩廈連宇垂阿，與講堂相屬。登瀛故址創軒屋六十楹，坐挹南山，以還舊觀。閣高深，爲尺各三十有四，廣倍之，升高望遠。挾於兩旁更雙小峰，南向而并峙綿穀。跨溪有層巒叠嶂，林麓薈蔚。四顧環列，晨光暮靄，與雲氣變化，四時之間，模狀不一。諸生講學、涵泳其中，食和染教，浸潤以詩書，奮發乎文章，當有俊才、魁士結軌天朝，爲世顯用。回觀此閣爲昔蜕迹之地，又當樹崇垂鴻，而接武於淩煙之上矣。稽諏規度，僦督庸役，取贏於逋租匿役之餘，民不勞而事集，皆尉身親而力圖之，其居官自苦如此。尉，吾郡朱姓，名正大，蓋樂圃先生之四世孫云。

登瀛閣　宋時建，今廢，

舉春亭　在縣東二百步。

結駟亭　在縣東二百步。

鎮守司　在縣東畔，今廢，基存。

舊學基　在邑西屏山前，向曾山筆峰徙學，後廢爲民居。知縣張鉞取置社學，後圮。今縣洪先志復建。

木城址　在邑西城門外木城一帶，知縣張鉞建，後圮，址存。

卷之四

禋祀志

國之大事，首惟秩祀。謂其精誠感格，祭必受福，非徒效駿奔供故事而已。蓋天地間惟正氣，扶正理而修幽明，交通人神協力，所以陰陽下民凝太和而贊化育者於焉，是藉祀典詎不重歟？志禋祀。

文廟

先師廟（在縣治東南，規制詳《儒學》），祀至聖先師孔子。堂左右列祀四配十哲，兩廡列祀先賢先儒。明初，因前代稱『大成至聖文宣王』，祀用王禮。至成化十二年始，加籩豆、舞佾之數，祭以天子禮。嘉靖九年，改定禮制，尊孔子曰『至聖先師』。孔子易以木主，籩豆各損其四，舞以羽籥，用六佾。

四配

復聖顏子、宗聖曾子、述聖子思子、亞聖孟子。

先賢十哲

閔子騫、冉伯牛、冉仲弓、宰子我、端木子貢、冉子有、仲子路、言子游、卜子夏、顓孫子張。朱元晦，康熙五十一年，奉特恩升位配享，知縣繆之弼有頌，載《藝文》。

六十二子

澹臺滅明、原憲、南宫适、商瞿、漆彫開、司馬耕、有若、巫馬期、顔辛、曹邺、公孫龍、秦祖、顔高、壤駟赤、石作蜀、公夏首、後虔、奚容箴、顔祖、句井疆、秦商、公祖句兹、縣成、燕伋、顔之僕、樂欬、狄黑、孔忠、公西箴、施之常、秦非、申棖、顔噲、宓不齊、公冶長、梁鱣、高柴、樊須、公西赤、公晳哀、冉孺、伯虔、冉季、漆雕哆、漆雕徒父、商澤、任不齊、公良孺、公肩定、鄡單、罕父黑、榮祈、左人郢、鄭國、原亢、廉潔、叔仲會、邽巽、公西輿如、陳亢、琴張、步叔乘。

從祀先儒（舊亦有爵號，今稱先儒）

左丘明、公羊高、穀梁赤、高堂生、毛萇、伏勝、孔安國、董仲舒、杜子春、韓愈、周惇頤、程顥、程頤、邵雍、張載、司馬光、楊時、吕祖謙、胡安國、張栻、蔡沈、真德秀、許衡。

以上仍舊二十三人（原二十四位，朱子既升配，自吕祖謙以下六位俱遞升）。

后蒼、王通、歐陽修、陸九淵、胡瑗。

以上共增祀五人。

申黨、公伯寮、秦丹、顔何、荀況、戴聖、劉向、賈逵、馬融、何休、王肅、王弼、杜預、吴澄。

以上共黜十四人。

林放、蘧瑗、鄭衆、盧植、鄭玄、服虔、范寧。

以上共改七人，各祀於鄉，俱嘉靖九年定。

萬曆中，又增祀六人：

薛瑄、王守仁、陳獻章、胡居仁、蘿從彦、李侗。

歲以春秋二仲月上丁日，修其祀事。

祭器

鐵香爐：三個（遺失一個）。

石香爐：二個。

銅爵：原一百十一個，今存九十六個。

籩豆：今存二十九個。

簠、簋：三十二器，俱無存。

鉶：二十器。
登：五器。
帛匣：二器。
燭臺：一十八對，無。
祝：一個。
以上舊置。
錫香爐花瓶：一副，計重一十三斤。
籩：五十個。
豆：五十個。
棹子：七張。
以上俱知縣繆之弼置。

祭品

帛一、豕一、羊一、爵三、登一、簠一、簋一、籩八、豆八。

四配祭品

共用羊一、豕一、各帛一、爵三、登一、鉶二、簠一、簋一、籩六、豆六。

十哲祭品

共用帛二、豕二、各爵一、鉶一、簠一、簋一、籩四、豆四。

兩廡祭品

每廡帛一、豕一、四壇共用爵四、簠一、簋一、籩四、豆四。不用樂。

樂器舞器，兵燹之後無存。

祭文云：惟師德配天地，道冠古今，删述六經，垂憲萬世。兹惟仲春、秋庶品式陳。

啟聖公祠（在明倫堂左）

祀啟聖公孔子，以顔路、曾點、孔鯉、孟孫氏四氏配，從祀者程珦、朱松、蔡元定、周輔成，凡有事于先師，則先期行事，祭品同十哲。祭文云：惟公毓秀魯邦，誕生聖子，爲萬世王者師，功莫大焉，兹當仲春、秋用仲常祭。

名宦祠（規制詳《建置》）

祀梁縣令江子一。

宋

縣令張根。

縣令李大正。

縣令胡涓。

明

知縣何鉞。

知縣顧岩。

知縣張鉞。

縣丞周恂。

以上八位，俱嘉靖三十四年知縣洪先志申請學道阮入祀。

知縣段弘璧。萬曆四十五年，知縣林剛中申請學道周入祀。

知縣池浴德。

知縣湯顯祖，號義仍，江西臨川人。二位俱萬曆四十六年士民公請學道蔡入祀。

知縣胡順化，崇禎十年，知縣何廷棟申請學道劉入祀。

大清

知縣趙如瑾，號臥宅，雄縣人。順治十二年，知縣徐治國申請學道張入祀。

知縣李翔，號天羽，城固人。康熙二十八年，士民公請知縣柳滋溥申請學道王入祀。

訓導朱永翼，號亮昡。康熙三十六年合庠呈請學院張入祀。

巡撫范公，諱承謨，謚忠貞。康熙三十年公請增祀。
督撫李公，諱之芳。康熙四十年，杭府及仁錢二學公請行各府縣入祀。
巡撫朱公，諱昌祚，謚勤敏。康熙三十年公請增祀。
提督李公，諱塞理白。康熙三十年公請增祀。
鄉賢祠（規制詳《建置》）
祀（明）：
龔原
尹起莘
以上二位，俱正德七年，知縣張錢立祠以祀。
周縮
周南
鄭元祐
以上三位，俱嘉靖三十四年，知縣洪先志申請學道阮入祀。
應櫝
朱應鍾

以上二位，俱嘉靖三十八年，署縣湯玠申請學道畢入祀。

鄭還，嘉靖四十一年知縣黄德裕申請學道范入祀。

項森，萬曆三十四年，知縣蔣履申請學道李入祀。

項應祥，萬曆四十六年，知縣林剛中申請學道洪入祀。

朱景和，萬曆四十八年，知縣林剛中申請學道洪入祀。

包萬有，康熙元年，知府周茂源申請學道胡入祀。

按，名宦、鄉賢二祀，標往喆之芳徽，垂後人之楷範，甚盛典也。張東沙云：袞舄於一時易，俎豆於百世難，宜何如慎重者，乃或高賢而湮没，或涼德而濫竽，循名覈實，幸無爲識者扼腕也。

學土地祠　舊無設，萬曆十八年，教諭于可成創建於東廡門内。

尹起莘先生祠　在儒學文昌閣東。萬曆十三年，知縣王有功申請學道藕准後嗣世給衣巾奉祀。

關廟　在縣學南，嘉靖十五年縣丞魏徽建。萬曆二十二年，知縣湯顯祖擴拓重建。三十九年，知縣史可傳增新聖像，築門前長堤，元宵旦日士民各獨會致祭。

城隍廟　規制詩文詳見《建置》。

兩山川壇　凡厲祭主之。

縣土地祠　在縣儀門東，祀本縣土地之神。

壇壝

社稷壇（規制詳《建置》） 歲以春秋二仲上戊日，陳主而祭右。社左稷 凡祭，各用左幣一、羊一、豕一、爵三、登一、鉶一、簠二、簋二、籩四、豆四。

風雲雷雨山川壇（規制詳《建置》） 中爲風雲雷雨，左山川，右城隍，歲以春秋二仲上丁之第三日，陳主而祭。凡祭，用幣七，牲視社稷加二分之一，爵與鉶登，簋、籩、豆亦如之。

邑厲壇（規制詳《建置》） 每歲清明、中元、十月朔，凡先期二日，縣以告於城隍。至期，導城隍於壇，榜無祀鬼神列於壇下，每祭用羊二、豕二、蔬果各四，飯各數石，酒亦如之。

群祀

廣福堂 在北隅縣治右，祀玄帝，原廟狹小，萬曆□年，士庶樂輸鼎新拓建。

滅虎祠 在報願寺法堂東，知縣湯顯祖建，自有《記》：丁酉冬十月，虎從東北來，甚張。忽夢指有二碎迹。登堂，有言虎嚙其鄉兩牧竪子。予嘆曰：『予德不純，氣之不淑耶？予刑不清，威之不震耶？何以烋氣如是？』下令將以十月望吉，告城隍之神。文曰：『吾與神共典斯土，人之食人者，吾能定之，而不能於止虎。民曰有神，夫虎亦天生，貴不如人，神無縱虎，吾將殺之。』呼吾民任兵者，簡其鋭以從。搜之葉塢。是夜，見有一冠襆袍靴、白鬚團頤長者見夢，若予與同爲法官治獄者，持一文書示予，予曰：『必殺此二渠以償。』長者微笑，指文書中一處示予，若前所云『虎亦天生』

之句，意望予寬之。予正色争不可，長者知不能奪，復微笑曰：『徐之，觀樞密公意何如耳。』予覺知神有意乎啾然者。然已戒不可。止之葉塢，午至昏，見虎，虎奔，一虎倨高隅，薄不可近。予曰：『知之矣。』旬餘，齊居，夜念樞密公兵象也：『有得虎者，與當祠之。』是夜不能寐，覺外洶洶有聲。問之，獲巨虎，雄也。虎首廣尺餘，長幾二尺，身七尺。驚其雌，三日遶而號其山中，伏矢走死松陽界中。東北抵萬山，忽夜震如裂，民曉視之，得巨虎首二，八股。草血沫漬，縣人歡异甚。然以公出郡中，月餘歸，志立祠也。復報有虎，予嘆曰：『神其罪予。』老氏曰：『佳兵不祥，莫如以慈衛之。』遂就報願佛寺傍大樹下祠，爲『滅虎祠』，祀樞密公。非真能滅虎也，虎滅無迹，則亦滅之乎？爾祠之後，獲虎三五。向後虎聞遂稀。神之能有兹祠也，爲之銘，銘曰：惟山之峻，有貓有虎。神其司之，甚力而武。神來見夢，予爲立祠。以衛吾人，依於大慈。遂伐三彪，薦五文皮。孰震於幽，徵共腦髀。丁壯出作，翁孺群嬉。非我德民，神滅其菑。菑由人興，非虎非豺。我去其苛，物象而和。神其安之，與民休嘉。

黄塘廟　在邑南君子山麓，祀五聖靈官。先廟狹小，神亦靈异，被壞木倒壓，而神像依然。萬曆甲申年，士庶樂輸恢拓重建。崇禎丙子年，前濬池蒔荷，東建横樓二十四間，今圮。

知縣湯顯祖詩：山空流火亂螢飄，池上風清酒氣消。四顧沉林雨初歇，平昌令尹聽吹簫。

邑人葉澳和詩：碧水蓮香霧雨飄，黄塘廟裏篆煙消。晚風乍入南園竹，散作城間百玉簫。

天師廟　在縣東五十里牛頭山九雲峰。有詩載山縣南東泉、葉家田、三都鄭村、十一都。天師壇，皆有廟，祀葉法善真人，鄉人稱爲『天師』。凡遇災旱，祈禱輒應。本縣四方争相迎賽，每歲秋冬，牛頭山進香酬願者，男女接踵，松陽尤盛。順治乙丑年間，住持僧人寂德大润師徒，於山麓起造冥陽庵，其顯應尤甚焉。

曾雲堂　在邑東塔山下。詩載塔。今廢。

明善堂　即吴皋道堂，在西門外。

邑人鄭還有詩：吴高山下悄聲聞，竹木扶疏遶四村。春盡不知千佛冷，煙消惟見一峰尊。鐘聲隔水過吴泊，雲影尋幽度石門。黄鳥已催花落去，有階秖上碧苔痕。

白馬廟　在邑西二十里丁公山下項村，因廟圮基侵，移建山頂。祀白馬之神。萬曆初年，靈應如響，四方祈禱絡繹，松陽尤甚。男女徒步至寺，一時廟宇鼎盛，四圍叠石如城垣。然晝則雲繞足下，夜則嚴風颸颸，即盛暑亦甚寒。後被雷擊，人迹寥寥，住持散逸，今成荒坵。

玄通庵　邑西二十里丁公山，又名功厚。

天妃宫　在溪南壽光宫右，祀天妃娘娘。嘉靖四十年，縣丞翁琚建。萬曆二十年，募緣增建前堂兩翼大門。

東嶽廟　在邑南百余步，久廢。重建西門外二里，祀東嶽之神。前芙蓉亭。

馬夫人廟　在邑南五龍山麓，祀馬氏夫人。舊廟在十八都柘，萬曆己酉，僧募化創建，下有祓麟橋，祈嗣者禱無虛日。

麗陽行祠　在邑北官陂，祠圮基存。

四大王殿　一在邑南隔溪，一在北隅山麓，祀金鐘洞主之神。

魚袋山殿　在得月亭上五十步，祀五聖之神。崇禎元年，知縣胡順化建（見《靈异》）。康熙二十五年，洪水湮没，居民復建，祀之。

蔡相公廟　在邑西九十里，世傳蔡氏兄弟二十四人，五代時避地居此，殁而爲神，至今血食一方。

溥濟廟　在邑北二十里，即三井龍湫之祠。自宋以來，禱雨磬應。紹興己未賜額，至今靈异如昔。

陳府君廟　在邑北五十里，神名備。唐處州刺史，文德初，與盜盧約争州不克，殁而靈异，鄉人建廟祀之。今廢。

慈仁廟　在邑東百餘步，知縣顧寧建，後改爲東社學，後廢。〔一〕

徐偃王廟　在邑東城外隔溪，今廢。

華使君廟　在邑東十餘里，神名造。唐景福間，處州刺史死於賊，鄉人立廟祀之。當時居民嘗見馬飲於池，未知來蹤，及觀廟門塑馬，蹄吻皆濕，因名飲馬池。

安樂王廟　在邑西二百步，今改爲社學，亦廢。

何相公廟　在邑西二十五里。唐末，有永嘉何氏兄弟以道術居其地，歿而爲神。紹興間，鄉人建祠，祈禱輒應，民爭祀之，近廟毁而祀不絕。

吴僕射廟　在大栝溪東。神名珂，唐末爲保義鎮遏使，黄巢亂，盜與盧約陷處州。董昌攻越，珂集義勇，積餱糧，守禦一方，以功拜檢校工部尚書。殁爲神，禱之即應。

武林張翼詩：沉沙鐵戟皆消歇，愚智猶瞻僕射祠。欲識精英千載色，石屏雲斷葉殘時。

校注

〔一〕後廢，『後』原作『復』，據句意改。

寺院

報願寺　在邑東。陳天建元年建。宋大中初賜額。慶元間，僧清心重建，扁曰『釋迦殿』。後，僧惠新建彌勒殿。元初圮，至正二年，僧文惠重建。正德間，山門西廊毁。嘉靖初，知縣蕭質令僧募建後殿。萬曆間，知縣辛志會命僧募衆建之。

宋狀元沈晦《寓寺詩》：

久厭官居車馬喧，乍授禪榻喜安便。起來卻西青山坐，静聽風林一曲蟬。平生野性便林麓，假榻僧牕清意足。飄然蹤迹似孤雲，後夜不知何處宿。古寺蕭蕭六月秋，綸巾羽扇對滄洲。四圍樹帶祇園色，一道泉分石竇流。堂上客星明似斗，山中雲氣白於鷗。何時整頓乾坤了，有酒如澠寫我憂。桐城齊鼎名詩：懶性偏宜静，禪房獨掩扉。進窗新筍長，繞砌落花飛。夜月聞僧梵，煙嵐灑客衣。心清宜有悟，春盡亦忘歸。

崇教寺　在邑東三十里。唐會昌六年，僧野雲建，名重光寺，宋治平二年改今名。

定光寺　在邑西一百里。唐乾元二年建，名清林寺。宋治平二年改今名。

興覺寺　在邑北五十里。先名圓覺，唐長興二年建於絶頂。宋紹興丁巳，僧明慧改卜於山之麓。治平二年，改今名。僧曇侁建立。今廢。

安福寺　在邑西七十里。五代時邑人吴德□□□，釋氏彦倈持戒行，越王遇之，錫『光福』額。宋祥符八年改先福。紹興元年，改今名。

净明寺　在邑西四十里。舊名香城寺。宋治平二年，改今名。紹興二年，僧惠肇重建。

廣仁院　在邑西曾山下。唐清泰元年，僧道琦建，名報恩寺。宋治平二年改今名。

宋淳王宫教授王景夔詩：不到僊峰二十年，山光水色尚依然。一官凜凜逾堅操，古佛如如待説禪。冠上塵纓何日濯，枝頭明月有時圓。可堪六六金麟健，我欲乘風騎上天。

翁錡詩：只道山窮路亦窮，青山斷處路還通。源泉出水潭潭碧，野果經霜樹樹紅。乞食不嫌僧舍遠，尋幽更羡僕夫同。明朝籃筍歸城市，歷歷峰巒在夢中。

周池詩：石泉飛玉出雲端，剪剪輕風掠地寒。寄語籃輿須緩進，欲留山色静中看。委蛇細路入蒼煙，萬壑松聲響夜泉。怪得詩情清到骨，尚餘殘雪隱山巔。

張咸詩：三年客宦事何補，兩入招提春又來。麥隴層層翠浪起，桃溪艷艷紅雪堆。勸農好語自令尹，佐邑徒勞慙不才。喜與老痛相對語，不知身亦在春臺。

葉可權詩：髫年羈旅去鄉里，三十平頭初一來。兩沼畜魚清見底，四山啼鳥緑成堆。憑匠寓目有佳趣，搜景題詩無俊才。欲去倚欄還駐望，登臨仿佛紗高臺。

妙法院　在邑東十五里。唐乾符三年，僧紹雲建。

隆因院　在邑東十五里。唐乾寧元年建。今廢。

禪宗院　在邑東二十五里。唐咸通二年建，名禪林。宋治平二年。今廢。

勝居院　在邑東二十里。唐咸通二年建，名東岩。宋治平二年。今廢。

禪定院　在邑北六十里。唐長興二年建，名恩德。宋治平二年改今名。

勝果院　在邑西七十里。黄羅唐乾寧三年建。今廢。

金田院　在邑北一百二十里。唐長興二年建。

寶光院　在邑西一百里。唐乾寧元年建。

妙靖院　邑北一百二十里。即安靖院，唐咸通八年建。

侍郎龔原爲之《記》：妙靖院，占處州遂昌桃源鄉。始唐咸通八年，曰『安靖』。今額，治平中所賜也。嘉祐初，予嘗講學於其法堂之西偏。而院僧奉思者，方以行業智辨，能服其鄉民，募緣取給，惟所顧指。每與予語舊陋爲甚，今之法堂、寶殿，實新爲之，然未愜也。間循山而下上，環指而謾言曰：『异時爲文室於是，爲經臺於是，爲鐘樓於是。既成，願得一言刻之，使後人識舊之地，亦勝事也。』方是時，左右皆荒山，斷塹莽梗，人不可行。予雖壯其志，疑非易成者，徒意許之而弗答也。後數年，予游學京師，不復見奉思。自桃源至者，必問其院如何？皆曰：『院成矣，施者日益衆，且耕鑿有收，屢以力易度牒，今其徒甚盛也。』又數年，予竊第東歸，奉思相迓道旁，雖不及游，隔溪望之，比舊增麗矣。熙寧中，予奉親之官京師，宿焉。觀基面勢，率如昔言規度。竊自謂事無劇易，特志弗彊與力不及，故每廢而莫興，或有爲而不就。若奉思，可謂有志而能成矣。適予方事行役，未暇書也。後予遭家艱，既葬，出淮南，復過其院，觸目悵然久之。比官於朝，緣元祐四年，明堂恩封，贈及泉穸。去秋，促予記歸焚黃，而奉思復援平昔言屬記甚迫，且曰：『今老矣，幸一觀石刻，雖瞑目無憾。』予聞而悲之，且念自初及今，日月纔幾，而忽焉三紀，院僧獨奉思在。而予初弱冠，今亦白髮滿頭。落筆稍緩如昨，則後此數十年，尚誰知本末哉！因書以遺之，時元祐某年月日。

惠衆院　在邑東二十里。梁大同元年建，後圮。唐乾寧元年，僧紹惠建，名佛隴。宋治平二年改今名。

翁高詩：昔日嘗爲惠衆游，芙蓉花發正清秋。重來不覺流年度，僧與吾儂俱白頭。午風吹雨過招提，催促山花次第開。游客不歸心正樂，禪窗卧榻白雲隈。

延壽院　在邑北二十五里。梁大同元年建。

白佛院　在邑北三十里。梁大同元年建。今廢。

慈濟院　在邑東二十里。晉天福元年建。今廢。

净梵院　在邑北一百里。晉天福二年建，名崇福。宋治平二年改今名。今廢。

悟性院　在邑東七里。周顯德元年建。今廢。

保寧院　在邑南五里東泉。錢氏寶正二年建，元至元間毀於寇。明永樂元年，壇越翁高重建。

鄭還詩：不遂平生十載前，曾攜萬卷向東泉。雲林日静開茅塞，禪榻時閑議草玄。轉眼風光成夢寐，委形身世累塵緣。依然事業今如許，愧我星霜欲滿巔。

崇梵院　在邑北十餘里。周顯德五年建。今廢。

崇教院　在邑北二十五里。周顯德五年建，名三衢。宋治平二年改今名。

香嚴院　在邑西四十里。周顯德五年建。

王景夔詩：晚入招提路山風，冷透裳寒鴉互分。合霜稻半青黄習，訟傷嚚俗思閑慰。故鄉牧童如有感，扣角唱斜陽。

王鎡詩：地爐煨火栢枝香，借宿寒寮到上方。山近白雲歸古殿，風高黄葉響空廊。敲門僧踏梅花月，入夜猿啼楓樹霜。夢醒不知牕日上，時逢經磬出松堂。

翠峰院　在唐山。五代時貫休建，後圮。嘉靖間，僧惠宰重建。

邑人尹廷高詩：乘風長嘯翠峰頭，喚醒當年老貫休。境界高寒多得月，松筠瀟灑密藏秋。蜀尼曾禮空中刹，吴越難添句裏州。劫外有家人不識，白雲千古意悠悠。

邑人王養端詩：奇觀出天維，高淩拊雲崗。盤空際飛鳥，曠蕩極扶桑。乘閑一眺覽，憑虛寄昂藏。戀彼仙人迹，渺然嘆荒唐。衣傳禪月衲，寺古貫休堂。蜀尼既好道，豈復懼梯航。不謂萬峰寂，乃能見懸光。梵語落秋壑，天空玄鶴翔。經壇生象樹，天花散幽香。物變景猶昔，時和遇自良。慕此聽法者，有懷從龔黄。修修立萬仞，盱盱見四疆。望岱不在魯，記峴還思羊。古人重感遇，不以風物傷。所資豁塵況，毋爲世徬徨。歸路出松檜，林深留夕陽。山翠不可挹，蒼蒼昭衣裳。惕然際斯遇，解帶命霞觴。佩以瓊瑶管，寫之雲錦章。願言駕靈鷲，扶摇行諸方。

崇孝院　在邑東三十里龍口。

普澤院　在邑東三十里。宋乾德三年建，今廢。

金仙院　在邑西一百四十里。宋咸平二年建，名金堂。宋治平二年改今名，今廢。

無相院　在邑西一百一十里。宋延平三年建。

資壽院　在邑北十里，又名『東梅』。宋治平中賜額，紹興甲子圮于水，僧智積復建。

鄭還詩：峰巒圓轉密林間，一半禪房一半間。雨過泉流春白石，雲來天下接青山。追尋勝迹千年古，看徧名花萬樹殷。不覺平生諸慮息，頓令名利不相關。

朱應鈡詩：薜蘿芳樹繞紅泉，蘭若孤峰出半天。法座爐煙生紫氣，春池香雨發青蓮。雲蟠夜鉢龍猶卧，經罷花壇鹿自眠。今日書生來聽法，多慚世故未投禪。

妙智禪堂　在邑濟川橋頭，祀千手千眼觀音大士。釋真可訪知縣湯顯祖寓此，有《大悲像贊》：稽首大悲觀世音，百千手眼利群小。譬如明月當秋空，隨所有水皆現影。此影離聞不可得，出聞而覺名聖人。因聞而迷名凡品，聖凡若離聞性有。一切木偶應聞道，我思菩薩未覺時。初與衆人無异同。衆人忽有一覺者，亦與菩薩無同异。衆生菩薩但是名，究竟聞始寧真實。明月如不假浮雲，清光終古誰奇特。浮雲若非以明月，世人謂光有生滅。性光天地萬物君，紂非疏兮堯非親。知而能用手眼全，日用不知光霾塵。菩薩以此垂慈憫，知而能用手快眼。清無量數，廣接群生入普門，人人與佛無有等。緣象得象象豈忘，自是衆人欠痛想。一輪明月唾霧中，啫欲淺則天機廣。敢勸諸來觀象流，無多手眼翻爲障。

宫觀

紫極壽光宫　在瑞山麓。唐葉法善煉丹之地，宋元符三年，老君塑像眉端神光見，郡邑表聞徽廟。政和三年降御容於宫宸翰，賜額犬書『紫極壽光之宫，』六字今存。宣和辛丑，一經草寇，紹興甲子圮水後重建，宫中道士章思廉、范子氓、項舉之俱登僊籍，今爲道會司。

龔原詩：經年法力直通幽，乘興還爲帝里游。符筆共傳神水妙，服章新學紫雲浮。上清地勝猶能到，温浴身輕肯暫留。歸去爲言梁苑客，故情長憶好溪頭。

錢端禮詩：尋師莫更待餘年，大用縱横識善權。賸喜四禪超物外，斷無一語落聲前。嵬嵬道價初無意，籍籍高名不泛傳。他日九霄雲路穩，願陪游戲恐無緣。

周綰詩：少年耻點龍頭額，曾向楓宸同發策。宦途轉足异雲泥，虚作梁園曳裾客。兵戈契濶幾星霜，萍蓬各遇天一方。我已賦歸厭束帶，公亦肥遯思括囊。忽逢羽客詢安否，珠玉燦然欣入手。西風漫漫庾公塵，舉扇誰能免污人。路長想像不可越，淵涉浩渺碧無津。金堂玉室知誰住，流水桃花在何處。泠然安得御風行，長逐飛凫天外屨。

王養端詩：眠牛峰抱壽光宫，紫極宏開緑樹中。脱屣不逢章道士，揮毫猶説宋徽宗。丹爐火伏龍初卧，碧海書遲鶴未逢。欲拂風塵了蹤迹，負苓煑石待黃公。

王鎡詩：井氣蒸雲濕石欄，白頭道士自燒丹。開門風帶琴聲出，一陣松花滿醮壇。

朱應鐘詩：仙境通靈室，林香落斷霞。鳥啼丹洞竹，人掃玉壇花。上士譚玄秘，名山貯法華。塵居如可脱，從此覓丹砂。

徐應乾詩：地抱名山氣鬱葱，一樓三叟是仙翁。朝元并謁清微界，采藥同歸紫極宫。真火不飛丹灶冷，仙雲長護石壇空。眼前誰應龍沙讖，矯首青天駕彩虹。

屠隆詩：聞道靈人結聖胎，脅騎白虎踏蒼苔。玄元真氣眉端見，徽廟金書天上來。落落雲松蟠紫極，蕭蕭霜葉滿丹臺。露華光泫璚瀟濕，有客微風月下回。

太虚觀　在邑西五十里大柘東樓山之下。唐乾寧二年建。

尹廷高詩：路入煙蘿别是天，我來散髮坐風軒。玉壺積翠花香潤，石洞藏丹雲氣温。水影倒棲松頂鶴，穀聲遥答嶺頭猿。此中妙處誰能畫，寫入篇章當草玄。

玄鶴衔開樹杪雲，霊風爲掩竹間門。苦無杮葉書名姓，惟有蒼苔記履痕。

盧襄《贈本觀常道士》詩：兒時腦滿膽力壯，欲挫萬象窮經騷。江山老大費彈壓，煆煉雖工心匠勞。今直造化一剩物，黃朝赤藤隨所遭。絮如撲面膩花軟，遂挽隣翁俱出遨。僊官樓臺青突兀，猿聲鶴意相扳招。雖無木客與木耳，日有土釭煑溪毛。長松嘯風醉石冷，夢去飀飀聞海濤。我生自少足靈氣，日思采秀來山椒。中年雖被世緣誤，巾屨過從皆老樵。果然閑健得蕭散，把方竹杖懸詩瓢。願爲初平叱白石，不學曼倩偷蟠桃。

延福觀　在邑西二十五里。元至正十八年建。

普濟院　在東隅末溪邊，祀十四夫人之神，前擁青閣。今廢。

慈福觀　在邑北二十五里章思廉故居，元至正間創。

愛祠

池公祠　在二都清華閣，士民建，祀知縣池公浴德。今廢。

黄公祠　在碧瀾橋南，士民建，祀知縣黄公道瞻。今廢。

叚公祠　舊在報願寺西，士民建，祀知縣叚公宏璧。於康熙五十一年知縣繆之弼改造爲守備衙署，叚公祠遷建於報願寺東，合祀知縣湯公顯祖。

邑人項應祥《記略》：金壇叚侯去遂昌十有五稔矣，士民惓惓焉思慕不能釋，相率修葺其祠宇而恢廓之，勒貞瑁以垂無朽，而詣余請爲之記。余固舊沐波潤者，奚敢以不文辭？次洲叚侯，金壇世家也。弱冠掇魁名，雄才卓犖於江左。年甫彊仕，念太夫人年高，冀以禄食及親，遂上天官，選授遂昌令。甫下車，即洞燭民間利弊，而差次舉廢之。革額外之泒用而里甲蒙惠，禁税糧之增耗而合邑頌廉；杜狐鼠之骫法而訟牘不下胥曹，防狼虎之噬民而勾攝不遣隸役。時值礦務擾攘，税使恣睢，則請公廩給其食，持禮法馭其橫，而東鄙藉以安堵。李直指按部歷邑時，多徬徨莫措，則治塗置署，百務綽有宜適，而道府詡其材諝。且鋭情膠序，嚴試優遇，茂植榜山，以振文運。建義倉，聽民樂輸，儲穀千餘石，以備不秋。大都以勺水之操，抒游刃之略；以抱嬰之愛，濟拔薤之威；以空鑑之明，宏汪波之度。公庭間，凜如秋肅；四封内，藹若春噓。在宥不越一載，而德政芳猷，已章章若是，則以純孝爲之本耳。侯奉太夫人於公署，入則進甘脆，色養備至；出則勤乳哺，覆露必周。内外稱兩全焉。無何，以太夫人八十考終，哀毁骨立，將輿櫬以歸，士民攀卧不能得，則謀建祠，肖像以尸祝之。侯固辭，既而曰：『吾母逝於斯，無已，則祠吾母勝祠吾也。』乃創祠於藩署廢址，而并祀焉。迨侯補任大田，寄俸十金，置田爲太夫人饗祀需，不欲以歲時煩遂邑也。歲甲寅，順德黎侯至，聞侯之風，慕侯之政，謁其祠而贊嘆，欲修飾之。允庠士增廓門堂之請，而慨然主維，屬幕廳周君董其役，邑薦紳士庶咸捐輸以爲工役助。由是奉太夫人于内寢，妥侯像於中堂，闢重門於左壖，以便士民之時祀者。越三月而工竣。夫侯以己亥之夏莅遂，以庚子之夏離遂，臨民僅期月耳，何以得民至此哉？昔聖門推政事者，最由、求，然而有勇足民，非三年則不能致，唯尼父乃自謂期月而可耳。侯也固可尼父之可，而致由、求不能致哉？余不佞，敬採輿頌而記之，以佚之傳循良者。侯諱宏璧，字叔瑞，號次洲，南直隸之鎮江金壇人。以戊子鄉進士，授令遂昌。

辛公祠　在報頤寺東，祀知縣辛公志會，邑人項天慶題額『風抗雪垂』。

林公祠　在濟川橋北，祀知縣林剛中。

邑人項應瑞《記》：邑大夫林侯以陟行也，民遮道弗獲留。謀祠之，以片石志不朽。噫嘻！畏壘桐鄉何以再睹。然予從政兩邑間，每撫《循良傳》，代异人，人异政。嘗以三言括之，如昔稱『衆之慈母』、『國之神君』、『學士之師者』，盡矣。括阻山，而國隸十丸，遂稍稱劇，其民困於輸將，致貧而赤。胥緣爲奸，士泥帖括，氣奢靡不振。令遂者，養嘉穀，容稊稗，則仁而不斷；遂鷹鸇，及烏雀，則嚴而不撫。間能平成束吏，則齪齪薄書期會間，又俗而不文。侯甫下車，已燭知之。夫民貧，字未至也；胥奸，弊未釐也；士靡，誨未周也。俗用里、甲，十年一更。民每留十年積辦一歲役。一貴人行部，便有朝金滿囊，暮赤手還者，民甚寃之。侯一切報罷，屬直指兩至，不需民間一物，竟無譁。傳廚不飭者，問之民，民不知有直指來。所知者，輸將以時耳。聽訟若禹鑄鼎，即有魑魅，亦夔夔睢睢，畢露莫逃。其折而抵昂之也，猾無以狐，胥無以猱，秪凜凜重足，訟庭嘗虛。諸縫掖以文藝至隆，重於貴客，句摘字商，移甲乙不置，士蒸蒸起，主文者謂旂鼓足當一面也。則予所稱三言，侯合爲一政。若夫潁川之惠，萊蕪之介，山陰之懷來，朝歌之斷理，成都之訓迪；詩以唐，字以晉，文以漢，琴以元亮，花以安仁，鶴以清獻，酒以次公，亭以永叔；侯又合爲一人也。三年政成，考上最，民豫恐其去，留之當道。主爵者以國家多事，邊餉旁午，處侯于士安存中之任。侯行矣，民失慈母，國失神君，士失良師，棠蔭甫茂，峴淚方新。不以予不文，屬之記。夫民，千萬人言也，碑於口；予一人筆也，言於石。千百世後，且有爲侯傳循良者。侯閩海莆人，名剛中，號□水，丁酉第三人，以《尚書》起家，爲海内文章宗匠云。

傅公祠　在碧潤橋南，祀知縣傅恪。

郡人王一中《記》：今皇帝元年，江陵傅侯來宰平昌，政成化行，擢貳東昌。東昌會妖左蠢動，烽煙告警。東昌急侯甚，捧公檄迓旌者道相望，侯殆不可一日留，而遂父老子弟戀戀弗忍舍，攀轅卧轍，且歌且泣，謀所以祝侯者。醵金若干緡，創祠於邑東孔道，俾歲時往來獲瞻依焉。不旬日告成，鄉紳、青衿請記于予。夫甘棠致咏，淇竹興歌，非夫實心、實政大有以感人，豈易言哉？侯治平昌四載，膺薦剡者五，曾擬調麗水兼攝松陽，美政、懿行，未易枚舉。乃甫下車，適當審編之役，爲民十年重負，稍不當，至破資産者有之。悉心釐正，務令賦與役稱，民罔不心服無譁。且清隱田六百，寬其積逋；豁重額三百，蘇其累貱。侯初政，輒樹不朽績若此。至催科常懷撫字，而無藝之徵纖毫弗濡，大書『加耗神殛之』五字於神祠。時有滑書藉口青衿冀須臾緩，侯疑，爲設二匭，令士民分投其中。久之，核其數，稽其候，則士實先且溢於民也。侯報之學使者，而諸逋争輸恐後。民故醇少訟，侯意與民休息。第操三尺，使人人自遠，園中草常青。間有質成，不入贖鍰，至以氷俸佐積貯，恬如也。遂俗輕生，一訟往往委驗於僚屬，不借題修郤，則蔓引株連，受者家立析焉。侯洞悉其害，必慎重而不輕委，亡賴之習因之漸消，所生全者衆矣。而尤加意多士，額税之外，仍優寬徵二錢；又時與横經討藝，娓娓不倦。有悵北門者，厚贍之。甚有苦餉無措，袖俸給櫃代完。所謂『豈弟君子，遐不作人非』，耶會歲旱，侯深自刻責，以自禱焉，車未旋，甘澍如注。蓋其精白誠一，足通帝座如響應云。大率侯之爲政，類以經術飭吏治，以故凝重不遷。若山峙嶽立，百折而百不窮；若淵澄鏡委，至於介嚴素絲，皭然不滓。則又北海峻潔之操，共天性然也。猗歟休哉！侯諱恪，字仲執，號宛委，楚荊州江陵人，甲午鄉進士，神廟天部奉常楚築先生之佳公子也。

李公祠，在湖山，槐亭里人建，祀知縣李公翊。〔一〕

校注

〔一〕此處缺頁一頁。

丘墓

處士包萬有墓　在十六都紫川。

徐節婦王氏墓。

漏澤園　在邑北朝天門外，邑人潘思本捐地。

義冢　在碧瀾橋南蘇塢東隅，徐文肇捐置。弘治間，知縣胡熙爲建門以表之，立碑於門，以禁火葬。肇又搜邑中不能葬者百餘，喪爲廣穴於門外後嶺，悉與而瘞之。

新義冢　在二都上塘垵，離縣五里，東至周荒田頭，南至山腳，西至山路，北至降路。原係徽州歙縣民王重所買，二都上江除舜給之業。今康熙五十一年，知縣繆之弼捐銀五兩于王重手買之，□□□□存□於是立□□冢，任民掩埋□□□可謂澤及枯骨矣。

卷之五

官師志

邑有令，職親民牧，總以弼成化理。至於佐以僚幕，聯以師儒，共宏政教，士習民風所由繫也。前志遺逸未載者，無考。後隨世代臚列姓氏，若政績茂著，別有傳。志官師。

職官

縣令

六朝　宋

元嘉　潘綜，烏程人。

梁

江子一，考城人，見傳。

唐　無考。

宋

雍熙　侯慶。劉文紀。

天聖　李迪，濮州人，見傳。郭知新。趙端。彭有隣。江日宣。蕭大有。李希逸。劉賦。徐昭回。劉單。袁道成。鞠佾。吳德。王仲思。

皇祐　何辟非，建安人，見傳。施肅，昆陵人。李喬，昆陵人，鄧舜卿。

嘉祐　李宗孟，昆陵人。朱祐之。吳卞。

熙寧　王淵，海陵人。錢長侯，長城人，見傳。丁琬。許通。陸若思。王瑗。錢仲侯，長侯弟。

元祐　張根，清河人，見傳。錢康侯，長侯弟，見傳。。尹復臻。方佩。丁禧。葛先。包永年。韓古。李偕。

靖康　徐幾。愈先。何繼。

建炎　董伋，健陽人，見傳。曹仙。李剛中。王傳。晁公耄。

紹興　鄭必明，閩人，見傳。胡仲文。朱兟。李宗質。趙善示。劉邦光。高公挺。王宗。魏興邦。

乾道　李大正，建安人，見傳。木昇。莊藴。

淳熙　林采，閩人，見傳。向濡。吳枏。李逌。章濤。

慶元　朱元成，平江人，見傳。富嘉猷。趙仲立。陳武卿。司馬巡。楊與立，蒲城人，見傳。趙汝濬。胡巘。林士宗。葉莫。葉知剛。

嘉定　陳逵，三山人，見傳。司馬掀，見傳。吴垕。趙宗譽。曹黼。黄華。趙與廉。徐中。何堂。趙汝楷。薛從龍。龔宗尹。趙椅夫。趙必寀。陳晟。
景定　趙旴夫，寶婺人，見傳。趙必靖。徐天驥。章湜。馬子南。陳恭。

元

達魯花赤，（元時縣尉即令，所稱知縣是也。）克釋密爾哈班。交住。暗都剌。
縣尹　樊璋。王極。郭義道。完顔從中。孔楷。郗衡。毛勝。
至元　石谷，南陽人，見傳。
至正　杜伯思，見傳。季任安。司時舉。

明

龍鳳　魏良忠　李訥，通許人，見傳。
洪武　馬玉，見傳。郭貞。鄭肇。許忠。秦孟和。姚澤。榜清。周淵。
正統　顧寧。張翔，大興人。
景泰　趙因。王貴。
天順　何鉞，臨清人，見傳。蔣達。張汝華。
成化　李瓚，鳳陽人，見傳。胡熙。李璉。顧岩，常熟人，見傳。俞黼。李緒。歐陽瑆，泰和人。胡綬，貴溪人。

弘治　黄芳，見傳。趙結，嘉定人。邵文忠，閩縣人。

正德　張鉞，安仁人，見傳。曹環。顧梗，常熟人。楊世賢，當塗人。張淵，江浦人。

嘉靖　黄金，莆田進士，二年。蕭質，清江人，見傳，五年。徐九經，江寧人，八年。賴璋，十二年。江宇，番禺人，十四年。曹守貞，江都進士，十九年。黄養蒙，南安人，進士，見傳，二十二年。王一貫，莆田人，二十六年。洪先志，海陽人，見傳，二十九年。李章，亳州人，三十四年。施霖，長洲人三十六年。黄德裕，浮梁人，三十九年。楊郇，無爲州人，四十三年。池浴德，同安進士，見傳，四十五年。

隆慶　黄應霖，延平人，四年。鄭惇典，宜黄人，六年。

萬曆　方亮采，莆田人，見傳，元年。黄道瞻，晉江進士，見傳，四年。鍾宇淳，華亭進士，見傳，五年。王有功，吴縣進士，見傳，十二年。萬邦獻，南城舉人，十七年。湯顯祖，臨川人，進士，見傳，二十三年。叚宏璧，金壇舉人，見傳，二十七年。王焯，懷寧舉人，二十八年。辜志會，晉江舉人，見傳，三十一年。蔣履，武進人，舉人，三十五年。史可傳，豐縣人，貢士，三十九年。黎來享，順德人，見傳，四十二年。林剛中，莆田人，見傳，四十四年。

天啓　傳恪，江陵人，見傳，元年。胡順化，景陵人，見傳，三年。

崇禎　康晉，合州人，見傳，二年。何廷棟，廣西人，舉人，六年。許啓洪，宜興人，見傳，十二年。劉曰鎰，南昌人，見傳，十五年。張建高，遼東人，十七年。

國朝

順治　趙如瑾，雄縣人，見傳，三年。胡然翰，安東衛人，貢士，見傳，六年。徐治國，遼東人，恩貢，見傳，八年。李時能，尤溪人，舉人，十四年。劉景栢，遼東人，恩貢，十七年。董景範，華亭人，歲貢，十七年。

康熙　楊楫，寧夏人，選貢，元年。王道震，順天人，廕生，三年。王獻明，潁州人，歲貢，四年。馬豸，真定人，進士，六年。李翔，漢中人，進士，名宦，見傳，八年。諶紹洪，南昌人，進士，十三年。徐越，遼東人，恩監，見傳，十五年。柳滋溥，蓋平人，蔭生，見傳，二十年。韓武，大興人，監生，見傳，三十一年。蘇㚇，遼東人，監生，三十九年。陳思濬，奉天人，監生，見傳，四十四年。王毓德，遼陽人，監生，四十六年。丁崇益，通州人，監生，四十六年。繆之弼，崇仁人，舉人，見傳，四十八年。

縣丞

宋

元祐　史才

靖康　胡涓，鄱陽人，見傳。

乾道　韓允寅，山陰人。

景定　余允懷。丁舉。陳黼。張咸。趙南夫。

元　無考

明

洪武　劉振。蕭庸。劉驛。駱叔文。周彦英。張智。王玠。常敬。

正統　周恂，見傳。

景泰　謝教，舒城人。

弘治　萬顯。李光祖。耿怡。

正德　迮宇。馮守仁。袁鉞。丁愷。楊春，舒城人。

嘉靖　林北，當塗人。朱鵬，華亭人。魏重，江都人。劉鑰，大城人。張銀。曹相，通州人。俞叔櫝，江都人。汪諭，休寧人。盧植，黄岡人。翁琚，將樂人。芮汝備，旌德人。

主簿

宋

雍熙　房從善，清和人，見傳。常濬孫。

景定　葉禹、鄭昷、鹿昌運。

元

齊福榮　李居中、侯宗圭、張輔。

至元　徐思道、馮德秀、楊廷瑞、明文德。

明

龍鳳　潘雍。

洪武　李惟孝，見傳。黄道俊，見傳，邑人。

宣德　何宗海。

成化　文英、楊彦旭、王彬、陳錢、吴延、陳保。

弘治　李昇、陸任通、李祥。

正德　劉俊、李仁、陳述、张思温、杨正立，刘安州人。

嘉靖　劉拳，陳州人。陳聰、張鎬，南陵人。范鑛，泰和人。劉希哲，新城人。容瑀，新會人，見傳。余芳、楊炳，豐城人。張尚義、劉闐、陳璫，武寧人。杜時達，上海人，見傳。辜輝，南昌人。

隆慶　邢守轍，吴橋人。毛彩，枝江人。

萬曆　曾備，吉水人。李嘉賓，陽山人。揭暘，建昌人，見傳。陳文明，南昌人。郭公襄，冠縣人。江景邦，旌德人。張自新，華亭人。張大化，江西人。江朝宗，江西人。金楝、謝朝宰，龍南人。汪士賓，欽縣人。程先登，宣城人。

天啓　吴日昇，南城人。程士熙，歙縣人。吴正樞，巢縣人。

崇禎　韓鳴治，惠州人。吴顯忠，雲南人。貢士。朱可久，福州人。胡端肅，歙縣人。朱毓俊，江寧人。

縣丞　主簿今載。

典史

宋

景定　朱大正、孟猷。

元

刁翰、馬進、陳景春、韓惟忠、衛琮、馬安。

至元　夏宗。周源。張光祖。李元紀。

明

洪武　余夢昭，三十四年。趙寧。胡本宗。陳堡。李仲器。

弘治　王安。蔣益。劉通。

正德　黄九成。産鐘。英賢。潘定。楊楚。

嘉靖　曹珙。薑裕。鄧奇環，灃州人。嚴伯遠。嚴録，龍溪人。鄧萬斌。彭溪，安福人。吴廣，嶽州人。何京，邵武人。易準，南海人。林文明，莆田人。丁時雍，黄崗人。

隆慶　王汝平，龔縣人。

萬曆　潘鎰，當塗人。劉侃，靖安人。揭世菱，福建人。姚清，閩清人。王應科，當塗人。何志沂，莆田人。嚴見麒，韶州人。徐雲程，枝江人。韓應期，廣東人。李本照，江西人。周應選，湖廣人。張汝容，桐城人，顧諟明，南直人。熊汝良，江西人。夏一鳳，當塗人。劉一讓，閩縣人。黄轂，莆田人。

崇禎　丁應宿，古田人。焦思達，宣城人。李世華，莆田人。戴德潤，丹徒人。

國朝

順治　朱翼，武進人。邵允文，北京人。田産玉，三原人。蕭國輔，大興人。楊廷芳，陝西人。竇昭孔，富平人。陶振琳，宛平人。麗瑾，陽曲人。劉日章，順天祥武左衛人。李方區，山西人。余國鼐，順天騰職衛人。陳元亮，大興人。汪兆尹，直隸通州人。易大有，江南江都人。

教諭

宋

鄭欽若，邑人，居西隅。

元

葉立里　潘初。葉繼祖。劉周士。劉爚。詹原恭。應雄。林棨。余在際。宋奎崇。王正甫。張國寶。袁炳如。

明

洪武　蘇天奇。白俞。

永樂　李榮，七年。齊宣，十五年。邊繼善。

宣德　林渭，七年。邱福。何清。朱旭。魏莪。

天順　劉世傑，見傳，六年。林智。華夫，無錫人。

正德　藍英，江寧人。戴鑾，見傳。孫瑶，丹徒人。

嘉靖　歐涇，巢縣人。紀穆，見傳。劉瓛。廖鶚，臨川人。邢岊，當塗人。鄭器，寶應人。丁鶴，句容人。康雲程，莆田人，舉人。譚孔，樂安人。

隆慶　毛鋭，武昌人。陳一厚，程鄉人，舉人。林若桂。南安人。

萬曆　洪一鵬，壽昌人。虞廷高，臨海人。徐朝陽，建德人。朱龍，定海人。於可成，仁和人，舉人，見傳。楊士偉，天臺人，舉人，見傳。朱允若，上海人。鄭維嶽，南安人，舉人，見傳。孫懋昭，烏程人，舉人，見傳。沈思相，杭州人。徐應箕，淳安人。趙成宣，太平人。馬希曾，余姚人，舉人。陳玄暉，諸暨人，中壬戌進士。

天啓　葛應秋，績溪人，舉人。章大行，蘭溪人。王士倫，永嘉人，舉人。

崇禎　黄九功，遂安人。程啟祚，廣西人。陳士瓚，余（原文爲『餘』）姚人，中丁丑進士。沈金鑑，德清人，舉人，見傳。劉啓賢，分水人。孫振圖，平陰人，舉人，見傳。

國朝

順治　戴雪程，遼東人。鍾天錫，德清人，舉人，見傳。張期振，會稽人，舉人，見傳。葉朝忠，嵊縣人，歲貢。蔡遵生，蕭山人，歲貢。趙凝濬，諸暨人，拔貢，見傳。陳灝，仁和人，歲貢，見傳。陳雲鐘，永康人，壬子拔貢，見傳。

訓導

宋、元　俱無考

明

洪武　蕭保　翁得昇，邑人居西隅。劉錫用，邑人。趙汝德，邑人。程賜。

永樂　湯新

宣德　汪寅。汪繼宗。游悌。葉璣。董瑢

天順　卓越。陳福。唐嵩。孫敬，池陽人。蕭玉，莆田人。陳鏊。叚瑶，□陵人。

正德　徐朝儀　黄珊，浮梁人。江大倫，宣城人。周文昌，光澤人。邱志廣，徐州人。

嘉靖　施志廣，廣德州人。陸銘，長州人。吴潔，南昌人。邱鳳，崇安人。陳永昌，高安人。盛繼，見傳。李師曾，見傳。徐鑑，惠安人。張秉齡，古田人。黄國順，順德人。馮邦瑞，襄陽人。夏璧，建平人。毛鍔。馮持衡，茌平人。李鎰，和州人。李上達，玉山人。　葛侗，溧陽人。林璿，莆田人。

隆慶　王惠，丹徒人。陳良誠，羅源人。宗洪造，嘉興人。

萬曆　林朝列，福清人。趙廷信，隨州人。王廷俊，江西人，舉人。傅恕，慈溪人。金彬，金華人。周恩問，餘幹人。黄繼先，壽昌人。夏薊，平陽人。吴從善，淳安人。馮雅言，仁和人。周士麟，嵊縣人，程大亨，高明人。洪有觀，南安人，見傳。董用威，桐鄉人。蘇復生，陽江人，見傳。李思謹，汀洲人。嵇汝洪，德清人。楊應迪，宣城人。

天啓　田養純，湖廣人。蔣治，永嘉人。朱子華，□橋人。周官，會稽人。周鼎臣，樂清人。張淑載，興隆衛人，見傳。葉九秩，西安人，見傳。

崇禎　劉生春，河南人。黄玉璜，豐城人。李崇德，臨湘人。毛國祥，遂安人。陳一新，候官人。王家臣，分水人。傅光日，□縣人，見傳。錢輔國，永嘉人。沈士麟，黄岩人。

國朝

順治　馬世禎，紹興人。童一相，義烏人。王士義，淳安人。沈大詹，秀水人，歲貢。王愷之，新昌人。朱永翼，嘉興人，祀名宦，見傳。高弘緒，仁和人，歲貢，見傳，現任。

政績

六朝　宋

潘宗，吴興烏程人。元嘉中，以异行除遂昌長。

梁

江子一，字元貞，濟陽考城人。自尚書儀曹郎出爲令，著美績。後爲侍郎，啓求觀書秘閣，武帝許之，勅直華林省。侯景亂，與二弟子、四子五者同死國難。《梁書》有傳。

宋

房從善，清河人。雍熙初主簿。建文廟，設聖像，興教化，正風俗，通判梁鼎嘉其能，立石記之。

李迪，字復古，其先趙人。後家濮州。天喜四年，拜相，謚文定。先嘗宰邑，陳逵《永安橋記》有云：若李文定公，爲世名相，此其開端之地。又公有《龍潭秋月詩》，詩曰：龍潭得月應清流，金粟花開接素秋。光滿望時沉寶鑑，魄分晦後墜銀鈎。兎生春杵聲相近，蟾薄山河影不收。夜半人來窺色相，卻疑身在廣寒游。

何辟非，建安人。皇祐中，宰邑，興學立校，得爲政大體。初，邑未有學而夫子廟在西郭。至是，乃於邑之東南隅創立殿堂、齋廳。後令施肅、李喬、李宗孟、王淵相繼成之。

錢長倶，字元之，長城人。熙寧中爲邑令，迎母就養。初政尚威嚴，及奉母教，濟以慈恕，獄多平反，全活者衆。又周諏前爲邑者姓名，記于石。

張根，字知常，清河人。元祐四年，以瀛洲防禦推官來知邑事，至則以理省決，積案數千，不閲旬而畢，曲直情僞，無不曲中，因是猾吏革心，獄訟衰息。既又築二堤，創三橋，立四門，興利除害，治績顯著。及去，邑人相率立石頌德，建祠於學。晚參大政，入名宦。子燾，誕於令舍，登進士第，爲時聞人。

錢康倶，字晉之，長城人，長倶弟。元祐中，後兄二十五年知縣事。博學洽聞，議論施設，弗違禮義。廉平不苛，民獲安養。

胡涓，字霖卿，鄱陽人。靖康中，應神童科，後登進士第。來丞縣事，以生民利弊爲念。縣治距溪不數步，而儒學切近其側，每霖雨，溪流漲溢，則堤端齧害叵測，公因訪舊龍圖張公。根所築堤址而修甃之，身自董役。堤成，百姓蒙其利。見《堤記》。

董伋，饒陽人。建炎中知縣。爲人豪邁，尚氣節，處事舉當情法。時苗傅判亡奔七閩間，朝廷遣觀察使張以兵迫，道於邑，倉偍供餉不給張怒，驅伋軍前，行不易股，神色自若張英能沮，逮龍泉境釋之。邑民夏賦輸納，舊用絹絲，伋不忍重困民，曰：『是給諸卒，雖麻何傷？』諭輸紬者悉以麻，郡從例責吏亟易，伋即詣郡，白其故，郡不能强。後守至，諸邑宰畢參，率獻無名金。伋稟命而旋，力陳已之。其庇民，以身如此。

鄭必明，字南仲，閩人。紹興中邑宰，以儒雅飭吏事，好賢下士，知爲政以名教爲先。修學宫，謹課試，風動四境。

李宗質，字文叔，文定公之後。紹興中知縣，善裁斷。甲戌歲，芝溪餘冦竊發，奸民乘隙倡亂，騷動一邑。公遣人擒至，杖殺之，合邑帖然。

李大正，字正之，建安人。乾道中始爲尉，去爲會稽令。念遂民不忘，求知邑事。既至，得滯案數千，判決如流，無毫髪不快人心。先是，丁役不均，科折違法，丁産與税乘除不以時，公盡决去其弊根。凡學之宫室器用廢壞者，悉新之，見張左史《雙峰記》。

林采，字伯玉，閩人。淳熙中知縣，始至，一新學舍，請還贍學金於郡、括匿税田於鄉，以廩士。旬有課，季有考，靡不如式。學者翕然向風。後核隱户，定税名，置都籍，事無不舉。去後，民思之，立祠于學宫。閭邱景憲爲撰《記》。

趙善示，字君舉，寶婺人。紹興中知縣。公嚴介潔，有异政，致物産之祥，去之日，民爲立德政碑。

朱元成，字少翁，平江人。慶元中知縣，練達吏治，縣之役錢累至積壓，預借及三科，計一萬三千五百緡，乃括舊逋，樽節浮費，補填其數，迄今邑無預借之擾。創常平廩儲粟米，以備凶荒，皆利民經久之計。建雙峰塔，以培風氣，見《雙峰塔記》。

楊與立，字子權，浦城人。受業朱子之門，來知邑事，因家蘭谿，學者多宗之，稱爲船山先生，所輯有《朱子語略》十二卷。

陳逵，三山人。嘉定間知縣，首謁學宫，引試士子，一時士風丕變，囹圄空虚。既去，民爲繪像、立祠祀之。

司馬掀，字仲舉。嘉定初，自左藏出宰是邑，撫字教化，上格於天。是年，有嘉蓮呈瑞，一柄雙花，粟一本發十八莖，莖生八九穗，觀者如堵，民爲立堂，扁曰『嘉瑞』。既去，民思慕之，見《一統志》。

趙旴夫，寶婺州。景定間知縣，政教兼舉，籍奸吏之田歸學養，士民感化焉。

元

石谷，南陽人。至元初知縣，興學校，施善政，有訟者輒諭以理，民感化之。

杜伯思，至正中知縣。是歲大旱，箬川盜杜仲光聚衆殺人，公率弓兵禦之，爲賊所執，罵不絶口，遂死於難。

明

李納，字近仁，汴梁通許縣人。龍鳳中知縣事。時直元季山寇陸梁，官莫能制。公下車，結恩信，勤撫字，興利除害，討賊安民。甫二年，徵知蘄陽府。民懷其德，爲作去思碑。齊志沖爲之《記》。

李惟孝，青州人。洪武初主簿，狷介不汙，恒甘淡泊，有材幹，勤政事，凡廳宇廨舍皆其創建。後秩滿去，民咸感之。

馬玉，鳳陽人。洪武初知縣，有幹略，善經畫，廉以自持，惠以及下，邑人稱之。

郭真山，青州人。洪武初知縣，卓有風力，鋤擊強梗。時有絶户鹽糧難於追納，覈實除之。至今民頌其德不衰。

周恂，正統中縣丞。先是閩冦作耗，騷動本邑，公來慰安士民，統率民快勦絶其害，百姓安業。教授毛翼爲撰《去思碑》。

劉世傑，江西泰和人。天順中教諭，待士公恕，教有成規，寒暑不易，士子景仰。嘗《立鄉貢進士題名記》。

何鉞，臨清人。天順間舉人，知縣，專尚德教，不事刑罰。有父母心，以疾卒。郡守周祺惜之，遣官致祭。邑人祀於東泉葉真人祠。

李瓚，鳳陽人。成化間舉人。知縣，廉能果斷，摘奸鋤強，訟不越宿而決，豪横懾伏，囹圄空虚。以疾卒，至今人皆稱之。

顧岩，常熟人。成化間舉人，知縣事。先是俗尚争鬭，自岩莅政，民漸屏息，未久以憂制去。

黄芳，字士英，莆田人。弘治間舉人，以雲和令調是邑，才識通敏，決獄如流。凡學校、城門皆其創建。督民埋葬，禁作佛事。搜隱田糧，罷征商税。爲政知大體，綜理之周，小事亦不遺焉。擢大僕寺丞，庠士鄭還掇《十政詩》歌之，景寧潘琴爲之序，永嘉王瓚爲撰《去思碑記》。

張鉞，字文輔，江西安仁人。正德間進士，知縣，剛明果斷，鋤強扶弱，毁淫祠，興社學，禁絶左道，築城堞。時科第不振，公獨加意作興，民間子弟稍知學者，即復其家。江西窑源盗發，四境騷動，公率兵進討，寇遁去。累擢至南京工部侍郎。

戴鑾，字時鳴，廣西馬平人。正德間舉人，教諭，身率諸生，教誨不倦，修葺學宫，始竣事，旋值火患，公力救不能，遂先抱聖賢廟主及祭器而出，私舍器物罄毁弗顧，復力請郡守重建。士子追思立石，邑人鄭還爲之《記》，見《學校》。

蕭質，字宜文，江西清江人。嘉靖間舉人，知縣。性行端方，人不敢干以私，節用愛民，省刑薄歛。民有争者，諭遣之。五月，政通事簡，日惟書扎而已。時按察副使行邑，見其獄中草長過膝，深加嘆賞。三年，境無盜賊，豪猾屏息，庶幾刑措。

盛繼，字朝善，福寧州人。嘉靖間選貢，訓導，好學慕古，持身恭慎，嘗揭尊賢堂，誨士不倦；銘勇克軒，日省座隅。秩滿，升廣東興寧教諭。將行，邑令俾民餽金贖罪，爲道路資，竟弗受而去。後升太平府教授，國子監助教。

黄養蒙，字存一，福建南安人。會試進士第二。嘉靖間，知縣。重厚寬恕，恬静簡潔。初，學前湫隘，四隅官溝淤塞，廼疏濬之。復拓學前鑿隙地爲外泮，使通活水於中。縣之譙樓卑陋且壞，樓之前街紆曲而逼，公次第改闢，偉然壯觀。升吏部稽勳司主事，累官至户部侍郎。

紀穆，字希文，江西永豐人。嘉靖間舉人，教諭。年富才敏，修飭學政。獎成晚進爲己任。諸生有事，必扶持而全安之，不許輕至公門。士風揚勵，有司取重。升奉化知縣。

李師曾，字原魯，從化人。嘉靖間歲貢，訓導。性資温雅，敦樸無僞，言如不出口，孜孜然以講學爲務。弟子至有事求直者，餽十數金，事解，竟弗受。升麗水教諭，國子監學正。

容璘，字廷圭，新會人。嘉靖間歲貢，主簿。公勤廉謹，惇龐誠樸，愛民禮士，動遵古道。去官，囊無餘資。父老攀送，不忍捨去，多至垂涕。居家侍親以孝聞，喪偶而不再娶，朝廷旌其閭，見《新會志》。

洪先志，字克肖，海陽人。嘉靖間舉人，知縣。嚴謹明決，修政勤民。黄册均徭，舊多猾弊，悉心釐革，人服其公。時巨盜構黨剽竊，境内不寧，即緝而殲之，民始安。儒學内多永備，皆以次修治。建名宦鄉賢祠，闢西北社學，修城隍廟，規畫整然。見各碑記。升南京工部屯田主事。

鄭器，寶應人。嘉靖間歲貢，教諭。悃愊坦易，飲人以和，洞然無城府。諸生優于學行者，輒津津奬借不置，不受貧士之餽而且助之。升登州教授，卒於遂昌，士民醵金葬之宫山。

馮持衡，字平仲，茌平人。嘉靖間歲貢，訓導。剛方不阿，質任自然。教學者必先器識，揚善勸俗，捐資不吝。貧士束修，堅拒不受。每語及利，則羞形於色。其義概類如此。升雄縣教諭。

李鎰，和州人。嘉靖間歲貢，訓導。平易恬静，勤學好禮，講論必本道義。凡利欲嗜好，未嘗一出口。諸生中貧者，力卻其餽。升深州學正。

杜時達，上海人。嘉靖間吏員，主簿。廉謹節愛，一毫不取。初，邑多積逋，自是追督有條，民樂輸納。治未期月，清政化行。餘俸悉以新衙舍，築垣宇。逮去，囊蕭然，士民攀留，至脱靴涕泣，今尤有遺思焉。

方亮采，莆田人。隆慶間舉人，知縣。實心實政，表裏如一。雅重學校，日課諸生，躬爲品題，寒暑弗輟。乘量田後行扒平新法，歸額定里，手自裁定。折獄，諭以人倫大義，聞者感悦。官舍蕭條，長子病滯下，括囊金市參術不得。萬曆二年入覲，麾筦庫羨餘弗納。其清白之操，誠蓋鬼神監之也。先是，以哭子遘疾，至京轉劇，遂卒。訃聞，士民哭臨，賻奠無虚日。

池浴德，同安人。嘉靖丙寅進士，知縣。志操循卓，多异政，如清丈量、設防守、置木皂、澤枯骨等事，記載未可殫述。擢銓部，士民送至龍游，不忍舍，貿地置叟舟亭，尸祝於邑東西明山，祀名宦。

黄道瞻，號對兹，晉江人。萬曆間進士，知縣。天性廉貞，豐裁英毅，斷獄明決，黠胥懾攝。值歲荒，請發廩粟賑饑，規處得宜。時苦兇盗，廉其實殲之，四封安堵。課會諸生，評隲詳敏，識拔得人。甫一載，以憂去。當時士民立石碑記，以志遺愛。三十年後，復建祠於河頭橋東。

鍾宇淳，華亭人。萬曆間進士，知縣。廉明英斷，庭無滯牘。築通惠石橋，創寅賓舘、貯册庫、瞻華公館。尤鋭精造士，修學宫，建聚奎亭，置學田以贍貧生。又立石西安縣界，革巡司索木常例，夙弊頓除。擢南兵垣給諫。

王有功，吴縣人。萬曆間進士，知縣。渾厚練達，砥節開誠，雅意振作士風。建文昌閣而躬提訓之。六載治平，迄今思德。擢監察御史。

湯顯祖，臨川人。萬曆間進士，授博士，升南儀郎。建言謫尉徐聞，升縣令。才名節槩，海内想望丰采。下車惟較文賦詩，而訟獄庶務亦迎刃立解。創尊經閣于學宫，建象德堂於射圃，置滅虎祠、啓明樓，種種美政，未可枚舉。士民就堂尸祝焉。督學吴公另建祠於堂後。以建言，追贈光禄寺丞。祀名宦。

辜志會，晋江人，萬曆間舉人，知縣。醇雅有介操，釐弊剔奸，刑清政舉。因盜劫掠，重修葺城垣，爲民防禦，至今稱爲保障焉。前任臨川湯公聞之，爲作《土城記》。升萬州守。

揭暘，廣昌人。萬曆監生，主簿。精幹練達，習識大體，善決獄。署篆，剛介無染，支費悉均平，不復科派，寛省里役。升縣丞去。厥後，按院李守道、馮廉，知節省事，各移檄江右行奬，以風勵邑佐。子振昌，生於遂，舉於鄉。

於可成，號林鶴，仁和人。萬曆間舉人，教諭。器度軒豁，才思優長。集譽髦課藝，并坐共搆，爲多士楷模，人競思奮。卹饋周貧，德施甚渥。先是，學宫延火，公至，督新聖廟，徙啓聖、名宦、鄉賢三祠，創祀土地，恢廓舍宇，規畫適宜。擢彭澤令。

楊士偉，字循齋，天台人。萬曆間舉人，教諭。悃愊坦夷，推誠接物，課會諸生，時出嫺義式之。丁酉，聘典廣西分試，減膳堂除例，厚贈貧生之壯年不能婚者。寒暑延接不倦，厚施而不責報。俸餘增置學田若干碩，多士德之。擢令電白。

鄭維岩，南安人。萬歷間舉人，教諭，夙學負重名，生徒執經受業，開導盡誠，脱略形迹。所著《知新日録》，則在遂庠時與諸生問難者也。升五河縣令。

孫懋昭，烏程人。萬曆間舉人，教諭。雅意造士，置當設會，課士較文。又廣闢泮池，通引巽水，以助地氣。升南雍學正。士慕其德，建亭於文昌閣右，勒碑志思。後官至楚雄郡守。

洪有觀，晉江人，萬曆間訓導。儒雅質樸，飲人以和。質樸待人，以試諸生，修脯不計，惟以德行道藝相勖。久之以内艱歸，士多思之。升定南縣令。

蘇復生，陽江人。萬曆間訓導。品醇行端，性尤慈和。惠訓多士，以身爲則，得敬敷之道。邑令入覲，署篆半載，豈弟宜民，行所無事，訟庭無人，園中草常青，民歌樂只。任滿，士民同切攀轅匪直良師傳云。

黎來亨，順德人，萬曆間舉人，知縣，醇樸端厚，加意愛士。舊制，生員例免差徭，因積棍混呈概派公力，持申文除之。攝篆郡丞楊公曾免長解外，餘差一應免半。士類戴德，勒碑戟門之右。

林剛中，莆田人，萬曆間經魁，知縣。器度端嚴，才猷練達，愛士右文，釐奸祛蠹。五載間，利興弊革，邑人立祠梅溪之畔，尸祝焉。

周官，會稽人，泰昌間恩貢，司訓。雅意好修，實心振刷，砥礪者特嘉獎借，不率者懲於聲色。雲夢諭行，紳衿送者載道，戀不忍舍，爲立石文昌閣下志《去思記》。

葛應秋，績溪人，萬曆間舉人，教諭。器度軒昂，才猷曠達。文名久噪兩都，而誘掖後進，飲人以和，講學論道，娓娓不倦。惜未竟教澤，以疾隕於官。

傅恪，字仲執，江陵人。天啓間舉人，知縣。慈祥愷弟，潔己字民，禮賢好士。商奇文，折疑義，日晉接無倦色。於世味，泊如也。問民疾苦而噢咻之。人命非真正，不輕和驗，以杜奸惡。在任四載，刑清訟簡，有『無驚鄉外犬，敢集案邊蠅』之句。與廣文知名士吟咏爲樂。贖鍰不足額，佐以俸緡。升東昌府同知。去之日，行李蕭然，士民尸祝，爲建遺愛祠於通惠橋東。郡人王一中記載《禋祀》。

胡順化，景陵人。天啓間歲貢，知縣。歷練博雅，教士愛民。捐俸鼎新縣堂，民不知勞。考滿，升慶陽府同知。祀名宦。

王士倫，字培竹，永嘉人。萬曆間舉人，教諭。學富才敏，尤能肅士範。談文論藝，則又如坐春風。與邑令胡侯順化同心作人，月課無倦，即月費會饌亦無吝色。一時及門皆彬彬蔚起，咸慶得所宗焉。

張淑載，字一渠，興隆衛人。萬曆間訓導。博學宏才，性行倜儻，而謙以自牧，與及門務期學行相資，以成道義之交。遇貧士，非唯不責修脯，抑且損資賑濟之。有貸不能償者，升任時，悉焚券以贈。署宣平篆，廉惠有政聲。兩邑士民，至今猶馨口碑。

葉九秩，字會虞，西安人。萬曆間訓導。慷慨磊落，視諸生若家人父子，飲食教誨，孜孜不怠。士林一時稱得師云。

康晉，合州人。崇禎初恩貢，知縣。清貞絶俗，儉約自甘。訟牒以原告勾攝，兩造聽其自息。緩於催科，民間寧謐。待士子若昆弟。惜二載，以艱去。

許啓洪，字任宇，南直宜興人。崇禎間舉人，知縣事。襟懷磊落，才智過人。值攢造編里，聽民自相朋便。以府差擾害，申請府廳各撥縣役聽差，村落無擾，民甚便之。時值閩寇據西鄉，中文撫臺，題命主政熊入霖、司理陳子龍日夜謀勦撫，得靖。且不廢與諸生談文咏詩。考滿，升欽州知州。

傅光日，字復旦，鄞縣人。崇禎間訓導。腹笥博洽，才致伉爽，落筆即鴻裁大篇，灑灑千萬言。許邑令許侯啓洪極心折之，時相過從。問奇者屨滿户外，悉心啓牖。著述甚富，惜未行世。

劉曰鎰，南昌人，崇禎間舉人，知縣。心慈政簡，初下車，釐剔一二蠹弊後，一意與民休息。時值國變，文武鼎沸，驛路酬應，以静鎮囂，民用不擾。調松陽，士民攀轅塞路。其子一經等僑居松陽，守墓不愧父風。

沈金鑑，德清人，崇禎間舉人，教諭。體貌魁梧，居心廉靖，一意課士，外不與民間一事，且精玄學，善調攝。庚辰，會試復中乙榜，擢寧國府同知。

孫振圖，東平州人，崇禎間舉人，教諭。端方正直，雅意振作。其子光祀亦舉於鄉，出與諸士較藝，恂恂若處子。弗率教者，則懲而示之。值香江弗守，拂袖而歸。

趙如瑾，字卧齋，直隸雄縣人。順治初舉人，知縣。學窮典墳，才優經濟，慈腸偉略，兼而有之。茂年筮任，留心民瘼，下車集士民，博詢利弊，逮一二巨憝，置之法，豪強斂迹。時初鼎革伊始，群不逞嘯聚遍城，竭力堵禦，仍潛逃逸役，從間道走婺，請出奇兵殲擊蕩平，不動聲色而黎民晏然。歲饑，設策賑救，全活者萬計。尤隆禮學校，加意鼓舞，多士蒸蒸向風。征賦不加纖耗，但漸次鼓勸，民自樂輸。以循卓當道交剡，擢西臺御史，歷巡西江、三河、兩陜、八閩，誦聲馳萬里焉。

鍾天錫，字予可，德清人。順治初舉人，教諭。端静和易，廉隅自飭，不以賢書自滿，寒暑不輟。伊吾兵燹之餘，宫墻蓁蕪，多方啟迪，開起社以課士，刺藝標疑，曾無少懈。生平無疾言遽色。上臺廉其學識，聘修郡乘。重修明倫堂、文昌閣、奎星亭，焕然一新。壬辰，公車以内艱遲其雄飛。

胡然翰，安東衛人，順治歲貢，知縣。時值草昧，群寇蜂起，修城垣，築敵樓，晝嚴盤詰，夜密巡警，勦撫互用，動應機宜，保障一邑。

徐治國，號輔聖，遼陽人，戊子恩貢，知縣。武毅果敢，山寇不靖，遇有警即奮勇撲勦，賊不敢近境。桑土綢繆，民得安堵。

張期振，字文起，紹興人。以丙戌經魁署教諭。資性純潔，行誼敦篤，以興文造士爲己任，遇有用之才與貧而有志者，更破格優恤之。

李翔，字天羽，號漢鳳，陜西城固人。辛丑進士，知縣。課士愛民，實心實政。邑遭兵燹，人逋田荒，官民胥困。公申請撫憲范公履勘，題諮豁荒徵熟。時更苦見年賠累每至典妻鬻子，公復爲申請革除。因田定里，滚籤挨催，害盡捐。至今業混淆、人鮮逋負，皆公賜也。没於任，囊槖蕭然，遠近哀慕，如失怙恃。醵錢助親歸里，祀名宦。有《崇祀録》。

徐越，遼東人，恩監，知縣事。精明果斷，人莫敢奸，胥役稍玩愒，遂律以法，一時弊絶風清。與士民接，豈弟慈祥，以艱去。

柳滋溥，字廣生，蓋平人。廕生，知縣。廉静篤實，邑遭洪水災异，公權宜發廩，遂人蒙活者甚衆。在任十載，涵濡優裕。時貧民逋欠積年田糧至一千兩有奇，悉爲貸填，民累得蘇。後升六安州知州，士民爲之攀轅。

趙凝濬，字□□，諸暨人。歲貢，教諭。年富才敏，勵廉隅，重然諾，常推解以濟貧士。乃不久以外艱去，至今思慕之。

朱永翼，字亮肱，號吕辰，嘉興人。歲貢，訓導。博雅名宿，值洪水，泮宫傾圮，竭力捐修，暨啟聖祠、文昌閣、奎星亭，咸葺焉。重建鄉賢尹堯庵先生祠，補梓綱目，發明書版。勤月課，設辨難，啓廢不倦。卒於任。祠名宦。

陳灝，字滙公，仁和縣人，歲貢，教諭。生平所學，得濂洛正傳，教諸生以實學實行爲務。且勤講性理諸書，多所發明，了無疑義。且時將朱子白鹿洞條規爲諸生宣傳之，咸悦服。以疾去。有

《去思記》。

繆之弼，字勸一，號勛岳，江西撫州府崇仁縣人。廪生，領庚午鄉薦，由内閣中樞改授知縣。莅任逾旬，即值流匪猖獗，居民驚怖，親統鄉勇，且守且敵。奮不顧身，荷戈深入。賊聞膽寒，緣山走，尾其後，多所擒獲。邑雖無城垣，賴公保障焉。官兵至，則措置有方；欽差臨，則供億得體。雞犬無驚，貼如也。甫平寧，即首飭學宫，備祭器，設義學，建社學，復鐘樓，悉捐清俸成之。若季考有課，躬親評騭。折獄惟明，面加批判。查熟抵荒，而積困頓蘇。編審均圖，而硃價概卻。且不受勘山之夫價，寧甘淡泊之盤餐。義塚既營，停柩亦瘞。事無巨細，斟酌盡善。三載内功績懋著。

陳雲鐘，字道吕，號淳夫，永康人。壬子拔貢，考授州同，改選教諭。敦謹温雅，諸生受教，如坐春風中。言行動静，罔非矩矱。月課論文，廣爲啓發。晰疑辨難，備極精詳。朔望宣講。□□□□士子文，寒暑弗輟。

高宏緒，字泰凝，號魯峙，仁和人。歲貢，訓導。爲人豪邁雋爽，性秉簡易，不事紛華，學有本源，不尋章句。與諸生講論，必先品行而後文章。有質疑問難者，詳晰開導，娓娓不倦，多士咸景從焉。

卷之六

兵戎志

國有兵，不得已而用之者也。方今天下統一，区宇河清海晏，而弄兵璜池無有矣。然安不忘危，文事繼以武備，雖在盛世不免焉。況遂僻處山陬，寄籍人繁，蠢爾間出，鄉練熟□，要害堵截之功，亦非淺小。至於運籌畫策，鄰火不燃，是又干城有寄，一邑保障，實式憑之矣。志兵戎。

兵防

國朝

原遂邑，把總一員，汛兵四十五名，爲防守。因康熙四十八年流匪竊發，盤踞鄉村，民受其害，四十九年，總督梁公世勳、巡撫黃公秉中會疏具題，將處之協鎮調于平陽，將平陽之總鎮調處州，兼鎮衢、金二府，增兵一千五百一十五名。處州總鎮共管兵二千六百三十一名，别邑俱添兵防守。遂昌設守備一員、把總一員、兵三百名，内兵二百名駐縣，一百名分防各隘口。從此永鎮岩疆，弭盗安民，其有賴乎。

守備　一員

把總　一員

駐防營兵　三百名

新建守備衙門一所，在縣東，舊爲湯、段二公生祠基址。今建頭門一所，兩旁東西各三間，以爲字識房。一爲馬閑儀門、大堂、内堂、廂房、倒廳。大堂之東書房一所，書房後樓房一所，樓房旁廚房三間。

縣内守備衙門旁及頭門外東、西、北三隅關口，置廷秋亭，旁共新建營房一百間。西、北兩鄉隘口、王村口、關塘、高平北界等處，共新建營房七十間。

教場，在縣東瑞山麓，廣三十一步，袤九十六步，原有左右廊坊六，外門三，今僅存演武廳、旗竿、石臺。舊設馬步巡檢司弓兵二十二名，久裁。

舊遂昌縣設民兵一百一十七名，歲徵銀一千六百零五兩六錢，久裁，充餉。

自民兵廢，遂邑介在深山，土著少而寄籍衆，宵小往往竊發，出没無定，苦難防守。因而各都設有練總二三名，鄉兵一二十名不等。遇有盜警，練總統集鄉兵追擒。縣内素無鄉兵，舊設練總十名，自四十八年後，添設練總三十名，共成四十名，以徐守元爲之長。當農隙之暇，印官傳集鄉兵於教場操練，給豬、酒以鼓勵之，亦古者寓兵於農之意也。故四十八年，兩遭彭、温流匪之害，鄉練擒獲居多。温處道高、本府劉往往□賞遂邑鄉練，技勇可嘉，逾出尋常萬萬也。

武職

從前止設把總一員，遞年輪换，名不及詳載。自四十九年始，增守備一員，仍設把總一員，則其姓氏應載，以備採覽。

守備

吴豹，號文峰，福建泉州人。康熙四十九年任，五十一年調温州水師營。爲人恬静閑雅，有儒將風。恤兵愛民，時論賢之。

謝錦文，號唐章，山西大同人。康熙五十一年任〔一〕。

校注

〔一〕此處，原稿缺四行。

把總

李肇斌，號□□，温州平陽人，康熙四十九年任。

武功（任本地）

明

成紹譽，杭州前衛指揮，任衢州守備。崇禎戊寅，閩人種麻靛者，發難於金華。撫臺羅公親勦，寇陡至遂昌。命紹譽自衢躡其蹤，寇已走石練，譽迫之，大戰溪灘，爲寇所害。士民哀之，醵金以殮，哭而祭焉。撫臺聞於朝，贈驃騎將軍。

國朝

劉登瀛，前屯衛人。世昌公猶子。由世職升游擊，換扎守處州，統領游騎。性剴直沉鷙，遇事奮決，勇冠三軍。自閩寇流突，援勦殆無虚日。往來屬邑三十餘陣，摧堅取勝，寇皆望風宵遁。而於遂邑尤保全數四，士民咸以父母戴之。按臺趙、杜俱題薦，鹽臺潘旌奬，皆言精神大於其身，所向無前，可稱飛將，洵實録云。

史成有，遼東蓋州衛人。處州右營守備，寔署千總。調防遂昌，能嚴紀律，兵民相安。八月會勦，殺賊有功。

張朝臣，北直人。處協右營都司。康熙四十八年，閩人温顯靈、廖雲山等寇龍游，遁至遂昌大柘高山。十二月初十日，率兵追勦，是時天尚未明，死於賊。

紀事

唐

中和元年，遂昌賊盧約攻陷處州，據城以叛，刺史施史君破約誅之。

約乘黄巢亂，攻劫青田等縣，命侄佶陷處州，即留守之。及吴越王錢鏐遣兵取温州，捕逮佶至臘口而卒。約來據州爲刺史，自鎮一方，多所建置。刺史施史君率兵屯寨，收集義勇，討約誅之。

元

元至正十七年五月，縉雲、松陽、遂昌、麗水、青田亡賴各嘯聚爲盜，石抹宜孫、胡深討諸賊平之。

縉雲黄村、松陽白岩村、遂昌大社村、麗水浮雲、泉溪村，各群聚劫掠，勢甚猖獗。以石抹宜孫爲行樞密院判官鎮處州，既至，置胡深行軍都事。深攻泉溪，拔其寨，浮雲亦敗。白岩賊懼，遂降。黄賊望風遁去。深移師攻大社，賊首周天覺、方友元傾其精鋭迎戰，深分部接戰，伏奇兵夾擊之，別遣游擊入山，搜其伏匿。賊大敗，斬首數十級，生擒八百人，獲方友元，梟其首。周天覺降。乘勝移兵討青田，賊黨金德安殺潘惟賢兄弟以降。

秋七月，寇犯龍泉，胡深集鄉兵於湖山拒守，尋撫降之。

山民乘流賊之亂，群聚爲盜，由蒲城、松溪直入龍泉，胡深檄屬縣募壯士，屯竹口，因下令賊中曰：『爾等因驅迫爲亂，弃仗即良民。』賊知胡深長者，其言可信，盡毁兵仗以降。

明

永樂二十二年五月，龍游柯山諸賊作亂，劫掠郡縣，勢逼松陽縣，士女逃奔，鎮撫陳滋出擊，官兵繼至，勦之。

時賊勢猖獗，東南震動。所過遭其殺戮剽掠，至松陽縣境，民皆預爲逃匿，縣治幾爲所據。陳滋統所部兵出擊，繼官兵四至，合力并戰，賊潰敗，遂勦平焉。

正統十三年冬十二月，寇掠遂昌，官兵擊斬之，餘皆遁走。

遂昌報有強賊萬餘，竪旗僞稱王號，乃宣寇陳鑑胡、朱閭八、齊煐，先在寶峰坑盗採銀鑛，後肆劫掠，沿至遂昌。李俊命葉鉅詣松陽，督典史杜英、社首毛孔機等抵街亭橋，賊出迎，大敗，斬齊煐等首千餘級，鑑胡遁宣鄉。

陶得二陷遂昌，指揮弓禮、縣丞張智死之。賊至縣墈頭，官兵迎戰，敗績，殺軍快五十餘人，禮、智俱死。賊乘勢陷縣治，焚廨舍，縱獄囚，市落爲墟，脅從者至數萬。

嘉靖二十四年，慶元賊吴主姑，嘯聚千餘人剥掠，縣民騷動，知縣陳澤引兵邀擊於蓬塘，殲其衆，平之。

賊自號八先生，出入劫掠松、浦間，得勝長驅景、慶、龍、遂之墟，悉爲震駭，知縣陳澤引兵劫殺，先鋒吴元備鼓勇先驅，獨斬數人，以大兵後至，遇害。繼衆至并前，賊衆悉爲所斃。後論殺賊功，立祠祀元備，扁曰『義勇』。

隆慶元年，鑛徒潛匿思爲亂，撫按議遣指揮傾兵屯遂昌湖山，縣立鄉兵以守。先是常山鑛徒西陷，婺源多松、遂無賴，事敗潛回。議者以湖山當衢、婺之衝，特委萬户一人傾兵駐守，以制不逞者出入。既而兵多擾地方，益患之。縣令池浴德議置保長，撤官兵，俾藉鄉兵自爲守，至今稱便。

崇禎十一年，閩寇自金華陡至，遂昌撫院遣守備成紹譽戰于石練，死之。

崇禎初年，閩人來浙東諸郡，種靛、麻、蔗者，布滿山谷。久之，與土人爲仇。汀州人邱凌霄父子與金華人陳海九有隙，勾海賊稱兵作亂。巡撫羅公新莅任，親至勦寇，寇懼，以義烏、湯溪皆有備，陡至遂昌縣中，殺傷相當，走石練屯駐，撫院遣衢州守備成紹譽躡其後，追至石練，大戰於溪灘，衆寡不敵，紹譽死之。寇遁入浦城界而去。撫院上其事，贈紹譽驃騎將軍。

十四年，靛賊結巢二十一都磔下上臺，移盤坑。舊守備葛邦熙守禦坑西，賊又移巢罟綱潭（江山蒲城界），劫殺村落，出没無常。臘月，將入邑，過大柘，聞許令君親宿西門域樓，督士民晝夜防守，遂繞道至湖山，燒毁房屋。葛守備提兵追之，擄掠止十之三四，殺死鄉勇四人，仍返罟綱潭。

十五年，閩寇嘯聚於遂昌茶園，撫院題留主事熊人霖、推官陳子龍勦之。尋招撫平，議析石練爲練溪縣，升遂昌爲平昌州，并龍泉隸之，不果。因立防禦廳于王村口，移温州府通判一員春冬駐防。

閩寇在浙者將歸福建，浦城縣防守戒嚴甚，不得過。由是積累多人嘯聚於遂之西鄉茶園，而江西之永豐縣、衢州之江山縣并震。隣知縣許啓洪申督撫院題留，義烏知縣升工部主事熊人霖、紹興府推官陳子龍來勦，寇懼，大半詣浦城降，其餘并降軍前解撫院。以地界遼遠，議析石練爲練溪縣，升遂昌爲平昌州，以縣丞駐王村口，并龍泉隸之，不果。因立防禦廳于黄村，移温州府通判一員陸昌掘來，春冬防禦，夏秋仍回温州。復取處掠原額兵二百名借在温州、蒲圻所者，來縣永爲防守。甲申京師陷，各縣并立義兵，遂罷。

國朝

順治三年六月，原任督撫田仰、仝勳鎮、方國安等標下兵入處州，散處鄉城大掠，男婦皆逃匿。

時江東糧盡，兵自内潰。田仰兵尚萬人，方國安標下方國泰、屠埒鰲等各兵俱不下數千，乏食需索，掠人家産，甚者綑鄉獻銀始免。民苦之，逃匿殆盡。

五年四月，何兆龍及朱匡明等犯青田、遂昌界。宣平九峰岩賊起，官兵禦之，宣賊伍昌箎、徐可畏、吴用等被擒。

青田、油竹、彭梏等地方，何兆龍等聚衆作亂，犯縣城界，陳光魁等應之。游擊劉登瀛同防將史成有帶兵禦戰，始退。朱匡明屯扎遂昌界紫山、苧土坑、馬戍嶺等處，次月又札金竹，地方禦之，擒江應雄、許世勳等。宣平九峰岩及金公岩賊起，亦勦平。

十月，朱匡明、曹飛宇等犯龍泉、遂昌界，官兵禦之，擒王九妹等，斬魏國波。

朱匡明屯王村口，曹飛宇屯澤賽，遇官兵戰敗，王九妹、湯仰溪、吕伯川被擒，國波死。馮生舜等衆扎龍泉西山，官兵進勦，復擒吕廣生、方永用、陳壽等。

七年二月，遂昌赤葉源盜起，撫院嚴遣官平，安國降之。

六年冬，帶捕鍾典史往鄉拘詐金華吃齋人，指稱無爲教株連不已，遂致激變，會招降，衆乃散去。

八年閏二月，賊徐應愷等散掠馬頭、破砭等處，劉游戎率官兵會勦，或殺或遁，至夏始獲寧静。

九年三月，閩賊葉茂龍等流突遂昌，劫掠湖山等處，劉游戎帶兵剿殺，賊敗逃，直追至福建茶地地方，前後斬殺甚多，餘孽星散。

十年冬，寇王必高猖獗，劉游戎擊走之。是年冬，遂邑寇勢猖獗，士民合詞請游戎劉公鎮勦。寇不知也，正從北而東掠，離城僅二十里。公至不及駐足，受餐即飛騎入山馳勦，斬馘無算，寇皆望風宵遁，一邑賴以保全。冬杪歸師，士民號泣，攀臥競走，部院以留。

十一年春，王必高仍據山四掠，劉游戎擊擒之。是年春，賊仍負固四擾，督院遣別駕彭應震入山勦撫，賊破膽者借名散遁。時彭別駕有詩云：『憲節邏頒野幕開，紛紛革面拜塵埃。匡時卻恨無長策，只抱哀矜兩字來。』又云：『踏遍崔嵬涉遍川，千村萬竈冷炊煙。爲言別駕雙垂淚，多少投戈願種田。』直實録也。元兇王必高仍潛伏擾掠，劉公復至邑，入山群穴嚴勦，計擒必高并其父母兄嫂，械送部院，渠魁殲焉。遂士民德劉公，各建祠祀之。

康熙十三年五月，閩地耿逆據叛，僞黨馬勝入踞遂昌，井邑爲墟。十五年九月，大兵鱗次蕩平，餘黨悉降。時僞黨胡聯啓尚拒命，據駱山頭，當道命生員華發招之降，不血刃而解。

四十七年八月，閩人黃清蘭等爲盜，鄉練平之。游手游食之徒嘯聚山林，不數日就縛。

四十八年三月，松陽石倉源流匪彭子英等寇遂昌，官兵及鄉勇擊斬于奕山坳頭嶺，悉擒之。賊至雲和七赤地方，千總張君聘禦之，復走龍泉，犯遂界。官兵尾其後，遇於大柘，金百總挺身赴鬭，死之。分巡道高，恐其出没，滋爲民害，檄温、處、金、衢四府兵及鄉勇勦之，殲其黨於坳頭嶺。各處鄉勇踴躍踞險以守，賊窘餓，士人吴時科生縛子英，械之。邑越月悉平。

四十八年十一月十七日，龍游廟下紙蓬内，閩人温顯靈、廖雲山等，因值饑荒，相聚爲盜，被衢郡官兵追至高坪嶺。彼時縣防兵少，人民震驚。知縣繆之弼，一面俱詳請兵征勦，一面製造軍器，統率鄉練壯丁把守隘口，故岩邑保全，其功不可没也。

十二月初八日，賊自高坪遁至大柘高山。初十日，處協都司張朝臣統兵追勦，是時天尚未明，被賊所傷。既而，金協孫都司統兵至，斬其渠魁十餘人。近午，衢兵至，賊已遁入深山矣。隨後，處郡把總協同本邑練總鄉兵，於上旦源斬其黨羽數十人。邑侯繆公統率鄉練入山追擒，獲盜三十九人。廖雲山，乃其渠魁也，由是根株盡絶。是役也，邑侯繆公不惜身、不吝費，賊勢猖則奮以威武，官兵至則勞以豬酒，民不滋擾，户得安寢，士民咸頌繆公之德不休。

卷之七

選舉志

國莫重於得人。選舉，人材所自出也。時异世殊，年科云邈。晉唐無考，宋明彬彬輩出。理學文章，勳猷節義，後先輝映，可謂盛矣！邇者少遜前徽，豈榮路不廣，抑文運偶阨耶？然萬户繙經，芸窗讀史，窮二酉對三策，乘運而興，駸駸乎！發扶興之情淑，奮光嶽之奇雄，以踵宋明之盛，匪异人任。志選舉。

進士

宋

嘉祐

龔原　癸卯科，許將榜。

治平

周沃　己巳科，彭汝礪榜。

熙寧

孟閎　庚戌科，葉祖洽榜。

周池　庚戌科，沃兄。

葉之恕　庚戌科。

葉遵　癸丑科，余中榜。

周述　癸丑科。

鄭乂　丙辰科，徐鐸榜。

吴實　丙辰科。

元豐

劉賁　己未科，時彦榜。

元祐

吴嘉成　戊辰科，李常寧榜。

紹聖

趙顗　甲戌科，畢漸榜。

尹暉　年科無考。

崇寧

周綰　丙戌科，葵嶷榜。

大觀

周渙　己丑科，賈安宅榜。

政和

劉伯憲　壬辰科，莫儔榜。賁之子。

鄭遼　壬辰科。

宣和

周贇　辛丑科，何渙榜。

毛世顯　辛丑科。

建炎

吴芑　戊申科，李易榜。

紹興

周縡　贇之叔。壬子科，張九成榜。

周炤　戊午科，黄公度榜。

鄭榮年　戊午科。

畢宰　壬戌科，陳誠之榜。
王汝翼　壬戌科。
鄭俅　甲戌科，張孝祥榜。
周仲昌　甲戌科，池之子。
翁方中　庚辰科，梁克家榜。

乾道

王政　丙戌科，蕭國梁榜。
張貴謨　己丑科，鄭僑榜。
劉鼎　己丑科。
葉先　壬辰科，黄定榜。

淳熙

華延年　辛丑科，黄由榜。
翁伯貴　辛丑科。
周若思　甲辰科，衛徑榜。贇之子。
鄭師尹　甲辰科。俅之侄。

紹熙

王文　庚戌科，余復榜。

鄭企　庚戌科。

慶元

葉梓　己未科，曾從龍榜。

開禧

鄭克寬　乙丑科，毛自知榜。師尹子。

嘉定

葉克　甲戌科，袁甫榜。

葉賁　甲戌科，克之弟。

葉宗大　丁丑科，吴潛榜。

潘材　庚辰科，劉渭榜。

淳祐

潘起岩　辛丑科，徐儼夫榜。材之子。

葉實　甲辰科，劉夢炎榜。先之孫。

劉瑄　丁丑科，張淵微榜。

董榆　丁丑科。

元

至正

翁道久　乙酉科。

鄭元祐　年科無考，見《學行》。

明

永樂

吴紹生　乙未科，陳循榜。

周德琳　戊戌科，李騏榜。

吴文慶　辛丑科，曾鶴齡榜。

成化

吴志　丙戌科，羅倫榜，紹生子。

朱仲忻　壬辰科，吴寬榜。

王玘　辛丑科，辛未榜。

弘治

蘇民　乙丑科，顧辛未榜。

正德

應棐　□□科，維聰榜。

周綜　□□科。

嘉靖

應果　癸未科，姚來榜。

應櫝　丙戌科，龔用鄉榜。

翁學淵　壬辰科，林大欽榜。

葉以蕃　壬戌科，徐時行榜。

吴孔性　壬戌科。

隆慶

鄭秉厚　辛未科，張元忭榜。

萬曆

項應祥　庚辰科，張懋修榜。

舉人

明

永樂

毛翼　乙酉科。

吴紹生　戊子科。

周德琳　甲午科。

蘇祥遂　甲午科。

謝處貴　丁酉科。

張璿　丁酉科。

王永中　庚子科。

吴文慶　庚子科，順天中。

王原復　癸卯科。

徐景明　癸卯科。

宣德

俞宗進　己酉科。

張誠　乙卯科。

正統

鄭傑　丁卯科。

成化

吴志　乙酉科。

朱仲忻　戊子科。

董晟　辛卯科。

王玘　辛卯科，順天中。

朱海　甲午科。

弘治

蘇民　乙卯科，陝西籍中。

黄公標　戊午科。

正德

王焍　丁卯科。

應棐　庚午科。

周綜　庚午科，順天中。

應果　丙子科。

王翰　丙子科。

潘九齡　丙子科。

黄公校　己卯科。

嘉靖

戴憲　壬午科。。

黄公梅　壬午科。

應櫝　乙酉科。

翁學淵　辛卯科。

黄中　辛卯科。

周應宿　丙午科，順天中。

王養端　乙卯科，順天中。

吴孔性　戊午科。

葉以蕃　戊午科，順天中。

鄭秉厚　辛酉科。

黄二琮　丁卯科，順天中。

萬曆

黄九鼎　癸酉科。

項應祥　己卯科。

朱景和　壬午科。

黄國廉　戊子科。

項應瑞　戊子科。

葉澳　甲午科。

尹樂堯　甲午科，順天中。

鄭九炯　壬子科。

王一麒　戊午科，西安籍中。

項天慶　辛酉科。

徵辟

宋

華嶽。見《學行》。吴沂。

周憲。王晉。

王仲傑。鄭卨。

潘景山。閭景憲。

尹韶。張霄周。

劉贇。王景夔。

尹楠。范洪禧。

劉員。董鵬。

吴大有。蘇如淮。

周應龍。王用之。

劉芳發。葉亮。

王鎡。

已上年科，無考。

紹興

翁遇。丙子科，鄉舉。

元

尹廷高，茂才。

明

王濬。徐濟翔。
趙汝德。徐仲新。
王景善。楊伯潤。
王甯。郭紀。
翁得升。俞得濟。
徐良。王鉉翁。
黄道俊。俞榮中。
浩然。葉則仁。
祝子成。黄道傳。
潘允祥。黄道佺。

潘彦真。趙汝賢。

葉以濟。劉錫用。

徐伯良。劉則齊。

歲選

明

洪武

潘允武。鄭桂，十二年。

董歧生，十七年。潘伯成，十九年。

葉溱，二十年。潘守謹，二十四年。

潘留，二十六年。王明登，二十七年。

傅景原，二十八年。徐潤，二十九年。

丁子濟，三十年。

永樂〔一〕

翁誾得，二年。

周汝賢，三年。鄭與進，四年。

徐志達，五年。戴仲，六年。
蘇用，七年。蘇原浩，八年。
鄭德著，九年。應景亮，十年。
吴正齊，十一年。沈廷壽，十二年。
王祀增，十三年。董景鷺，十四年。
鄭德順，十五年。徐文，十六年〔一〕。
華希浩，十七年。吴文慶，十八年。永樂辛丑進士。
王永甫，十九年。劉原洪，二十年。

宣德

潘立敬，元年。董景鳳，三年。
華文輝，六年。徐昌齡。鄭憲宗，九年。
王思清，十年。

正統

鄭如蘭，三年。
張昭，四年。蘇瑛，七年。

劉慶，九年。翁守文，十一年。
張文盛，十三年。

景泰

張武，元年。
周賢，二年。徐泰，三年。
潘賢，四年。俞晟，五年。
葉玘，七年。

天順

王塡，二年。王銘，四年。
尹馨，六年。宋文鋭。
時謐。朱彪。
周魯。潘圭。
潘贊。王哲。俱貢。
王斌，八年。

成化

劉循，二年。

徐昭。徐璧，四年。

王玘，六年，成化辛丑進士。葉秦，八年。

俞玨，十年。蘇謙。

潘明，十二年。駱巽，十四年。

劉麟，十六年。鄭璧，十八年。

項明，二十年。葉清，二十二年。

弘治

周佐，元年。章錫，三年。

周庠，四年。劉芳，五年。

趙纘，六年。王鏢，七年。

華宗武，八年。蘇義，九年。

鄭還，十年，見《學行》。王理，十二年。

華緯，十四年。朱瓚，十六年。

朱珙，十八年。

正德

葉參，二年。王炬，四年。

朱復，六年。王和，八年。

王繡，十年。

朱烓，十二年。尹椿，十四年。

葉雲，十五年。應第，十六年。

嘉靖

王庠，元年。葉棟，二年。

劉良貴，四年。周卿，六年。

蘇滿，八年。應概，十年。

應檣，十一年。華鼎，十二年。

徐棠，十四年。王一元，十六年。

華鼐，十七年。華鎰，十八年。

朱自強，十九年。潘晟，二十年。

潘環。徐棣，二十二年，
華紡，二十四年。徐潮，二十六年。
葉大有，二十八年。王守中，三十年。
應李，三十二年。王養端，三十三年。中嘉靖乙卯舉人。
翁桔，三十四年。蘇廷栗，三十六年。
周慶養，三十八年。華天民，四十年。
應恩，四十二年。黄二琮，中隆慶丁卯舉人。
葉香，四十四年。

隆慶

葉德恭，元年。朱公諫，二年。
王僑，三年。翁選，五年。
王鳴鳳，六年。

萬曆

周秉制，元年。鄭秉錬，三年，選貢。
葉一經，府貢。葉仁民，五年。

黄九章，七年。應紹普，九年。
黄明傳，府貢。鄭秉鐸，十一年。
王鳴佩，十三年。王季同，十五年。
王之臣，十七年。鄭一舉，府貢。
應德進，十九年。黄一陽，二十一年，選貢，見傳。
潘文穆，二十二年。府貢。王之翰，二十三年。
鄭一點，二十五年。選貢。鄭秉券，二十四年。府貢。
周大業，二十七年。徐榮，二十九年。
徐應乾，三十年，見傳。李春富，三十一年。
葉克應，三十四年。吴孔雍，三十五年，見傳。
吴廷鎰，三十六年。包志道，三十七年。見傳。
黄九方，三十八年。鄭一第，四十年，見傳。
王季樟，四十年。府貢。葉繼康，四十二年。
周士彦，四十四年。王文中，四十六年，見傳。
徐應亢，四十八年。

泰昌

葉一櫝，元年，選貢。

天啓

鄭一豹，二年，恩選。翁之恩，二年。

黄德懋，四年。朱九綸，六年，見傳。

崇禎

葉長坤，元年。朱家瓚，二年，恩貢。

徐朝偉，三年，見傳。王文雅，三年，府貢，見傳。

朱民藩，五年。時可諫，五年，府貢，見傳。

葉伯俊，七年。周士廉，七年，府貢，見傳。

黄德徽，九年。周應鶴，十一年。

包經文，十三年。王國鼎，十五年。

包經邦，十七年。王敏教，恩貢，復學。

包蒙吉，恩貢，復學。黄懋學，府恩貢，復學。

清

順治

包經都，四年，恩貢。華知京，四年。鄭元偉，六年，選貢。

鄭元幹，六年，選貢，見傳。鄭之騄，六年，見傳。

包宇平，六年，選貢。李仕道，八年，恩貢，見傳。

鄭元聘，八年。翁大經，八年，府貢。

周士鰲，九年，府貢，見傳。劉應時，九年，歲貢。見傳。

王輝祖，九年，選貢，見傳。

包蒙吉，十一年，恩選，見傳。

周旋，十二年。王震世，十四年。

黄德遜，十六年，歲貢。

康熙

王紹鼎，元年，恩貢。華國儀，元年，歲貢。

王敏教，九年，歲貢，見傳。鄭元量，十一年，歲貢。

周自豐，十一年，拔貢。鄭九恪，十三年。

鄭九楫，十五年，府貢。王正化，十七年。
鄭九祝，十九年。童任大，二十一年。
王錫，二十三年，歲貢，見傳。朱敞，二十五年，歲貢。
毛以澳，二十五年，拔貢。
鄭登宏，二十七年，歲貢。毛以濬，二十九年，拔貢。
周翰，三十一年，歲貢。王日瑞，三十二年，府貢。
俞諮舜，三十三年，歲貢。鄭元玾，三十五年，歲貢。
鄭元珊，三十七年，歲貢。華啓童，三十六年，拔貢。
鄭元漼，三十七年，府貢。鄭士楨，三十九年，歲貢。
朱得舉，四十一年，歲貢。翁濤，四十三年，歲貢。
王錫寇，四十三年，例貢。
毛棐，四十五年，歲貢。朱宗瀛，四十五年，例貢。
華文津，四十七年，恩貢。鄭士儼，四十七年，歲貢。
鄭逢辰，四十九年，歲貢。鄭士璣，五十一年，歲貢。

校注

〔一〕永樂，『永』原作『未』，據句意改。

〔二〕此處缺頁，即缺原稿的第七頁，根據《乾隆遂昌縣志》補至『劉循，二年』。

武科

舊制武舉，鄉試中式，會試於兵部，又中式，部拜官，而無廷試。自崇禎四年辛未科始廷試，傳臚賜進士及第出身，與文科并云。

宋

紹興

周景慶　舉人。

明

正德

周綬　大同衛，百户，中丁卯科，山西鄉試。

嘉靖

周嶅　錦衣衛校尉，中乙卯科順天卿試，復中丙辰科兵部會試第一名，建狀元坊于省城北關門内大街。

萬曆

尹思忠　錦衣衛籍，中乙酉科順天鄉試，復中丙戌科兵部會試，官至山西都司僉書。

武績

宋

周景慶　西隅人。宋紹興武舉，授武節郎。二年，隸都統吕頤浩駐鎮江，兵馬都監，從征伐金，功升左武大夫。

明

葉彦輝　湯溪人。任陝西寧夏衛鎮撫。

朱存　任廣西平樂守禦千户所千户。

李欽　任直隸安慶衛千户。

翁唐盛　任晉府典仗。

朱從宸　從越國公征陳友諒，授温州府楚門千户所千户。

葉亮　錦衣衛校尉，永樂初升本衛千户，歷松盤衛指揮僉事。

陳包　錦衣衛校尉，永樂初升本衛千户。

周琳　錦衣衛校尉，永樂初升本衛百户。

周宗　錦衣衛校尉，永樂初升本衛百户。

周福　錦衣衛校尉，成化六年勦捕功升本衛百户。十八年從征大同，升千户。

周源　錦衣衛校尉，成化十八年從征大同，功升本衛百户。

周綬　襲伯父源職，錦衣衛百户，中正德丁卯科直隸卿試武舉，升本衛千户，尋以征邊功升指揮僉事。

蘇瓊　縣陰陽學訓衛，正德八年從征江西窑源洞，授處州衛百户，後奉例革。

周懋　錦衣衛校尉，中嘉靖丙辰科兵部會試武舉第一名。

朱榮　錦衣衛校尉，嘉靖間升本衛千户。

尹思忠　錦衣衛籍，起莘先生裔，中萬曆丙戌進士，擢守雁門關，官至山西都推揮使僉書〔一〕。

國朝

葉燧　由武生捐衛千總。

貤封

明

吴仁濟　以子紹生貴，贈工部員外郎。

朱彌彬　以子惠貴，贈温州府同知。
周高　以子德琳貴，贈刑部主事。
時應昌　以子謐貴，贈羽林右衛經歷司經歷。
吴惠可　以子文慶貴，贈奉直大夫、協正庶尹、南京兵部武庫清吏司員外郎。
吴紹生　以子志貴，進贈知府。
朱可汪　以子彪貴，封南城兵馬司副指揮。
王思武　以子玘貴，南京刑部郎中。
應湛　以子果貴，封大理寺評事。
應世鑑　以孫櫝貴，贈兵部右侍郎，兼都察院右僉都御史。
應江　以子櫝貴，贈刑部主事，累贈兵部右侍郎兼都察院右僉都御史。
翁奎　以子學淵貴，贈刑部主事，加贈郎中。
黄公棠　以子中貴，封貴州道監察御史。
葉弘淵　以子以蕃貴，封工部員外郎。
吴文轅　以子孔性貴，封奉政大夫、刑部郎中。
鄭廷康　以子秉厚貴，贈南豐縣知縣，加贈吏科左給事中。

項森　以子應祥貴，贈華亭縣知縣，累贈吏科都給事中、太常寺少卿，祀鄉賢。

鄭一桂　以子九坰貴，贈靈璧縣知縣，加贈南京江寧縣知縣。

王季皋　以子正國貴，贈南京留守衛經歷。

葉以萃　以子焯貴，贈北京瀋陽衛經歷。

鄭秉律　以子一豹貴，封四川重慶府通判。

國朝

王詔之　以子國泰貴，贈登仕郎。

鄭家駒　以子元幹貴，贈承德郎。〔二〕

王祚熙　以子啓緒貴，贈修職郎。

王鍾圭　以子業貴，贈修職郎。

童慎　以子國柱貴，贈修職佐郎。

恩蔭

應文端　兵部右侍郎，贈尚書。檟次子，以父蔭任直隸廬州府通判。

應崇元　兵部右侍郎，贈尚書。檟長孫，以祖蔭任太僕寺主簿，轉安慶府通判。

葉鳳翔　莆田縣二丞，贈太僕寺寺丞。德良嗣子，以死倭難，蔭授刑部照磨，升江西按察司簡校。

校注

〔一〕原稿缺三行，據《乾隆遂昌縣志》補。

〔二〕原稿缺三行，據《乾隆遂昌縣志》補。

仕宦

宋

閭邱景憲　由特奏名爲本邑學職。時知縣□來修學，景憲憲之後爲監酒税。

葉遵　字守中，熙寧間五甲進士，授隸州司户，元豐初，再舉進士出身，移楚州團練推官，知真州。

周縮　字彦約，由進士爲國子祭酒，仕至吏部侍郎、敷文閣待制，見傳。

鄭乂　字充道，航頭人。嘉祐初，胡公瑗主太學，連預薦名，以學行稱。熙寧間登進士第，授將作監主簿，調玉山尉，武陵先生志其墓。

劉賁　字元貞，少力學，受業于武陵先生，由進士爲越州理掾，鎮江軍書記，改秩知建平縣，通判青州、常州，轉正郎，奉祠。

尹暉　字子亮，柘溪人。由進士授安仁縣丞。

葉先　高橋人。由進士任江州府知府。

翁方中　字德矩，西隅人。由進士授將作監主簿，遷秘書郎。

劉伯憲　賁之子。有學行，游上庠，登第授衛州學職。

周贊　字襄仲，柘溪人。縉之孫，由進士歷大理寺丞，及正奉祠，徙居永嘉。

周仕賢　西隅人。宋慶曆間，由詩賦科官至左司諫充右文殿修撰、知制誥。

鄭俅　字端夫，航頭人。分教盱眙縣，改茶陵簿。

華延年　字慶長，磊落有志操。淳熙間進士，授閩邑丞。當路交薦之，未及大用，卒。

王景夔　南隅人。慶元間特奏名，以文藝稱，知錢塘縣，轉淳王宫教授、儒林郎。

王仲傑　東梅口人。由特奏名，知星子縣。

潘起岩　材之子，由進士仕至簡閱。

劉鼎　字公器，北隅人。中特科第一人，賜進士出身。除東陽郡教官。子贊貴，俱特奏名。

尹棟　柘溪人。由進士授武寧縣主簿。

鄭克寬　字伯厚，航頭人。由進士授延陵郡博士。

葉克　字正叔，由進士任建寧府教授，仕至起居舍人。

葉賁　字明叔，克之弟。由進士仕至監察御史。

翁遇　字達夫，西隅人。由鄉舉任衛州府教授。

翁伯賁　西隅人。由進士除朝奉郎、集英殿修撰。

鄭欽若　西隅人。任本縣儒學教諭。

朱作霖　字商佐，奕山人。由人材舉嘉定戊辰科，初授成忠郎，仕至知貢院判。

王鎡　字介翁，湖山人。由選舉授金溪縣尉。宋帝㬎播遷，揚冠而歸。

元

翁道久　字良弼，西隅人。由進士授江山縣儒學教諭。

徐良　字良卿，鄉由人材任帝師位，下財賦總管。

徐仲新　由人材任徽州路吏目。

朱仲暘　字伯輝，奕山人。由人材舉至元乙亥科，授成節郎、南康路軍税。

王鉉翁　字中實，鑑翁之兄，南隅人。由人材任平江吴縣主簿，轉兩淮都轉運、黄嚴州判官。

朱惠　字天濟，奕山人。由人材舉至治，仕至衢州常山縣尹。

朱得寧　字彦良，奕山人。至順庚午科卿試第三十五名，授江西信州學録。

明

甲科歲選

鄭桂　字楚材，二都人。由歲貢任行人司行人。

董岐生　字允昌，漳州人。由歲貢任江西貴溪縣儒學訓導。

潘伯成　由歲貢任廣西桂平縣主簿。

葉溱　由歲貢任山西平陽衛主事。

潘留　由歲貢任江西鉛山縣千户所吏目。

王明登　由歲貢，適太祖夢值幽暗一生，以明登前引。次日幸太學，唱明登名，甚喜，勅往賞邊。

徐潤　由歲貢任江西鄠都縣知縣。

應景亮　五都漳州人。由歲貢任宣州衛經歷。

毛翼　南隅人。由舉人任同安縣訓導，升梁府教授，以文學稱明朝鄉科自此始。

周汝賢　字希聖，溪淤人。由歲貢任禮科給事中，永樂九年差四川撫安軍民。十年，差同大監李寧至廣東，接釋迦真身舍利子，兼盤外國番貨。

徐志達　由歲貢任上林苑監嘉蔬署署丞。

吴紹生　字繼賢，號默宅，北隅人。由進士試庶吉士，轉行人，升禮部儀制司員外郎，改工部屯田司員外郎。明朝甲科自此始。

周德琳　字廷獻，十一都錦川人。由進士除刑部主事，歷郎中，升雲南布政司參議，見傳。

謝處貴　白庥人。由舉人任汀州府儒學訓導。

張璿　東隅人。由舉人任山東茌平縣儒學訓導。

蘇祥遂　字功成，南隅人。由舉人任應天府六合縣儒學訓導。

吴文慶　字應章，號釜山，南隅人。由進士除行人。升兵部員外郎，轉漢中府知府。

蘇源浩　北隅水閣人。由歲貢任江西大庾縣知縣。

徐文　字焕章，東隅人。由歲貢任陝西布政司簡較。

董景鳳　字希韶，五都漳州人。由歲貢任福建寧德縣知縣。

劉原洪　字孔殷，北隅人。由歲貢任忠義衛經歷，升廣東湖陽縣知縣。

董景鷺　字希潔，景鳳弟，由歲貢任南康府照磨。

華文輝　由歲貢任山東武定州判官。

徐昌齡　二都人。由歲貢任淮安府海州判官。

鄭顯宗　二都人。由歲貢任薊州判官。

鄭如蘭　二都人。由歲貢任南通州儒學訓導。
劉慶　東隅人。由歲貢任盧州府英山縣縣丞。
王思清　字克明，東梅口人。由歲貢任山西代州同知。
張昭　西隅人。由歲貢任廣東海南衛清瀾守禦千户所吏目。
蘇瑛　北隅人。由歲貢任福建鹽運司判官。
張誠　字克明，東隅人。由舉人任雲南道監察御史。
尹馨　由歲貢任湖廣荊州府儒學訓導。
張文盛　東隅人。由歲貢任福建南靖縣知縣。
徐泰　由歲貢任福建龍岩縣主簿。
潘賢　北隅人。由歲貢任常德府桃溪縣知縣。
吴志　字味道，號介庵，紹生子。由進士除兵部主事，差守山海關，歷郎中，升惠州府知府。
俞晟　字思晦，東隅人。由歲貢任江西州府推官。
朱彪　字文炳，奕山人。由歲貢任北（原文爲『比』）京南城兵馬，升江西撫州府通判，轉順天府通判。
周魯　十一都下坦人。由歲貢任遼東定遼衛經歷。

王塤　南偶人，由歲貢任山東商河縣知縣。
時謐　字孔寧，東隅人。由歲貢任羽林右衛經歷，升蘄州同知。
王銘　字克新，號古樸，南隅人。由歲貢任大名府内黄縣縣丞，有政聲，以年老乞致仕。
朱仲忻　字德輝，磐溪人。由進士除直隸當塗縣知縣，轉含山縣知縣，升太僕寺丞。
徐璧　字元玉，五都人。由歲貢任崑山縣主簿。
董晟　字明夫，南隅人。由舉人任山東沂水縣儒學教諭。
王玘　字德潤，東梅口人。由進士除南京刑部主事，升郎中。
葉蓁　由歲貢任高郵州吏目。
劉芳　字廷桂，北隅人。由歲貢任江西樂平縣儒學訓導。
王鏢　字廷器，南隅人。由歲貢任福建興化府儒學訓導。
周庠　字繼教，西隅人。由歲貢任福建龍溪縣縣丞。
朱海　字德容，磐溪人。仲忻之兄。由舉人任清河縣知縣。
駱巽　字士讓，南隅人。由歲貢任湖廣澧州吏目。
劉麟　字應祥，北隅人。由歲貢任廣平府推官，升南康府同知。
章錫　字天與，馬埠人。由歲貢任湖廣邵陽縣訓導，升新化縣教諭。

葉青　字培之，新路垵人。由歲貢任福建連江縣知縣。

項明　字德著，南隅人。由歲貢任貴州都司斷事。

蘇民　字天秀，陝西儀衛司軍籍，由進士除山西榆次縣知縣，擢御史，仕至刑部侍郎，贈尚書。

王理　字紀之，湖山人。由歲貢任福建連城縣知縣。

華宗武　字臣周，南隅人。由歲貢任湖廣沔陽儒學訓導。

華緯　字邦經，南隅人。由歲貢任福建樟平縣儒學訓導。

朱珙　字朝獻，磐溪人。由歲貢任江西贛州府儒學訓導。

葉參　字希魯，湖山人。由歲貢任福建順昌縣儒學訓導。

王炬　字以明，號梅川，玘之子，由歲貢任江西星子縣知縣，遷湖廣安遠縣知縣。

王煵　字以哲，號梅塢，玘子，由舉人任湖廣衛州府推官，升懷慶府通判。

朱復　字伯仁，彪之子，由歲貢任江西彭澤縣儒學訓導，升廣東保昌縣學教諭。

王和　字達道，號節宅，西隅人。由歲貢任大名府滑縣儒學訓導。

黄公標　字廷幾，號友竹，金溪人。由舉人任和州知州，升南康府同知。

王繡　字文甫，號潤松，南隅人。由歲貢任福建莆縣儒學訓導，補山東樂陵縣儒學訓導，升静海縣教諭。

應第　字上元，桃溪人。由歲貢任福建福安縣儒學訓導。

尹椿　字大年，南隅人。由歲貢任山東東昌府儒學訓導，升肥城縣儒學教諭。

葉棟　字克隆，湖山人。由歲貢任揚州府寶應縣儒學訓導。

應棐　字子中，桃溪人。由進士任江西餘干縣縣知縣。

周綡　字仲儀，十一都人。陝西儀衛司軍籍。由進士任河南儀封縣知縣。

王庠　字伯賢，號恕軒，南隅人。由歲貢任應天府溧水縣訓導，升福建連江縣儒學教諭。

劉良貴　字敏修，南隅人。由歲貢任南京武學訓導。

周卿　字德佐，西隅人。由歲貢任揚州府學訓導，升河南河陰縣儒學教諭。

蘇滿　字善持，號草窓，南隅人。由歲貢誠篤淳樸，讓貢至再，任湖廣桂陽州學訓導。

應果　字子陽，號春壑，桃溪人。由進士除廣平府推官，升大理寺評事，轉寺正、江州府知府。

潘九齡　字德徵，十三都人。陝西儀衛司軍籍。由舉人除登州府推官，升工科給事中，轉刑科右給事中，湖廣右參議，歷副使雲南右布政、四川左布政。

翁學淵　字原道，南隅人。由進士除南京刑部主事，轉郎中，升貴州左參議，真定通判，轉邵武同知，歷福建湖廣僉事。

朱烓　字國信，號九峰，奕山人。由歲貢任河南涉縣知縣。

葉雲　字民望，號湖山，湖山人。由歲貢除江西建昌府推官。爲人砥礪名節，不苟取與。嘗讓貢尹椿，堅卻請謝。居官廉介，捐俸修魯南豐祠。時有藩掾馳郡道索移，輒按治之。致忤當道，遂懇致仕，歸家甘貧。有司以蔡相公廟基地遺之，計值數十金，竟辭弗受，士夫至今稱之。

華鼎　字銘勳，號春江，南隅人。由歲貢任江西寧都縣學訓導。

徐棠　字子昇，號古心，東隅人。由歲貢任江西建昌縣學訓導。

黄公校　字養賢，號澗水，金溪人。由舉人任湖廣攸縣知縣。

王一元　字太初，南隅人。由歲貢任江西萬安儒學訓導。

黄公梅　字鼎叔，號後溪，金溪人。由舉人任直隸徽州府通判。

應檣　字子通，號騎川，桃溪人。由歲貢任應天府學訓導，河南榮澤縣教諭。

應檠　字仲平，號虞溪，桃溪人。由歲貢任廣西平樂縣知縣。

華鼐　字汝和，號坎泉，南隅人。由歲貢任福建詔安縣儒學訓導。

華鎰　字時重，號東樓，北隅人。由歲貢任蘇州府長州縣學訓導，升湖廣鄖西縣教諭，以母老致仕不赴，孝謹事親，明於醫道，郡人稱之。

朱自強　字體乾，號尊山，獨山人。由歲貢學博行修弟逋負，輒鬻産以償。任莆田縣儒學訓導，不二年，謝病歸。

潘環　字良璧，北隅人。由歲貢任江西龍泉縣儒學訓導。

徐棣　字子登，號虚穀，東隅人。由歲貢任福建福寧儒學訓導，升永福縣儒學教諭。

黄中　字文卿，號西野，金溪人。由舉人除江西鉛山縣知縣，以廉能稱。擢貴州、河南二道監察御史，士民思之，爲立生祠，蒙差山西巡鹽，雲南及徽甯池太巡按，升天津兵備副使，悉以才猷著名。疏云致仕，有傳。

應櫝　字子材，號警庵，桃溪人。由進士主事刑部，歷郎中，恤刑南畿，濟南、常州、寶慶、辰州知府，升湖廣提學副使，陝西行苑馬寺卿，山東布政司雁門、山西巡撫，兵部右侍郎，總督兩廣，卒於官，贈兵部尚書，賜祭葬，恩蔭，有傳。

葉大有　字謙夫，號東湖，湖山人。由歲貢任直隸宣城縣儒學訓導。以學行蒙獎，未幾卒。

翁桔　字敬夫，號西城，西隅人。由歲貢任福建汀州府學訓導。

徐潮　字孟信，號雙溪，東隅人。由歲貢任直隸臨青州吏目。

王守中　字時用，號青峰，湖山人。由歲貢任福建福寧州同知。

蘇廷栗　字良玉，號曉谷，南隅人。由歲貢任江西樂安縣教諭。

周慶養　字德充，號栢泉，西隅人。由歲貢任廣東高安縣儒學訓導。

華天民　字子行，號仰山，北隅人。由歲貢任江西湖口縣儒學訓導。

華以蕃　字承故，號筆陽，獨山人。由進士除工部主事，升員外郎。
吴孔性，字梓卿，號若川，北隅人。由進士除刑部主事，升員外郎，歷郎中、雲南參政，有傳。
黄二琮　字玉號，南明金溪人。由舉人任開建縣知縣。
鄭秉厚　字子載，號滄濂，長濂人。由進士除江西南豐縣知縣，歷吏科左給事中、福建布政司參議，貴州按察司、江西布政司參政，有傳。
王僑　字湖山，湖山人。由歲貢任直隸滁州學訓導。
周秉制　字西闗，西隅人。由歲貢任直隸海州儒學訓導。
葉德恭　字□□，練溪人。由歲貢任直隸通州判官。
葉一經，字□□，湖山人。由歲貢任費縣學訓導。
鄭秉鍊，字泉曲，長濟人。由選貢任直隸蕪湖縣縣丞。
應朝普，字□□，桃溪人。由歲貢任嘉興府桐鄉縣學訓導，轉廣東茂名縣學教諭。
黄九章，字叔範，金溪人。由歲貢任福建龍溪縣學訓導，轉華亭縣學教諭，海州學正，江西南昌府學教授。
葉香　字□□，湖山人。由歲貢任荊州府學訓導。
鄭秉鐸　字□□，長濂人。由選貢任温州府平陽縣學訓導。

翁選　字□□，西隅人。由恩貢任福建永春縣知縣。
黄九鼎，字萬鈞，金溪人。由舉人任河南州知州，有傳。
朱景和，字其順，號抱沖，獨山人。由舉人任滋陽荏平教諭，升廣東感恩縣知縣，入鄉賢名宦〔一〕。
王季同　字□□，湖山人。由歲貢任湖州府儒學訓導。
王之臣　字□□，湖山人。由歲貢任金華府學訓導。
鄭秉券　字□□，長濂人。由歲貢任衢州府開化縣學訓導，轉本學教諭。
應德進　號深山，桃溪人。由歲貢仕至桐廬縣教諭。
項應祥　字玄芝，號東鼇，北隅人。由進士除建陽、丹陽、巴縣、華亭四縣知縣，歴户科、禮科給事中，刑科右給事中，吏科都給事中，太常寺少卿，通政司右通政巡撫，應天都察院右僉都御史。入鄉賢、建陽名宦。
王之翰　字文川，湖山人。由歲貢任金華府東陽縣學訓導，升江西廣昌縣儒學教諭。
黄一陽　字太初，金溪人。由選貢任直隸滄州判官，轉廣西梧州府藤縣知縣。
徐榮，字仁卿，號静庵，東隅人。由歲貢任直隸江陰縣學訓導，轉江西南豐縣學教諭。有傳。
鄭一點　字台嶽，長濂人。由選貢任山東莒縣同知。

項應瑞　字汝昭，號麟郊，北隅人。由舉人署建陽學教諭，轉直隸盱眙縣知縣，調福建建寧縣知縣，升雲南蒙化府同知。有傳。

吴孔雍　字堯卿，號唐岩，北隅人。由歲貢任台州府天台縣學訓導。

徐應乾　字以清，號清寰，南隅人。由恩貢任寧波府學訓導，轉廣東清遠縣學教諭，雷州府學教授。有傳。

黄國廉　字爾礪，號砥隅，金溪人。由舉人任金華縣學教諭。

周大業　字少石，西隅人。由歲貢任湖州府長興縣學訓導。

吴廷鎰　字暘穀，馬埠人。由歲貢任常山縣學訓導。

鄭一第　字斗光，長濂人。由歲貢任開化縣學訓導，轉建平縣學教諭、寧波府學教授。

葉繼康　字伯阜，號景垣，東隅人。由歲貢任鄞縣學訓導，轉杭州府昌化縣學教諭。有傳。

徐應亢　字時龍，號含輝，東隅人。由歲貢任縣學訓導，轉江西新昌學教諭、福建延平府學教授。

王季稡　字文茂，號心古，湖山人。由歲貢任台州府黄岩縣學訓導，轉浦江縣學教諭、金華府學教授。

鄭一豹　字文蔚，號南台，長濂人。由恩貢任四川重慶府通判。

黄德懋　字君顧，號念兹，金溪人。由歲貢任台州府臨海縣學訓導，轉直隸清河縣學教諭、温州府學教授。

鄭一舉　字慕雲，長濂人。由歲貢任四川西充縣知縣。

王文雅　字時正，號景逸，南隅人。由歲貢任常山縣學訓導，補龍游。

朱九綸　字廷重，奕山人。由歲貢任台州府臨海縣學訓導，轉廣西柳城縣學教諭、紹興府學教授。有傳。

鄭九烱　字美中，長濂人。由舉人任直隸靈璧縣知縣，轉應天府江陵縣知縣、北京刑部山西司主事。有傳。

徐朝偉　字士雅，號毓文。由歲貢任紹興府新昌縣學訓導，轉江西新昌縣學教諭。有傳。

尹樂堯　字蒼元，錦衣衛官籍。由舉人任國子監學正。

時可諫　字君可，號具茨，東隅人。由歲貢任江西進賢縣學訓導，升安仁縣學教諭、紹興府學教授。有傳。

項天慶　字季石，號六吉，北隅人。由舉人任河南懷慶府武陟縣知縣。有傳。

朱民藩　字維價，碧碧人。由歲貢任福建永春縣學訓導，補吴江縣學訓導。

朱家瓚　字元穟，號灝海，奕山人。崇禎元年恩選中順天甲午、丙子兩科副榜。

周士廉　南隅人，號玉壺，字介夫。由歲貢授湖州府學訓導。有傳。

周應鶴　南隅人，字邦聞，號匪莪。由歲貢授温州府平陽縣學訓導。

清

黄德徽　字慎甫，金溪人。由歲貢任於潛縣學訓導，升餘杭縣學教諭，轉嚴州府學教授。有傳。

鄭之騄　字仲良，長濂人。由歲貢任湖州府學訓導。

鄭元幹　字嗣宗，號復聲，長濂人。由選貢授别駕，改授陝西永昌衛經歷，升蘇州府同知。有傳。

鄭元聘　字君求，長濂人。由歲貢任奉化縣學訓導，每與諸生談文吟詩，解□，有《去思記》。

周士鰲　字鱗長，南隅人。由歲貢授烏程縣學訓導。師生相得，解任，多垂淚送别。

李仕道　字見可，南隅人，由恩貢授知縣，改選餘姚縣學教諭，轉衢州府學教授，升山西翼城縣丞。有傳。

校注

〔一〕由舉人任，原稿缺『任』，據句意補。

徵辟

明

王濬　字九淵，鑑翁次子。由賢良任江南營膳提舉司副提舉，升荊州知府。

徐伯良　字祐觀，東隅人。洪武二十四年，由賢良除北平主簿，轉雲南小興州右衛屯田。

王景善　東梅口人。由人材任直隸華亭縣主簿。

葉以濟　由儒士任金華浦江縣學教諭。

郭紀　由賢良任承勅郎。

徐濟翔　二都人。由儒士任河南舞陽縣學教諭。建文中被黜，永樂二年復招用，以年老辭職，奉勅致仕。

劉錫用　字希禮。由儒士任本縣儒學訓導。

趙汝德　字世銘，南隅人。由儒士郡守累辟任本縣儒學訓導。

畢浩然　由人材任福建福州府織染局副使。

潘彦真　由人材任江西萍鄉縣税課局大使。

王寧　字宗安，東梅口人。永樂間由人材任直隸揚州府萬安巡檢。

劉則濟　由人材任江西德興縣知縣。

俞榮中　由人材任福建建陽縣縣丞。

翁德昇　西隅人。由儒士任本學訓導，所著有《燕石槁》若干卷。

祝子成　由人材任江西宜春縣縣丞。

潘允祥　由人材任廣西平渠縣知縣。

楊伯，由人材任湖廣寶慶府判官。

徐伯貞　字祥叔，東隅人。伯良弟，由儒士任荊州遠安縣典史。

俞得濟　字公廣，東陳人。由楷書除兵科給事中，坐累謫縣丞，後轉刑部主事。

黄世普　字宗濟，金溪人。由監生任廣西蒼梧主簿，升廣東陽江縣縣丞。

王養度　字子憲，號古泉，湖山人。由監生任直隸涇縣縣丞。

翁軫　西隅人由監生任福建邵武府經歷。

黄學詩　金溪人。由監生任直隸海州判官。

包志英　北隅人。由監生在上林苑監蕃盲署署丞。

王之棟　湖山人。由貢生任建寧主簿。

葉焯　獨山人。由監生任北京□□衛經歷，轉廣東都司經歷。

鄭九官　長濂人。由監生任廣西鬱林州判官。

王正國　湖山人。由監生任南京留守衛經歷。
葉幹　獨山人。由廪監任廣東歸善縣主簿。
鄭爾敏　居南隅，定溪人。由例貢任光禄寺大官署署丞，辦鴻廳寺序班事，咨送吏部考選，鳴贊請假省親。
王國泰　湖山人。由附監任鴻臚寺班序。

清

毛以濂　附監，康熙二十一年。
俞諮禹　廪監，康熙二十二年。
華啓文　附監，康熙二十二年。
鄭應昌　附監，康熙三十年。
鄭元珏　附監，康熙三十年。
朱之挺　附監，康熙三十四年。

吏員

明

葉則仁　由老人任直隸□□□□。

趙汝□　由老人任保定府□□縣縣丞。
蘇閤安，由吏員任廬州府英山縣縣丞。
時昌　東隅人。由吏員任江西浮梁縣縣丞。
董景良　字惟善，五都漳州人。由吏員任江西永豐縣巡檢。
駱允華　十四都人。由吏員任湖廣東安縣浩陂市巡檢。
鄭宣　南隅人。由吏員任北直隸，遞運所大使。
吴田　北隅人。由吏員任湖廣武光州倉大使。
周珣　字廷誾，南隅人。由吏員仕揚州府邵白進運大使。
王粲　字君用，南隅人。由吏員任廣東尤溪縣倉副使。
王瑞　字國珍，南隅人。由吏員任雲南楚雄府檢司大使。
姜世德　南隅人。由吏員任福建侯官縣典史。
葉克清　字子乾，北隅人。由吏員任廣東石橋場鹽大使。
葉德良　字克復，練溪人。由吏員任福建莆田縣縣丞。以死難事聞，贈太僕寺丞，蔭一子入監。
周珊　字廷珍，南隅人。由吏員任福建臨寧縣巡檢。
朱和卿　字用敬，獨山人。由吏員任四川雅州判官。

尹澤　字民沛，官溪人。由吏員任廣平縣典史。

繆經　字伯堂，馬埠人。由吏員任淮安府倉副使，升巡檢。

吴尚敦　字德厚，東隅人。由吏員任江西建昌府永盈倉大使，升福建同安縣烈嶼巡檢。

丁以賢　字勉之，上江人。由吏員任汶上縣典史。

宋蘭　字子馨馬步人。由吏員任山東德平縣典史。

葉可　字子宜，南隅人。由吏員任淮安府宿遷縣典史。

葉恩　字天錫，號東泉，南隅人。由吏員歷任蘇州府吴江縣主簿，升蒙化衛知事。有傳。

葉思　字得之，南隅人。由吏員任華亭縣典史。

毛文錦　字汝繡，南隅人。由吏員任山東商河縣縣丞。

徐洪亥　字壽卿，二都人。由吏員任江西新城縣典史。

黄燦　字子華，金溪人。由吏員任福建光澤縣主薄。

周紳　南隅人。由吏員任福建惠安縣典史。有傳。

王孟熙　湖山人。由吏員任福建泉州府司獄。

劉恩　北隅人。由吏員任廣西蒼梧縣巡檢，升福建永安縣主簿。

周梁　南隅人。由吏員任江西南康府遞運所大使，轉福建南靖縣典史。

朱文盛　字用化，奕山人。由吏員任福建仙游縣典史，仕至桂林府經歷。有傳。
朱繼善　奕山人。由吏員任福建福安縣典史。
張文耀　北隅人。由吏員任福建閩清縣典史。
朱日新　獨山人。由吏員任山西雁門所吏目。
朱允修　奕山人。由吏員任廣東惠州府興寧縣巡檢。
吴光裕　字深竹，北隅人。由吏員任四川綿州吏目。
蘇一默　七都人。由吏員任湖廣頭店巡檢。
劉梁　北隅人。由吏員任河南曾山縣典史。
徐一雷　東隅人。由吏員任廣東茂名縣縣丞。
朱明心　奕山人。由吏員任直隸定興府宣化驛驛丞，轉山東兖州府武城縣典史。
王汝善　湖山人。由吏員任山東費縣典史。
葉有生　東峰人。由吏員任蘇州府吴江縣汾湖巡檢（原爲『簡』）。
劉世禄　金岸人。由吏員任湖廣辰州府崇盈倉大使。
徐朝北　上江人。由吏員任南直隸貴池縣典史。
黄緝　金溪人。由吏員任福建鹽運司知事，轉廣西南寧經歷，有傳。

黄景伋　金溪人。由吏員任山西平遥縣典史。
俞中立　南隅人。由吏員任河南伊陽縣典史。
徐朝蓋　東隅人。由吏員任北直天津衛經歷。
王之京　湖山人。由吏員任江西萬載縣縣丞。
朱德修　奕山人。由吏員任江西袁州府萍鄉縣典史。
黄思晦　金溪人。由吏員任福建盆亭司巡檢（原簡）。
葉一賓　北隅人。由吏員任南直瓜州鎮巡檢（簡）。
蘇廷榜　七都人。由吏員任福建德化縣典史。
朱德輔　奕山人。由吏員任福建葉坊驛驛丞。
周秉桐　西隅人。由吏員任廣東蓬州所吏目，轉南雄府清化司巡檢。
王民皞　湖山人。由吏員任直隸睢陽驛驛丞，轉山東館陶縣典史。
毛懋和　南隅人。由吏員任□□□□。
黄應科　金溪人。由吏員任直隸完縣典史。
劉世學　金岸人。由吏員任杭州府遞運所大使。
王舜召　南隅人。由吏員任浙江象山縣賓積倉大使。

周應騏　南隅人。由吏員任山東德州梁家莊驛丞。

朱邦瑞　奕山人。由吏員任江西清江鎮税課，轉山東萊州府倉大使，歷廣東沙村巡檢、江西雩都縣主簿。

毛德淵　南隅人。由吏員任廣東湞陽驛驛丞，轉江西龍泉縣典史。

朱邦珍　奕山人。由吏員任湖廣港口驛丞，轉江西禾源巡檢、四川巴縣主簿、陝西蒲城縣丞。

駱文奎　南隅人。由吏員任貴州鎮遠縣典史，升定番州卧龍司吏目。有傳。

徐志雄　東隅人。由吏員任南直隸上海縣縣丞。有傳。

徐一貴　東隅人。由吏員任南直隸華亭縣典史。

王之員　湖山人。由吏員任北京瀋陽衛經歷，轉廣東都司經歷。

吴邦諫　練溪人。由吏員任山東東平州吏目。

吴邦紳　練溪人。由吏員任廣東歸德場鹽課司大使。

王所學　湖山人。由吏員任四川奉節縣典史。

包經濟　北隅人。由吏員任四川松藩衛知事。

吴志英　馬埠人。由吏員任温州府平陽縣倉大使。

鄭邦相　字珍之，南隅人。由吏員任河南南召縣典史，轉山西大同府照磨。有傳。

周應聘　南隅人。由吏員任寧波府廣盈倉大使。

鄭邦棟　字隆之，南隅人。由吏員任四川岳池縣典史。有傳。

周時顯　黄砼人。由吏員任廣東文昌縣典史。

童一宏　北隅人。由吏員任湖廣沙鎮巡檢。

朱櫟　奕山人。由吏員任中都留守衛經歷，轉廣東都司經歷。

吴大南　南隅人。由吏員任北直隸徐州倉大使。

張成勳　東隅人。由吏員任廣東惠州府司獄，轉福建典化縣巡檢。

葉仲春　北隅人。由吏員任江西廣信府管界寨巡檢。

宋應遷　馬埠人。由吏員任□□□□。

王文榮　南隅人。由吏員任鎮江府丹徒縣姜家司巡檢。

朱九賦　字廷貢，奕山人。由吏員任湖廣沅江縣典史。

王居敬　湖山人。由吏員任南直隸婺源縣典史。

王邦敬　字安寧，柘溪人。由吏員任河南温縣典史。

王邦珵　湖山人。由吏員任北直隸大興縣典史。

朱國仁　奕山人。由吏員任福建福寧州麻寨巡檢。

朱文標　奕山人。由吏員任湖廣永州府白水司巡檢。

朱從信　奕山人。由吏員任江西撫州府税課司税課。

徐日靖　南隅人。由吏員任江西臨江府新喻縣典史。

潘起貴　馬埠人。由吏員任江西九江府瑞昌縣典史。

王國懋　湖山人。由吏員任福建泉州府圍頭鎮巡檢。有傳。

徐應烈　字時揚，東隅人。由吏員授江西撫州府臨川縣典史。

徐鼎臣，南隅人。由吏員授江西鄔子驛驛丞，升江西餘干縣縣黄邱埠巡檢。

國朝

王振吉　南隅人。由吏員考授經歷。

徐守位　十八都大柘人。由吏員考授經歷。

葉秉衡　二都人。由吏員考授經歷。

鄭一鼇　二都人。由吏員考授經歷。

宋廷瑞　十一都應村人。由吏員考授經歷。

王若仕　二十二都人。由吏員考授經歷。

華萃德　南隅人。由吏員考授經歷。

金應彩　南隅人。由吏員考授經歷。
陳肇基　十九都石棉人。由吏員考授經歷。
李發秀　南隅人。由吏員考授經歷。
王元挺　西隅人。由吏員考授經歷。
葉仲連　二都人。由吏員考授經歷。
王秉圭　五都人。由吏員考授經歷。
王朝臣　西隅人。由吏員考授經歷。
王德鳴　二十二都湖山人。由吏員考授經歷。
周宜焕　西隅人。由吏員考授經歷。
徐允文　十六都葉塢人。由吏員考授經歷。
郭懋傑　南隅人。由吏員考授經歷〔一〕。
繆明府下鄉徵糧紀事十二韻〔二〕。

校注

〔一〕原稿缺三行。

〔二〕根據内容，此處應有缺失。

卷之八

人物志

《周禮・大司徒》以鄉三物教萬民而賓興之。小司徒之職，掌建邦之教法。至於卿大夫、群吏獻賢能之書於王，王再拜受之。人物之關於天下大矣！故士乘時而奮者，則邦家光龍先蟄而處者，則山林重孝義彰於往迹，貞節樹爲女儀，皆風化所繫也。志人物。

理學

龔原　字深之，一字深父，由進士爲國子監丞，歷太常博士。方議祀北郊，原曰：『合祭，非禮也。願亟正之。』加秘閣校理、徐王府記室、兩淮轉運判官。紹聖初，召拜國子司業。入對，帝問曰：『卿歷除郎官，何爲補外？得非大臣私意乎？』對曰：『臣出使鄉部，知民間事宜。臣素志如是，不知其因也。』旋兼侍講，遷秘書少監、起居舍人，擢工部侍郎。安惇論其直講時事，以集賢殿修撰知潤州。徽宗初，入爲秘書監，進給事中。時除郎官五人，皆執政姻戚，悉舉駁之。又論郝隨罪不得居京師，鄧洵武不宜再入史院。朝論謂帝於哲宗服當循開寶故事，爲齊衰期。原曰：『三年之喪，自天子達於庶人，一也。』主議者斥其妄，黜知南康軍，改壽州。俄用三年之制，乃復修撰、知揚州，還歷兵、工二部侍郎，除寶文閣待制，知廬州。陳瓘擊蔡京，原嘗與瓘同師陸佃，謂原實使之，落職和州，居三覺堂，蕭然晏坐終日。起爲亳州，命下而卒，年六十七。紹興間，高宗知其忠賢，深痛惜之，親製宸翰，追復其官。勅曰：朕惟賢者之進退，豈閎軒冕之去來？在國家之盛衰所係！忌嫉善類，元祐以來，忠賢名士，籍爲黨人，具禍以燼。自一身觀之，所係微矣。以天下之勢論之，國無君子，云亡殄瘁，安危治亂，豈不重哉！故朝奉郎、紫金魚袋龔原器宇沉厚，經旨粹深，三絶韋編，宗師後學，例遭黨錮，流落以死，肆朕纂紹，慨念典型，人百其身，痛惜何贖？并舉厚終之茂典，仍還次第之近班。庶國是之攸存，知心之所向。永光幽穸，不昧寵休。』

初，邑人未知學，原篤志明經，致身通顯，由是翕然化之。是時，周、程諸先生猶隱濂、洛，原以經學爲世表倡。凡永嘉先輩以經學鳴者，淵源皆出於此。著《易解》等書，頒布天下，號『武陵先生』，邑人繪像立祠於學。

宋淳熙乙巳，主簿常濬孫記曰：『吾夫子廟，于學舊矣。通天下若郡若邑，以無廟學爲闕，文則我朝之盛典也。故高弟顏閔以下及軻氏凡十有二人，得陪於座，而七十子之徒，與後之大儒公羊高、穀梁赤之流，得像於壁；而以經學行天下者，不問，今昔皆得厠迹於其閑，豈氣類相從，千載猶一日與？然則，行修於鄉，經明于時，易袴襦爲衣冠，化鄙薄爲敦厚，立先賢之祠，表通德之門，視古無媿者，顧可於學弗祀？玆非一人之私也，吾道之公也。惟我朝以忠厚長者之心，陶冶天下之士，一洗淺近俳優之習。未及百年，名儒輩出。又五六十年，通經講學之士出爲公卿大夫者，總總也。

遂昌之爲縣，山深而土瘠，農末力竭，俱不足以自贍，爲士者又貶於他業。嘉祐八年，龔先生原，字深之，始出應進士，登甲科。蓋力學於耕桑之下，而自奮於韋布之中，峨冠絲衣，歸掃墳墓，拜親膝下，而鄉邑之頗有知者，莫弗歆艷，津津相賀。已而召爲國子監直講，且爲丞，入太常爲博士，談經議禮，翕翕兮聞於時，則向之賀者，知飭子弟爲學，及持節鄉部，剔蠹興善，稍行其志，具酒殽，延父老相勞苦，引後生秀士勉以學，曰：『吾不徒作會稽買臣輩自衒鬻爲也，則子弟之爲學者，知所以自勵。』迨夫出藩入從，始終可觀，爲名儒臣，則鄉邑之俗，曠然大變。今蓋七十餘年，邑之爲士者，視他業且倍蓰矣。第進士爲美官，自先生而下紀名氏於碑，日益以衆。又皆於德無媿，鄉之長上，知訓其子弟以禮義，而士之刻意於學者，不但爲科舉計也，曰：『庶無負吾龔先生之道乎！』始，縣無先生祠，士往往貌其形於家。元祐中，潘陽張公根，字知常，令此邑有异政。未及下車，先訪龔之墓，而禮於學，曰：『邑有龔先生而徒不繁，令之恥也。』於是台州刑曹華公岳元鎮，邑之儒老，而先生之所從游也。令乃造請，致其意。華公爲之領袖諸生，發六經之藴，以先生之未言者終其説。自是士益知勸，遂昌之俗益以美，先生之學益以傳，蓋二公之所以左右先生者。其後邑人祠先生於學，以二公配，禮也。祠久且敝，而又不以識之，懼無以傳。濬孫充員簿領，日與爲士者游，輒至祠下，未始不凜凜也，乃撤而新之。先生晚以元祐黨籍謫居歷陽，有曾孫敦頤流落西浙，博雅好修，頗世其家，而居鄉山義輩亦於學弗替。國史有先生傳，而趙郡李之儀常狀先生之行。濬孫特書其有德於茲邑者，而作詩以相其祠，曰：若有人兮山之垠，氷玉爲骨兮蘭茝爲神。空谷傳響兮生香著人，鬼神呵護兮烏敢自珍。縱使東游兮推車御輪，閶闔太清兮千里一瞬。筆補造化兮黼黻天雲，容與聖域兮凝神道真。樓成白玉兮鈞天問津，意或下顧兮翩然絶塵。肅肅廟貌兮殽蔬具陳，以幸吾邑兮吉口良辰。酒泉如飴兮公其飲醇，青衿拜下兮敢忘公仁。千秋萬歲兮惟公是親，少留亟往兮我涕酸辛，儌福天下兮久而益新。

華岳　字元鎮，由特奏名，官至台州刑曹。嘗從武陵先生游，傳其學。元祐間，令張根興學校，延岳爲師，教訓諸生。趙顥、鄭遼皆其高弟。後邑人祀武陵先生於學，以令與岳配享。

周綰　字彦約，年十七，入太學。崇寧五年，中進士甲科，五剖符持節。再領大藩。爲國子祭酒、吏部侍郎，以敷文閣待制致仕。出藩入從，六十餘年始終以廉節著名，爲王十朋見慕，號蓮峰先生。入鄉賢。

張貴謨　字子智。由進士，吴縣主簿，撫州教授。宰江山縣，會亢旱，閔雨，因覽鏡有詩云：不見片云頭上黑，頓添一夜鬢邊霜。遂蠲其賦十之八，郡守怒詰之，力陳其害，不能奪。光宗即位，謨投匭進書，極言民力巳窮，邦本不固，凡科斂之繁，宜一切罷去，以廣維新之澤。剴切幾萬餘言。後轉朝奉郎，輪對，敷陳三扎及民間疾苦一十八條，光宗嘉納之。三年，除太常主簿。五年，除司農寺丞，轉朝散郎。一日，以扎子袖見時宰，論《易》《革》與《大過》之義，有忤。是歲，西浙旱災，毗陵尤甚，城邑騷動，遂出知州事。陛辭，奏陳飢民之數及給降米斛，光宗曰：『米未多，卿且好去賑濟。』故謝表有曰：『聖慮紅粟之未多，面奉玉音之甚切。』莅任，講行荒政，饑民賴以全活者五十萬衆。次年，轉朝奉大夫，賜對便殿，論人君之心與陰陽之氣相感，實歲之豐歉所係，上皆嘉納。除吏部員外郎，升郎中、樞密院檢詳諸房文字。奉使金國，回内殿，因論『禮莫重於分，分莫重於親。今北虜犯分而夷其親，雖欲不亡，得乎？願朝廷爲内修外攘之備。』極言時弊凡二十餘條。轉朝散大夫，是歲，行郊禮，又極言郊赦爲小人之幸，不可爲常，上可其奏。後遭煩言，奉祠歸里。以磨勘轉朝議大夫，特封遂昌縣開國男，食邑三百户。所著有《九經圖述》《韻略補遺》。子二：如説，文林郎；如咏，迪功郎。太史陳希烈狀其行。

尹起莘　字耕道，别號堯庵，居柘溪，隱居不仕，學問該洽。有感於古今治亂興亡之變，因朱子《資治通鑑綱目》，爲著《發明》五十九卷，行世。樞密魏了翁爲之序曰：『三晉之事，直據《史記》爲自相推立，實未嘗請命於周。曹操篡於漢末，實未嘗畏名義而敢於篡漢，深得文公秉筆之意。』以布衣終於家，入鄉賢。

鄭還　字復正，號半翁。幼孤，育於外家，性資聰悟，志尚高邁，行德峻整。年十八，從松陽進士盧璣學，粹然一出於正。爲文務期實用，仕曹州訓導。《州志》載云：『存心制行皆不苟，尤好學，博通經史、子氏百家之書，教人亹亹忘倦。』在任五年，稱疾，懇致仕，上官諸生留之弗得。

家居談道自樂，足未嘗輕至公府。郡守林公富重其名，堅請一至，自後郡邑官以不能致爲恥。雖在疾中，必就訪以政事。都諫魏良弼，先宰松陽，嘗越境求所著《鄉黨須知》，頒布令民行之。郡人鄉賢鄭宣修入《古栝遺芳》，著其有誠正功，與龔武陵、尹堯庵二先生并稱。所著有《圖學蒙談》《理氣管見》《一元付笑》諸書行世，入鄉賢。

周南　字南仲，自號知常叟，壯歲束書游四方。宋建炎初，見李易作狀元，遂無意仕進，乃受潘子醇《忘筌書》以歸，與邑士子論學。其講《易》由静極生動，乾生於坤，因歸其説於坤之六二，大抵皆祖《忘筌》而暗合於《歸藏》。時人稱爲『知常先生』。以《易》學著名，後祀於學。

鄭克寬　字伯厚，居航頭，游松陽頖庠，就項平甫得聞朱子之學，由進士授嚴陵郡博士，積階至朝議大夫。學士高夢月志其墓。

應檟　字子材，號警庵。學問純正，才識練達。嘉靖丙戌進士，授刑部主事，歷郎中，奉使南直隸，恤刑平反，獄囚全活者衆。升濟南知府，遷知常州、寶慶、瓜州，卓有風骨，權貴斂迹。搜括弊額，清理糧籍，常州有去思碑。尚書許贊嘗宣言於朝，稱其爲『天下第一知府』。尋升湖廣提學副使，轉陝西行苑馬寺卿，升山東布政使，擢山東、山西巡撫。會北虜入寇，即千里勤王，朝廷嘉之，賜以燕賞，升兵部侍郎，總督兩廣。卒於官，贈兵部尚書，遣官祭葬。所著有《慎獨録》《讞獄稿》《大明律釋義》行世。入鄉賢。

朱應鍾　字陽仲，號青城山人。天資警敏，篤學勵行，恬靜寡欲。嘗結青山白雲樓，讀書其中。家故饒，一委之兄弟，侈用廢業，不問也。詩文以自雄，嗜書孜孜，聲色不入於心，聞王陽明先生倡道紹興，趨而就學，先生器重之，語曰：『以子之沉重簡默，庶幾近道，予方以聖賢之徒期女，文人之雄非所望也。』一時名公皆與之游，著聲吴越間。年三十二卒，士林甚惜之，侍御黄中爲梓《陽仲詩選》五卷。入鄉賢。

評曰：君子進以輝國，退以善俗，德業著於當時，聞望垂於後世，千百年間數人而已。居鄉崇祀謂之咸宜。然而華岳之祀於昔而廢於後，龔敦頤載在全史及《一統志》而郡志無聞，張貴謨建議時政，使金有功，聲績甚著，傳誦至今。據其遺事而表章之，論世尚友者責也。

仕功

王鉉翁　字中實，鑑翁之兄也。南隅人，由人材任平江路吴縣主簿，英邁敏達，莅政不苛。所至有聲。轉兩淮都轉運、黄岩州判官，猾吏久爲民患，悉按以法。豪強以私憤殺平民，吏云不宜問，鉉翁務捕繫，抵罪不少貸。遷忠顯校尉，尋以昭信校尉、中山府判官致仕。

黄道俊　字彦傑，金溪人。元至正間，緑林賊寇建陽，震動郡邑，道俊倡募襲之，俘於官，以功授本邑簿，轉江山令、建寧判官。兄道傳，弟道佺，俱協濟有功，道傳授本邑巡檢，道佺授松陽縣副簿。洪武初，復以材略就襄陽同知。

尹思忠　字藎卿，起莘先生裔。其先以扈從入京，世襲錦衣，四傳爲公。豐儀博學，蚤游膠庠，相者謂公貌當以武貴，乃投筆登萬曆丙戌武進士，擢守鴈門，官至山西分閫。天性孝友，愛士卒，言行取予動合古人，所至延章縫之士，談詩説劍，有儒將風。辛卯，給事張公貞觀閲邊，聞公賢，虛心諏訪，公條上六事，皆籌邊大計，邊人至今頌之。

黄中　字文卿，號西野，先名忠。穎异不凡，始勝冠，輙起民間，首諸生籍田，由乙科令鉛山，冰蘗自勵，一意保民。弋陽業奪驛馬，誓弃官復之。省歲貢千數百金。擢貴州道監察御史。出按晉、滇及留都，持大體，多异績。補天津兵備，妖人張道仙聚衆數千爲亂，一夕縶而殲焉，招集流移歸業者萬户。著述有《西野奏疏》《南窗紀寱集》《吹劒集》《易經紀蒙》。

吴孔性　字粹卿，嘉靖壬戌進士，器度純慤，篤行孝友。任刑曹，贊決大獄，簡刑密雲，多所平反。守安慶，定兵變，著節愛聲。備兵閩、漳，禁市舶，肅清海甸。歴雲南參政，致仕家居，力挽頽靡。分産二兄，賑施宗黨。修譜牒，創祠宇，所著有《管見》《訓俗》等書行於世。

鄭秉厚　字子載，嘉靖辛酉鄉薦第二，隆慶辛未進士。始令南豐，撤悍兵，均田賦，人頌神明，建祠立石。入諫垣，彈劾京營侍郎孟重，疏中并及張居正、馮保，直聲震世，聞者辟易。副憲閩、滇，持風裁殲叛夷，糧儲江右，節用通濟，區畫惟宜，以督運勞終於淮次，有《奏疏文集》。

項應祥　字玄芝，森長子。萬曆庚辰進士。初令建陽，勵志冰蘗，力雪寃獄，《縣志》有『抱案吏從氷上立，訴寃人向鏡中來』之語。復補丹陽、巴縣，訓華亭，主勘惡，定以大辟，聲震南都。擢司諫，有《翼儲》《請冠》《請婚》七疏，功在國本。掌天垣，秉公矢慎，海内想望丰采。時，南北黨興，挺然不阿。甘心者思欲中以奇禍，遂假妖人書誣衊之。賴神廟鑒其素赤，終始無他，詳見疏中。捐俸給養士田三百碩，方伯温陵、洪公啓睿爲之記，瞻族田三百、塾田五十碩，并有録。累升應天巡撫，卒於家。祀鄉賢，并祀建陽名宦。所著有《問夜草》《醯雞齋稿》《國策膾》行於世。

項應瑞　字儀明，森仲子。萬曆戊子鄉薦，以兄應祥兩分考南官迴避，乞署建陽諭。丙午，聘江右分試，升盱眙知縣。邑當南北孔道，無城郭。倉庫、獄司防守爲難，盡心拮据。僅一載，調繁建寧，革火耗，裁里甲，一以廉明簡易爲政。遷蒙化府同知，遂賦歸來，爲終焉計。放情棋酒，不問外事。長子天慶，辛酉舉於鄉，後二歲，乃卒，臨逝賦詩：『未必南面樂，未必刀山苦。魄散魂自升，茫茫還太古。』精爽不亂，識者偉之。

鄭一舉　字應科，儀容偉岸，動履端莊。由選貢授四川西充知縣，廉明仁恕，崇孝慎刑，庠士多所造就，成獄重囚得平反者四人。郡守饒公景暉目爲循吏，直指趙公標，稱曰『福星』。致政家居，捐資賑族，厭世俗紛華，躬行節儉，爲鄉閭之表率云。

黄一陽　字旋化，九鼎之弟。萬曆癸巳選貢。授滄州判官，築堤理鹽，極著茂績。庚戌發銀賑饑輔民，設策分給，一時稱惠政。升縣令，地産异草，人食之立死，惡少每恃以誣人。一陽下車，首著爲禁。在任二年，鮮有以人命訟者。告致，當道不允，歿於官。所著有《岳立軒稿》。

鄭九炯　字美中，長濂人。萬曆壬子舉人。授靈璧知縣，邑當南北孔道，輪蹄絡繹，供給浩繁。裁夫役，革火耗，葺城堡，平盜寇，修學宫，旌節孝，士民德之。升江寧令，如治靈璧。時發舊令任内奸吏侵欺錢糧壹萬零，兩院題留追餉四載告竣。遷刑部主事，清查淹禁，全活者衆。附列考選，上疏抗陳銓政，以躍□刑曹，謫補德安府推官。肅清囹圄，多所平反。遷工部主事，念母逾九旬，致仕歸養。

劉應時　字瑞生，究心理學，距黜佛老，嚴氣正然，絶不隨時俯仰。以明經除西川滎縣令，免運茶税鹽引折色，卓有廉名。以詿誤歸。著有《易經解》《四書講義》等書云。

王文榮　號達宇，南隅人。業儒不就，爲邑掾，奉公守法，當事咸信重之。上考授鎮江丹徒縣姜家司巡檢，給由應授主簿，以家政冗不及赴，年七十卒。

駱文奎　號百泉，南隅人。幼篤孝友，長諳法律，性行狷介。筮仕鎮遠縣典史，愛民奉公，縣令倚爲左右手。升定番州卧龍司吏目，不貶節以媚上。一日，州守有能言鸜鵒、香臍、雞㙡之取，迕意弗阿，投劾而歸。官卑品卓，人咸欽之。家居課子若孫，樂邱壑以終老，壽踰古稀。

俞光顯　字榮我，南隅人。髫年給事縣庭，以文無害。初選廣寧衛倉大使，革耗惠民，撫按交奬。轉江西新喻縣水北墟巡檢，平官價，除陋規，墟城歡呼，巡按旌奬。以勞瘁終於官，年僅四十六。衣棺無措，商民輸資，紳衿舉祭，道府縣給路費回。

徐一貴　字良之，乘閭人。誠中朴外，敦尚孝義。任華亭縣尉，治煩理劇，事上撫下，綽有賢聲。致仕，家居十餘年，睦婣任卹，儉素自適，惟壹意式穀課子應文，蜚英黌序，聞□。且以德。行見賞於鹽台，足征其義方之訓，壽至六十四而卒。轉淳王宮教授、儒林郎。

王仲傑　東梅口人。由特奏名，知星子縣。朱子創白鹿書院，屬令董其事。及與吕東萊書，稱其老成忠厚，民甚愛之，見《白鹿洞記》。

潘起岩　由進士仕至檢閱，材之子。

劉鼎　字公器，北隅人。中特科第一人，賜進士出身，除東陽郡教官。

徐濟翔　二都人。由儒士任何南舞陽縣儒學教諭，建文中被黜，永樂二年，復召用，以年老辭職，奉勅致仕。

翁德昇　西隅人。由儒士任本縣儒學訓導，所著有《燕石稿》若干卷。

周汝賢　字希聖，溪淤人，由歲貢任禮科給事中。永樂九年，差四川，撫按軍民。十年，差廣東，接釋迦佛真身舍利子，兼盤外國番貨。

王一元　字太初，號曾山，南隅人。由歲貢任江西萬安縣儒學訓導，家居嗜學，屢賓鄉飲焉。

葉大有　字謙夫，號東湖，湖山人。由歲貢任直隸宣城縣儒學訓導，屢以學行蒙獎，終於官

署。〔一〕

校注

〔一〕由歲貢任直隸宣城，原文至此後缺佚，『縣儒學訓導，屢以學行蒙獎，終於官署』内容爲據《乾隆遂昌縣志》補充。

宦迹

閭邱景憲　由特奏名，初爲本縣學職，時知縣林采重修儒學，景憲贊之，後爲監酒稅。

鄭乂　字充道，航頭人。嘉祐初，胡公瑗主太學，連預薦名，以學行稱。熙寧間登進士第，授將作監主簿，調玉山尉，武陵先生志其墓。

劉賁　字元貞，伯憲之父。少力學，受業於武陵先生。由進士爲越州理掾、鎮江軍書記，改秩知建平縣，通判青州、常州，轉正郎，奉祠。

劉伯憲　有學行，游上庠，登第。擢衛州教官。

周贇　字襄仲，綰之孫，柘溪人。由進士歷大理寺丞，及正奉祠，徙居永嘉。族子焕與子若思俱擢進士。

鄭俅　字端夫，居航頭，少以學問稱，居鄉教授，從者如雪。紹興間登第，分教盱眙縣，改茶陵簿。秩滿引年，賜五品服。張貴謨、華延年等皆其門人。

華延年　字慶長，南隅人。磊落有志操。淳熙間進士，擢丞閩邑，當路交薦之，未及大行而卒。

王景夔　南隅人。慶元間特奏名，以文藝稱，知錢塘縣，縣儒學訓導屢以學行蒙獎，未幾卒。

蘇滿　字善持，號草窗，南隅人。誠篤淳樸，讓貢至，再任湖廣桂陽州儒學訓導，致仕。

翁學淵　字原道，南隅人。由進士除南京刑部主事，歷郎中，明刑飭法，以敏幹稱。升貴州左參議，以試録謫真定府通判，轉邵武同知，歷福建、湖廣僉事。

吴孔雍　字堯卿，北隅人。由歲貢任天臺縣訓導，性孝友，輕財，睦族，好施，力行古道，授徒於鄉，弟子甚衆。好玄理，工大書，屢辟賓筵。所著有《振世希聲稿》，中丞門人項應祥、太史楊守勤、同鄉王一中爲之序。

朱文盛　字用化，號月塘，奕山人。正直廉謹，豁達大度，爲邑令池公浴德所重。謁選銓部，授仙游、合浦倅，歷賓慶、桂林幕，所至百姓安之，上臺交薦。在賓慶時，節推丁公啓濬有疑獄，力平反之。節推亟稱於御史臺，有『守身不染一塵，折獄立服兩造』之薦。家居三十年，凡鄉族諸事，悉爲處分，不抵郡縣。壽踰八旬，兩薦賓筵。

項天慶　字六吉，號季石，北隅人。性倜儻不羈，由舉人授武陟縣令，迎吏至都門，醵金二百爲行李資，舊例也，天慶艴然曰：『此何名，徒异吾民耳！』峻卻之。下車，邑民頂香迎候。益自矯厲，終以傲放不諧於上，解綬歸。

徐志雄　字士英，東隅人。授上海丞。海俗尚氣習侈，有『打行』、『鬬賨』兩陋規，往往欺懦，致傷人命，且啓寇劫。志雄力請上臺革除，民賴以安。又築城濠禦寇，創黃浦渡，多善政。頌起青天，建立生祠。以親老歸養，待族咸有恩義，助學田。司李袁公重之，勒石學宮，懿行種種，郡侯陳公旌爲『宦林清品』。年七十有五，無疾以終。

黄緝　號古愚，金溪人。悃愊惇厚，制行純良。以例授任廣西南寧府經歷。居鄉，三舉善行，五推賓筵。壽八十七而卒。

評曰：爵列王朝，績著郡邑，非徒以顯榮其身而已。論定之後，將與鄉賢之祠祀者同爲不朽。若夫蠹政壞俗，漁獵爲計，生濫朝紳，没點鄉評，則其人品反出齊民之下，雖登仕籍亦奚補也？觀者當知所鑒戒矣。

循良

葉雲　字民望。由歲貢除江西建昌府推官，居官廉介，捐俸修曾南豐祠，執法忤當道，遂致仕。居家甘貧，有司以蔡相公廟基地遺之，計直數千金，辭弗受，湖山所建鳳池書院即其地也。

朱九綸　字廷重，用化長子。慕薛文清學，作止奉則，以文章受知丁哲初、湯若士兩公。泰昌庚申，覃恩應薦，讓一老友。乙丑，始以歲例訓臨海。有貧士王生，以逋賦爲縣卒辱，即逮躬杖之，随出俸代輸，邑令欽重，遷諭柳城以南方學開誠確砥切，士欣得所宗。時義烏沈尉夫婦喪，不能歸，即搜橐數十金畀厥子，以櫬歸。教授紹興，捐資刻功過録，學道劉頒行十郡，有敗類劣生，不能以多金祈免。生平不解貨殖，饘脯之入，悉歸公帑。五十執親喪，哀慕如孺子，折箸聽三弟取腴。甲申國變，率鄉人爲舊君服。夙善古文詞，工八法，晚尤折節，丹鉛不倦。著有《懶雲窩》等集。子家贊，拔貢，累中副榜，有父風。

周德琳　字廷獻，十一都錦川人。由進士除刑部主事，歷郎中，廉謹平恕，不阿權貴。正統間，清理江西刑獄，多所全活。升雲南布政司參議。時宦官金姓者要其一見，以美官誘之，不往。遂乞歸。舊志仕宦，今改清正。

鄭元幹　字硯聲。學有淵源。順治戊子恩貢，考選通判。改授陝西永昌衛經歷，掌酒泉郡事，居官稱職。遷江南蘇州府司烏，弭絶盗源，視崑山縣篆，時漕項嚴繫，民有賣男鬻婦者，捐俸代之。攝公衙門事，恩威并濟，兵民貼服。解組歸，行李蕭然。乡。甚爲卿里推重。舉大賓席寿八旬無疾而終。所著有《覺世金繩》《含馨齋隨筆》《歐陽文忠公讀書法》。

李仕道　字見可，南隅人。篤行力學，有得即書户牖間，皆心性格言。廷試授縣令，改選餘姚教諭，升衢州府學教授。遂西北水入衢，鄉人貿遷材木必經焉。會修黌宇，仕道董其事，諸販慮其或私鄉人，仕道皆權其值售之，人服其公。尋升山西翼城縣丞，署縣三月，致仕歸。

朱家瓚　字元圯，號碩海，奕山人。聰慧博學，由廩生膺戊辰恩選，北雍肄業，兩中副榜。庚午試，房考擬元，主司以策語忤當道，抑之，士大夫咸惜焉。銓授廣東保昌縣丞，正直不阿，拂衣歸里，談經論道，後學宗之。邑侯徐治國延修縣志，所著有《螺青》《漚言》諸集若干。

忠義

龔楫　字濟道。工部侍郎原之子，穎州文學敦頤之父也。因原謫和州而卒，楫遂家焉。仕至兵部侍郎，容貌如不勝衣。建炎初，聞金人陷郡縣，忿恚不食。兀朮據和州，楫率家僮往襲之，得數百人，金救兵大至，楫麾其衆曰：『今日鬭死，亦足爲義士！』遂死之。出《宋史·忠節傳》〔一〕。

鄧熹　其先三衢人，客遂昌梭溪七寶山，採鑿爲業，因家焉。熹有勇略，善文章。宣和辛丑，睦賊倡亂，其黨洪載侵犯松、遂，熹與父將仕郎昌，特捐家資，集鄉民，繕甲兵，入邑禦侮，與賊百餘戰，獲俘馘數千級，降其首洪載等部，送制置軍前，授進武校尉。郡守黄葆光上其功，改昌承節郎、熹遂昌尉。時，史丞相浩，隨季父才爲邑丞，見其事。紹興辛巳，孝宗時位儲宫，語及之，記其名。及即位，擇恭王宫僚，詔處州津遣赴闕。比恭王爲太子，擢熹爲春坊。久之，丐老力辭，增秩賜金紫，榮歸，官其一子。

趙育才　政和中爲武學生，身長七尺餘，臂力絶倫，挽弓至數石。方臘叛，與鄧熹父子集趫壯相犄角以衛，邑人恃以不亂。時松陽群盜侵掠及邑，乃率所部相格於盂山前。賊勢張甚，育才顧其徒不能禦，手麾弓，射殺數輩，死於礧下。聞者莫不嘆息。

閶邱觀　字民表，倜儻有大志。宣和癸丑，睦州寇變。賊首洪載據松邑，攻遂昌，勢張甚，朝廷下詔安之。觀慨然請行，以義屈賊成約而還，授承信郎。靖康初，本路命部衢、婺、處三州兵赴雄、覇州。及還，遇高廟渡江，領兵勤王，特旨轉三官。凡歷九任，積官至武翼大夫。

時哲　字孔彬，弟志，字孔舉，東隅人。正統間，礦賊突攻縣治，百姓倉惶奔竄，莫能敵。哲獨散金募兵，率弟志邀擊於麻車嶺腳，殺敵甚衆。志死之，哲力戰，賊卻遁。郡司上其功，勑授馬步司巡檢，俾鎮其地，當時賴之。

蘇民　字天秀，號乙峰。洪武初，大封親王，博選東南巨族以充侍衛，民曾大父與焉。時從滑王之國，遂爲秦人。弘治乙卯，舉陝西鄉薦，乙丑，登進士。初授山西榆次知縣，徵爲兵部職方司主事。逆瑾時擅權，搆口落職爲四川梓潼驛丞。瑾誅，復官工部，歷吏部考功、文選郎中。上疏諫止武宗巡游，罰俸。後升南京太僕少卿、太常卿，歷兵、工、刑三部侍郎，卒贈尚書。清修自持，所至以廉幹稱，翰林陸深爲之狀，見《獻徵録》。

葉德良　字克復，由吏員任莆田縣丞。嘉靖中，倭寇福建時，知縣、簿、尉弃城走，獨德良堅守。旬日，力竭城陷，死之。及戚總戎提大兵至，倭遁。撫按以事聞，贈太僕寺丞，蔭一子入監，官刑部照磨。

黄德徵　字幼元，金溪人。郡廩生。性粹學博，詩文矯不猶人，行誼尤硜硜自好。累代多聞人，一門師友屢蹶闈試，將以次年貢，遭姚、馮二賊倡亂，入其里。人皆奔，徽獨後，爲寇執，脇之不爲屈，且駡辱之，遂遇害。古義烈不是過也，士林咸嘆之。

尹可郎　西鄉十八都大柘人也。康熙四十九年，閩寇擾大柘，居民騰沸，可郎禦之，婦女藉得脱逃。厥後獨力難支，卒飲其刃，洵南人之驍勇也哉！

校注

〔一〕《宋史·忠節傳》，原訛作《全史·忠節傳》，據句意改。并據補『字道濟』三字。

孝友

鄭千義　保義鄉人。宋景定辛酉，母葉氏病，刲股救療，未效。或曰：『人肝可救。』遂自刲其肝。既死復蘇。母尋愈。邑令趙旴夫聞於郡守趙崇絢，移奬有云：『刲肝療親，雖非孝道之正，然一念之切，上通乎天，而能起其母於垂死，非平日克盡孝道，豈能感格如此之速！』又迎引榜示諸縣，作詩以旌之曰：『多少愚民不愛身，傷身未必爲其親。願聽太守殷勤語，學取昌山孝行人。』因改其鄉曰『孝行鄉』。

周思立　洪武末，父閏宗畏爲掾，自斷其指，時法當充軍。事覺，以死匿，官執思立詣獄。一日，大雪八尺許，思立被考掠，置雪中幾死復蘇。旬月，會赦，乃求得父，父意思立必死，悲泣喪明。思立日舐其目，卒以復明，人稱爲至孝。

周子輝　字彦華。弟子忠，永樂初，被誣，坐死罪，連妻子。彦華謂妻俞曰：『吾弟死，二子尚幼，未能保其必嗣，若侄與其母俱死，吾忍弟弗嗣乎？』俞泣曰：『盍以吾次子代之？』彦華曰：『是吾意也。』遂以孟曉往。曉方十四歲，慨然從命，竟刑於市。彦華與妻愛其二侄孟曦、孟顯若己生。後俱長，復以已産均分，鄉人義之。

朱子堯　字仲穆，獨山人。讀書好古，以義槩自持，鄉人曲直咸質焉。與其弟子理，少俱孝謹，長敦詩書。正統間，宣平寇入境，慕其德義，以劍書諸門曰『積善之家』，相戒勿犯，一鄉獲全，其行誼所感如此。時多火葬，子堯與棺埋之，治喪悉去緇黄，有古遺風。

黄原照　字伯亮，金溪人。洪武初，覲天下印官，以空印事詔獄。父道俊，時任襄陽同知，署印及焉。方上怒甚，無敢言者。照詣闕，擊登聞鼓，愬之，死其下。情詞剴切，上悟，霽怒，釋照父，得謫永豐丞，并盡釋印官。僕裹屍歸葬照。孫鐸痛祖死非命，乃建望雲庵，塑像其中，終身廬墓，哭泣不輟。父生庶子，鐸妻乳之，迄成立。至今人稱其居爲『孝友堂』云。自號澹泊軒，有遺稿。

朱濙　字德淵。性謹厚，敦於孝弟，贊父盼修築橋梁、道路，費以萬計。殫竭心力。父歿，執喪如禮。奉遺命重築王村口石橋，卒成父志。鄉里共稱之曰『朱孝子』。

徐潚　字士澄，東隅人。少業儒，以兄商於外，乃弃儒奉親。親病劇，晨昏焚香籲天，求以身代，刲股嘗糞，躬調藥食，衣不解帶者經年。居喪哀毁，廬墓守制，皆遵古禮。家貧，教授爲生，操行益勵。郡丞湯公價廉之，賓致鄉飲，本學扁其門曰『孝友』，雖童孺皆稱之爲『徐孝子』云。

葉弘淵　少業儒。每遭父病，籲天求以身代。父年六十，妾生一子，弃之，竊取亂育成人，分産，則曰：『俱父一體，何肥瘠爲？』與之均析，後庶弟亦得例貢。長兄早逝，遺一孤，撫字不啻己出。又創家塾，置義田，建義店以宿行旅，其善行種種，足稱焉。

吴一鵬　年七十，同巷失火，鵬在外，念母奔回，家已在烈焰中。至則狂號，突火人，以火勢甚熾，殺身無益，力挽之。一鵬大呼曰：『母死，何以生爲！』挺身而入，火斷出路，母子俱斃。有司聞之，白諸當道，建坊以旌焉。

王仲芳　字汝久，湖山人。性至孝，九歲侍父疾，終夜徬徨不寐。既卒，哀毁如成人。岩事二母孝敬不衰。尤好施濟，貸人金不責其償。推産以讓弟侄，宗族、鄉黨多賴以舉火。歲疫，市藥救療，存活甚衆。居鄉平心率物，排難解紛，遠近咸服。邑大夫欲錫以鞶帶，固辭不受。故饒於資，盡以好施廢，處之泰然。一介不苟，惟以詩書、忠厚訓其子孫。王節婦，其家女也。終年七旬，廣文會稽周官爲之立傳。

葉志　字希尹，性孝友，族黨推敬。母病，割股以療。後己身病篤，子尚木，方割股以進，孫克芳甫九齡，亦割肉羮羹，持甌避人至祖帷。群异之，索其甌，方知子、父不謀而均能輕生行孝，人謂世孝。傳芳均志异德貽謀云。後尚木、克芳均舉鄉飲，年七十外卒。

徐文洪　號龍山，東隅人。徙居龍礓。周歲失怙，母楊氏孀居，文洪孝養純備。以庠士游太學，母以二子連逝，悲慟失明，京邸聞之，即日陳情終養，旦夕號天露禱，精誠所格，母目復明。妻鄭氏，夭折，義不再娶，躬親侍養不離左右，逮選期屆，亦不赴，人謂有李令伯之風。

周應鳳　南隅人，孝友性成。家世食貧拮据，買藥佐父治生，助弟應鶴負笈下帷。母病篤，割股醫治，至誠所格，延母壽一紀。弟應鸞亡，貧不能殮，爲任殯葬，仍以子士鯉嗣之。貧而議繼，與富而争繼者霄壤，鄉評故益推重之。生平正直不阿，而睦婣任恤，更孚遐邇賓薦黌宫。弟應鶴，子士鰲，俱以明經爲士林望，皆其玉成也。壽七十一。

包可大　北隅人，十歲喪父，即知孝侍孀母，晨昏定省，不離左右。母六旬，病篤，可大割身籲天，母因而復蘇。復能教子成直。三子：經邦、經都、經郊，俱膺恩歲薦。經邦已有傳；經都年七旬，猶朝圖暮史，好學不倦，恂恂端方，爲士林矩式；經郊亦以割股救母稱孝。

王紹華　字景元，邑庠生，啓泰之嫡子也。弟紹萃、紹莘，俱庶出，奉父遺命善撫之，教養婚娶，備盡心力。族有圖吞虎噬者，弗遂，造謗言，且訟之官。紹華力辯，邑侯繆公偉之。萃、莘名復載譜，人不得垂涎焉。華友于之愛，根於天性，至是益篤，仍析以産，不啻千金，匪惟可安，乃父于地下抑亦可垂芳，□於寰中，奈何昊天不吊，奪之過速，良足□矣。

篤行

項森　字子秀。祖泗，父孔賢，累世積善，至森益大其烈。業儒弗售，弃去精岐黄術，每以醫藥濟人。爲事雖傾橐勿恤也。萬曆初，邑旱饑，乃鬻田賑粥，多所全活。幼時祖所置四茶亭田若干，歲久爲豪強侵没，及長悉贖之。嘗以己貲買山一所，堪輿家曰：『是善地也，宜冢，盍自營之？』不從，以葬父母。課二子，咸以經學顯。邑有相搆争者，得其言即立解，其爲衆所推服，可比之王彦方云。

華鎰　字時重。由歲貢任蘇州府長洲縣儒學訓導，升湖廣鄖西縣教諭，以母老致仕不赴。孝謹事親，明於醫道，鄉人稱之。

朱自強　字體乾。博學好古，事親孝。母故，以試詣武林，不得面訣，跣奔，慟哭幾絶，執喪皆知禮。季叔早世，竭力殯葬，撫其子，俾有成立。弟逋負獲罪，輒罄産解之。平生手不釋卷，坐卧處皆置書，好誘掖後進。朝夕延文士談經史，析疑義，至老不衰。以貢授莆田學訓，飭躬卻餽，士論重之。不二年，謝病歸。著《易經破愚》四卷。

包熺　字子昭，少游郡庠，博通經史。嘗從龍溪先生私淑良知之學，發明朱、陸同异之旨。生平好施濟，歲疫癘盛行，艱得藥物，往衢貿賑之。又遇窶人鬻妻償債，將别，號慟，因出囊金以銷券，妻得不鬻。晚厭舉子業，置家塾田産，延師以訓宗族，採周、程、張、朱要語梓行於世，知縣湯臨川重之，爲序。

朱景和　字其順，自強之子。孝友根於天性，言動準諸古人。萬曆辛巳，以六人考貢，當首選，因念正貢老而且貧，遂讓之。壬午，中鄉舉，署滋陽學諭。彌月，丁内艱，復除茌平。談經程藝，多士敬信，有去思碑。擢令感恩，雅尚德化。徙舊城，禁採礦，創九龍書院，皆大利於士民者。以勞瘁歿於官。合邑請諸當道，特建名宦祠祀之。所著有《求我齋類稿》《學邵窩迂談》等書，祀鄉賢。

徐棣　字子登，東隅人。寬厚簡默，喜怒不形。丁年拔貢，授福寧訓，復除閩縣，皆以作人流聲，轉諭永福。值縣令缺，當道檄署邑篆，惟以清白自持，或有以子孫謀勸者，即面赤卻謝之。所著詩文甚富，有《虚穀》。

鄭補　字國補，鄉賢鄭還之子。幼得家傳，長崇正學，且稟性至孝。父疾，籲天求以身代。執喪，哀毁骨立。既葬，廬墓側者三年。道府以禮旌奬。邑令池浴德親撰像贊，其爲當道所推重如此。所著有《學庸衍義》等篇，而《綱目管義》一書尤有補於尹氏之《發明》云。

葉恩　字天錫。以吏員累官吴江主簿，舉其官。調蒙化衛知事，以老不赴。處鄉里，持論質直，鄉人搆詞者，得一言而解。人有過，面折嫚駡不能容，然無他腸，以故人無憾者。

周紳　字文佩。禔身敦謹，夙以孝聞。少嘗業儒，既長，從事邑掾，奉公守法，令君多器重之。

以考中授惠安尉，時劉公宏道爲之宰，諸所規畫，相與謀議，民心胥悦，有『劉父周母』之謡。及居家遇荒歲，嘗出資貸人，不取其息，負不能償者，焚其券，不使兒孫知名。後劉公以臬使莅浙，屢致書存問。及殁，親爲文以遣祭焉。

包志學　字而時，儒學增生，友于好施，視侄猶子。歲荒，出穀賑鄉民。痘疫流行，買參普濟，貧者多賴以生。有族女孤孑無倚，撫而爲之嫁。及疾殂，焚券示不復取，人咸慕其高誼焉。

鄭一桂　性行質直，有古君子之風。家族聚一鄉，食指滿萬。凡事無大小，悉爲排難解，鄉隣德之。以子九炯貴，贈承德郎、江寧縣知縣。

徐榮　字仁鄉，號静庵，東隅人。朝偉之父，孝友醇雅。外母家貧無歸，奉養終身，祭葬悉以禮。髫年游泮，試輒冠軍。由歲貢除江陰訓，課士有軌度，升南豐諭。

鄭邦相　字珍之，天性孝友，仗義解紛，有古彦方稱筮，仕河南南召，上臺重其廉能，升山西大同府，照奉委散兵糧，及查各堡軍器給賞、撫夷召買等差。清慎多賢聲，晉民德之。鐫石誦焉。致仕歸，事繼母色養不倦，讓産以厚其侄，敦倫樂善，壽踰古稀。

周一楝　南隅人。孝友敦樸，平生好施與，凡遇親族婚喪，匍匐相周，常施藥療疫，全活者多。間拾人遺金，坐守待還無德色。縣創學宫，以公義委董其事，不憚勤勞。延師教子及孫，俱成明經。邑令王侯旌爲良民。重義能敦族，好輕財不爲家謀，迄今子姓繁昌，遠邇咸欽。

徐朝偉　字士雅，號毓文，東隅人。榮之子。質稟純和，性篤孝友。嗜書史，薄聲利，生平無疾言遽色。由歲貢訓江右新昌，年已七十，砥切多士，本至誠。轉諭江右新昌，未浹季而又一諭至，蓋部選錯誤也。生徒皆勸争之憲司，曰：『吾老矣，安能與若輩競此雞肋哉？』飄然歸來，杜門課讀。邑令許君延之賓筵，旌爲『德門人瑞』。

周士廉　字介夫。少餼郡庠，雅負俠骨。髫年與友徐懋厚俱受知湯若士，懋厚病瘵不起，屬以嗣事，廉慨諾。厚妻王氏，爲立孤事，間關百楚，廉挺身左右，以女字其孤。迨王氏從容就節，復爲申控三院，題請邀旨，竪貞節牌坊在徐祠前，人以程嬰義之。事詳《奇節録》中。遂邑大害在用里甲，廉極陳諸弊，申呈撫按，頒示嚴革。雖止許令奉行，至今思其良法。以歲薦訓湖庠，諭湯溪，補任漳州漳平縣教諭。享年七十五。

王文雅　字時正，南隅人。以歲貢授常山訓導，雅意好修，飲人以和諸生，束脯不計，惟以德行、道藝相勖。後赴京改選，常山戀不忍舍，爲之立石文昌閣下，至今猶頌教澤無窮云。

時可諫　字君可，東隅人。生而穎雋不凡，長益沉心食古，弱冠餼郡庠。邑令湯若士重之，由歲貢訓進賢，諭安福，授紹興，三任師席，德造譽髦，多士咸立碑誦德。投老林泉，應賓筵外，不入公庭。年七十二而終。

黄聞樂　金溪人。性厚行端，好施禮賢，建宗祊以崇先，尤能惠及親里，至有待以舉火者。士林延譽，府縣交旌之焉。是以男甲選幼列黌序，旋登府鱣堂，人以爲劭德好學之報。

朱九武　字維周，奕山人。郡增生，爲士林翹楚。性篤孝友，志趨爽邁，遇公事慷慨直前。棘闈屢蹶，遂懶意科名。娛親教子，樂善好施，令聞著於婣黨。花甲甫周而卒，人僉謂未竟其才云。

毛存紀　號盛宇。性善好義，鄉中飢，發穀賑施，貧民多賴全活。壽高，冠帶鄉飲，爲當事推重。

徐一静　號霽宇，東隅人。郡增生。敦行孝友，博學不售，義方式穀教子應芳、應美，俱一時才俊，爲邑侯湯公所深器。時郡守吴公舉賓薦旌，額曰『事父聚百順』，有割股之奇行。課見明一經并游泮之彦士，以耄壽終。

徐懋卿　字太階，應乾冢子，郡增生。性行端慤，家學淵源，與堂弟懋厚俱以弱冠錚錚士林。厚家貧篤學，病瘵，託後於卿而殁。厚妻王氏，矢志爲夫立孤，卿生次子光孚，即以爲厚後，與周士廉之以女字孚，成婦奇節，人以『雙義』稱之。更沉耽經史，工古文詩詞，受業若士湯令公，分相圃半席，樂育後進數十年，凡游其門者，咸有成立。十上棘闈，以數奇賫志。卒年望稀，子孚能讀父書，亦有聲郡庠。

王堯棟　字士禎。嗜學好古，博聞强記，弱冠蜚聲黌序，尤篤孝友。兄弟三人，次兄乏嗣。卒時長兄一子，再生次子矣。父即命其次子入繼，棟以昭、穆應長，欲有所待，長房究不再育，入繼無可辭。後讓産與長兄均分，而任祀享。次兄血食不替，人咸義之。至肅家政，敦行誼，周急扶危，了無德色。義方耀祖、輝祖，俱餼於庠，咸有文名。輝祖膺新朝拔貢，亦善報一徵，壽六十卒。

李廷寶　字子守，南隅人。敦樸古雅，以孝友著。侍父疾，不解衣者月餘。於昆弟藹如也。處族黨有長者風，歲饑出粟，賑活多人。生平操履不苟，居城市垂老不識公庭。兩薦賓筵，以壽考終。義方訓子孫，蜚聲庠序。季子仕道，以貢舉授縣令。

俞中孚　字汝信，南隅人。賦性孝友，秉心慈和，居家勤儉，甘澹泊，好賑貧窮，周人患難，輕財重義，樂善崇儒。課子以道，有聲於庠。壽八十三卒。

項宗旭　字旦華，號復齋，中丞公孫也。敏妙博學，能詩善琴，彬彬然爲一庠文物之望。事庶母以敬，撫孤侄以恩，古風目處，謙雅誠篤。晚年恬退，潛修著書自樂，多行善事，推舉介賓，年古稀而逝。

徐應貫　字宗一，號聖岸，東隅人。上海縣尉志雄之子。爲人篤志詩書，力行孝弟。補禮部儒士。分家産，悉以腴者讓諸昆。且好義樂施，義方啓後。順治間，歲屢饑，捐穀賑米，惠濟者衆。復舉介賓，邑令趙公以『清標碩德』旌焉，享壽八十有四。

王敏教　字二舉，號敬庵。以歲貢廷試，授訓導。篤志好學，多士咸景仰焉。凡婚喪必如禮，立身砥行。前郡伯暨令尹均欽之。及耿亂，檄授雲和教諭，守志不屈，毅然不往，亦可謂能審時度勢者矣。享年七十有三。

華國昌　字卓君，邑庠生。其爲人孝友可風，慷慨好義，平糴焚券，皆人所難者。順治初，劉游擊率兵勦寇，駐華祠，役夫四百餘，需供給不及，將肆掠，昌一人餉之，乃止。故至今尚服其厚德云。

鄭元調　郡庠生，年登八旬，道貌古風，予向以征糧〔一〕。

校注

〔一〕原稿此處八行不清楚。

文學

鄭球　字端夫。少以學問稱，居鄉教授，從者如雲。紹興登第，分教盱眙縣，改茶陵簿。秩滿引年，賜五品服歸。張貴謨、華延年皆其門人。

龔敦頤　原之孫。博通群書，《元祐建中列傳譜述》，一百卷。淳熙間，修國史，洪邁請甄録，從之。授穎上州文學，仕至宗正丞。

鄭元祐　字明德，航頭人。天資穎悟，十五能詩賦，與平章廉公爲忘年友。父卒，徙居姑蘇，從學者衆。省臺宣閫，憲府交薦。至正十七年，授平江路儒學教授，升江浙提舉。所著有《遂昌山人雜録》并《山居文集》若干卷。入鄉賢。

毛翼　南隅人。由舉人任福建同安縣儒學訓導，升梁府教授，以文學稱。

俞廣　字得濟。幼孤，長克勵於學，涉獵既博，從先生長者習詩律。永樂六年，詔翰林集四方儒學士纂修《永樂大典》，廣以能書薦。書成，被賜賚，詔就翰林，益進其藝。十八年，擢兵科給事中，勤慎詳敏，克舉其職。坐累，出爲邯鄲縣丞。縣當孔道，廣爲之有方，民不困而事集，尤以寬厚得民心。洪熙元年，轉刑部照磨。宣德初，升刑部廣西清吏司主事，盡心察理，獄中無寃滯。大學士楊士奇爲志銘，見《獻徵録》。

吴紹生　字繼賢，號默齋，北隅人。永樂乙未進士。以習譯文考選翰林院庶吉士，轉行人司行人。使琉球，升禮部儀制司員外郎，歷工部屯田司郎中。所著有《默齋集》。子志，亦進士，官知府。

朱朝政　字克正，號廣齋，奕山人。性敏悟端方，襟期磊落，議論高博，以詩文雄世。有史才，曾聘修各郡縣志，及輯家譜。爲人亦有司馬子長風，尚友千古，締交海内，以故兩浙名公，皆折節焉。自號『野史山人』，繪一《浩然騎驢像》，隨地攜篋中，諸名公競爲贊，有云：『興溢灞橋風雪，筆司太史斧衮，其無懷葛天之儔，抑晨門荷蕢之流』等語，想見飄然風塵之表。

王養端　字汝推，一字茂成。倜儻負意氣，抵掌譚古今，亹亹如懸河東下。工古文辭，作聲詩若出唐人口。初舉順天亞魁，大學士袁煒每推轂下之。與濮州李先芳、楊州宗臣諸公相結甚驩。生平著述極富，有《震堂集》《山居論》。

黄九章　字叔範，中之子。性資疏朗，學問宏深。由貢授龍溪訓、華亭諭、海州學正、南昌教授。所至於士有恩，每署縣輒著聲績，尤長於詩文，所著有《秋水齋集》。

葉澳　字爾瞻。齠齔時即負大志，縣令黄道瞻一見异之。負笈從明師游，尤受知於臨川令湯顯祖。萬曆甲午，領鄉薦，因抱疴不獲顯爲世用，所著有《四書註翼》《易通》《淇筠志感》并《詩集》行於世。

黄九鼎　字禹鈞，號象州，中之侄。萬曆癸酉，舉於鄉。除陜州守，多惠政。未幾，解職歸。愛西湖之勝，遂家焉。名山异迹，題咏幾遍。尤善於樂府、擬古諸體，結社湖山，與名公互相倡和。督撫劉公一焜尊爲『人倫楷模』，捐俸梓《湖山百咏》《七二草》行於世。

徐應乾　字以清。行誼端謹，學問淵宏。家貧，課生徒，束贄奉父，均予諸昆，不入私室。夙著才名。由恩貢授寧波訓、清遠諭、雷州府授董修府志事。所著有《昌岩藏稿》《士林正鵠》行於世。

包志伊　字惟任。孝惕廉讓，聰明正直，睦族恤隣，有古麥舟風。髫年游泮，倜儻負大志。自舉子業而外，經、史、諸子一目成誦，作詩歌、古文辭，娓娓數千言。爲邑侯湯公顯祖所器重。讀書唐山，無疾而卒。尋葬於山，有樵童忽見襴襆者降，語曰：『上帝以吾賫志而歿，勅吾爲英靈公，主此山。』於是，邑人雩雨、祓子者禱，輒著靈异，肖像寺中。

潘覺民　字任卿。幼孤，事母至孝。早歲失偶，一子賴母育之，終身不再娶。待兄弟甚友愛，幼弟已教誨之。家貧舌耕，弟子以百十數，不以少長而分勤忽，不以寒暑而輟講誦。皓首賫志，邑稱『人師』、『經師』云。

鄭秉鍊　以歲薦授蕪湖丞，處膏不潤，日與諸生爲文社，以清操見忌免歸，囊橐蕭然。讀書、彈琴，修家族雍睦之政，一鄉化之。一時名公如焦漪園、楊崑阜皆推重之。

鄭秉券　字錫卿。髫年入郡庠，太守張公器之，因贅於麗。端方勤學，以《毛詩》教授門徒，一時監司守倅多延之賓館爲子弟師。以貢訓開化，轉分水諭，兩邑俱得士心。卒于任。

王文中　字紹泉。秉性孝友，褆躬端樸。讀《易》，精陰陽妙解。游其門者歲常滿。少食餼，試輒冠軍。閉户好學，足不一履公庭。戊午歲貢，恬退自甘。年八十五卒。

童進思　字懋忠。弱冠游庠，九入試闈，偃蹇不第。志益壯，一時名士皆出其門。課子一經，善吟咏，有《溪上吟》《童子離騷》。

朱明誠　字聚敬，性孝友，善詩文，操行耿介，嶷然嶽峙，鄉黨有不率者，咸服其化。樂道安貧，有陳太丘風，郡縣景範如山斗。終年七十。

葉繼康　字伯阜。事父母，先意承志。撫幼弟，提攜友愛。與人無競，御下有思。讀書一目數行，自經、史、子、集，至稗官小説，靡不淹貫。髫年游庠，即膺餼廩，數舉於鄉。萬曆癸卯，中浙闈副榜，以歲貢授鄞縣訓導。待士作人，甚爲紳士所敬重。升昌化縣教諭。逾年致政歸，屢應大賓席。壽七十五考終。著《梅菊百韻》。

包經文　字君質。力學好修。善事後母，撫諸弟。早歲餼庠，試輒冠軍。由崇禎十三年歲貢赴京，時國步方艱，上親閱試策，拔其尤者百人，加以欽賜之額，獲中第三十七名。以疾歸，賫志而歿。士林惜之。

葉梧　字於陽，獨山人。幼穎悟好學，博涉今古，年舞象即餼於庠。與兄澳、弟幹俱爲湯令若士鑒拔。代贄貧笈黄貞父、岳石踵兩先生門下。辛卯，浙闈中副榜，志愈矯厲。家故饒，悉委叔季理，不問家人産，數奇不售。晚年食貧，恬不介意，惟怡怡以承母歡。居鄉正直不阿，輕財好義，童叟咸欽，士林推重。惜將貢而卒。

鄭九州　字鼎卿。郡廩生。潁悟絶倫，博極群書，工古文詞詩賦〔一〕。啓扎咄嗟而辦，郡守朱公葵檄修郡乘，司李王公明汲欽其學行，延登皋座，朋誼師道，俱追古型。未及貢卒。

包經邦　字君佐。豐姿偉度，天性孝友。由崇禎十七年歲貢赴闕，值冦氛猖獗，至山左而旋。弗獲展厥抱，惟醉後歌『老驥』之句。年七十卒。

黃德璩　字瑩郎。父廉，家學淵源，倜儻宏博。文辭詩賦，咸取法秦、漢。弱冠餼郡庠，屢試高等。尤敦孝友、篤朋誼。家金溪萬山中，歲壬午、癸未，萑苻踞礫下，距其鄉咫尺耳，會侍禦熊伯甘、司李陳卧子監紀合勦，檄參帷幄，招冦投誠，邑令許君器重之。

童問禮　字用和。舞勺登黌選，進棘闈十二科，終始念典，而臯比尊肅，出其門者多名士，且訓嚴義方，子任良、任重、任大，胥叨廪增，德文兼優，堪爲後學儀式。

徐應泮　字鵬池，東隅人。弱冠游庠，有至性，晨昏定省，色養無違。親亡居喪，行文公家禮，閭里悉欽其孝。文宗樊公重之。暨義方式訓，出其平生著作，多古人名篇。

項天衡　字舜齊，中丞祥次子。生而穎悟，過目成誦，中丞公亦深器之。髫年游泮，餼於庠，錚錚有聲。而温文謙藹，了無貴介氣。家富書史，幾於充棟，衡酣枕於中，俗緣一切不滓，尤以朋友爲性命。問奇析疑，肺腑洞澈，數奇不偶，未及貢而卒。所著《閩中游草》，聲律可追唐人，其創延芳、介祉兩茶亭，以憩倦渴。凶歲煮粥濟饑，種種義舉尤多。

華知京　字汝統，南隅人。博聞强記，弱冠餼於庠，屢試高等，爲黌序赤幟。孝二親，居喪哀毁盡禮，時以五十而慕稱之。好行德施，藥餌賑貧乏。又善古文辭詩，有盛唐風。乙酉、戊子，屢取充貢，俱不就。優游臯比，樂育自適，年古稀卒。卒之夕，猶飲酒歌詩，所著有《適居集》二卷。

朱九綬　字廷若，奕山人。賦性警敏，居心醇慤。孝養備至，尊師崇道，與姻黨交，俱厚于恒人。幼頗席豐，欿然自下，人樂飲和。爲郡庠增生，勵志舉子業，不治生産，屢躓棘闈，卒致貧困。然不以貧改節，尤欲課子大成。壽六十，賫志而逝。

葉文舉　字爾知，東隅人。幼敏慧，有文聲，弱冠游庠，有志觀光，北游太學。爲人謙厚孝友。嫡伯繼康，文行爲一邑祭酒，獨能事之如父，依依師法可知。已不幸早卒。妻鄭氏，勤瘁守家，長子幼，次子遺腹，氏俱撫訓有則，咸獲成立。游庠，更爲聿新堂構，人謂文舉盛德之報云。

徐一孚　字爾信，號中白，朝偉之子，東隅人。生而岐嶷，髫年誦書，過目不忘。弱冠補弟子員，蜚聲黌序。爲人性慨真篤，孝友一庠，清議一邑，利弊皆身任。以教陳宣達，當道及親友俱諒。

鄭之騄　字仲良，長濂人。温厚和易，壯年食餼，父子兄弟相師友。由歲薦訓衢州府，以文行勖俠義樸誠，言無不行。惜蹇於數，賫志以殁，士論惜之。

多士，蒸蒸向化焉，未竟用，卒於官。

黄豸聲　字姚臣，坑西人。才高識邁，迥不猶人。與族弟黄懋學字修來者，俱以童子游泮，豸聲幼即能詩文，多奇警句。性復好游，過豫章，與艾千子陳幼升結社吟咏，刻《韻江草》，黎博庵爲之序，極稱其『奇拗尖冷，不從人間來』。吴興蔡正庵督學，以戴紀延爲其子訓制義，刻有《苕溪冷筆》。歸游温州，年僅二十七，家貧，未及娶。巡道謝公等深爲嘆惜，各爲詩悼之。懋學髫年餼府，乙酉選貢，亦能詩，多散逸未刻。卒年二十四，亦以貧未娶。

項天琦　字韓仲，中丞公幼子。以庠生游北雍。性謙厚慎重，且多才藝，事上接下俱盡禮得體。中丞公器之，家政悉委綜理。親情交誼更極周摯。以祖封翁墓在長扐方山，創橋渡涉，建亭施茶，皆名之曰『祖德』，尤其孝思之不匱也。生平漁經獵史，能詩善書，爲翰墨林中之逸仙。惜未翀舉，然有亦夫子四，皆克家長，、祥正未艾云。

李春富　號竹樓，南隅人。邑廩生。忠厚正直，博聞強記，敦倫睦族，尤篤義方訓其子，舞象即飡庠。文行爲士林宗仰，德造所及，遂、松兩邑名雋半出其門。居鄉以遵義砥誘後進，有古君子風。以廷試卒於京。

項世臣　字非喬。邑庠生，中丞公之孫也。資稟穎敏，博極群書，著述甚富。即其《論易》凡十卷，剖晰微奥，足以羽翼四聖。工於詩賦，足迹所經，耳目所遇，莫不悠然興會。至咏梅花，上下三十韻，韻各一篇，再續三續，不足以盡胸中幽寄，而清新俊逸，視庾、鮑迨過之。若由此繩祖武，樂此堂前，慶衍無既也。詎壯年癖於選佛，竟作《逍遥游》，所謂伊人殆將以禪隱耶。暮雨秋煙，慨慕隨之矣。

包萬有　字似之，號敬衡。六歲失怙，事繼母如所生。居繼母喪，啜粥茹蔬三年。十八補弟子員，屢試優列。丁卯，入棘闈，主司命題，曲意媚逆璫，遂投筆而出。弃青衿，放浪山水，博極群書，經史、百家、内典、丹經，靡不淹貫。建兑穀書院，會同志講學焉。又捐輸義倉穀一百石以賑飢。兩應修郡志聘，修邑乘者三。所著有《編年合録》《五經同异》《範數贊辭》《小學遺書》《食貧録》等書。殁，郡伯周宿來先生讀其撰述，慨然想見其爲人，詳請祀入鄉賢云。

包蒙吉　字聖修，號介石。以恩貢考選州同，改迪功郎，後奉取選，堅辭。著《古史補》，惜未壽梨，僅存稿亦殘。其爲諸生時，文名爛然。婺州司理李公之芳延之西席，及升浙閩總制，駐扎三衢，復延之，以屬轄不赴。又前浙江巡撫王公國安，乃其門下士，請往見，至再三，一見而返，其高風清節如此。督學張公衡旌以『潛德象賢』，逾古稀而終。

王錫　字禹功，號懷雲。以歲貢選奉化訓導，以疾辭。性情恬澹，操守端嚴，試輒冠軍。所爲文章，四方争誦之。廷試歸，潛修三十年，足迹不履公庭。著書自娱，有《偶時吟詩》一卷。壬辰夏，徵之同修縣志，以目疾不赴。未幾捐館，年七十有六。

葉茂林　字秀也。廩生。甲午鄉試薦魁，以策涉嫌疑見遺。爲人高曠瀟灑，能詩善翰，兼工水墨，曾入浙東五友社。著有《飛鶴閣詩略》《卧竹亭稿》《甬上吟》。戊子饑，鬻妻自活、質子爲奴者，捐金贖完之，良難。

包蒙亨　字穉嘉。郡廩生。爲文得先輩法脉，屢試冠軍。十戰棘闈，厄於數。康熙庚午，郡伯劉公召修府乘，秉公無私。所著詩賦罕入刻，其《易經衷統合參》《心齋詩集》稿尚存，迄今邑人士莫不景仰焉。

校注

〔一〕工古文詞詩賦，『工』原作『攻』，據句意改。

隱逸

葉可權　字國衡，號平齋。隱居桃源，讀書樂道，澹如也。邑嘗起爲教官，能誘掖後進，人咸景慕之。尋歸隱。

周與昂　字天常。隱居桃源五峰之下。通史籍，精卜筮，以『耕雲處士』自號，終老邱園，未嘗入城府。手蒔松、竹、梅於屋側，以養歲寒之志，有古逸民風。

尹廷高　字仲明，號六峰。善詩，嘗任處州路學教授，尋歸隱。日以詩酒自娱，有《玉井樵唱集》，奎章閣學士虞集爲之序。

潘永滿　字天澤。隱居桃源，孝義著於鄉邑。博學善詩文，御史中丞章溢屢薦不起，壽九十三。

王鑑翁　字子明，賢良濬之父也。性純豐儁，弗徇功名。有勸之仕者，曰：『吾自度之審矣，岩容澗姿，豈堪飾之章服？』或以聞於集賢，曰『是能樂天者也』，遂號之『樂天處士』。趙待制雍名其園曰『田園任趣』。及終，太史宋濂撰銘，誠意伯劉基篆額，學士陶安以詩吊之，有『直道追三代』之句，王禕以『孟之善士，易之幽人』稱之，其見推于名流如此。

周頊　字成珍。性恬澹，不樂仕進，侍讀楊萬里疏名上宰相，薦於朝。詔徵不起，與鄉人進士華延年、周若思講明經義，隱居西郭。

包夢吉　字維祥。讀書慕古，不欲仕元，自甘隱遯。洪武十五年，以賢人君子徵，母老疏辭不赴。

黃灝　字季榮。博學自淑，不樂仕進，人多與之游。嘗語人曰：『爲學大要在慎徽五典而已，舍此皆贅疣也。』《慎徽遺稿》言多簡要，門人私謚爲『慎徽先生』。

包秉鑑　字孔明。世有隱德，博雅，娱詩酒，喜拯人患，周人急乏。時馬埠司久缺，縣令藉以管攝，鄙夷不屑。正統壬戌，連歲大饑，奉詔出粟賑濟。尋遣行人，賜勅旌之：『勅浙江處州府遂昌縣民包秉鑑，國家施仁養民爲首，爾包秉鑑能出稻穀一千一百二十碩，用助賑濟，有司以聞，朕用嘉之。今特賜勅奬諭，勞以羊酒，旌爲義民，仍免本户雜派差役三年。尚允蹈忠厚，永勵鄉俗，用副朝廷褒嘉之意，欽哉故勅。正統七年四月□日。』

鄭邦棟　字隆之。性孝友，内外無間言。少熟《内經》，濟人疾病，一介不取。吏隱歸養，與兄邦相承先志，修葺定溪渡、石馬嶺、洞峰嶺、岱嶺亭，增置膳夫。壽卒。

王季種　字文起，湖山人，别號玄中子，養端第三子也。性敦孝友，善詩。游庠後，即遍訪名山，採芝深谷，有塵視軒冕意。所著有《真樂處》詩集，集中句佳處絶類陶、白，洵無愧震堂遺風云。

尚義

葉以然　字懋春。讀書善記，以母久病，徧請諸名醫，因得其術。兄弟五人，不异爨者五十餘年，家始清素。晚以醫致充裕，仍以均諸同産者，有餘則以周貧乏、婚葬及修諸橋梁道路。生平用藥所活者多，而不責其報，且賑其不能具藥者。鄉人咸敬信之。

華存理　字仲察，南隅人。孝友敦行，内外無間。正統七年，歲凶，出粟賑濟，旌爲『義民』，子孫繁衍，多列冠裳。享年八十七歲。

蘇廷榮　家世業醫，至榮益精其技。歲大疫，遍行診治，其貧不能具藥者則施之。龍泉陳令得疾，請療，道拾囊金七十兩，坐候失主，半日不至。前行十里許，有赴水幾危者，拯起，飲以藥，俟少蘇，詰之，云是徽州木商汪榮，即失金人也。問其故，則曰：『既失矣，奚以生焉。』驗其帳數，皆合，遂全畀之。至龍泉，投以□，令亦愈聞茲事，加敬，因贈以詩，有『常施篋内君臣藥，笑擲人遺子母錢』之句。壽八十終。與鄉飲一十三次。

周李　篤于孝友，尚義好施。族黨中婚葬有不舉者，親爲經紀。歲祲，輸粟備賑。有佃户逋租積百餘石，納女充以償，卻不受，更予衣米以遣嫁之。或負錢者貧不能還，即焚其券。當道屢加獎額，與蘇廷榮俱書於『旌善亭』。

華化民　字子與。天性孝友，學諭孫懋昭廣闢泮池，界其地，欣然予之不受值。建茶亭於茂林堂，捨租濟渴。平生得异人授治心氣方，修合普施。理刑袁公遇春舉之賓筵，鹽院胡公繼升賜匾、給冠帶。年八十三。

葉以萃　字仲秀，獨山人。好善樂義，建育英樓以教族姓，捐租七十餘畝爲膳。置渡船龍口、獨山、焦灘三處，各捐租倩給舟人。邑北東梅橋、二十都獨口橋圮壞，咸以石易之，往來始免病涉。讓吉穴以厝其兄，爲煢侄婚娶。按院金公忠士嘉其善行，給匾冠帶。以子焯贈京衛經歷。

包志道　字惟一。幼穎异，一覽數行。髫年餼庠學宫，聲名鵲起。中歲嬰疾。嘗築侵雲嶺腳石橋、大柘西嶺茶亭，邑人以義槩稱之。甫及貢而終。

鄭文誥　字元章，幼讀《素問》《靈樞》諸書，忻然有得。遂精醫術，不責報，尤急貧窶人疾苦。晚授太醫院吏目。嘗置定溪義渡，以濟病涉。築洞峰嶺茶亭〔二〕，往來德之。

王可諒　字友卿。弱冠補弟子員。生平重然諾，負意氣，尚義輕財。嘗葬族人之暴露者，宗族稱之。延請賓筵，不赴。年八十六而終。

朱一紀　字文肅，奕山人。佐父拮据，治生餘力輒從事於學，腹笥頗富，究爲貧徙業，起家素封，然好學不倦，且殷殷課子，獎誘後進。居家孝友，則好施尚義，尤以直道爲鄉間重。邑令榮錫鞶帶，兩薦賓筵。壽七十餘卒。

包可成　字汝材。天性孝友，與人謹厚。家貧，習舉子業弗售，遂弃去[illegible]篤志實修，授徒鄉里，訓子及孫，并飆於庠。生平仗義釋紛，每周旋人患難，所全活者甚衆。[illegible]黨欽爲彦方，肅然推戴，兩沐院獎，屢舉賓筵，以壽考終。

華知良　號恒宇，理之孫。性孝友睦族，接物謙和，好[illegible]好施。戊申夏，置蘭江婦爲保姆，五載，其子來訪，哀不忍離，憐而還之，又贈以贐。丁卯秋，夜火延比屋，同居族侄倉皇遺匣金，家人亦倉皇拾得擲破器中，遺者自分已燼。數月後檢知，即歸還。有古俠烈風，紫溪劉公高其誼，迎賓筵。

朱國泰　字于保。奕山人。性孝友。六歲失怙，即嗚嗚孺慕事節母黄氏至九旬，備極色養。輕財周急，有逋負不能償者，輒焚券免之。中丞高公嘉其孝友，給冠帶奬勵，旌匾曰『孝隆義重』。踰六旬卒。

朱九職　字廷任。性孝友，輕財好施，崇儒重道，捐資義塾，造就鄺俊。造舟龍鼻頭濟渡，置租貳拾畝。凡茶亭、橋梁、道路圮廢者，修建不惜重費。過歉，賑饑施藥救病，周急掩骼，倡議全輸，解紛息訟，生平與物無競，樂善不倦。

王國懋　字士勉，湖山人。篤儒業不售。寄迹公門，積仁潔行，通邑咸推重之。授晉江圍頭巡檢〔二〕，爲郡守孫公朝讓所器重，委以泉州獄務。受事三載，饑疫并至，懋割俸施藥，分饘賑饑，闔庠序。

鄭一寰　字調元，體貌魁梧，學識該洽，爲人排難，解紛族里，族推爲祭酒。晚課三子，并有聲圜橋之生全。甲申春，病乞歸，圜人起祠碑祝。尤刻意教子正化，弱冠餼庠，有文名。

包經武　字君揚。秉性純厚，好義樂施。事父母以色養，更以舉業成昆弟壎篪攸協。且喜周人急。崇禎丙子，歲歉，北鄉尤甚，全活百餘人。及助茶侵雲嶺，至今膾炙人口。有盜其家者，不較，至途遺金，候失人而歸焉。其子生員長明，克念厥紹，褆躬有父風，品行卓异，可與古人比烈。

包英濟　號後川。性樸行端，夙以孝友聞。鄉里多搆鬬，勸以息。更好賑施，待以舉火者數十家。足不履城，惟知家塾垂訓。故子尚雲、孫家駿繼登黌序，迄今家有古風。

王惟立　字栢軒。性孝行愨，少失怙，事孀母温清定省，色養加隆。勤儉起家，淡泊居身，賑貧濟困。有義激，則勇往紓人于難。至横逆相加者，笑受之。剛而不撓，寬而有容。且涉獵書史，有儒者風。式穀貽謀，一子五孫俱游黌序，閭里仰德，三叨賓飲，壽至古稀。

俞中御　字汝寵，南隅人。賦性醇樸，行己温恭。少食貧，拮据治生，漸至殷饒。稔知窶人之苦，以濟世利物爲念。有乞假者，不厭貧。富而能勤儉，不廢禮，行善於鄉。義方誨子。邑侯兩舉賓筵。胡鹽憲行部莅遂，廉訪耆良，特行旌奬。壽七十卒。

周如嶽　字拱宇，祥川人。七歲喪父，事母盡孝，敬庶兄，撫幼弟，悉本因心，長而克家，睦族敦宗，排難解紛，鄉邦推仰。壽七十三卒。

俞日高　邑南隅人。生平慷慨，捐修馬埠橋石磡，經久不敝，行人甚德之。歉年曾設粥於青雲，其所行有足多者。至於間道請兵禦寇，叛逆威加不屈，宜巡憲劉、前任柳俱給額旌獎也。且年逾耄算，卒之日，子若孫齊美於一堂，天之報施，寧有□□。

校注

〔一〕築洞峰嶺茶亭，原稿無『築』字，據句意添加。

〔二〕授晉江圍頭巡檢，『檢』原訛作『簡』，據句意改。

敕賜賑濟義民〔一〕

宋

周福，西隅人。宋嘉定間，出粟二千石助軍，典授承信郎。

明

吴仕俊，北隅人。正統七年輸粟二千一百二十石。

華存理，南隅人。正統七年輸粟二千一百二十石。

周應巨，西隅人。正統七年輸粟二千一百二十石。

潘大用，葉垣人。正統七年輸粟二千一百二十石。

蘇如昶，十都人。正統七年輸粟二千一百二十石。

周銓，祥川人。正統七年輸粟二千一百二十石。

包秉鑑，北隅人。正統七年輸粟二千一百二十石。

周進亨，西隅人。正統七年輸粟二千一百二十石。

勅浙江處州府遂昌縣民某等，國家施仁養民爲首，爾等能出稻穀一千一百二十石，用助賑濟，有司以聞，朕用嘉之。今特賜勅獎諭，勞以羊酒，旌爲義民，仍免本户雜汎差役三年。尚允蹈忠厚，表勵鄉俗，用副朝廷褒嘉之意，欽哉故勅。正統七年四月□日。

校注

〔一〕勅賜賑濟義民，此处内容与上下文不关联，上下頁碼也不對接，應該是原稿装订錯誤所致，校之《乾隆遂昌縣志》，亦在此處有此文，疑爲後者抄襲前者所致。又，查《光緒遂昌縣志》，則無此文。

貞節

王妙泳　葉杭妻。至正丁酉，山寇作亂，將殺其夫，將污泳，以二子屬之姑，自刎而死。郡縣上其事，旌雙節門。

周氏　二都周滿女。永樂間許嫁蘇仲善，未婚，仲善死，滿欲別嫁之，遂號慟至夫家，衰麻事姑，撫夫前子。後家日迫而守益堅。鄉里以『童老安人』稱之，謂其至老尚室女也。年七十餘而卒。

鄭氏　王固鐸妻，年二十三，有姿色，正統間，賊劫掠，縣人悉逃匿。鄭氏匿於山，賊搜得，逼行至清潭，臨崖曰：『甯死於此。』隨語即投，夫從後撈得之。賊怒，脅以刃，見其無所知，索其貲而去。得不死，以壽終。

楊氏　徐維讓妻。年二十二，夫逝。長子四歲，次子二歲，三子在遺腹。諸伯皆亡，家無擔石，煢然孑立，形影相吊。紡織餬口，力育三孤。次子文洪業儒，入太學。氏以二子連逝，哭喪明。文洪籲天露告，目忽復明，壽終七十三。

朱氏淑質　王叔可妻。再歲，夫喪，年一十九，舅姑欲奪其志，朱誓死不從，壽九十六而卒。

王氏思員　年十七，適西隅周應熊，生一子方八月，應熊病革，指王曰：『能不吾負，善養吾母，保吾孤。』王囓指出血，泣曰：『必無負，天鑑之。』後一如夫言，孀居六十餘年。始終無玷，卒年八十七。

姜氏　適南隅吴渭。生一女，夫死，年二十四，鞠庶生子若己子。孀居四十餘年，未嘗出門。夫兄弟以事見，則闔門與語。後庶子家日落，藜羹不繼，姜處之，無怨言。

應氏　葉婦。年十八，夫從戍二十餘年音信不聞，人傳其夫在戍已別娶生子，父母信之，逼令改嫁。婦堅執不從。後夫終不返，而志竟不渝。清苦自持，鄉人稱爲節婦。

葉氏　適十都蘇長益。性恬素，年二十二，夫喪，舅姑憐其年少無子，令再嫁。婦泣，願守志，壯老一節，瑩徹無暇，年六十七而卒。

葉氏日善　獨山朱子方妻。年二十，夫故，慟哭幾絶。遺二孤，長晭，次瞰，尚在襁緥，朝夕撫訓。私室所有，悉舉奉舅姑。衣食窘乏，而所志益勵，五十餘年，始終一節。

鄭氏　東隅徐廷巩妻。年二十六，夫故。家貧，一子甫六歲。一子在娠，旬月方産。鄭日夜哀毁，不離柩側。適隣家火逼，乃抱柩大慟，須臾返風，獲免，見者莫不慘异。母欲奪共志，悲泣咬指，呼天自誓。紡織撫孤成立，四十餘年。操若氷蘖。郡守高公超，扁其門曰『完節』。邑御史黄中贈詩曰：『心事青天鑑，綱常赤手支。』

項氏　西隅周黼妻。黼故，項年二十三，無嗣。日夜悲啼，誓死靡他。獨處一室，雖至親不得見。白首無玷。年躋八十而終。

柴氏　金溪黄鍋妻。夫蚤世，柴年二十八歲，一孤方匍匐，誓志守節，蓬垢不出門户。通《孝經》大義，教子宛如嚴師。常静坐吟曰：『日落西山留不住，水流東海并無回。』言此志不渝也。壽九十五而歿。子灦，出金建祠。孫公棑，值歲大祲，抹券減租，賑濟貧乏。世篤善行，皆柴懿教所遺也。

陳氏　徐朝紱妻。朝紱早世，兩兒尚在髫齔，家貧甚，紡績度日，撫孤成立。復能茹苦減粒蓄餘資，與伯叔輩均價買地安葬翁姑。許邑侯以『節凜冰霜』額獎之。壽七十而卒。

吴氏　四都鄭廷器妻。年二十一，生一女，夫亡，哀毁幾絶。母憫其年少無子，勸易志，吴誓死不從。伯叔兄弟有事相告，則隔簾而對，不出户庭者三十餘年。

俞氏　西隅生員葉讓妻。家貧無子。讓死，氏斷髮翳目，誓不再適。痛夫未葬，躬爲人紡織，并日而食，經歲僅積粟米，夫柩始葬。隣嫗有憫其貧而勸易志者，輒慟哭自縊，如是至再。或授之餐，堅不受。年七十餘，竟餓而死。

華氏　官陂舉人戴憲妻。憲方中式，即罹疾，藥石莫治。華封股救療，竟弗起。時年二十五歲，遂剪髮自誓撫育遺孤，雖饔飧不給，而孀操益堅。郡守吴公仲憐其苦節，嘗給學田租贍之。後以壽終。

周氏　大務徐舜滄妻。年十七，舜滄故，即置柩於卧室，晝夜悲哭三年。遺腹一子，乳養訓誨，俾克成立。家貧，傭紡自給。姑劉氏屢逼他適，誓志不從，竟以完節卒。

鄭氏　包潭妻。性至孝，精於女紅。父母殁，繡容以祀，宛然逼真。人謂精誠所感。既嫁，事寡姑真惻，姑亦愛之如女。年二十六，夫故，哭踴幾絶，以姑老子幼，故忍死厘紡績，膳姑育子。孀居五十四年，壽七十九。邑令池浴德旌其門曰『孝節』。

尹氏　朱璘妻。年二十二，夫故，長子方呱呱，次子尚在衽。遺田僅給飦粥，人或竊議其不能完節者，尹以死誓，煢煢苦守，足迹不履閫外。勤勞織紝，撫孤成立，至老無玷。壽八十三而終。

黄氏　朱明訓妻。聘朱未婚，時母聞婿有心疾，欲奪改適。氏即斷髪，誓死靡他。及于歸，孝養舅姑，調理病夫，舉子國泰。夫亡，年二十二，哀毁欲絶，不出户庭。績紡撫孤成立，七十餘年始終一節。按院彭公應參表其門曰『貞節』，郡伯李思敬以詩挽之曰『七旬孀操氷霜潔，九十遐齡名壽長。』

蘇氏　鄭廷儀妻。年二十七，稱未亡人。氷霜之操凛然，享年九十九。邑侯王公有功題以『貞壽』。

王氏　廩生徐懋厚妻。幼好讀書，語及卓烈，人目爲常事。歸徐五載，夫病，割股療治，不能起，遂絶粒求死。其父引程嬰事爲喻，始誓志立孤，孤殁復立。冠婚甫畢，率子婦告廟，次日抱夫像自經。哭夫詩七首中，有『傷懷斷看陳情表，夢魂猶記柏舟詩』之句。知縣林剛中親爲文祭之，上其事於當道，御史張公素養具題，奉旨給銀三十兩，竪坊旌曰『貞烈』。

鄭氏　儒士華志遠妻。參知鄭秉厚仲女，年十五，歸華。屬夫病，刲左右股以療。夫故，從卧内設巾履相對哭泣，妯娌知其欲以身殉，更番守之。值新歲，乘間投繯而逝。中丞項應祥上其事於當道，督學陳公大綬扁其門曰『節烈』。准入憲綱，侯申旌表。

周氏　葉應善妻。家四壁立，清苦自守，隣里罕覯其面。夫病故，哀痛，誓以從死。夫兄強其再醮，引刀自裁，覆卧衾，手足整然不亂。通邑誦异，邑令胡順化爲之給銀豎石，題曰『葉門周氏貞烈之墓』。

華氏　生員項宗孔妻。歸宗孔六年，宗孔入泮而卒，氏不勝悲憤，以死自誓，防衛稍疏，竟至投繯。此與王節婦死事同，當并請旌。項故宦族，雅不欲以節擅閭里，遂中止。

鄭氏　生員包志伊之繼室。十九歸包。踰年而夫歿，撫前妻兒女若親生，爲之婚娶，教訓成立。子亦克孝，宗族鄉黨稱之。執節四十餘年，有司表其曰『節孝流芳』。

徐氏　包宇彦妻。未嫁時已知宇彦飲博狂蕩，既于歸，悉出其簪珥以償債，勉令讀書，而宇彦不肖如故。歲杪爲人索逋，勒逼自縊。氏曰：『夫既死，婦亦當從。』投繯，得救而蘇。姑慰以育遺腹，留夫一綫。有頃，父母以其悲哀，俾之歸寧。所親有諭之曰：『爲蕩子婦未逾年，情好既疏，繫戀安屬？青年慧質，何苦乃爾！』唾之不應。一日墮胎，復求死，父母日夜守之。號泣，頭觸床壁，悉腫黑，血從口鼻出。别父母曰：『兒不求死且死矣，得姑一面無恨也。』不能乘肩輿，舁置酒桶中，與姑一慟而絶，時年十七也。

李氏　黄九宫妻。宫故，氏年二十二，家徒四壁，矢志撫孤。親戚慮其年青，勸令再醮，李誓死靡他。紡績度日，撫一子苦讀，得入黌序。栢舟之操，畫荻之風，人共稱之。

吴氏　黄伯康妻。夫故，氏年二十一，欲以身殉。衆論撫孤，勉志苦守。事姑孝養，課子成名。經撫按、學道旌表，名列憲綱，歲頒聖胙。

周氏　時可訓妻。孝事孀姑三載，夫亡，時氏方踰笄，絶食欲從死。孀姑泣持，始勉强爲立孤延祀計，事姑益聚順，生事葬祭俱盡禮。令林公剛中匾旌『節孝』，爲申上臺，歷有旌奬。年七十三而終。

王氏　朱懋孝妻，即節母黄氏孫媳。夫故，時方二十五歲，矢志撫孤。孤亡復立繼嗣，鞠育義方，至授室，産一孫，繼嗣又亡，復撫孤孫，百苦備嘗。年踰六旬，猶課孫書，率孫婦勤紡織，操作不疲，人咸稱其可繼祖姑芳躅云。

周氏　駱佛喜妻。居楊門口，爲農家女。婦秉性貞潔，不妄言動。大兵勦寇，氏爲所掠，挾坐馬上行五里，至三墩橋，有崖下臨深澗，筍石削立，忽飛身投崖，裂膚血濺崖石而殞。

徐氏　包烱妻。青年孀居，玉節無滓，撫按屢奬。壽至八旬有八而卒。

潘氏　王文中繼室。相夫勤苦，克敦婦道。盛年守節，家政肅清。許令君因有『節如冰映』之旌。中年有疾，子國靖割股療之。後至九十一歲終。

毛氏　故吏周一詔妻。年二十六，詔弃世，長子之奇纔能趨走，次子之貞方半周，礪志守節，百折冰霜，訓育二孤游庠，甘心荼苦。歷任令君俱賜額旌奬之。

周氏　徐元福妻。福貧，揭本爲商，氏甫産一男，七日即出外，一去不返。氏有夫無夫守七日子，竭盡荼苦，上奉孀祖姑與孀姑，而高年晝夜爲人紡績，甚至不能備燈火，暗中辟纑，指節腐去其半。先是祖姑守節撫孤，孤又夭，同其姑貞守，撫其夫元福。後福離家，存亡不蔔。一門三代孤嫠，煢煢貧苦，見者酸鼻。懷慶幼失學，而能孝道，刃肉救親，治三喪，俱克盡禮云。懷慶，即七日子也。

徐氏　鄭一桂妻。幼婉静，適鄭，中年得子朏，氏以教子爲急務。夫婦相莊，婦道有聲姻婭間。未幾，稱未亡人。敦勵訓子，子九炯竟得發科，氏身膺花誥，壽九十一。鼎革間，九炯適以告歸，猶得承歡膝下者半載。人俱以氏善節之休徵云。

王氏　邑北庠生童一春妻。刑部郎中王玘孫女。生而淑慧，習王謝教嫺《内則》《女誡》，兼曉經書、史鑑，端莊静一，言笑不苟，動合古人矩矱。于歸時，年未及笄，益敦孝敬，解佩左德。三歲未孕，即勸夫納媵，連舉三子，氏亦自舉一子，人咸謂樛木之報。夫故，子幼，一體撫育，無嫡庶歧視。四子亦依依如一母生，不自覺爲嫡庶。比就外傅，躬授句讀，有丸熊畫荻風。諸子皆雋才，次第游庠。次志舜爲氏出，尤恂恂篤行，各文宗皆以德行旌，益徵母教。邑以孟母比之。氏性秉清虚，精虔事佛，年逾花甲，無疾而逝。

葉氏　包萬禎妻。嫁甫三載，禎即亡。長子字彦，方二歲，次子字龍猶在腹。産子後，矢志貞守。家貧極，受荼苦。長子甫得娶媳徐氏，三月長子又亡，徐氏遺腹胎墮，遂矢死。又撫次子娶妻生孫，前後備嘗諸艱者，凡四十六年，氷操如一日，當道交獎焉。

徐氏　鄭九鵬妻。年二十而寡，却箸絶粒，誓不獨生。翁姑以有遺腹數月，勸其衍祧百世，勝於從死一時。遂勉稱未亡人，孝事翁姑，果舉子元忠。家徒四壁，百蓼備嘗。且有強以他適者，氏呼天籲地，矢志靡他，日將夫遺髪一束泣對。紡績教子，得游黌序。迄今猶奇窮，守母氏清節訓云。

王氏　朱門振妻。于歸逾年，懷孕三月，振以貧外游，客死。遺腹生一子，苦志守貞。未幾，翁姑亡，田廬俱盡，煢煢獨守，織紝易粟度生。及子長成，訓子安貧，負薪食力，孀四十餘年，一切慶吊飲宴，槩不赴。足不踰閾，直至卒年，可謂堅貞性成。惜僻處山中，貧無立錐，未獲旌典，尚有待云。

周氏　吏王志昂妻。夫亡，纔二十五歲，未育。矢志守節，請命翁姑爲夫立嗣。嗣方髫齓，氏鞠養勤瘁，撫孤成立。年七十五，猶矍鑠健飯，督訓子孫無倦。邑令許趙二公均旌其『栢舟遺風』。

翁氏　華國治妻，貢生翁之恩女也。勤操井臼，婦道無忒。國治少游蕩無檢，家殖盡落，勒氏改醮，以資逞縱。氏遂操刀刎頸，幸未洞喉。衆亟護得蘇，刀痕未愈，復行強逼，輒加刃而殞，里人莫不切齒於華，寒心于翁。

周氏　儒士王堯相妻。于歸一載，舉一子，未周歲而相殞。時氏方及笄耳，哀毁欲絶。翁姑以撫孤勉之，遂矢志育孤。顧復有加。比就外傅，尊師重道，教子成名。勤儉起家，内政肅然。彙經府、司、院、道旌獎，且擬題請樹坊。五孫森立，垂老猶督誨不倦。壽七十一卒。

王氏　俞中倫妻。年二十居孀，長子甫三歲，次子遺腹。父母欲奪其志，矢死靡他，至投繯始寢其謀。一意撫育兩雛，謝絶慶吊，足迹不踰閫閾。勤儉自立，不負嫠苦。鄉閭推仰，郡縣請旌。壽七十二卒。

蘇氏　鄭一升妻。年十八適鄭，逾二年而升故，長子僅歲餘，次子遺腹生。家貧，與老婢紡績相守。教二子，咸克成立。明季胡鹽臺行部旌獎苦節，氏守貞四十年，足不踰閾，雖至親亦罕識面。里中稱女師焉。逾六十而終。

鄭氏　葉文舉妻。年十九適，五年而夫卒。長子纔離繈褓，次子遺腹生。氏能甘澹泊，茹辛苦，不與宴會。稱未亡人者三十年，即至親罕睹其面，人皆稱之。

吴氏　省祭駱日皋繼室。年十九歸駱，逾年生子，再逾年而駱卒。氏刻苦紡績，撫前子與所生子，咸克成立，竭力婚娶，鄉人稱其得婦道、母道焉。年已七十，猶率作子孫，以修德不倦。

吴氏　庠生邑南華允宜妻。秉性貞静，夙嫻内則。年十九歸華，家貧，盡出奩具爲夫助讀。夫疾，刲股救，不治，哀慟幾絶。撫六歲孤，荼苦備嘗。燃燈紡績，令子隅坐讀書。聞者憯然憐之。教子成立，苦操四十餘年，其事志於郡乘。

葉氏　故明勅贈登仕郎西鄉王詔妻。氏年二十五歲，詔之故遺子甫一周，極貧，以女工易粟。歲饑煎粥撫孤，節操凜然。六十年孀守，一鄉憐之。壽八十五終。且賢能教子，國泰入太學，授鴻臚寺序班。

周氏　東隅民徐一旭妻。十六于歸，不三載，夫染沉屙，禱天願以身代。割肉烹羹進之，不治。氏屢欲求死，姑曰『當憐我』，乃止。無子，立幼侄奉祀。停夫柩於室，朝夕一蔬一飯，側喪而食，食且泣。喪畢，移柩後園，每食攜往如故。家貧，蓬頭跣足，織紝治圃，易粟供寡姑，誓志終身不食油鹽。壽七十終。繼子貧不能葬，停歷二十二年，棺將朽矣。康熙辛卯，邑令君繆聞而旌之，捐爲之墓。

蘇氏　四都鄭元果妻。夫故無子，伯氏以歲饑難度促之嫁。氏潸然告曰：『吾以有妯娌可倚，幼侄可望，故不遽從死耳。寧能改事他人耶？』及伯氏夫婦俱故，遺子九歲，氏代撫如子，希得存一脉。乃復夭亡，氏哀告族人，爲更推立。家貧，諸苦備嘗，公、姑、夫、伯遺柩，拮据營葬，且竭力爲繼侄婚娶。壽七十終。

華氏　邑東廩生葉茂林之妻。茂林詩文翰墨，膾炙人口，大抵得之賢助居多。氏禀質聰穎，鼓琴知書。順治戊子，邑大饑，貧民有鬻妻以活者。氏助夫還耦，至簪釧不吝焉。及喪所天，矢柏舟，迫奪其志，操刀乃止。撫孤九歲，燃松勤紡織，令子坐其旁，訓以句讀，得成名。其所遺夫婦小照《蘭韻琴聲圖》，賢士大夫往往詩歌投贈之，前令韓給以『賢節母儀』之額，且得享春秋兩祀學胙云。

劉氏　邑南故民華作霖妻。艾年孀守，忍飢耐寒，不蒙點污。子被冦虜，有兩迫之改者，投繯操刀得免。其子踰年歸且夭，遺孫華世采在繈褓，氏紡績且養且教，眼及其入泮而逝，天之報施苦節寧有爽歟？

包氏　邑東故民徐懋明之妻。嫻壼德，二十歸徐，未五載而孀。堅志孤燕，善事舅姑，撫訓孤稗，皆取給於女紅。幸天眷苦節，目及其子游庠，享年八十有五。後厥孫來學，請於學憲張獎之，且於丁祭頒胙云。

徐氏　生員潘自伸妻。年二十四夫逝，得爲未亡人，遵孀姑鄭氏命焉。養姑撫孤，紡績爲活。姑病，刲股不治，勉力殯葬。訓子入庠，前邑令韓旌以『節孝可風』。享年六十有二。

卷之九

藝文志

蓋自通焉出而文章啓，《六經》耀而日星光。凡立言，君子亦得□□□，簡以垂訓行遠。蕞而山陬，有懷吐鳳，渺兹岩邑，無慮汗牛。其紀撰有關政治、學術、著作，無分先正、時髦，類載諸編。他如名宿之弁言，暨詩賦題咏，於前山川建置内所不盡載者，咸得以其□附焉。志藝文。

記序

恭逢皇上六十萬壽，特恩於五十二年舉行鄉會、兩試賦用『虎拜稽首，天子萬年』爲韻

若夫生自後今，稽及前古，皇號惟三，帝稱厥五。灝運開而四時成，聖人作而萬物睹。光聯瑶樞之北而祥發，虹貫華渚之濱而瑞吐。鞏苞桑兮悠長，縱戴月兮携取。望雲日兮咸依，列干羽兮并舞。九官攸敘於夔龍，八元兼用乎熊虎。視聽弘開，賢才樂輔。亦越夏後殷周之興，各三萬六千。而景福茂介，擊鼓懸鐘。昌言則非夢□，□□□俊罔懈。食不暇於日中，禮賢士而稱快。非龍非□非熊，師尚車升渭派。皆是壽考作人，□冠百王，而莫可邁者也。洎乎瓊筵，徵七夕以奚由。未若金鑑，上千秋而得體。求神仙兮，舩駕海上以逍遥。訪勾漏兮，顛瀕南方而頓稽。殿號長生兮賦悠揚，杯進延壽

兮飲醇醴。丹汞於髮兮白何饒，火棗如拳兮安滋啓。既兢進乎雜説與方言，將焉用乎錦心與繡口。歲皋之規無復存，部試之例亦罕有。科條不設，思待詔以匊隨。制舉屢停，空挾策而奔走。荘葯蘭莚，徒萎折於荒萑。鶴翥鳳毛，乃戢翼於郊藪。夫誰竭殫股肱，共翊贊乎元首。惟皇建極，覆宥同天。崇儒重道，德澤涆沺。盈牕共賦葡萄之句，比户争頌芍藥之篇。雲漢焕文章之彬鬱，日星耀珠玉之麗姥。固已精英皆洩祕於川嶽、翰墨盡流芬於坤乾者矣。爾乃運轉昭陽之干，際大荒落之紀，含煙柳帶緑披風，承露桃花紅照水。景媚三春，歡騰兩耳，蝶拍鶯吹，賡歌喜起，幸游浩蕩錦江山，胥慶聖神新甲子。肅冠整裳，稱觥酌兕，詞臣致頌以無疆，海翁唱籌而未有已。爰命宗伯，宣佈綸綍，鄉會另行，無間邇遠。其在春也，杏花深處馬蹄忙，誰甘彈劍以肥遯；其在秋也，桂蘂香中筆陣横，孰愛席珍而不獻。蹀躞雲衢以三千，扶摇鵬程而九萬，將以是大開乎藥籠，且奉此永垂爲成憲。四門闢矣，多士奮焉，牝牡驪黄空冀野，風雲月露洗濤箋。群羡龍躍而豹變，更誇璧合與珠連。豈惟櫻桃會中盡是探花之使；抑亦芙蓉鏡下莫非奪錦之仙。作鹽梅以調和鼎鼐，爲霖雨以潤澤垓埏。將見磐石安而沐教化者千八百國，純嘏錫而迓景命者億萬斯年。皇清康熙五十一年七月既望，浙江處州府遂昌縣臣繆之弼稽首恭賦。

上諭：集議特進朱熹位次十哲配饗先聖頌

鴻蒙既闢，放勳御世。執中相傳，重華協帝。三代嬗興，統有攸繫。

玉吐尼山，蒙開木鐸。删定贊修，葩經爰作。斯文之歸，燎原火爝。
百有餘歲，聞知克繩。距楊黜墨，絶學一燈。左氏公穀，遞至炎漢。
唐宋以還，英雋綿貫。純雜互異，是非兼半。涑水探源，百宗匯淵。
印月澄澈，羽聖翼賢。掃雲撥霧，清輝麗天。惟皇濬哲，道契魯鄒。
大西小西，八索九丘。沉潛研極，旁矚遐搜。緬懷考亭，生是使獨。
闡發微奥，註疏綱目。虚寂不渝，法術弗録。孔孟干城，功高化育。
豈無表彰，榮及苗裔。豈無祀事，告虔牲幣。念兹勿釋，俾應嘉惠。
爰諮公卿，議新厥制。僉曰俞哉，蕩潏罔竭。聿稽神樓，廊廡參列。
出類升階，席虚十哲。帝乃曰都位置允當。卜從其吉，夏六之望。度材惟良，司空命匠。
詞苑摛華，祇薦卣鬯。豫次鵷班，秉禮是尚。届期遷櫝，登於廟堂。
且瞻且拜，以享以將。笙鏞協律，鼓鐘煌煌。觀者環橋，斯道有光。
復頒鉅典，萬方攸同。克配丁祭，監兹鬵毇。崇儒德厚，勵學化隆。
軌咸趨正，理必蹈中。寧辭道遠，遑諉任重。昌期五百，發祥繼統。
鞅掌薄書，罕接其踵。用志歡欣，稽首獻頌！
康熙五十一年壬辰秋七月，平昌令後學繆之弼百拜撰。

原任巡撫浙江都察院，升福建總督部院贈太子少保兵部尚書范諱承謨號覲光謚忠貞公《減荒蘇累記》

田，所以利民也，豈病民者哉？然土地分沃瘠，而民之受利與病者亦因之，其在受到於田者，含哺鼓腹，日相習而不覺。姑不論獨受病於田者，亦因之。其在受利於田者，含哺鼓腹者日相習而不覺，姑不論獨受病於田者無限疾痛，無限呼號，其情不忍聞，其形不忍見。苟有從而憐之且蘇之者，疾痛日以減，呼號亦日息，而其心極不忘，不啻終身，且將傳之子若孫，世世稱述，永不忘其再造也。然而其病有難於救藥者，莫過於遂昌。遂爲處郡支邑，環處皆山，十邑中惟遂尤甚。箐峭盤阻，無可井授之區。壘石積砂，杯盂成邱，土不盈三尺，機器無所用，且無深溪大瀦，雨霪猝漲，即溝渠支分，終不足以殺澎湃。宜其旱則憂涸，潦則憂崩，而田不抵價值，空投無受主也。故十赤九貧，貧必逋，逋則束手無策。其始因田瘠而弃者半，繼以田熟而逃者亦半，不惟瘠田荒，而熟田亦荒。此虛絶所由來，而官累所從起也。令惟考成懼勉，據租充賦，而麻縷卵枲，皆得抵正供，縱有善催科者，止能徵有人之實糧，不能徵無人之荒額。一奉起徵之日，即令解任之時。曾誰久於其官，而不苦傳舍乎？前案查除積荒，雖奉蠲而弊竇滋起，故壘之思，民尚猶豫，兼以邃岩僻穀中，蟻聚竊發，不時縱横蹂躪。村懸覆巢，庭鞠茂草，田之荒如故，賦之逋如故，其不忍見聞之情形如故，即疾痛刺心，呼號沸雷，誰復從而憐之，復從而蘇之耶？幸天不遺斯民，賜以福星，忠貞范公來撫兩浙間。襜帷初駐，善政難以覼縷，最厪念者，浙荒逋是急，爰簡騎傔從，按行屬州縣，凡所經歷，靡不感湛恩之溥暨也。迨入，遂履畝清丈，舉實在荒額，悉減除之。而康熙六年所蠲銀六千二百四十兩之數，不中飽於豪強猾吏，民咸得沾實惠矣。又查出水壅砢塞者盈千畝，爲民請命，幸允所請，又蠲除焉。二者數載《賦役全書》，班班可考，遂民沉屙，如蠲功德之水，而向之疾痛呼號、不忍見聞種種情形，竟銷歸於無何有。夫民既不苦荒逋，則樂業安居，官不苦參罰，得盡展所長。弼雖來也晚，亦藉沐波潤矣。斯時歌者不輟於口，頌者猶入於耳，且流連思慕，似遲之世世子孫而不能忘若是。其在當日之民，其爲感嘆，其爲鼓舞，又豈若是而已哉！且聞之，民爲邦本，本固邦寧，爲國保民，自足上邀帝眷而遠格蒼穹者，故當年以經文緯武之才，膺出將入相之任，槖鑰入閩，寄重元老，信非偶矣。兹於修乘之日，邑士民請弼言以志不忘，敢不具述公之德與民之情，載之編以垂於不朽且自頤，并使後之令兹土者相觀感，而民享利於無窮也夫！

康熙五十一年歲在壬辰五月穀旦，遂昌縣知縣繆之弼百拜撰。

請詳各憲續修縣志文

爲詳明纂修，頒賜序文，以光邑乘，以昭法守事。切照寰宇有記，山川形勝壯觀；司牧所陳，土俗民風畢覽。或圖籍之紀載有闕，何由立百代章程？而元會之纂緝無聞，豈能憑四方稗野？今國家統宇弘擴，致化昇平，纂修《一統志》，久經告成。凡各直省、府、州、縣，所在均有成書。獨《遂昌縣志》，按其創始，隆慶丁卯以前可知；考厥續成，順治甲午以後無考。況岩疆僻處，兵燹頻仍；而時序遞遷，蠹鼠并食。職自抵任，首則弘開義學，次即念切志書。以故採訪徧行，止得斷簡；抄謄間出，難爲信編。將來問俗觀風，頃興抱殘守缺之感；建利除害，必蒙荒今蔑古之誚。茲復欣際，憲台庶績咸熙，百廢俱舉，尤加意整飭，屬吏勵精滌除弊源，職敢不仰承搜羅前型，以爲矜式，更加曲體，率由舊章，以寡愆尤。除現在延請通儒，訪求故老，將以本年五月初八日開局纂修外，但念彈丸小區，即人文與勝地可觀，曷足上徵？重修《遂昌縣志》，啓九州風土，□在職方、一邑規模，掌諸司牧。是以廣覽形勝，□□□籍而考山川之舊名。仰企興型，定循代以觀□哲之實事，況乎兵農禮制，政治先資，乃若文物衣冠，朝野峻望。或邑乘之紀載有闕，未足以表輝煌，猶國史之纂輯無聞，殆難以昭法守。茲稽遂志創本，筆珥於隆慶丁卯之春，又覩伊人續編，緒就於順治甲午之歲。距今日月代禪，見聞尚可得之老成。迄後文獻凋殘，著作豈能憑乎稗野。弼濫膺簡命，承乏昌山，整飭廉隅，喜借鑑於前言往行，搜羅掌故，敢自逞其臆見師心。是用敦請名儒，潤色謀篇之淺陋，行將頻驅直筆，刪定入梓之差訛，疑以存疑，信以存信。俾休咎祲祥，燎若觀火，簡不盡簡，繁不盡繁，使忠孝節義炯同列呈。其在方技蔭封，有善必録。凡屬鄉賢名宦，無美不彰。惟冀縉紳兩庠，出所目擊於枕中，即爲讜論碩□。□□泉石，三老，□□耳食於紙上，安拘□□方言。第□□狐裘，非藉一腋而足，然經□□□，必購千□以需。涓滴探囊，□同志爭趨□□，瞬息成帙，在下吏不吝捐貲。庶館司弘開，克繼三令中寢之心，力斯圖書，并麗永垂千秋不朽之章程矣！謹啓。

重修平昌儒學序

嘗聞『多士作禎，維周以寧』之句，未嘗不嘆周之《菁莪》《棫樸》，其所以涵濡培養乎多士者，如是其深且厚也。至我國家崇儒重道，振勵人才，文治勃興，一時股肱心膂，事業彪炳天壤間，類皆收效於學焉。噫！顧不視周尤盛哉！遂之有學，其來已舊，或葺或修難與更。僕數究其所謂崇學造士者，合數百年如出一口，宜遂人士得所瞻仰，咸知自奮矣。然而龔武陵學倡濂洛之先，蔑可加尚，他如周蓮峰之廉節、張開國之條奏、尹堯庵之淹博、應警庵之純正、朱青城之警敏。芳蹤落落，至今僅可得之流連慨慕者，抑獨何哉！是殆能爲遂人士修學，而不能遂人士於學且自修爾。蓋學也者，固所以安聖靈，即所以懋儒者之躬修。苟從事於學而心不正，是猶殿堂而日就傾覆也！意有不誠，得毋對幾席而隕越乎？知有未至於禮門義路無從入，物有未格，將并圜橋頖璧而可聽之，或有或無也，豈非爲上考之學已修，而爲士者之學未修歟？故予自下車伊始，即以修學爲己任，梓才以易其蠹朽，丹雘以新其塵封。藉竹、木、鉛、錫以制爲祭器，不數越月而工成。觀其殿堂隆然可以悟正心，幾席焕然可以悟誠意，而且禮門義路之得宜，圜橋頖璧之具列，不又可得致知格物之道乎？苟由是而正心誠意，致知格物，則遂人士之身已修，而學即修矣。將極而推之，至於齊、治、平，莫非準此以行，其於予修學之意，亦庶幾無負君子。於是謂予能爲士以修其學，士亦因予之修學以修其學，斯上下交修，正在今日也哉。是爲序。

平昌縣令繆之弼撰。

重修儒學文昌閣序

先聖之道，大而有本，如天之無不覆，如地之無不載。遠宗乎堯舜，近法乎文武。上炳乎日星，下奠乎河嶽。宜乎歷代崇祀，禮極其隆。雖極之千萬世，凡有血氣而人類者，莫不尊之敬之，而無有替焉者矣。及觀於廟食，春秋四配十哲外，惟朱子以羽翼經傳得叨特恩，坐列其次以配饗，即及門諸弟子暨左氏以下三十四大儒，俱兩廡從祀焉。他如林放至范寧七人，則改祀於鄉。又自申黨至吴澄，共一十四人，既從祀矣，而竟黜之。以是知祀典之嚴，得其門者有幾哉？況乎今之奉梓潼者曰：『帝君一十七世爲士大夫身，且奎璧主文章圖書之府。』其説似出於無稽，夫子不取焉。而乃得歷祀於學宮，大抵謂其能爲國家昌明文運爾。不然，雖欲存於崇尚正道之世，豈可得乎？按遂邑舊無文昌閣規制，後巍其閣於頖水上，則自邑令王諱有功始，而學諭鍾諱天錫復從而修之。或以漢元年五星聚於東井而三代之遺書出，宋乾德五年，五星聚奎而儒術顯。濂洛、關閩，接洙泗之淵源，斯文之昌端賴是歟？然奈何遂人士至今猶寂寂無聞也。予詢之，僉曰：『惟文昌不啓佑之故。』假令我學業既精，文章日茂，而長困於監車，由是歸過於文昌，彼將無詞以自解。若猶未也，予於遂義學設矣，可誦讀焉，以精其學業；予於遂季試課矣，可參證焉，以茂其文章。如是者，日積日而月，月積月而歲，則文運昌明在瞬目。文昌亦有榮施矣。遂人士其勖諸，毋令文昌見議於崇尚正道之世，且得永祀於吾夫子之門。則文昌之受賜於遂人士之文昌者不又多耶？予故勉爲之重新其閣。

壬辰中秋後三日，平昌令勔嶽繆之弼撰。

繆勔岳先生建遂昌義學記

文章關乎氣運，獨□□者不謂然，蓋其力足以開風會之先，其志足以□造化之窮。而世俗之所謂氣運，豈得而□□之哉？其次則必有所感而後興，有所獨而剛起，如適秦者，有車可以立至；適越者，有舟可以坐至也。然則士之有待於教化者，匪淺小矣。夫教化，必久遠之，是國久遠，則士之沐浴於教化乃有漸。有漸則泰山之溜將見其穿石，單極之綆將見其斷幹。區區旦暮間，務爲餼羊之存，又將焉用之耶？予初入遂，登夫子廟堂，丹堊互映，爲之咏斯翼且咏斯棘矣。及觀其楹廊，鮮旁舍之間閣，無以席諸生，教化何從施乎？予低徊嘆息不能去，從旁者揖而進曰：昔邑宰每有見及此者。正德間，撤廟創二社學於邑東、西隅，則張公鉞之力亦越。嘉靖洪公先志增置南北社學，若鍾公宇淳曾築開射堂於隔溪，視縣治而東。而臨川湯公顯祖來，復擴構爲三十間，士得以時服習其中。故項儀明、鄭美中、黄旋化、鄭應科數先生蟬聯鵲起，功□□□，可考而致也。厥後時移勢易，官展轉於□□，□播遷於凶災。目不觀聖賢之書，耳不聞仁義之訓，誰暇率其子弟以念典於學？即篤生□與貧不給類弃之人廢學，而學亦漸即於廢。後韓公武能□學於東隅，而行之不實，亦等於廢。第不意其廢之久而復興，乃有今日爾！且不惟興之，又從而廣之，曰義學，東、西、南、北凡四所，所可數十人居。捐俸延師，難矣。而尤難者，清田分給以贍杜侵漁，籌長遠糧，立四義學户，遞爲師者主之，以供其束修之不敷。於是争趨來學，有德有造，兼收焉。殆以爲東南之竹箭，雖旁岐操曲，皆可貫犀革；北山之木，雖離奇液瞞空中立枯者，皆可梁百尺之觀、航千仞之淵也。是將使吾遂之士，皆道德明秀而可爲公卿。問於其俗而婚喪飲食中禮節，入於其里而長幼相孝慈於家，行於其郊而少者扶其羸老、壯者代其負荷於道路。教化之行，孰大於是？若其所爲文章，懼其剽而不留也，懼其弛而不岩也，懼其眯没而雜、偃蹇而驕也。則本之《書》以求其奥，本之《詩》以求其雅，本之《禮》以求其宜，本之《春秋》以求其斷，本之《易》以求其動。未已也，復參之《穀梁氏》以厲其氣，參之孟荀以暢其支，參之莊老以肆其端，參之《國語》以博其趣，參之《離騷》以致其幽；參之史遷以著其潔。如是者，旁推交通，有不光燄萬丈乎？至於日有課，月有程，特專其事於各齊之師，噫！异矣。教化既廣，而懇縶周詳之意纏綿於中而無有止息，有司其真賢矣哉！有司爲誰？崇仁繆公之弼也。子盍爲記之？予曰：『記哉，記哉，記止是而已。』吉州陽豐程定拜稿。

創立義學清田養士詳文稿

浙江處州府遂昌縣，爲詳請分給田糧，永贍義學，以廣教思，以垂久遠事：

竊照我皇上崇儒右文，菁莪棫樸，久道化成，而又於各省鄉試屢行加額，且際六十萬壽之年，特諭另舉鄉、會兩試，其所以鼓勵人才者，雖極之前古後今，而不能媲美其盛者也。兼以憲臺造士念切，作人化溥，多士罔不樂其陶鎔。卑職一介俗吏，百里岩封，敢不振興文教，以實心而行實事乎？查遂邑自宋迄明，人文蔚起。不期九十年來，鄉薦無聞，士風頹靡，令人不勝今昔之感。此固爲學者之不衆，抑亦司牧者其於鼓勵未嘗加之意焉爾。考遂從前亦曾建有社學四所，廢弃已百餘年。後邑令韓武於三十八年間，東隅創義學一所，從來無人肄業，空存其名，故行之亦未盡善。卑職於抵任後，即捐俸延師三人，立學三處。其在東者，則仍韓之舊，加以葺修，是爲東義學。其二處尚假民館從事，豈計之長遠者哉！爰捐俸銀鳩工，於西、南、北各隅又創義學者三，約計共費銀一百餘兩。於是學廣而教弘，四方有志者可以負笈而相從矣。然而義學雖設，非有恒産以作延師之費，其曷能久？卑職查遂原有贍田，向爲葉讃父子侵吞其半。自四十三年間，蒙府審斷歸學，遞年生員八人輪值收租，借以修學爲名，多爲經管中飽。卑職力矯前弊，清查出贍田一百二十畝七分，每年該編銀壹拾壹兩壹釐伍毫，以四股均分，每學得田叁拾畝壹分柒釐伍毫，該納糧銀貳兩玖錢貳分伍釐叁毫柒絲伍忽，按額立爲東、西、南、北義學之户，令遞爲師者掌焉，外此者不得干也。第其田有限，除供賦外，而所羨無幾，益其東修之不足，是又責在有司矣。獨是有司莅兹瘠上，又值弊剔風清之會，探囊維艱，除收羨租外，自後酌議每學再給修金捌兩，不亦易舉而經久可行乎？卑職管窺若此，煩乞憲臺敕批舉行。現在續修邑乘載入其中，以杜侵蝕。庶義學永遠不廢，士子咸知奮勵，踵接前武，盛復當年，不惟遂人士長沐浴於憲臺教澤汪濊之中，即卑職一片作興苦心，亦庶幾無負矣。至於學校，自卑職視事之初，已經倡率修理完備，雖不能金碧輝煌，而丹雘塗塈，亦可謂煥然一新。其或歲久年遠，不無飄摇之患，又在遂人士與有司共圖之。况又有項、徐兩姓所助之學田，在後之人斷不得藉口修學，而於此田復萌希冀之想。其四處義學，掌教有司同儒學擇其學問淹博、行履端方、克盡厥職者司其事，諸生中毋得覬覦，以滋弊端也。

康熙五十一年七月二十四日，知縣繆之弼撰。

重建前令湯顯祖湯公名宦祠記

事有曠百年而相感者，余不知其何心。苟非能爲斯世之所异，則亦不能使人欷歔而不可禁。若臨川顯祖湯公若士先生，資英敏，學閎博，其所爲文章、詩歌，海内知名，士誦讀不輟。至如薦神諸公，日想望其丰采，願一見弗得者。噫！其才名與飾操，可不謂异乎哉！及萬曆間，成進士，由博士轉祠部郎，以言謫尉，旋遷令，故平昌得有先生之迹焉。夫以先生之文，其精瑩足以華國；先生之學，其綜該足以經世。他如號令政刑，無不可出入廟堂、佐天子布之優優也。而必屈以百里之寄，置於萬山之麓，且使之鬱鬱久居兹土，其所遇异乎？不异乎？乃先生獨不以此介諸懷，治績日益懋，政聲日益彰。暇則與士君子課文較射，優游自適。异矣，復何容心於當年之華膴與後世之思慕耶？獨是余與先生生同鄉，志同道，官同方，而未獲親承下風於一堂，余之恨事也。猶然，幸去先生之世僅百有餘歲，且讀玉茗堂所著，又曷不嘗遥而憶之，而奉以爲師資也哉？況遂人士在今日，心焉繫之，口能道之。惜乎當日所構之射堂，付之蔓草荒煙，秖得瞻拜其肖像於義學中。其祀也亦寄焉而已。然則庀材鳩工，用妥厥靈，非余之責而誰歟？竊又聞先生喜縱談古今事，苐非其人，寧獨居而寡和。余熟爲先生計，如金壇叚公宏璧，踵先生後而至者，其治績政聲，大都可與先生相頡頏，先生稔悉焉。原有祠，寖久而廢，後因其址爲營壘，叚公何所適從乎？今將舉而祠之，先生應點首曰：『得此一人，可以不孤矣。』於是乎記。

康熙五十一年壬辰歲桂秋月，平昌令後學繆之弼拜撰。

查熟抵荒記

遂邑本山城，鮮大村落，連阡陌平疇罕覯也。杯邱盂畝，半受陰障於山麓，農人常嘆嗟五穀不豐茂。及天雨滂沱，山水夾發，漂其苗且没其田，較逼近江河者更慘。以此遂民困苦於虛賦，不得不有抱田而哭之勢也。自康熙九年少保范公撫浙，稔兹累，按畝得實，具題恩豁，并康熙六年所蠲，共減除荒額，而瘡痍由此一起，遂民感戴弗休。奈二十五年，天復不愛斯民，又雨如向所云漂苗没田者殆過之。顧安所得少保公再來而起其瘡痍乎？於是田荒者不得不逋，逋積者不得不逃，逃則并其熟者皆荒，任有力者侵踞，彼且以爲樂事，而不知虛額仍存本户，官每按額催徵而已，安計其某多熟而某多荒耶？前令有行之者，其於荒不招墾、不勸開，間查有熟浮於額之户，每畝利其入，有力者咸得抵除，獨有朝夕不飽之窮民，囊無餘貫以從事，是以其荒永荒，民累不已，官累無休，何以爲官之後至者地哉？余自入平昌，幸沐皇仁，將四十七年以前之積欠而蠲免之，民不苦桁楊，官不罹參罰，何浩蕩一至於此？苐荒額之根柢未除，上下交困，不旋踵而至，欲善其後，則莫若查熟以抵荒，乃於五十年正月内，請詳各憲，均蒙許可，隨布論自首免罪，力矯前弊。錙銖不染，民樂從已，得首墾田一千三百餘畝。而所呈報有額真荒數浮於熟，又不憚履畝親看，以次按之魚鱗册籍，所報符同者，將墾田抵之。而且先及窮民小户，清册呈報，允行在案矣。又嘗入鄉勸民開墾，至三十畝者，給以獎賞；若赤貧者，牛種是資，民盡力於耰耡。三年内得報墾田五百餘畝，俟之六年升科，將爲大户抵補焉。余雖不敢曰瘡痍頓起在此舉也，然而私開者得免於隱匿，逋欠者得免於追呼，微收者不累於考成，愚者一得，頗堪自信。客曰：憂國憂民，寧外是哉？盍記之，附諸乘以示將來乎？余因得吮墨而命□子，繆之弼書於内省齋中。

檢踏災傷記

旱與潦，皆災也，惟潦爲更甚。此古聖人所以『溺若己溺，無日不惄』焉，神傷而亟亟爲之補救也。予少時讀孟氏書，慨然想見神禹之勞，而拯溺之志不覺悠然興矣。詎意奉簡命來宰於遂，崇山環抱，當年檋乘所不經，雨傾水氾，民胥苦溺焉。然而遂之苦溺也，又奚啻於水哉？自民之溺於潢池，流離失所矣；自民之溺於逋賦，俯仰不給矣；自民之溺於畏葸，氣運弗振矣。以至溺於頑殘；而小忿不顧頂踵；溺於刁健，而公庭枉羅箠楚；溺於貨利，其逡巡退縮。即義舉當爲，每釀至於廢墜。民溺若此，予焉敢自溺厥職而不爲之拯乎！以故折衝禦侮，而鯨浪静也；查墾抵荒，而財源疏也；建學設教，而道脉澄也。挽其末流，民知保身之爲大；息其風波，民鮮架雪以滋擾。若不吝薄俸以倡諸建置，俱於遂民少有濟，夫復何溺焉？無何，秋七月雨，雨且霪，四方來告衝突者紛紛，豈人事抑天道耶？乃按所報，履其畝，土裂而石塞，沙漬而苗没者，雖不多槩見，然此實下民脂膏所從出，粒食所自來，輭言以慰，安得不開造諸抵，稍拯其溺乎？及至新路垵，地形勢最窪下，農人悉蓬居，水至知避者，蓬所有咸歸於陽侯，稍不及，左右無援，人抱蓬隨波逐流而去，此閩人盧于成一家五人斃焉，何其慘也！於是集物，溺者量給銀米，以安其生；爲人溺者，厚資埋葬，以恤其死，則所溺者於我兩無憾。他如堤堰溺於水，勸民以預爲之防；橋梁溺於水，凡十三道，估其費而半率之。利有攸往，誕先登岸，而於力補地維，庶幾近之。夫然後嘆曰：『遂之溺，己溺也。己之溺，寧獨無有視爲己溺者哉。』

西江卧嶽繆之弼稿。

重建遂昌鐘樓記

八音，各自爲聲也。鍾以金，其聲洪，聞足以達遠，聲復從樓出，達又倍焉。余將有事於鐘樓，且止，客問之，余具以實對：『夫聲主於虚，聞則聞矣，實將安在？兹余務所聞，得毋虚聲入耳而令人厭聞耶？』客曰：『否！否！古明王建大中之極，按域之亢爽，以棲鐘樓。掌於挈壺氏，伺日晷之出内，以爲晨昏節。扶桑啓曙，衆革雷動，疾徐三止。金奏，爰作節以數，凡百有八聲之所震，無遠不格。天闕以開，地户以闢，人文以啓，崦嵫景昧，數亦如之。於是戒百司，飭群隸，令於衆曰：「凡興作休偃，毋先時，亦毋後時。敢有不恭罰？罰無赦。」蓋以不如是，則天時不正，人紀不修也。厥後郡邑間，有傑其構，巨其鏞，亦所以遵成制，俾民靡或踰於防爾。夫豈侈壯麗而飾觀聽也哉？況考平昌鐘樓，始於宋真宗咸平初年，顔曰「啓明」。宋、元之交毁於盜。後歷建者，若湯公顯祖、許公啓洪、李公翔，俱歷歷可數。訖辛巳冬，仍前付之祝融氏焉。今觀於屢廢屢建若此，然則諸公皆務爲虚聲者乎？且君吏平昌三載，予將曰「循吏」，予將曰「良吏」；知不我受也，易之曰「勤勞」，當亦無辭解矣。且亦思頖璧生輝，崇報有祠，《菁莪》得所，伊誰之力？何至於闗氣運、奠地脉、昌文明者而偏諉之，是亦未聞以虚聲而收實效之説也。矧聞屠隆氏撰《平昌賦》曰：「昏曉天上無常期。」語果不誣。假無鐘爲警醒，將使遂之人癡癡幻夢中而未有已。欲其正天時、修人紀，又豈可得哉？試問鐘聲所啓，旦暮有常，而旅迹怯踏板橋之霜乎？簑笠懶鋤西疇之雨乎？深閨倦織機杼之月，芸牕不點愛蛾之燈乎？雖然，尤有進剛愎者知警，柔懦者知奮，漓者使之淳，困者策之舒，頽者振之起，豈非聲教四達而收實效於虚聲歟？』予敬聽之，爰購材木於山，就瓦石於陶，經始於壬辰，孟夏趨事者衆，不日告落成，予即以『聲教四達』額之矣。噫！然猶虚焉者也。平昌令崇仁繆之弼勖岳氏稿。

繆勖岳《筮任平昌自序》

予觀今日之天下，功德沕潏，景運協應，若九垓，若八埏，肩相摩，踵相接，莫不皞皞然游康衢而屢坦道也。獨予生也蹇，補弟子員，十年寅午，始舉於鄉。竊嘗振翼奮脛以赴乎其途，乃□飛石□折，屢走而脛蹶。又自悔養之不豐而趨之不健，故至此。亦越丙子，叨特恩，廁名中書。久之，諸戚里顧謂予曰：『吾子於甲申間出粟賑飢民，條陳補荒政饑溺之思，見諸實事矣。』若鳳閣頒論，予儕固知子之學能是，子之才能是，而初不謂子之學、子之才必藉是也。若子比藉是以行所學，以展其才。其如蒼生之饑溺何？子用是幡然計百職事皆可以報國。欲親民莫過於爲令，特不虞令偏寄於多故之遂昌也。既而復自解，昔武城下邑，言氏子宰之。遂昌，蕞爾地，吾郡湯若士先生芳蹤在焉。其政教至今未泯，不猶□□□及乎？爰綰綬東來，入其境，治不列墉，廖廖鎮兵，民何恃以無恐？益滋懼。例以視事之三謁先師廟，坐諸生，諄諄以是二者與之籌，諸生咸唯唯。旋以築城添兵請，亦記之早矣。庸詎知其流匪竊發，驀在旬日内耶？是時居民騰沸，論勿布，且厲戈矛，率鄉勇，日夜禦諸險。寇知備，不敢掠治焉。未旬餘，嘯聚復如故。予奮然誓與寇争此土，追之窮穀中，盡獲其丑，而窺伺無聞矣。嘗聞孫武子云：『兵者，國之大事，生死之道係焉。』苐既以身許國，爲民禦患，遑計生死哉！獨是遂多幽岩邃壑，其編茅爲室，引蘿爲門者，半寄籍則立蓬長，戒止宿岩，捕緝非好勞也，亦曰姑息足以養奸爾。而宵小斂迹，或賴是。迄明年，欽差大人暨撫鎮各憲，至凡供億不需之民間，竭蹷奔走，九旦暮寢處不遑，猶幸稱上意，且慰予敝且罷也。然而陰害在民者未除，實利及民者未興，能無貽司牧者憂乎？蓋□習好鬬狠，小忿不顧身，訟不平者充庭。又有城狐社鼠，劃策□主唆事，必□抗□□□□□□□□□□□，營遷延□□□□□□□□□，又其田山互争不已，必□□□□□□□□□□曰：夫價歲雖編審，□□□□□□□□□□詭寄無算，惟硃價是問。予聞此不禁神傷，力矯其積弊，故自奉寧節，薄産寧傾，斷不忍吾民長困苦於陰害中也。且遂自減除積荒後，田没於洪水，民倍虚額，奈何查熟抵荒，請難已矣。榮蒙允行，即諭令新墾者出首免罪，得首墾田若干，先爲窮民抵補，公餘復履畝勸懇，又得田若干，將以補大户。民僉曰：『善！』所以滚單一行，户樂輸將，惟恐予奏期是悮。急公若此，士可與言道德，民可與宣聖諭，雨雪寒暑弗敢輟未已也。又爲之修學校、制祭器，而榱桷與幾筵一時增色。泮水之側爲文昌閣，新之以昌明文運。且於邑四隅各創立義學，捐俸延師，清田贍士其歷久無弊乎？若鐘樓已燼，連年多故，舉以奠興，力所不能。〔一〕

校注

〔一〕此處以下漫漶不清。

重修儒學記

邑之有學，聖靈實式憑之，故必恢宏壯麗，煥彩騰輝，以肅之觀瞻，以示之風旨，而後士蒸蒸然起收效於一日。故常衮設閩校，而鑾鳩更風，文翁興蜀學而蠶叢頓化，而況王風翔洽、文明夙啟之鄉哉？方今聖天子崇儒重道，遠軼百王，御制孔子暨四子贊，且灑宸翰，製『萬世師表』額頒郡縣，兹復詔以朱子配享十哲之次，其昌明道學，陶育人才之至意，昭如日星。凡百司牧，莫不欽承，以尊聖葺學爲兢兢。慨我遂邑，蕞爾介萬山，土曠人稀，積荒、賠累、兵燹、洪水，爲患頻仍。莅斯土者，往往視爲傳舍，其肯任修舉之責者，屈指十不得二。以故黌宮庭廡崩漏傾頹，亦已有年。邑侯繆父母，下車瞻謁先師，嘆息久之。以時絀不可舉贏，爰於莅任之明年，捐俸鳩工，視其朽蠹者易之，傾圮者復之，簡陋者文飾之。若文廟，若兩廡，若戟（門）、欞星門，瓴甓榱題，豆籩几案，無弗釐然整飭，丹雘輝煌。始事於康熙庚寅之秋，迄辛卯春而功成，誠數十年僅事也。或曰：『侯，科第傳家，今日之役，酌流而不忘源、登枝而不捐本之意。』予曰：『唯唯！而侯之意，正非徒爾也。侯誠灼見夫我遂人文舊地，今則陵替已極，庸詎知元化之樞不復轉、斯文之軸不再旋也？於是急謀振興，遂多士，耳目既已改觀，心思因而競奮，將闇修在道德，表建在事功，聯翩接武，樹駿流鴻，仰副朝廷作人雅化、賢父母愛士深心者，不具在斯耶？泮宮芹藻，魯邑絃歌，我侯有焉。』濤不敏，敢拜手而爲之記。侯諱之弼，號勗岳，崇仁人，庚午鄉進士，廉能明敏，百廢俱舉，此其一事云。邑貢生翁濤拜撰。

特進宋儒朱子次于十哲配饗記

恭逢皇上御極之五十一年，特焕綸音，佈告天下，以宋儒朱熹次于十哲配饗文廟。士楨一介儒生，俯伏思維，知我朝崇儒重道，實遠軼乎前代也。蓋從來功德極盛，與日月争光，即不得以時代論，而功之所以稱盛，則莫大于正人心、維名教。我至聖先師雖處窮阨，而惓惓之意至老不衰，不得已而托之著作，此其心爲甚苦，而其功乃在於萬世。至《春秋》一書，尤幾希之存、危微之介所由係也。及其門者，親炙至德，闡發微言，允宜俎豆，千秋同垂不朽。若子思、孟子，固已自居私淑之班矣，而其明道統、闢邪説，使悖亂者流怵然若雷霆之震慴，則其駕諸賢而與顔、曾并列也，誰曰不宜？踰千百載後得朱子，考亭發憤傳述，昌明道學，發孔、孟之秘鑰，揭今古之迷燈，其《集註》《集傳》固已爲功至聖，而《綱目》之作又復直接麟經，不既與子思、孟子同爲繼述者哉？乃世之學者以濂、洛、關、閩同稱，而聖意特隆，則以萬世之名教首在君親，而萬世之人心無過忠孝。朱子之盛於諸儒，猶思、孟之盛於諸賢，皆不可以時代論者也。歲在壬辰仲夏，邑父母繆侯欽承詔旨，飾主偕邑博紳士潔牲幣而奉之，適當纂修邑乘，士禎得參史筆，謹以此盛典恭紀梨棗，垂不朽焉。邑貢生鄭士楨百拜謹頌。

宋侍郎龔原《治灘記》

括屬縣大溪三，皆會於麗，由芝達甌入海。暗崖積石，相蹙成灘，舟行崎嶇，動輒破碎。蓋嘗變色而惴栗，失聲而叫號，冀得萬一無它，以訖所濟。然爲上者，每聞覆溺事，則曰：『此險也，殆非人力可施，恬不爲怪。』元祐六年冬，左朝散郎會稽關公來守是邦，視事之暇，披諸邑圖而觀之，曰：『噫！奚灘之多也，水行阻深一至於是，欲去害興利，顧有甚於是耶？使俯有力仰有餘，余不敢後。』言一傳，旬浹四境。聞者欣然曰：『吾州灘會平矣。』明年春，龍泉民出錢願治。其事聞他邑，亦繼有請，冀與龍泉比。公以上部使者，且願農隙行下。及期，按圖以事屬令，以役付尉，隨遠、近、劇、易，并作疏濬排鑿，繼以淬鍜，顧力不可加乃已。爲上下港以便往來，或兩岸巉絶路斷，則劚以通挽，役并城者躬往省焉，而犒其勤。起七月戊申，逮以十二月壬申畢，合百六十有五灘，龍泉居其半，縉雲亦五之一。凡昔所難，盡成安流，舟晝夜行，無復激射覆溺之虞。郡人相與語曰：『遺此險幾百千年，歲敗舟幾百，至以溺死者又幾何人！自今計之，其利爲何如？』舊傳縉雲、麗水間，苦水怪，有惡名。唐太守段成式至，害遂息，更稱好溪。今灘復治，何斯民之重幸也！君子之于事，苟可以爲人務盡心焉而後已。漢之治水者，嘗鐫底柱矣，而水益怒，以不善其事也。公於是役，因民之力，授吏以方，未半歲，諸邑告就緒，而水行者賴焉。惟存心仁，處事當，故成功不難。余方與郡人棠賜無窮，復言操筆載始末。竊懷不自已，系之以詩，曰：維處多溪，溪屬山行。石激成灘，詭狀殊形。浪波相激，面勢相傾。互爲起伏，劍立岡横。舟經其間，盤折繞縈。瞬息不支，命鴻毛輕。豈實安此，愒日幸生。誘曰地險，誰爲經營？有倬太守，洞徹物情。顧事無難，患在弗誠。興言念兹，大小具聽。效智陳力，來應使令。按圖鳩工，坐須厥成。功成百日，徹險爲平。水行如砥，馴伏不驚。泝沿無虞，棹歌相迎。昔病晝涉，乃今宵征。濟我利我，太守之明。惟唐叚公，德茂政清。水怪不作，溪更惡名。今灘復治，功利實宏。較勤昔人，异世齊聲。我爲公歌，亦助斯甿。形容本末，與後作程。

明邑令湯顯祖撰《前令辜志會新作土城碑記》

遂昌爲括蒼郡西南，邑治萬山溪壑中，介長松、龍泉，猶毗境也。西北而南，走衢、嚴、婺、郭，犬牙信州，以接於閩。綿迤奥絶，緩急猝不可檄制。地少田畜而豐於材，其芟蒔薪採，則旁邑之流傭也，多隱民焉。而鄉若邑長老子弟無賴者，常藪其奸與爲利，盜以故出没不可迹。夜掫者復多虎憂。而境旁數礦，近詔止采，盜亦時時有之。余昔治此，故未有城，横亘一街，可步而竟。居人悉南其溪，而闌以一橋門，可闖而入也。念城之帑無見儲，不可刑政者，吾城耶！乃稍用嚴理課，殺虎十七，而勒殺盜酋長十數人，縣稍以震。因循四五年，乃幸無事，然意未嘗不在城也！

余去治一年，而遂有殺人於市，横橋門而去者，民脅息以譁。歷三政，得晉安辜公，以名德淵雅，來靖兹邑。秉素絲之心，持大車之體。當其操執介然，雖極勢力機利之衆，不能奪也。一意酌損與民，俸薪時以治客，衣食無所餘，至不能遺子嫁女。訟明而寬，清惠聲有聞於千里之外。民習教令，盜日以遠。而公且上三年最矣，尤顧惠其民曰：『縣如是，其亦舉無陁茀與！獨如城何？吾不能爲千仞石城，而土城數仞之其可乎？』請於上，而謀於下，必躬必親。引溪度山，晝圻而程。物力有宜，幣餘有經。以賦弓司，以屬其耆德。神告威庥，不可以疑。築踴絙趨，鼛鼓弗渝。邪許句婁，雜民歡謳。大姓居間，欣焉自完。屬閭填埤，工倍於官。察所不任，官苴其難。以楨以茨，民乃不煩。蓋數百丈之城，數十日之間，而公與士民休然晏寢，具文書報成事矣！士民擇吉，釁謳歌舞，用塞司隍之貺，而懽呼稽首，爲公謝曰：『保障有邑以來未始有也。』公始從官屬民履其壖，莫不仰天嘆曰：『茲役也，不欐巢而巍，不睨瞭而遠，不髤粉而華，不鬬扼而固，皆我公之惠也。』公嗛然俯首而謝曰：『良以籓吾坊之人，安寢無吪，謹司之而已。邑近寶而嚾，幸國家無事，异時虞盜兵之來，邑之君子，阻溪而陴，或跨溪而城，未可知也。《語》不云乎：「椎輪爲大路之始」，累石委土，庶幾自吾始乎！雖然，昔人比志金湯，志而渝，三里城猶折樊也。邑雖小，豈無四維腹心干城？汝士民所以自衛也，吾行矣。』已而監撫使者上公治行，求即丞括蒼終其勤績，不報。而且以知瓊管萬州事。士民愈用謳思。以城予志也，千里而來告成，且求銘。予所不能爲士民庇依者，公能爲之，其又何敢以辭！銘曰：

天於平昌，險不可升。繚以地形，山川邱陵。

維城弗諮，缺其威淩。旁邑甫連，伏莽攸興。
搜匿討亡，憯莫勝懲。我公來治，惠和澄清。
士民安歌，不吪不騰。寬而盜遠，有德者能。
公曰其然，維城是應。君子之堂，叢山爲肱。
引梁爲喉，帝溪爲膺。隙隧如夷，出没我乘。
溥城實難，連墉其勝。乃葡乃營，子來蒸蒸。
其氣溶溶，其聲薨薨。循淮逶迤，衰山崚嶒。
垠疏者新，碕望則仍。爾絶爾聯，爾埤爾增。
隱以沖沖，削之馮馮。其横霓[illegible]，其矗雲昇。
自公指麾，材宣力凝。和會陰陽，作中檠繩。
以裕而升，有速而恒。橋扉汲門，偵營是兢。
士女朝迫，以林以蒸。牛羊夕歸，靡夷靡崩。
毋侵露藏，庶無盜憎。赤烏以來，百雉斯稱。
業以時臻，道在人宏。百世之仁，我公是徵。
釃酒麗牲，神休所憑。我銘我公，于豆于登。

戒邑于隍，以莫不承。

宋邑令錢長侯撰《前令姓名碑記》

凡邑稱長民之官曰令者，主於有所守也。上有命而令能守之，以宣佈於下，使一邑之民皆知上之有德於我，而不失其所受之善，此令之所以名官之意也。夫如是，則令之所職豈輕也哉！余不材，熙寧甲寅春，被命來爲是邑。始至，首稽圖志，考風化之美惡，視夫家之衆寡，求前之爲令有所守而可以爲法者，所得一人而已，乃梁江子一者也。梁至吾宋，寥寥五百載矣，由江而下豈復無一賢令耶？豈有之而失所記耶？然自唐武德，遂昌已并隸松陽，迄五代紛紛皆無可考。吾宋帝天下，興國前，二浙令猶假攝；興國後，朝廷始專補令。距今求於民，訪於吏，自端拱所見名氏者二十五人。遂昌雖土狹山稠，生齒之籍，今已不下二萬，非六聖仁恩洽浹，而爲令者能有所守，教養而宣佈之，又曷至於斯盛耶？梁之江雖曰『夙有美政』，惜乎予不得見其實也。若是二十五人，其間能直己惠民，存見愛而去見思；或狥時戾俗，民速其去，去久猶恐；則所見之迹，有野夫田老存焉。今予一一鑱其名氏于石，欲提其名氏而稽問之，則是二十五人，賢不賢歷歷可詳見。其賢，則余不敢不勉；見其不賢，則予不敢不戒。亦以告來者，使知予言也。夫言，心聲也，知言則可以知心。是言于有道君子，亦冀有補也。

宋邑令張根進士題名記

括蒼在浙之東，而遂昌爲支邑。民衆土狹，率皆力農，初無讀書者。天聖以來，劉、孟、吳、葉數家十餘人，間與計，輒報罷，以故益不勸。嘉祐中，今奉常博士武陵龔先生，羈旅贏糧，游學京師，聲譽籍籍。太學取甲科，衣錦南還，拜親堂上，煌燿里閭，鄉人父老始知詩書之貴，教子之榮，力學之效，莫不奮然勉其子弟，而以不能爲恥。於是詔下應者百數，美材間出，迭魁鄉評，而翹然登科者，接武不絕。文物之盛，彬彬鬱鬱，與他郡争衡矣。本其風化，實自武陵龔先生始也。今記先生及諸登第者名氏、歲月刻諸石，以爲《題名記》。來者附之于左，俾觀覽者有所考云。

明陳質《鄉貢題名記》

遂昌縣儒學居括郡之西，山水窟也。自吳至宋，人材間出，若侍郎龔原、周綰，士人尹起莘，皆邑人。原嘗著《易解》，起莘作《綱目發明》，其間由科目而顯於宋者，悉載諸書。歷元至我朝，累科不乏鄉貢士。厥後自正統丁卯鄉貢一人。迨今成化丁酉垂十有八載，始得吳志高中前列。泰和世傑劉先生掌教是庠三年矣，拳拳以科目爲心，既嚴教條以督課業，復易門道以利風水，至是而副其心焉，喜不能已，乃謀邑令李侯瓚立石題名，庶幾顯前感後，遂致書請予爲之記。於戲！國家之於賢材，立學校以教之，豐廩餼以養之，設科目以進之，無非欲得真材以致治也。然賢材之成，必藉師之善教；學校之盛，必待上之作興。而文運之在天下，固無一日不泰，其或否於一郡一州一邑，時有適然耳，非終否也。苟得其人，能轉否而爲泰焉。若先生可謂善教而轉否者也。上之人庸有不作興之耶？吾知斯石之立，賢材源源繼出，將不勝其書矣。予雖髮禿齒豁，尚拭目以俟焉。於是乎記。

明尚書蘭溪唐龍《進士題名記》

進士何始乎？《大樂正論》：『造士之秀者，以告於王而升之司馬，曰「進士」。』司馬論進士之賢而定其論，然後試之以官，命之以爵，詔之以祿。故進士之注籍天府，皆三物聿修，四術既成，行備而業全者也。自辟舉、中正、限年、停年諸科興，而進士之制格矣。及隋大業中，乃建進士科，其名仍周而法异之。唐用隋法，盛於貞觀、永徽之間。宋又焚香取進士，斯彌重矣。明興定制，有司獻賢而與計偕，天子臨軒，以發策問，亦惟進士科是重。凡積行君子，與明當代之務，習先聖之術者，非策名無以自階，而俊乂忠鯁、名德鴻勛亦彬彬胥於此乎出。遂昌進士，唐以前無考，宋得四十有八人。我朝自吴紹生而下，方十二人，然而來固未已也。維楊曹子守貞以進士令兹邑，廉潔剛直，奉職循理，尤務先教化，横經鼓篋，日進諸生而胥誨之，且揭石黌宫，裒進士名氏、品官，勒而昭之。介門人朱應泰以記問於山居，無亦以非文不著，不著不勸也，可謂勤於諸生矣，諸生不聞乎？『惟嶽降神，生甫及申』，山川之關於人也，尚矣。邑士鼓、魚袋、筆峰、飛鶴諸山，叠屺拔巘，含精布氣。草木生之，而梓、桐、松、栢，維條維喬，摩雲庇駟，斲之則琴瑟也，剡之則弧矢也。青黄之則犧樽也，繩墨之則雕榱傑楝也。夫豈於人獨鬱乎哉？故起莘尹氏發明《綱目》，蔚稱钜儒。周德琳以曹官不阿宰執，蘇公民建猷宣節，致位列卿。又類有稱賢師帥者，謂非地之靈，固不可也。古之功令率廣風勵之術而昭哉！斯石典型垂焉，翼翼俊髦，仰止思齊。相觀以善，相摩以義，相師以道，相迪以德。遞志而敏學，邁迹而敦行，敬業而懋厥修。由是《菁莪》之士，《棫樸》之賢，林立而茹拔焉。庶幾地之所鍾，衆木輕而真材重，挺然翹然，其廊廟之餘，國之柱石乎！《記》曰：『君子之德風』，然則，曹子渢渢乎其風也哉！嘉靖庚子孟冬記。

布政縉雲李寅《舉貢題名記》

括山去西北百餘里，望之蔚然而森秀者，遂昌也。降神維嶽，自昔稱才。我明興，擢秀於鄉而通籍於朝者，爲尤盛。惟甲科某等計若而人，惟賓薦鄉貢某等計若而人，例得題名氏以傳。時曹君以英年進士來尹，駿才蘖操，厥聲振拔，一邑樂育髦士顧瞻學宫題名缺典，俾華生紡屬予記言。夫士生天地間，凝道飫德，發而噴芳擒英，素履往徵，至名存焉。蓋三代下，人愛名而疾不稱，名可愛也，亦可懼也。本朝徵士善制，庠有貢以資簡，鄉有舉以彙薦，陛試其顯陟矣，舉貢其階梯也。士方敬業樂群，月覈歲稽，儲育一耳。及時值而赴功名之會，有异位焉，有异體焉，使樂尚友懼下人德彰，厥有常出奮庸熙載以俟諸後。後之人必指稱曰：『某選也，而某士也。』不惟其人惟其賢，又奚甲科、奚舉、奚貢异哉？穆叔以立德、立功、立言爲不朽，其德、功、言謂實也，立則其名焉。苟弗蓄實而徒藉名傳，俾後遡名而實罔稽，不猶弗名愈乎？遂歷世薦總，由前至今名足徵。曹君無亦誘之愛、惕之懼也耶？余夫曹君造士至意，用弗克辭請，肆筆以記其事云。

明邑令李訥《去思碑》，齊志沖撰記

民生之休慼，系守令之賢否，古有是言已。漢二千石，有治理效，輒加榮賜爵，不輕移擢，欲其與民相安，而成化責，成褒美，似厲其餘，則在位者慕之而興起。故風移俗易，幾致刑措。後世欲致隆平，守令之選不可□也。皇宋中興，英雄四起。有將略者專軍旅，有才德者任治民。括郡自近年山寇陸梁，官莫能制。據壁立之險以爲府庫者，在在皆是。致出者不免流離之苦，居者不免科租之困。望治阽於饑潟頓踣之地，其孰恤之？龍鳳五年冬十月，大兵定安南，李公知遂昌。既下車，躬入其阻，告以恩信。似旬月之間，山砦相望，蕩析者七十餘所，歸田業者萬有餘家。治荒磯而謀棟宇之安，弃荊棘而思耕鑿之利。公撫字以仁，猛斷以義。聽訟必得其情，決獄每依於典。葺宫廟之未完，開教肄之有方。勸鄉社立學，凡百有餘區。以豈弟慈祥之心，爲興利除害之計。故民之歸之，不期自至。然國家方以征伐復疆土爲事，軍需百出，無非毒民者，令下郡邑，莫不承風。至於賣物産，受鞭笞，自經於户者有之。獨公審察緩急，酌量民力，涕泣以請於上，願乞減罷。所以吏無督責之病，民無愁怨之聲也。又明年五月，江西寇誘隣境頑民，陰搆群不逞者，出不意突入邑殺掠。公歷其巢穴，得首惡姓名，復以計脱，即聚義勇數百，親將之以行招捕。兵不濫殺，擒不輕縱。不踰月，幸平定。以議事异上官意，行且觸罪矣。父老數百人泣訴金華，以明公之無罪有德。公於是得還，邑民交相慶迎拜道路，恨其去而幸其來也。公莅邑未及二年，憲使之車凡三至，民以名爲文薦者無慮數千，而隣邑之民亦且與焉。冬十一月，使者至，徵公蘄陽府，民告留，且哭擁使者，雖塞衢巷不得請，相與涕泣而已。樞掾九淵王濬謀於學賓曰：『仁愛若李侯，廉明若李侯，剛果有斷若李侯，濬往來燕、粤萬餘里，出入仕途十數年，未見有若人也。今去我矣，盍書政績於石，以寫吾民去思之情。』屬吾故人江東齊志沖爲之辭曰：『昔子産爲政於鄭，夫子稱以古之遺愛；今遂昌素號難治，而李公爲之一變其俗至於如此，則當移大惠施於一郡，遂昌之民可專之乎？然漢之用人，出爲郡守，入爲九卿，則公他日上參鼎鉉，又將施此大惠於天下，遂之民抑又何幸耶！請以此慰爾父老之思可矣。』公名訥，字近仁，汴梁通許縣人。賢而文，有智略。乃爲之詩曰：岩邑用柔，其俗素倫。李侯之來，教以鋤耰。匪怒而威，不勞以嘻。德施務行，直如理絲。事上臨下，不畏不侮。厥聞四馳，乃升大府。侯來何遲，侯去何速。安得扣閽，還我良牧。蘄水漢陽，彼美西方。悠悠我懷，地遠天長。

明縣丞周恂《去思碑》，教授毛翼撰記

天眷大明，命我太祖高皇帝肇開萬世全盛之基，聖聖相承，仁聲洋溢，浹于人心。極天蟠地，咸遵至化。迄今民不知兵，太平之盛，古所未有。邇年閩寇鄧茂七作耗，麗水民陶得二糾流民數百，往彼投趂不遂，回還。道經本邑，沿途剽掠，所至殘破，一邑騷動。正統十三年十一月，至二十四都淤頭，猖獗尤甚。有司請調官軍勦捕，本縣委官率領民快輔助。賊殺指揮弓禮、縣丞張智、軍快五十餘人，攻入縣治，燒毀司房，縱放獄囚，搜劫村落，脅從愈繁。復往攻城府，劫松陽，大肆荼毒，略無忌憚。事聞，詔下聽其自首，不分魁脅，悉宥其罪。十四年二月，欽除撫民縣丞周侯恂，下車之初，憫生民之久困，憂隣警之不息，每遇賊至，即冒鋒鏑，不避艱險，諭以上意，善言化導，開禍福之端，宛轉勸諭。賊遵其化，悉自退散。未幾，而麗水強賊朱必森復發，害及衢、婺。侯承委命，統率民兵徑進鮑村破之。數月斬馘無算，而民快不傷一人，生擒賊首陶永三等，餘悉殄滅之。即日班師還治，詔令回朝。耆老鄭朝生、戴嵩等羨侯之計謀勇鋭，賊服其威，民懷其德。惜其不可留，屬予文以紀其實，勒於監碣，以昭功德於無窮云。

邑令黃芳《去思碑》，永嘉祭酒王瓚撰記

遂昌去括城西北幾二百里，南聯福，西抵婺，北接三衢，山巒踵絡，溪水流駛，無曠野沃壤，民多積弱，俗幾凋敝。弘治乙卯，莆田黃君士英來知邑事，廉介通明，斥私秉正。初下車，即詢風察習，集利芟弊，一滌其故而新之。自夫邑治夾流多山而難以城築也於是乎相度形勢，而於東西南北隅拓基，樹門架樓，以壯觀望，則邑民可循守以奠其居矣。自夫庠校因陋就簡而風教之浸衰也，於是乎掄材以營堂齋，鑄銅以備祭器，躬講季試以導進庠士，則士習勃然奮興矣。自夫市隘室稠而火患之數值也，於是乎掘渠作堰，引水灌田，逶迤貫旋於泮池、分司之際，則火患雖見，得以近取而急拯之矣。自夫民信風水之説而葬埋不以時也，於是乎定安厝之程期，立萬松之義塚，則死無暴露捐毀之患矣。自夫田額課税之失實而塌崩賠累之爲害也，於是乎糧田畝以均課税，覆新墾以補崩塌，而富貧強弱各獲其平矣。自夫倉廩有豫備之名而儲積之曠虚也，於是乎相時措置，設蓋列廒，積穀及萬餘，則荒歉足以濟矣。至於重鄉飲而淑慝，別理訟獄而奸伏，明開銀場而争竊熄，戢吏胥而漁獵泯，户口日增，流徙日歸。政績宣炳，最於十邑。其可書者尚多也。邑父老及士大夫王君理輩，德君之爲良父母，請余記其事。余史官也，有善則法宜書，況甌、栝孔邇，郡邑賢否悉相知聞，蓋嘗嘉其克副聖天子簡令保民之至意，何可不旌一以勸百也？侯誠矣！使天下之令，咸屏其假官營私之心，而爲君之所爲，奚慮天下之不治也。爰掇邑民所頌，言而詩之，將永永咏歌君之善政，以與張根、李訥齊傳休焉。君名芳，年十九領閩鄉薦，初分教新安，丁内艱，補任新昌。嘗兩典文衡，擢宰雲和。僉憲王公薦其才，徙治遂昌。壬戌之夏，詔以風憲闕員，取赴京師，其勳爵方昌而未已也。詩曰：皇眷下民，惟令之寄。令之弗淑，皇心焉恃？遂昌之政，徙自雲和。利起弊革，膏澤孔多。惟克親民，民感猶親。百世頌歌，豈曰堅珉！紀績載功，誠出父老。我爲特書，百城斯表。弘治十五年，歲在壬戌八月既望。

邑令池浴德《曳舟亭碑》，郡人何鏜撰記

亭曰『曳舟』者何？遂之民爲舊令明州池侯立也。舟曰『曳』何？志愛也。夫此溪之濱，三衢所有之土也；此溪之舟，南北往來之人也。遂何以得亭於此？而侯又何以得此於民哉？蓋侯以嘉靖乙丑進士，筮令遂昌者三年。英年偉度，慧察寛容。約己愛民，興學造士。清丈田畝，以燭欺隱。創修邑乘，以昭風厲。木皂去追攝之蠹，土著易容兵之擾。政成民安，百廢具舉。民之德之，真不啻赤子之戀父母，弗能頃刻離也。越隆慶乙巳，侯以考績稱最，擢官銓曹，民恐其去，具疏乞留。巡撫近滄谷公上其情，荷特旨，勉留數月，俾稽定黄册。册事竣，乃行。遂之士民送至亭埠，遮立水滸，望舟之行不忍捨。復相與曳其舟，冀少緩須臾，以盡繾綣。其詩人《白駒》之意歟。夫侯於是時也，德之入人者方深，民之愛慕者方切。其舟之曳也，宜也。及歲癸酉正，今上改元，距前行已四載矣。侯以外艱服闋，再赴天官，舟復過亭埠，遂士民聞之，又相率往候侯，眷眷曳舟之情，視昔有加無已。當其時見者、聞者，皆以爲曠古一覯也！遂民王積中、朱文盛等乃相與謀曰：『吾侯功德雖平，政有録，遺愛有碑，量田修廢，種種异政，歷歷有紀，猶曩時事耳。今此之盛，無以記之，可乎？顧土非吾土，地莫吾與也，奈何？』時有光禄尹君光大者，素景侯德，廼慨然曰：『人之秉彝，好是懿德，若侯即吾侯也。吾亦豈惜尺寸地不爲侯彰盛美哉？且普天率土，同爲王臣。今日海内之民，得賢守令以布王澤者，侯與有錫也，即樹之碑，豈獨爾民志乎？』遂捐溪幹地，廣袤十數丈爲之址，而遂民乃得立石其間，并創亭其上，以垂不朽。且即當挽舟之意，名其亭曰『曳舟』。噫！往過來續，孰無此舟，使人人見之，人人得而懷之，則侯之舟遍天下矣。猗歟盛哉！工成，請記于余。余亦郡之人同是念者，敢以言之不文辭乎？乃爲之志曰：龍溪之水，汩汩清流。池侯之德，適與之侔。遂民懷之，豈曰私侯？深仁厚澤，咸被其休。三載考績，天子曰優。錫以殊命，入贊皇猷。民不忍舍，載送載謀。願言借寇，終莫之繇。兹率水滸，號泣而留。留之不得，至曳其舟。舟不可挽，曷寫其憂？爰勒諸石，以永春秋。侯諱浴德，福建同安人，明洲其别號也。四十年後，遂民思不忘，復建祠西明山以祀之。入名宦。子顯京、顯方，舉於鄉。

詩歌〔一〕

壬辰菊秋，將之楚，道經龍游，得聞劭岳繆世兄治遂多善政，因過其署，詩以志喜

刑部主政吴門顧嘉熹（梅屋）

蜚聲京洛重，贏得廣寒蟾。出宰攜琴鶴，烹鮮試鼎鹽。山高對君子，棠滿蔭窮檐。奮武魎魎盡，崇儒道德漸。壠畦開赤地，村酒漾青簾。午夜鐘常醒，名賢迹豈淹。輸將真恐後，讞訟那惟嚴。澗水清堪掬，民風適以恬。更看膏雨徧，偏喜客途沾。召杜歌遐邇，屏題指日占。

程於一文學初入平昌，游劭岳世兄所設東義學，賦成二律，懸之樓壁，因步其韻漫和

顧嘉熹

好憑高閣俯晴川，流水湯湯應誦絃。絳帳經傳多恐後，青雲路近豈無前。（邑有青雲嶺）賢侯特振衰將起，稚子欣看志且堅。（有俞子年十二，善讀書）秋露團團丹桂滿，阿誰甘老一寒氈。

舊尹斯文此共留（樓有臨川湯若士先生像），青山碧水自悠悠。聞雞慷慨人從舞，結綢殷勤竿且投。滿養棟材霑化雨，悠閑治理嘯清秋。會看健翮摩天去，卻笑當窓眠爾寧。

秋日登北義學樓記事（原爲項中丞别業）

繆之弼

别墅延秋畔，年經百有餘。另開新冶鑄，難覓舊琹書。墨可因池浣，經惟帶雨鋤。寸心忘雜遝，兩目入空虛。幽趣藤蘿月，化機潑刺魚。此中多静會，端不負居諸。

東義學書聲

繆之弼

斯道仰彌高，瀰綸天地小。欲令眼界寬，樓飛入縹緲。在昔寂書聲，今已徹昏曉。側望瑞山陰，遥見翠髪窅。石齒激波寒，此派何時了。處静明秋毫，息機絶衆擾。追風連籟至，逐月尤清矯。傾耳立河橋，安知過魚鳥。

卜築南義學成紀事

繆之弼

别開孤館豈徒然，隔卻塵囂市與廛。但許橋通千嶂靄，方知水印一輪圓。書聲夜徹牛眠醒，筆陣秋排雁字連。著意取材惟大木，無能歸寄買山錢。

西義學新築落成志喜

繆之弼

僻地構書屋，堂開納彩霞。葉稀千百樹，隣近兩三家。煙火浮清氣，心源吐异葩。人人得自淑，不放晚歸衙。

重建湯若士先生祠堂

繆之弼

里居原壤接，食禄又同方。我固蹇而拙，先生久彌彰。如何尋射圃，草蔓共煙荒。僑處高樓上，真機足徜徉。俛首念疇昔，奔走薦馨香。炎涼似九轉，徒令後人傷，君不見獨存，魯國殿靈光。又不見沿堤，召伯植甘棠。

于今亦復委滄桑，惟山屹立水流長。百餘歲後築斯堂，千載芳蹤志不忘。

春郊勸農

繆之弼

國惟民食重，俯仰望田疇。麥秀高分穗，蒿平緑棘眸。惰勤原有別，憂樂適相酬。慰勞興東作，輕騎月一鈎。

秋郊即事

繆之弼

草萊將半闢前町，無那波翻迅若霆，乍憫蓬茅淘浪白，回看禾黍掩山青。探囊力補地维易，灌畛謀成石堰寧。到處遍傳秋有望，扶笻野老上郵亭。

試童子前一夜喜雨

繆之弼

經旬矗矗火雲升，内省方慚職位稱。查德滂沱蠲溽暑，頓蘇禾黍釋水競。庭飄颯颯琴聲潤，澤漾晶晶墨浪騰。多士明朝皆起色，豫知磽確有秋登。

矯俗篇

繆之弼

天地轉轆轤，物無有不敝。粉黛香易銷，英雄骨亦脆。黄壤土一抔，留待蓋棺瘞。胡爾遂深山，罔聞喪禮制。委之草莽中，蠅蚋争嘬嚌。可憐父母骸，將次遺狗彘。毛裏何關情，旁觀爲泣涕。殘忍實無良，寧容游盛世。窮極至此由，猥云澀錢幣。爾乃急周之，骷髏罕留滯。高卧在松楸，逍遥樂長逝。能三復斯言，孝子與悌弟。

仝程子于一鐘樓晚望分得山字

繆之弼

幾叠高樓幾叠山，憑虚赢得半朝閑。炊煙隔樹鳥拖去，樵唱沿溪月送還。人醉有年新稻酒，霞添無語晚花顔。回看身在畫圖裏，薄宦天涯慮盡删。

繆勖岳明府拉仝鐘樓晚望分得深字

吉永豐縣學生程定（止山）

亢爽棲鐘三五尋，教行昏曉人人深。民情憂樂歸君眼，雁陣横斜費客心。樹葉數行裁錦字，書帷幾處覆疏林。清秋最是高樓上，風急無端遞暮砧。

遂昌十二景（并序）

程定

環遂皆山，山山名各如其狀，其嶙峋浮藹，巀嵲青邑，輒以此稱勝。雖雨水夾出，會與雙溪而東，然源淺流迅，磥砢不入舟，令攬勝者有餘惜焉。觀於鄭復正前輩著有《十二景》，景係以詩，已得其大概矣。因閑步其韻而爲之和。

妙高晨鐘

崱屴勢分天柱雄，半拖青靄半雲封。松關鐘度千門曉，疑是濤生曲澗東。

清華夜月

素影汾紛下緑波，倒牽危閣枕山阿。杯中一任頻來去，不禁秋思發壯歌。

眠牛積翠

聞跨白虎不跨牛，總與函關共一流。虎去牛存肩暫息，飽餐細草出荒丘。

飛鶴龍嵐

横江兩翅自東來，不向九皋向水隗。此是千年變色後，至今曾變幾多回。

君子儒叢

屏風山畔日初斜，絡繹樵歌玩物華。拾得廣寒枝幾許，一肩明月共殘霞。

兑谷書聲

幾静窗虚緑滿牀，午風聲細出篔簹。扶筇卻步咿唔里，可是六朝是盛唐。

初入平昌游東義學二首（樓祀有湯若士先生像，今勳岳先生重新之，延齋長於此，是爲東義學。）

程定

作人爭羡舊臨川，無那齋荒寂管絃。支運項開三載内，德教科嗣百年前。窗涵溪水化機活，隣接泮宫道念堅。爲問談經風雨夜，可曾藜火照青氈。

世事難言閱世留，在人統緒自悠悠。生因共理源無异，官以同鄉志亦投。雨過盈門滋首蓿，月來隔岸讀春秋。（學與關夫子廟相對。）宗風丕振高樓上，驚看光芒貫斗牛。

九日北義學登高

程定

北義學原名樂此堂，明中丞項元芝先生退休處也。樓銜遠山，闌引活水，薰染於人間久矣。今勔岳繆明府喜得之，新爲義學以造士，幾無愧於斯堂也夫。

年年把菊醉重陽，今佩萸來酒更香。樹近朝看霜信早，樓空夜讀水聲凉。偏宜觴咏酬佳節，最好絃歌度短牖。作賦不才同樂此，雲山相對倍蒼蒼。

晚春即事

邑人，爲宋縣尉　王鎡　介翁

雲氣不分明，天陰忽又晴。喜凉溪鵲浴，知雨樹蛙鳴。仙藥黄精飯，齋蔬白椹羹。惜春吟未就，閑踏落花行。

谿村

王鎡

水路隨山轉，谿晴踏軟沙。斜陽曬魚網，疏竹露人家。行蟹上枯岓，飢禽銜落花。老翁分石坐，閑話到桑麻。

苦雨

原平昌令，三韓人　陳思溶（千項）

日月避商羊，風雲起八荒。鷙鳥難施猛，燭龍不爲光。野人臨蓬户，太息呼蒼蒼。去年轉軍穀，租税缺輸倉。今年幸無役，霪雨苦吾秧。健吏索租頻，鞭笞多成瘡。里老舍妻兒，蹒跚之他鄉。主上欻垂問，有司奏不詳。請看豪門飯，本是農夫糧。豪門厭粱肉，農夫不飽糠。入口號原野，粟穀腐公墻。寧論窮黎血，川谷流洋洋。

擬鄉試八旗賦得萬物静觀皆自得

陳思溶

静中一念合天根，放眼乾坤無半痕。草木具靈承雨露，林蟲隨意長兒孫。四十代謝誰能主，七政循環自不凡。共喜聖君成位育，庚歌娓娓頌多言。

寓懷

陳思溶

長安春色斕文章，桃作輕盈柳作狂。甲第清新翻白雪，朱門豪飲醉紅妝。廟謀望重推周勃，邊迹功高屬霍光。無限竪儒甘皓首，清時不用獻長揚。

鴻鵠

陳思溶

鴻鵠偶垂翼，乃□□□□。硋余粱與稻，燕□實資之。既飽成群躍，刷□□□□，誰復念鴻鵠。辛苦獨自知。

登妙高山

邑貢生　包蒙吉

高峰巀嶪倚雲宵，寶刹平開氣象豪。淅瀝風濤飛野馬，逍遥窟穴冠山鰲。天花欲墜禪心冷，貝葉頻翻梵語高。遠望城煙聯不斷，丹霞紫霧滿神皋。

僑居山莊

邑文學　包蒙亨

古樸高風木石居，悠然吾暫作吾廬。入簾明月隨來去，出岫游雲任卷舒。數畝青山千個竹，百壺清酒半牀書。村人莫話塵中事，聊爾偷閑樂歲餘。

外峰突兀内峰平，環室皆山列翠城。殘雪未消春日麗，寒梅初過穀蘭生。牀高留得元龍氣，裘敝餘將季子情。長嘯一聲天地老，禽魚草木暗魂驚。

游三岩洞　包蒙亨

步入三岩爽氣鮮，驚看飛瀑望中懸。明珠萬斛傾三峽，匹練千尋瀉百川。潭裏泉奔簾外月，岩前石蔽洞中天。坐來不覺渾消暑，薄暮忘歸緩著鞭。

君子山　包蒙亨

春暖扶輿日日晴，柳條送色到山城。雲開嶂列朝陽鳳，風囀篁流出谷鶯。東井熒熒稱德聚，訟庭隱隱有琴鳴。平昌自此多佳話，内外門屏盡友生。

梅花咏（一東起每韻一首，僅載首尾）　邑人項世臣（非喬）

欲將芳信問江東，曉角吹開玉几叢。香滿一庭風澹蕩，影横三徑月朦朧。霓裳對舞寒光下，縞帶相酬野色中。可惜春鶯渾未到，倩誰銜入上陽宫。

梅花咏十五咸　項世臣

飄芬幾度出寒岩，瀟灑瓊姿總不凡。自縱精神從白髮，誰憐冷落濕青衫。鮫人漫泣珠千粒，雁使難傳香一函。應作明堂梁棟配，花開早已壓松杉。

續梅花咏（一東亦每韻一首僅載首尾）

項世臣

暖起孤根賴化工，皎然玉立許誰同。仙人跨鶴來雲府，帝子乘鸞自雪宫。色動陽春簾半捲，香飄午夜曲三終。丰姿不與紅塵合，東閣西山韻未窮。

續梅花咏十五咸

項世臣

薜荔叢中草未芟，誰將芳色到巉岩。娟娟粉頰光如拭，點點檀心香不緘。繡入帳中迷夜枕，折來馬上拂青衫。到頭勝似無鹽女，結菓調成鼎味鹹。

讀樊遲從游章悚然有感

邑貢生　王錫（拙庵）

古人遏人欲，猶或暗相侵。賢哉樊氏子，隱憂切悃忱。上達善成性，下流惡匿心。修心不修慝，愈匿將愈深。獨行常愧影，獨眠常愧衾。嗟悔復何及，攻之可及今。無庸謝不敏，敏鈍判人禽。天心頻剥復，福善禍其淫。蕩滌良非易，内疚痛砭鍼。一息難自恕，悚然撫膺吟。

賦呈明府繆勗岳先生

王錫

下車逾□□□民安兹春□駢令編□□□，□□□□□□□秋毫無擾是用作□□□，恩德不諼。流氓戴二天，夙駕福星躔。潤物沾洪澤，行廚酌湧泉。桑麻安舊業，蓬華樂新編。緑野歌風動，彤廷計日遷。

作文要法（原蘇秀泉輯爲八句，約矣，余乃編成排律爲訓）

王錫

輝煌宇宙屬文人，落筆生花日日春。傳世名編燈下課，合時精選袖中珍。句虚句實參開闔，題後題前察主賓。理順脉清辭更秀，機圓袖足色常新。自然熟極旋生巧，縱使奇來也是醇。會得一篇元妙意，無分今古總超塵。

鞍山即景得仙字

邑貢生　鄭士楨（蓋臣）

萬仞奇峰抹翠煙，學眠新柳艷陽天。花明近砌迷蝴蝶，木蔭平林泣杜鵑。小澗流清孫楚耳，方塘草入謝公篇。洞簫一曲晴光下，彷彿瓊吹緱嶺僊。不用尋凉水石邊，緑蘿分影幕堦前。風清枕上羲皇侣，雲黑齋頭詩酒僊。淡墨描牕幾個竹，浮香入座一渠蓮。草茵坐久忘煩暑，始信山中別有天。

示同學諸子

邑人　華啓濂（柳園）

古人夜秉燭，誠惜此光陰。今人晝則寢，所以分古今。愧予學未成，嗟予質復魯。心口不忘吟，鑒今且法古。願作雲端月，長照讀書樓。若等能不違，我心復何求。

恭紀明府繆勖岳先生宰遂實録

邑貢生　華文津

名世弘才爲國楨，西豐華胄紹簪纓。龍門躍浪原無敵，鳳閣頒綸早有聲。賓水雲生牛女界，昌山靄接少微城。花光滿縣咸推嶽，鵲集高車競識荊。化雨濡涵沾兑谷，惠風和暢拂西明。乘時布穀忙攜榼，夾道提壺緩督耕。聖諭宣條觀虎渡，桑田駐足聽蜩鳴。列侯禋祀因時舉，夫子廟堂不日成。查熟均荒蘇舊累，茹氷飲水洽與情。鐘披曉月開聾瞶，斧厲寒霜奏治平。力補地維崇永濟，閣燃藜火表鄉評。竚看丹詔徵仙舄，清肅三臺佐帝京。

康熙壬辰（繆令君主編修志，走聘程止山先生纂葺，得邀□從館廣執事，秋日告竣，恭紀之詩，以昭釐定，兼讀令君程先生詩文，仰爲高山白雲，□□□□□□六十韻，拜手而進，蓋取夭詩□□難以遂歌云爾）

□生　葉舒（□成）

小史行人掌，即今郡縣志。邇厥平昌邑，亦爲迄元季。代遷易所屬，事難考同异。因之千餘歲，大端靡有記。至明丹山公，林下創此意。得有邑大夫，池公相把臂。九鼎定鴻寶，振剛張四類。天文分星野，人文表循异。風土昭則壤，其餘歸雜事。明洲池公後，閱歷今順治。歲在甲午間，荊溪伊人至。續修擴鉅細，人物闡往秘。家君有著述，數目三拔萃。更爾飛鴻閣，詩序揚陸離。文學重大父，事親標□□，上自我高曾，孝孫踵孝子。先世舊芳型，書在實不啻。詎越六十年，風雨蠹蟲累。庋版存零落，一見一爲□。邑乘攸繫重，國典藉兹寄。猶史不可闕，人人予念跂。幾翻起重修，行焉且復寘。何幸繆中令，帝簡來爲治。下車問邑乘，告之聞欲淚。思即事修明，無何林有驚。□公固折桂手，偉哉兼武備。陟山更涉川，□前輕一騎。仰思報國恩，減此無留遺。六府□□□，□光横赤幟。聖人念吾氓，出使朝官二。將軍會都統，中丞并巡視。信斯小丑除，民間安老稺。息戈歸鴻雁，垣堵補壟簣。原隰古弃田，招徠鋤棘樲。折獄在廉平，虚公爲相示。廢者俱以興，釐剔介而亟。一水臣心似，可以質天地。習俗挽其頒，士女瞻翹企。迪我以文教，導人於由義。節孝表廬墓，宫墻焕丹施。閎楹繞飛龍，几筵式禮器。膏澤及枯骨，政成三年比。集議奮珥筆，始事聞上吏。憲典咸許可，小子從未侍。聘得豐陽士，宏博三舍避。淵源嗣河南，正氣函腹笥。凜然大公道，不阿不軒輊。詳略得其宜，倫類宜其次。詞藻染風雲，落筆青霜墜。念予毋柏舟，太守夙比譬。江花摛爲傳，乘之若青史。

謙光尤足挹，許我仲小技，分來田賦則，卷二隨盡暨。暇纂沿革表，作傳兼有四。廁名列簡編，厦陰多蒙庇。縱著在湄集，何敢思附識。史館已告竣，受餐懷既醉。芙蓉江上花，頤兆繡裳賜。花封今大有，□此發祥瑞。祥瑞當特書，作歌維以遂。

癸未春日應徵進頌

聖駕南□萬□□□□□□□□□□□□□□□□垂裳□□□□□□□□□石吴河伯重新□北闕□□□□□□□龍□□岱紅雲捧，鳳樂江皋紫氣扶。天子萬年年萬萬，普天臣盡嵩呼。

擬西湖行宫告成

葉舒

翠華到處即神州，別殿芙蓉花卷頭。觀海已成淵鑑樂，巡方豈爲聖湖留。擎來砥柱糸霄漢，吟起龍樓撼斗牛。南北兩峰開紫禁，趨蹌□一郡諸侯。

不息樓（即東義學）

葉舒

南澗書樓三兩尋，安知平步入雲深？春風樂事誰同异，孺子行歌自古今。雨過前山山列畫，月摇近水水調琴。欲知物類何飛躍，即此悠悠天地心。

石筆峰　葉舒

書空咄咄勢孤懸，欲寫蒼苔百丈箋。奇似劈開青玉峽，何妨吐秀一千年。

澄心處（在□□□□□□□□□）　葉舒

水碧清人心，心爲魚水寫。問水是何魚，猶昔化龍者。

芙蓉亭　葉舒

郭外藕花池，花開白雲亂。日落採蓮歸，藕絲應未斷。

繆明府下鄉徵糧紀事十二韻　邑學生　李瓊藻（瑶草）

循良推异政，職守重催科。籌國計云善，繩民法易苛。情窮日竄鼠，勢迫夜穿梭。誰憫其如此，能憐没奈何。今聞差至已，還問官來麼？竹馬兒童戲，祥麟澤藪逅。野田茂雜植，額賦足嘉禾。堂下撤鞭去，案頭揭簿過。從無兹撫字，得有是滂沱。或帶西江水，來流東浙波。感難名所自，應乃實非他。上下嘿相喻，士庶喜載歌。

北義學成賦（舊爲先中丞别業）

邑庠生項世楨（供辰）

清白先人志，猶存一畝宫。水明方沼月。花落曲臺風。勝迹開陶冶，良材貯藥籠。咿唔樾蔭裏，君子澤無窮。

北義學示及門諸子

邑人項世溥（示贍）

君子山高翠欲流，須知點點露經秋（繆夫子延余教學於此）。月來窗白塵無累，桂散金黄粟盡收。沖舉是人皆健鶴。大成在爾暫眠牛（學之京有飛□□□□）。寸陰失卻誰尋及，枉教薪栖化六州。

北義學成志喜

邑人童國柱

幾度芳隣繫所思，重開虚樹引晴嵐。入樓迴花憑曉露，垂烏伴廻塔影是。嚴師北方學者今，非昔頃沐菁□□。

東義學不息樓閑眺

毛桓

應數昌山第一樓，塵氛全付碧波流。曲欄杆外千家雨，頽土城邊半望秋。處士每懷人遠去，瑞仙幾盼鶴歸留。支頤永日幽香襲，菡萏池塘杜若州。

門頭嶺　　毛桓

古以門名嶺，往來小有天。路從云裏去，人在樹頭旋。静聽呼林鳥，喧聞落石泉。山嶺遺破刹，莫咽。

鶴山凝雲　　邑庠生　王雲路（景行）

一開窗外即青山，滿□煙霞□翠叢。控鶴幽人留不住，空與名勝白雲間。

竹圃晴嵐　　王雲路〔一〕

校注

〔一〕詩句内容模糊不清。

書齋夜雨

王雲路

展卷徘徊眼倍青，挑燈五夜豈勞形。數聲霢霂琅玕裏，沁入詩思緑滿庭。

平疇市穀

王雲路

傍屋春疇踈雨多，□勤好鳥掠雲過。亦知東作田間苦，相知栽秧逐處歌。

登東義學不息樓

邑廩生　朱宗濂（景周）

重尋水閣坐涼颸，盈耳書聲散碧霄。燈影摇青君子麓，波光浮白瑞仙橋。一時席上荷香滿，半月池邊桂蘂飄。忽憶舊游何慘淡，頃沾花雨在今朝。

賦得我公七章呈繆大夫子

朱宗濂

不溢維海，無饜維民。匪實飽德，不知其仁。豈乏賢宰，我公實肫肫！

昔之疆群鼠爲狼，今之崗有虎亦尨。遍萑苻澤爲菽粟塲，孰馴化之不盜而良。我公至止奠此一方。

昔之郊鬼哭嗷嗷，今之野鬼笑啞啞。其哭繄何踐我骸也，其笑繄何收我埋也。我公至止澤及泉下。

昔之土弗播禾黍而獲箠楚，今之林禾黍森森賦税則均。孰闢弗播土？孰蠲弗獲税？我公至止，夙興夜寐。昔者孔顔蔬食無簞，今者俎豆肅陳匪幼。聖域洵美，賢巷弗陋。我公至止，聿新其舊。昔者泮水黽鳴於几，今者窮谷輟耕則讀。孰養以田而居之塾？我公至止，是教是育。肫肫我公，何以報之？是用作歌，萬世道之。播入帝鄉，寵命召之。公赴寵召，兆民誰覆育之？

繆夫子重修瑞仙橋、平政橋告成紀事

邑庠生　潘宗河（逢洲）

十丈仙橋鎖鷺洲，淺深厲揭樂蒙休。梁成瑞氣連雲度，岸映高山共水幽。蔭廣有棠毋剪伐，官清何事弗遺留。政平萬户人懷澤，歌在堤邊不息樓。

縣前省氣亭（繆夫子四十九年秋月創建）

潘宗河

山城何幸宰名英，澤被桑麻百室盈。官舍詩飲冰玉潔，郊原日暖惠風清。琴彈單父知淳俗，華中河陽觀錦城。勤訟設亭惟省氣，勝於調養樂和平。

依韻和程于一先生春日過東義學二首

潘宗河

稔聞文教擅臨川，此日昌山續管絃。嘖嘖才名傳厥後，殷殷雅化勝於前。溪流不息機同活，雲路可攀志益堅。馬幃拼蒙書閣暖，横涇寧復嘆寒氈。

賢宰仁聲竹帛留，那知善教澤彌悠。薰陶風度原相契，光霽襟懷亦自投。禮樂依然崇六藝，詩書鏗爾頌千秋。英豪到處欣題咏，著述盈車漢九牛。

妙高山遠望

邑庠生　朱楷（翰仙）

在麓但言高處妙，登高衆妙一齊收。半天墨潑孤城雨，幾樹紅裝萬户秋。山勢西從姑蔑起，溪聲東繞括蒼流。人家四顧安耕讀，不是當年百里侯。

賦呈邑侯繆勖岳先生

邑吏員　華岺德（東井）

十載頽風一夕振，抱寃人向鏡中伸。管絃忽奏三冬候，錦繡旋鋪十月春。入境存心消薄俗，設樓省氣洗風塵。（公甫下車即設省氣亭，以息民訟。）賢良自古推邢伯，撫字如今有信臣。

校注

〔一〕詩歌，刻本漏此標題，據内容補。

書目

《易講義》十卷，宋龔原著。

《列傳譜述》一百卷，宋龔敦頤著。

《易統》，宋劉贄著。

《韻略補遺》《九經圖述》，俱宋張貴謨著。

《綱目發明》五十九卷，宋尹起莘著。

《月洞詩》，宋王鎡著。

《玉井樵唱集》，元尹廷高著。

《遂昌山人雜録》《山居文集》，俱元鄭元祐著。

《澹泊軒遺稿》，明黃鐸著。

《蘭軒詩稿》，明洙泗著。

《介庵文集》四卷，明吴志著。

《介庵詩稿》二卷，明朱仲忻著。

《理氣管見》，明鄭還著。

《春壑詩稿》，明應果著。

《慎獨録》，《警庵書疏》六卷，《大明律釋義》三十卷，《兩廣總督軍門志》，俱明應檟著。
《西臺奏議》二卷，《西野文集》三卷，《南窗記寱》四卷，俱明黄中著。
《陽仲詩選》，明朱應鉔著。
《震堂集》，《山居論》，《三賦》，《六擬》，俱明王養端著。
《求我齋稿》《學邵窩迂譚》，俱明朱景和著。
《古泉詩略》，明王養度著。
《蒼濂奏疏文集》〔一〕，明鄭秉厚著。
《秋水齋什二草》，明黄九章著。
《醯雞齋稿》七卷，《國策膾》，《問夜草》七卷，俱明項應祥著。
《宋儒語録抄釋》，明包熺著。
《四書註翼》，《易通》，《淇筠志感》，《志感吟部》，俱明葉澳著。
《湖山百咏》，《擬古詩》，《七二草》，俱明黄九曹著。
《擊壤閑録》，華彦民著。
《畊餘録》，明王廷贊著。
《岳立軒稿》，明黄一陽著。

《昌岩藏稿》四卷，《士林正鵠》四卷，俱明徐應乾著。

《振世希聲》，明吴孔雍著。

《鳳棲岡吟稿》，明黄九斗著。

《星槎草》，明黄九津著。

《東壁圖書稿》，明黄九方著。

《就閑草》，《丹崖草》，《浦陽草》，《虚室草》，《石羊草》，俱明王季磚著。

《四禮損益》（附《飲酒投壺禮》），《範數贊辭》，《小學遺書》，《食貧録》，《月旦會簿》，《書院約言》，《編年合録》八十卷，《五經同异》二百卷，《史編餘言》，《正蒙集解》，《唐山寤歌》，俱明包萬有著。

《梅菊百韻》，明葉繼康著。

《懶雲窩集》，《庭訓格言》，俱明朱九綸著。

《閩中吟》，明項天衡著。

《淑世語》，明鄭一豹著。

《隱城小草》，明黄國用著。

《碧峰樵唱》，明王紀著。

《清淹禁疏》，明鄭九炯著。

《五木公傳》，明鄭秉鍊著。

《蓬藁稿》，明王季皋著。

《清白齋稿》，明鄭一課著。

《香雲集》，明鄭九洲著。

《古今异苑》，明貞烈王氏手輯。

《螺青漚言》四集，《螺青蛩鳴》二集，《四書述》十卷，《燕游草》三集，俱明朱家瓚著。

《敬聚堂稿》，明項宗堯著。

《包氏古史布》二百卷，明包蒙吉著。

《甬上吟》（太史沈憲申先生序），《卧竹亭稿》（司李張紫垣先生序），《飛鴻閣詩略》，俱明葉茂林著。

《論易》五卷，《三咏梅花詩集》，項世臣非喬著。

宋

《易講義》十卷，龔原深之著。

《列傳譜述》一百卷，龔敦頤著。

《易統》，劉贇著，宋特奏名科，前志無傳，未詳其人。

《韻略補遺》一卷。

《九經圖述》，張貴謨子智著。

《資治通鑑綱目發明》五十九卷，尹起莘（耕道）著。

堯庵尹氏自序曰：先正朱文公先生修《通鑑綱目》，觀其自序，有曰：『歲周於上，而天道明；統正於下，而人道定。大綱概舉，而監戒昭；萬目畢張，而幾微著。』則知先正致力是書者，其有補於世教甚不淺也。又曰：『是則凡爲致知格物之學者，亦將慨然有感於斯。』先正注意是書，具有望於後人發揮而講明之者，亦甚不淺也。且夫先正書法，有正例，有變例。正例則始終、興廢、災祥、沿革及號令、征伐、殺生、除拜之類，義固可見。若其變例，則善可爲法、惡可爲戒者，皆特筆書之。如張良在秦，而書曰『韓人』；陶潛在宋，而書曰『晉處士』；楊雄在漢，而書曰『莽大夫』。吕后在一統之時，而以分注紀其年；武氏改號『光宅』，而止書中宗嗣聖之類，是皆變文見意者也。至於其間微詞奥義，又有不可得而偏舉。如陶侃以出鎮入擊賊，而必書『温嶠以陶侃討峻』；褚淵以舊臣爲司空，而必書於『齊王道成稱帝之下』；唐宇文士及，邪佞之臣也，而卒書其爵；五代馮道，失節之人也，而卒具其官。凡若此類，殆未易察。倘徒習其句讀，而不究其指歸，則先正書法之義隱矣。此固愚生所以妄意發明，有不容自已者。況是書之作，其大經、大法，如尊君父而討亂賊，崇正統而抑僭僞，褒名節而黜邪佞，貴中國而賤夷狄，莫不有繫於三綱五常之大，真所謂『爲天地立心，爲生民立極，爲先聖繼絶學，爲後世開太平』者也。昔孟軻氏以孔子作《春秋》與抑洪水、膺戎狄、放龍蛇、驅虎豹者，异事而同功。竊謂《綱目》之作，其有補於世教，殆亦有得於《春秋》之旨，皆所以遏人欲於横流，存天理於既泯，是烏可不講究而發揚之哉？今兹所述，止欲發明書法指意，使之顯著而已。其間亦有先儒已嘗議論者，則不復述；或雖已有議論，而指意不同者，則自以己意附見；又有雖當發明，而先後義例相類如一者，亦不重舉：求其大要，不過如是。雖未能貫通奥旨，然於其大義，亦或略見萬分之一。世之君子，倘因贅言而不徒以史學視之，亦足以無負先正之志矣。管見之愚如此，幸毋誚其僭。□遂昌柘溪布衣，臣尹起莘謹序。

《月洞詩》一卷，王鎡介翁著。

族孫養端序曰：端族自宋祥符婺州牧隆、天聖括蒼府屬譚，迄今傳世二十，爲年六百。中間雖無奇名大烈班昭史册，然類能清修不辱故家文獻之傳。義業有介翁鎡者，文章爾雅，造履峻潔。仕宋官縣尉。當帝昺播遷，大勢入元，即皤然弃印綬，歸隱湖山，與尹緑坡、虞君集、葉柘山諸人結社賦詩，扁所居爲『月洞』，意以孤煙絶塵，灝澒自抗，庶幾乎有桃源、栗里之致焉。每對時忿懣，輒形於詩，所謂『山河隔今古，天地老英雄。局敗棋難著，愁多酒埸中』之句。往往聞者憾不得一見其人，與之言衣冠禮樂之盛，聲明文物之華，有如今日者。嗚呼！馮道五朝，管仲再霸，後世羞之。若介翁不亦超然隱君子哉！苟以縣尉小官，則梅福上書，掛冠神武，又何心耶？養端少習聞其事，壯而流落江湖，不能爲之告太史立傳，如子美、元亮焉者，亦天也。懼久而無聞，乃刻遺詩一卷，庶乎後人能論其世，知吾族在平昌代有高行清才，不獨獉獉狉狉，爲深山草木鹿豕也。

詩凡七十二首，計二千八百八十二字。邑後學包萬有有題曰。

元

《玉井樵唱集》，尹廷高著。

蜀郡虞集序曰：《玉井樵唱續集》者，六峰尹先生之詩也。集聞之：言，心聲也；詩也者，言之至精而聲之至諧者也。自夫人生之時不同，居之土不同。氣有所化，而詩始不可以一槩言矣。當先宋之季年，談義理者，以講說爲詩；事科舉者，以程文爲詩。或雜出於莊周、瞿聃之言以爲高，或下取于市井俳優之說，以爲達。江湖之間，草茅之士，叫號以爲豪；紈綺之子，珠履之客，靡麗以爲雅。世不復有詩矣！數十年來，學者始或用力於此，其能不推移於世故、拘局於土風者，幾何人哉？今所謂續集者，皆自浙至燕道中之詩也。感慨而不悲，沉著而不怨，律度嫻雅，有作者之遺風，而無宋季數者之弊。永嘉諸篇，山川之勝，亦有未及言者。君兩游京師，聞人達士見之惟恐後。皇慶癸丑，君方六十，遽自引年歸，與游者咸愛戀之，曰：『先生甯復肯來耶？』君亦爲之不忍別。集曰：『何傷乎！若以《樵唱》模本傳諸好事者，固有以係其思，亦因可以得君之風致矣。』遂書齋卷端。陽月戊寅，蜀郡虞集書。

《山居文集》，《遂昌山人雜録》一卷，元鄭元祐明德著。

明

《大明律釋義》三十卷，明應檟子材著。

自序曰：檟自丁亥備員法曹，幸無多事，素性褊狹，不善應酬，乃得暇日，究心律文。每日所得，隨條附記，積久成帙。大率本之疏義，直引諸書，參以己意而已。迨後奉命録囚江南，歷典名郡，雖亦得力於此，然卒困於簿書，此集弃已久矣。往歲過都下，間有知此集欲得之者，因歸而觀之。竊謂一得之愚，或可少爲治獄之助。故於校士之暇，命工彙次謄寫成書，以俟諸君子裁正焉。

《兩廣總督軍門志》，應檟子材著。

晉江王慎中序曰：帝王以無外爲治，聲名政教，思際乎天地之所燾持，而尤病於功之所不得致。禹征有苗，南仲召虎平江漢，皆在荊、徐之間，則夫百粵之遠，又可知也。惟其懷之以德，畫爲荒服，文告所及而已。後世力或足以致之，而德下衰。故秦出五軍以開南粵，其人皆入叢薄中，與禽獸處，莫肯爲秦。由始皇之心，利粵之犀象、珠璣，意不在民也。斥地闢壤，斯漢、唐之君之所用心，其意雖不出於利之心，亦不純乎德，故或畔或服，不恒厥性。由三代以還，得南粵者，惟漢文帝降附尉佗，近於帝王之德，而經制未備。兩伏波將軍之師，誅伐蕩定，功已高於帝王，然元朔、建武之君，猶出於廣土之意，宜其民不恒於服，而輒繼以畔。蓋五嶺之表，荊、揚之餘，誠爲德之所懷，而力有所不得致者，三代以前是也。後雖力足以致，而不純於德，其迭有畔服之迹，則漢、唐之事可睹已。吴、晉不奄北土，有事於南服，尤勤以其偏安之統，其事雖勤，而不足多述。有宋之南，亦猶是矣。我明啟土二廣、嶺海之間，治教與中國比，虞周之所不能服，漢唐之所不能懷，兼制而得之，於乎盛矣。始建都御史、巡撫，二廣并置，或置罷不常，其以總制重其權，兼撫二廣，而開府於梧州，則純皇帝朝所命都御史韓公雍始也。自是以爲成制而授鉞，體勢之隆崇，賜履疆圻之遐邇，視前世置尉建牧，五管立使之制有加，兵、農、吏、士，庶政所出，實總文武之揆，而當陳常詰戎，以垂本朝懷致久大之圖，其經略施設，爲事非一。今都御史括州應警庵公始自爲《志》，是書既成，而有明至德大功，自聳出漢、唐，追駕乎虞、周之際，皆所以能服百粤而無畔。《志》由不利其土之物，有以懷之，而戡遏壤拓之方，其力致矣。則虞、周以來，嶺海之間未有此書也。昔漢馬伏波平女側、二條駁漢、越异律其約束東駱越人奉爲馬將軍故事。李衛公慰撫嵩南，所至震威武、示禮義，民遵其法，不敢倍。而步騭、吕岱、陶璜爲晉宣力交廣，績效尤著。惜其不能爲書載而行之後世，亦以勞烈雖壯而風猷未裕與！然文淵藥師立功於草創，而步、吕諸人爲偏安之國之勳臣，使誠有其書，猶不行於遠也。公以文武全材，鎮臨斯土，有功於嶺南，不啻兼是數子之勞烈，而籌謀綏馭之暇，智足以及此書，其風猷遠矣。且當有明德懷力致之，熙運以顯白，其書遭遇之盛，又非偶然也。益贊于禹數言存於《虞書》，《江漢》《常武》二詩列之《大雅》，虞、周之美在焉。簡册寥寥，詞約而義古；公所爲書，事詳文繁，古今不同可知也。於以載有明之美，而可行於後，則雖詳且繁，其義固《詩》《書》之所稱，烏在乎同不同耶？慎中特論其係之大者爲序，以推尚是書於漢、唐之前，蓋非虞、周之間不能有也。若其書之發明記事，可以見公功業之所在，與學術之所至，觀者當自得之。

《陽仲詩選》五卷，朱應鍾陽仲著

黄中序：國家以經術舉士，士率以詩厲舉業。非性能而好之，則不暇以爲；即爲之，亦多於既舉之後。是故論今詩者，往往謂遜於唐人，有由然也。吾遂朱陽仲氏，七歲知屬辭，鄉之人稱『奇童子』。比長，刻意《騷》《雅》，至廢寢食，若將以舉業厲詩者，思欲一掃俗軌，齊軫漢魏，無論唐也。故其詩，聲調意境，渾涵融瑩，駸軼往喆。五七言古，尤膾炙藝苑。予昔同爲諸生，間問作詩之法，曰：『詩豈有法哉！法昉於詩話，詩話作而詩道亡，詩豈有法哉？』余不解，請益，曰：『俟他日細論之。』甲午，陽仲以試解客死武林，僅三十歲，詩大半散落不存。余方奔走南北，欲爲輯之不可得。乃壬子奉使滇南，過柘溪與王子汝推言别，論及陽仲遺事。汝推出手校《青城山人詩》一帙授予。青城，陽仲别號也。南行，遂攜以往，將以求其所謂細論之旨耳。今年春，按部蒼洱，公暇與憲副郭君菊潭、少參王君賓行、僉憲崔君栢溪揚搉古今人詩，因出《陽仲集》，且道其坎壈弗偶，志古而不幸夭以死也。諸君諦觀之，曰：『公無庸爲陽仲戚也，是可傳者，是必偶於身後者也。』崔君庸詎知今日見知崔君哉！崔君未嘗識陽仲，讀其詩，懼其湮淪澌滅而梓以傳之，仁者之用心也。《三都》序而洛陽之紙貴，《中論》表而文學之名彰，是在同時且相知，無足异者。吾不知陽仲何如太沖，偉長？而崔君之高致，則固遠在皇甫謐、曹子桓之上矣。陽仲又何其幸耶！蒼洱邊徼，去吾遂萬餘里。陽仲之詩傳焉，遂可知矣，中土又可知矣。陽仲其果偶於身後者哉！

謂蒼洱之刻，類中土，力請梓之，且更加坎定，序而標之曰《朱陽仲詩選》。嗚呼！陽仲死廿年矣，

《南窗記窶集》，黄中文卿著。

東嘉侯一麟序曰：語云『知人難』，豈虚哉？夫知人難，非聆其言而辨堅白之難也，非睹其行而析同异之難也，又非忖其心而索元德之難也。在聆乎無聲，睹乎無形，韜乎吾之心，則渾乎與彼化。且夫莊周大夢也，而大覺焉，何獨至於《紀窶》而疑之？且予嘗以吾心而求諸千載之上，讀其書而咨嗟咏嘆之，有以想見其人，而況親炙之者乎？乃予於今西野黄先生而中心悦服之也。先生與予通家丈人，予季兄則嘗附先生鄉進，予時距躍已慕之。後先生仕爲賢令尹，召入爲名御史，蓋二十年而始獲上謁焉。至今年春，先生與斗山公樊先生入雁山，而予乃復幸從游者累日云。蓋予於二先生，仰之其高如天柱矻立也。賦咏爲流水之音，予時或繼聲焉，若春蟲之鳴，而鸞鳳不以弃。久之出《南窗紀窶》，爲諸體詩，總若干首，予受而誦之，蓋終日不能釋手云。夫其沈鬱雄健，既具少陵之體。而清融自得，又暢以孟襄陽之趣；俊偉精密，則王右丞之品。噫，淳備矣哉！敘事爲核，發聲非竅，殆寫

諸其心者與？斗山樊先生顧麟曰：『吾將校而授之梓，若敘諸，乃麟小子也。』何足以知之？顧竊見先生大度，汪汪焉，洋洋焉，可謂叔度千頃之波，令人低徊親之，不一善稱。而或者乃謂先生以如彼其才，公卿即拜耳。今起家踰十年，徒相與嘆其淹抑，殊不察循良澤於邑、憲節著於朝，固自天壤不磨者也。且夫唐公卿能詩者不乏矣，而襄陽以布衣參其間，然而李翰林、王右丞輩咸尊之愈於公卿，過此何以然哉？若叔度者，則天下號徵君者也，非有言論可考，文藝以傳也。然當時與後世咸慕之，則所以尊於今於摛藻儒林，抑又何也？乃況先生宦業之盛，則昇襄陽徵君，而德量、詩材兼有之，則所以尊於今而慕於後者，在此不在彼，明矣。且安知當宁不旦夕徵公卿耶？曰：然則自比於寱，何也？夫寱，寐言也；寱也，永昧也。蓋老氏云：『明道若昧。』又云：『不自見，故明。』斯先生不自見之心也。故曰：『大覺，而後知此其大夢也。』今天下之不爲夢者，鮮矣，而強自見焉自以爲覺，而不知入於固也。是故希夷微知古始，惟象罔得玄珠。先生聞之，逌然一笑，請遂書之，爲《紀寱》序也。若文章、奏疏，則別有集云。

《震堂集》，王養端茂成著。

緡雲樊獻科序曰：余弱冠時，偕王君茂成讀書連城。時，茂成爲諸生，有名，又好爲古文詞。每與余論詩，輒喜甚。余意茂成必有以名世者。既而余偶通籍，茂成顧不偶。越十餘年，始選貢上春官。嘉靖乙卯秋，以明經魁京闈。是時，茂成才名振都下，海内士罔不藉藉稱王子王子云。乃累不第，乞爲儒官不遂。時乙丑夏，役金陵，茂成適抱病思歸。予即延茂成同舟與南，促席敘契闊，各大喜。茂成病稍稍可，乃時時以詩投余，予即間和之，且爲茂成擊節賞者。久之，余初意茂成好六朝語，今乃知茂成固酷意秦、漢也。每與余語唐調則亟稱沈宋李杜諸名家，窃相比擬及指数當今所稱李何諸作者，积相低昂，又沾沾喜甚，余益知茂成博雅君子也。既别去，踰年，忽聞茂成病且革矣。嗚呼！痛哉！以彼之材，奚不至而不遇，命也。今得《震堂集》六卷讀之，余且悲且喜。益見茂成平生所藴畜者甚盛也。集中莫非厚倫篤，誼發諸性情，語多沉鬱後偉而清越懿婉之風，盖渢渢乎振古之音也茂成即不起，而不朽者固在兹。昔王、楊、盧、駱與孟襄陽輩，多不偶，其可傳者固偶諸後世。余於茂成乎卜之矣。遂池侯明洲公自恃多逴絶，獨素知茂成，乃捐俸爲梓其集以傳，而余辱命序其篇端。因寓書，以歸諸茂成之子文漸。使茂成有知，庶幾謂樊子知我哉。

《宋儒語録抄釋》，包熺子昭著。

知縣臨川湯顯祖序曰：自孔孟没而微言湮，越千百載而宋四子續。四子之於道也，其幾乎？余獨于茂叔、伯淳竊有慕焉。蓋嘗讀《太極説》《定性書》而知其學，讀風月玉金之讚而知其人矣。他如正叔、張、朱，不無少遜，而名言非乏，總之遜心聖道而窺其藩焉者。往予欲删輯諸子遺言，以爲絶學梯航，而卒未暇也。洎予令平昌，訪士於學博林鶴於公，則聞右族有包子昭氏，約已賑人，課子明經，足迹不履公門，長厚聲於厥邑，乃延致膠庠而賓禮之。厥後子昭氏以天年終，其三子志道、志學、志伊皆諸生，手一編視餘曰：『是家嚴所手録課諸孤者。家嚴壯游郡庠，卒業於石窗張主政之門，私淑陽明之論議。晚弃舉子業，獨好觀四子語録而鈔釋評騭之。諸孤不敢忘，則手澤存焉耳。』予輾然曰：『予乃今知子昭氏之心矣。昔蔡季通之父以程、張遺書授之曰：「此孔孟正脉也。」季通深涵其義，辨析彌精。汝三子其有季通之志乎？』其梓之，以志不忘，且以俟後之游心於道者。於戲！是編也，獨課兒乎哉？獨課兒乎哉！

《學邵窩迂譚》，朱景和其順著。

少山朱氏自序曰：余聞之，以身教者從，以言教者訟。教人以言，抑末也，矧迂乎？不知理有固然，人以爲迂而實有非迂者在焉。是故正名之説，子路迂之；仁義之説，當時諸侯迂之。萬古經世、範俗之道，舍二者無由也，迂云乎哉？余庚寅、辛卯二歲在禮次，先廬被回禄，構學邵窩容足。鄉黨就見，多以事質之。愧不能以身爲教，間有所言，相信者寡。乃逐日、逐事登記之，或援古以勵今，或借此以曉彼，惟取其耳目所習，與婦人、孺子可通曉者，積累成帙，凡九十三條。語不拘繁簡，詞不分俚雅，卮言漫衍，若遠於人情而無當世用，因命之曰『學邵窩迂談』，授兒以訓於家。壬辰，主教茌山，時與諸生談論，聽者亹亹。丙申，轉令感恩，兩造至庭事間，與之相符，觸類而通，若觀火然，其有裨於聽斷良多。或請梓之以布閭閻，得無曰：『以教家者教民，非苟言之，乃身先之乎？』噫，閑居巷説，豈亦有正名仁義之意邪？如有知我，或觀斯言不以葑菲下體而廢採擷焉。其迂與否？

必有能辨之者。

《古泉詩略》，王養度子憲著。

王養端序曰：堂舍弟子憲，别號古泉。嘉靖壬子之春，刻詩一卷，予謂其風流標致，有嗣宗叔夜之遺。乃惜其未遇，如饑鳶之下莽楚也。今已十年矣，復刻其詩，俾予讀之，則見子憲志勤於用，業趨於正，恢恢乎有端人達士之度。昔之孟浪紛華，無復影響存者，殆伯恭之去驕，伯淳之戒獵，詩可以興，於斯驗矣。夫苟饜心富貴，而藉口乎宣父之遑遑；鋭力高曠，而矯節於微生之棲棲，是皆以吾道爲駢枝者也。子憲已早辨之，詩可以觀，詎弗自知哉！養端少與子憲食同盂，書同硯，造習游詣同嚮焉。迨既壯也，養端試春官，子憲儲選銓曹，俱有四方之志，而家食之日少矣。子憲乃能繩尺有用之材，腆志世故，忘味道腴，苟際時用，其必能爲操别盤錯之器，又無疑也。詩有《鹿鳴》《皇華》《四牡》諸什，皆經切謨猷，非苟鄙鄙功名之技也。子憲其亦有得於此矣乎？刻成，予將鼓篋北上，待校南宫，敢以是爲子憲告焉。且予二人者，砥礪不怠，日浸有成，不爲盛世佚人，尚相賡載聖化，以次《擊壤》《康衢》之音，此固未足以多子憲，而予重自畫也。

《秋水齋什二草》，黄九章叔範著。

自序曰：黄仲子束髮受書，好异聞，雖抑首而諸生哉！乃喁喁尊古而卑今，遇賢豪長者，語疇昔若海内外奇詭事，輒傾耳依依聽之，雖弗解，不忍釋去。乃又私發先大夫藏書讀之，尤多所博觀外家傳語。而博士家言，間一寓目焉。雅非其好也，同學少年相與目攝夫夫也，未得國能而先失故武者哉！每督學郡邑，輒試高等，屢比於鄉，則屢困。所親謂仲子務多聞而薄正業也，困不亦宜乎？乃仲子弗爲沮，罷棘歸，而傾橐裝市，載籍如故也。噫！良亦勤矣。今髮種種，心彌勤，而技益殫，安所窺作者之壇？童習白紛，楊雲氏獨嘆易道哉！薄游霞浦，齋居負郭，鮮過從。以手板餘力，下帷理舊業，或觸景會心，抒靈吐抱，能言所欲言，頗示己志。雖辭弗爾雅，弗輟也。嗟乎！巴歈自好，山水寡諧，作者難，知者不易，悠悠千古，感慨係焉耳！間於故篋得囊草什之二，授兒廉彙而次之，識時歲，稽今往，將就有道正焉。有道其許我乎？蓋爲諸生修業虛白樓，有《虛白樓藏稿》。後先客游吳越、淮泗間，有《客窗寤言》；檄修郡乘，有《囿山内餘稿》；上春官而北也，有《適燕紀迹》；已南下，則附之爲大官選人，有《苑西漫語》；既補龍膠，厥有《霞居草》，有《吟鞭小草》，有《浮海吟》，有《啟事》，有《竿牘》，有《皇考資嗑》；代人答述也者，有《吉言》。凡如子卷，各有題引，統而弁曰《秋水齋什二草》。夫齋以秋水名，何居？仲子家越東，萬山流水在屋上，淙淙爾，琤琤爾，霜鉉夜響，梵磬時落，雜咿唔聲出磵户，一泓周捨下，空明湛碧，可鑒毛髮，其常也。欻秋水驟至，萬派奔赴，濤怒山摧，似馳似沸，似窪者、嗃者、噪者、吼者，汀渚易素，涯涘不測。仲子竊樂此，時而屐，時而杖，時而據梧縱觀發大叫，若下胥江，若汎洞庭，若八月觀江陵之濤，陽氣浮於眉宇，汨漗者與目謀，訇磕者與耳謀，鱗疊而羽蹙者與心謀，百折下下而莫之能禦者與神謀。適哉！故以名吾齋，志適也，則奚若？嗟乎！此河伯欣然自喜，謂足以盡天下之美者也，而庸知其見笑於大方之家乎？頃有事海上，遵海而南隅，旋面望洋，窅然自失，嚄幸哉！幾殆矣。獨不見而澒洞，而澔汧，而噴薄潢漾蒼蒼者，將自力竟乎盪胸決眥，偉哉，觀也！乃今識水之鉅麗，嚮所自多者，直蹄涔耳，涸轍耳，坳堂而塵浮芥耳，爲虛也乎哉！雖然，玆觀也，進乎技矣。懷襄者廓其度，盪激者詭其勢，沸湯者博其趣，轟雷而飄風者壯其氣，放乎空虛，掉乎無垠，横流逆泝，變態靡常，斯亦天下之至文也。《秋水》云乎哉！然未敢自是也。行將造海若而問焉，海若儻有意乎？將挾雲氣登之，呈而從之游。

《擬古詩》，黄九鼎禹均著。

武林黄汝亨序曰：古詩必以十九首嗣三百篇之音，彼其天質自然，若啼鳥唳鶴，匪由情織。若蘇、李《河梁》、陳思《白馬》，情之所極，才與俱壯。於鱗言：『陳子昂以其古詩爲古詩，質而已矣。而世人逐逐然，以今心模古辭，則東家之顰也。』括蒼禹鈞黄先生自刺史拂衣歸，顧西湖山水而樂之，觸景攄情，溢爲百咏。中有所感慨抑鬱，復擬古詩若干首以放之，近而遠，紆而達，不敢謂其全肖古人之骨，而洞洞乎、琅琅乎，必非今人之心，則亦有其古詩者矣。嘗與先生泛煙霞，狎鷗汀，樵、漁、麋、鹿之與游而陶然，忘彼我而入醉鄉，雖不讀先生詩，不恨不見古人也。

《湖山百咏》，黄九鼎禹均著。

蘭溪胡應麟序曰：武林山川勝絶，錢塘、天目等區爲東南游賞甲，而西湖之韶靚穠麗，尤震旦國第一。觀澄波鏡空，萬頃如席，外環三竺，旁峙兩高峰，玄宫梵刹四百八十，金銀丹艧照耀其中，恍惚窈寞，殆非人世。始予讀《穆天子》、東方生書，輒謂寓言已。當比周歷湖上，乃知方壺員嶠、聚窟閬風，諸書所談境界即此。而世人弗察，類馳想於大瀛、窮髮之區，致足哂也。自秦并六合，祖龍車轍幾遍域中，乃燕、楚、晉、梁往迹眇睹。而吾越遺事，簡册班班，藉藉人口吻，得微以神仙藪穴、靈藥易求故耶？古今題咏，香山眉山兩刺史而下，充棟汗牛，田氏《志餘》，蓋嘗備載。顧前人所賦，或總挈其凡，或標舉其最，湖山景物軼漏滋多。迨今黄刺史禹鈞《百咏》出，而毫髪無遺憾矣。禹鈞故富才情、饒纂述。筮仕一州，意有弗欲，翩然拂衣，邁往大業，樂武林風土妍美，遂定居焉。紫陽之麓，咫尺大隄，花晨月宵，風天雪地，日從二蒼頭，挾奚囊，掉舴艋，沿洄六橋孤嶼間，嘯咏敲推，積成卷軸。其色理之清華，風神之遒膩，若苧蘿夷光，明粧袨飾。亡問雅工凡流，瞥見心醉。即兩芒鞋未踏武林，而領略兹編，湖天勝概，弈弈懸諸幾杖矣。古今三刺史，時代相去無慮百秋，而游覽品題，若符節合，不亦大奇事哉？昔太沖屬草賦《三都》，陸士衡揶揄其側，比賦出，而平原色動。予頃攜家，亦欲效觚管於湖上，蓋僅成十咏者。再而禹鈞才高足捷，迄爲所先，卒業是編，大令人妒。然予固未嘗以傖父目禹鈞，而《百咏》之工，亦無庸色動於既成之後，予不敏之前識，竊謂過於士衡矣。

《擊壤閑録》，華彦民著。

邑人鄭秉厚序曰：往予之爲諸生也，山人華子，以文名。顧山人於時弗偶，竟置博士籍，時時愴中抱，輒爲寓言，命曰《擊壤閑録》。若川吴公誦其言，謂有關於世教也，廼鋟諸梓，且敘諸簡端，蓋得山人之大具稔矣。頃之，紹介抵都門，以書示予曰：『吾鄉華山人者，不佞雅相善也，矧與公夙好。今老矣，生平宿養著之論述，幸公一言爲山人重。』余讀卒業，起而嘆曰：『人有言文固能窮人，豈道古能言之士，造物誠妬之耶？』余觀山人論述，炳炳烺烺不其贅。余惟山人性驚敏，俶儻有大志。自少與儒紳抗伯仲，儒紳輒俛首禮下之。其意氣崚嶒，往往溢於聲歌詞調之外，而讜言宏議，躪蹝今古，恍若睨嬴庭不辭碎首，擊燕築怒髮衝冠，屹然莫敢有誰何者。且也襟懷洞徹，了無涯滐，其游神在濛古，其耽思在沖玄，其頤情在八埏、九垓，而不睋於一世之榮利。山人謂聖世之逸民，非耶？夫當堯之時，康衢老人擊壤興歌，山人遘聖明熙洽之運，與康衢老人等。老人得堯天子而其名始重，堯得康衢之老人而堯之道愈尊。乃今山人即弗庸而《擊壤閑録》具然在也。矧行誼超卓，籍籍人口吻。他日史官採風謡録及遺言懿行，千百祀而下，猶知聖明之世有華山人焉。聖化聖民，瀰然流光，謂文真能窮人，而造物豈誠妬之耶？予叨侍從，雅念山人不置，爰附數語於編末，其將蒙續貂之誚否也？

《畊餘録》，王廷贊中山著。

姚江王正億序曰：《耕餘録》者，録王子耕餘之詩也。王子躬耕之餘，或觸景興懷，或感時相遇，或即景舒悰，出口成咏，積咏成帙。所謂詩，言志者是已。然詩豈易言哉？昔人云：《三百篇》後無詩。非無詩也，但尚奇者多艱深之句，率易者鮮雋咏之咏，雖汗牛充棟無足録也。今王子之詩，不詭不險不刻不琢，直寫性靈，迥有真趣，詞入先秦，氣逼盛唐，律之風人之温柔敦厚，殆庶幾焉。使其試鑑聲於清廟，掇巍科，登樞要，皆餘事也。而顧託之耕以自見，何哉？子辱通家諦知之矣。王子幼負穎質，長從乃翁宦游，受業先君於白鹿，論及伊、洛源流，輒躍然有獨得之志。及歸，嬰疾，自分不任馳驅，遂謝舉子業，隱居梅溪山中，因號『中山』。嘗自嘆曰：『有田一頃，可備饘粥；有書百卷，可充玩索。出而耕，入而讀。逍遥乎陌上煙霞，嘲弄乎溪邊風月；身閑心適，於吾足矣，他何慕哉！』嗚呼！兹王子所以樂於耕而有斯録與！吾因是益信王子之深於道矣。蓋潛見殊途，而其致則一。岳牧之勳，無加於洗耳之叟；四皓之高，不減於躡足之雄。彼逐逐世故，充詘隕穫，而日不暇給者，是舍其田，而耘人之田，非達識也。予將乞閑尋中山耕餘樂處，於是乎爲之序。

《振世希聲》，吴孔雍著。

邑人項應祥序曰：癸卯嘉平既望，吴先生自越訪予於燕都，維時先生春秋七十高矣。策蹇破寒，不遠數千里而來，余驩然喜，詫然异之。比親其音容，寬兮綽兮，于于徐徐，若從三昧起婆娑法筵，曾無少間關風露狀，予益詫以爲异。既館之齋西彌月，雀羅在門，止水在舍，先生闃甚，乃索予緗囊書讀之。每讀輒亹亹，竟夕弗輟。又往往喜篝燈據梧作蠅頭書，予竊瞯未有以測其際也。久之，乃出所手撰《振世希聲》二十餘章以示余，予卒業益不勝詫异。先生當古稀從心之年，耽耽操觚，形神婉變，若少壯靡所惰窳。即其語，或攄性靈，采摭前人，萃以成篇；或激胸懷，托物自況，矯爲高論；吹萬不齊，大都憤世嫉俗，有超然蟬蜕富貴利達意。故其於富貴利達，津津語獨詳，藉令以此執牛耳，持加斧藻，以完粹白，而因廣以軌物，即不越樞牖而道存矣。豈不挺挺出汙劫，爲陽春白雪寡和哉？命之曰『振世希聲』，信然矣！嗟余不佞居諫垣十餘載，有《問夜草》若干篇，兒曹哀之；竊惡卑卑無奇襲之巾笥，罔敢眎諸人？先生稅逆旅，僅數月，鉛槧纍纍，輒可陶今以型來裔，若斯人之度量相越，豈不遠哉！豈不遠哉！遂因其付梓，敘諸簡端。

《昌岩藏稿》四卷，徐應乾以清著。

四明莊學曾序曰：予小子稟學豐城，還集邦族，宣之湖南別墅。初揖以清先生而奇之，歸語諸季曰：『以予觀於徐先生，殆有道者也。標格朗秀，豐儀峻整，神采奕奕，如岩下電。諸君篤守舊見，驟聞知本宗各不相下，先生默若忘言，而凝若有思，涇、渭審矣，殆有道者也。』亡何，使者持一緘來，果契止修旨，而以藏稿教讀之，大爲灑然。國家熙皞之隆，詞人猋起，大都博雅自命，屬辭比事，摹古爲雄；次則徘徊四聲，流連情景，取適已爾。其誰縈情天下、國家之務，身心、性命之微？蓋經術經世，兩歸寂寞，先生然乎哉？先生負奇不偶，心六經而腹千古，向從王文成高足游，蚤參微言又雅好禔修，屬有所見，不專爲良知作羽翼。其文平典，似則歐、曾，而持論不刊，大都以定人品、明學術，取其懿美可法、荒慝可鑒，而無意於譏彈刻畫之云。故思深氣厚，詞直而理平，間有評裁，灼然耳目之外，凜凜柱後。惠文三尺，人不得以浮辨相掩，知言哉！吾師之論《春秋》也，謂二百四十年行事，夫子一一假之作斷案，以垂訓千古。進退褒貶，皆因天道，未嘗託南面之權，而身爲僭也。先生志之矣，初試廣文，有以自貴，夙夜孜孜，惟懼修名之不立。斯人倫之上準，廟廊之隆棟也。世有和璞，不羨陵陽；鳳臆龍鬐，終歸造父，吾有以知以清矣。先生沖襟善受，弗自滿，假編出以示同志，僉曰：『知言』於是，謀壽之梓，傳諸都邑，而不佞曾僭爲之引。

《士林正鵠》四卷，徐應乾以清著。

四明全天敘序曰：不佞濫竽史館，彤管編摹，唯是躬修，粹白者娓娓賞焉弗置，思表章之風世，爲士類範型。茲晚近游談熾而實行疏，士習波靡。嗟嗟！士冠四民，億耳目嚮風，故士多雅操，則比屋可封；士無誇節，則流俗寖薄。用宜建德樹標，爲天下率。豈早爲吾道登壇，而猥與齊民等哉？顧我國家功令非不申，約束非不峻，乃士日趨江河，不可挽返，此無他故，成度圮而定趣淆耳。是故若孝弟，若忠信，若清慎，若勤敏，正己正人，曷踰於茲。在自修則美節，在風世則美俗。其在覆載間，爲立德，爲立功，矯矯亭亭，迥塵寰，軼夷等，裒然爲百世楷模，士始稱貴。不者，卑卑奚以士名焉。嘗聞之曰：雖有金齊鐵英，非巧冶，則純鉤利器弗克就也；雖有深羽利鏃，非弦機，則正鵠之度蔑由中也。夫士砥身範俗，世望以左右袒，亦萬品之冶，百行之的也。若之何不以此自完也？括蒼以清徐先生，茹古涵今，重爲世教慮，乃搜往昔孝、弟、忠、信、清、慎、勤、敏八者，總輯二百餘條，列爲四卷。先生深心竭慮，大爲士林立赤幟。今司訓我明，動輒以此牖迪士子，又出此卷以實驗責成之，固知先生大有造於我明也已。不佞弟輩居門下習提誨，持卷示不佞。不佞繙閱數過，躍然謂弟輩曰：『與我編摹之願適愜，洵矣士林正鵠也。以挽頹波，以維末造，將於是乎賴。』即上獻明廷，藏之中秘，備館彦講誦者，誰曰不宜？是以不辭不斐，而樂爲序之。

《醯雞齋稿》七卷、《國策膾》、《問夜草》七卷，俱項應祥玄芝著。

東陽許弘綱序曰：曩予待罪掖垣，日取歷代名臣奏疏而讀之，至君臣離合之際，未嘗不廢書而嘆也。夫造膝而談，止輦而受，片言自喻，焉用文之。其末也，至於聲震朝野，虜人搆之金什伯，而竟無如世主何，則臣子之術窮。《語》曰：『將順其美，匡救其惡。』故上下能相親也。然章奏之體，有匡而無順。順則甘，甘則見以爲諛。與其使我爲諛也，甯苦而暌，則臣子之心，又與術而俱窮。雖然有二説焉，揆事而事未必然，論人而人未必服，引裾折檻而幾非遇巷語非破的也，吾不取其術。謗以爲忠，訐以爲直。幸驪龍之睡，而取其珠，沾沾自喜。即朝而謫，暮而還，直取諸寄也，猶之乎超乘矣，吾不取其心。蓋予回首數十年間，而主上之與臺省，可抵掌盡也。始懲其激，輒震怒而摧折之，從怒生厭，從厭生弃。迄於今，皂囊白簡十不一報，甚且序差序轉，杳若河清，而言路之窮莫窮於今日矣。然予友項玄芝，不嘗周歷四垣，積十餘歲月，犯顏論事，不數百牘乎？而上之敬信不衰也。如吏垣都諫缺，越次用之，旋引疾，旋詔起，兩分校禮闈，垣中稱希。遘妖書之中，禍且不測，上獨亮其無他，比以清卿謁告，復即家晉拜中丞，授畿南節鉞，是遵何術也？嗚呼！我知之矣，玄芝前後疏草具在，時直時諷，知無不言。顧其論事，則事不冥冥而決策也；論人，則人不羅織以蘄勝也；匡救則匡救，不謬悠激烈以賣聲名也。試舉奏牘之言而施之面奏，無弗合矣。試舉入告之言而質之外庭，無弗合矣；試舉十數年前之言，以券十數年後事，無弗驗矣。蜩之承，輪之斫，技耶？道耶？玄芝爲人洞開城府，如列鬚眉；慷慨赴事，無所避就。與人游，脱去煩苛塵垢，冷冷若御風而行。晚歲揮手中丞，一卧遂不復起。余雖辱在雷陳，實管華也。以此等人作排雲披膈語，誠之至也，精之融也，天地祖宗且鑒之，獨皇上哉！玄芝在日，雅秘其《草》不欲傳，既没，而想其風裁者，時時向省署中手録二三，門弟子因請壽諸梓而公之，題曰『問夜』，從前志也。而問序於予，予謂人如玄芝，奏疏如玄芝，生前何患不遇？死後何患不傳？用以彰主上納諫之明，作臣子建言之則，關係非淺尠矣。若徒曰：是爲不朽玄芝計。玄芝不朽，寧一立言已耶？

《蒼濂奏疏文集》，鄭秉厚子載著。

邑人項應祥序曰：昔人謂諫官之權與宰相等，凡正君、澤民、用人、立政，宰相得而行之，諫官得而言之。余以爲：見已然而言，非難；計未然而言，爲難。計未然而言之難，言之無不中的可行爲尤難。余鄉先進蒼濂公，以縣令治平天下第一，擢吏科給事中，其一時敷陳奏劾，固已震雷轟耳矣。余今得步後塵，濫竽諫垣，因取其疏觀之，洋洋乎，侃侃乎，慎糾劾，精簡黜，則紀綱作人訏謨也；議賦役，清鋪行，則足民足國遠圖也；重邊臣，公賞罰，則廟堂戰勝偉略也；杜請託，劾庸穢，則魚頭冷面英風也。知無不言，言無不盡，真陳言矩矱哉！然目擊其弊，時睹其利，凡懷赤心者，類能言之。若夫君志沖睿，内監馮保等之惡未著也，公則誦《冏命篇》，惓惓以堅立志，近端人爲言，此其計君心之未然者，何殷殷也！孟侍郎貪殘肆惡，而首相張江陵之惡未暴也，公則折其植黨相濟，此燭權奸之未然者，又何了了也！防君心未萌之欲，折權奸將肆之心，當几而發，罔不中的，公真善籌而長慮者乎！使得久立朝端，功豈小補？惜江陵、馮保憚其直，補公於外。然公之直雖不容於朝，未始不信於意；公之言雖不行於人，未始不行於己。故張、馮敗事時，公正以邊功著，朝廷錫以金繒，擢江西左參伯，意將大用公也。不意公以督漕盡瘁卒，行不盡其所藴，識者悼之。雖然，至今讀公疏，猶正氣勃勃，令人興起。則公之行，雖不竟於己，其助人忠義以錫類者，又寧有既也哉？

《星槎草》，黄九澤道濟著。

顔容軒序曰：萬曆庚辰、辛巳之際，不佞與友人金邦鼎，劉介徵、國徵兄弟，黄鱗伯，江宗達，王欽約、於武叔姪，黄啟仁、吴吉先十數輩，結契芝山，曰『霞中社』，推盧希稷祭酒。于時括蒼黄叔範以廣文至，單騎躝入，與希稷互執牛耳，遞爲桓文，一時都雅膾炙人口。亡何，叔範遷去，而介徵兄弟及鱗伯亦出而應世，不佞待罪行間。又亡何，希稷、叔範、邦鼎、介徵、國徵修文地下，壇坫寥寥，不勝今昔之感。丙午，不佞投閑西湖，則黄太守禹鈞先已主西湖盟，内不佞於社。禹鈞、叔範同祖兄弟，思叔範而不可得，得友禹鈞足慰平生。今乙卯夏，齋居無事，一日，禹鈞偕道濟過我醉茶庵，道濟則叔範同産弟也，文采葳蕤，叔範難爲兄。不佞與黄氏有連，黄自觀察公始基，而叔範、而禹鈞，及道濟而四矣，風騷代不乏人。一日，道濟以所撰《星槎草》視不佞，且問序焉。道濟他著作甚富，《星槎草》大官鼎中一臠耳。道濟，佳公子也，幼而習父兄之遺書，足以娱目。自舞象即知名學官，爲吾鄉林太史督學所賞識，及壯，謂雕蟲非千秋業，桑樞甕牖，豈丈夫所安耶？遂厭薄時趨，日枕藉於先秦，大曆韓非、吕不韋之書，遂駸駸度驊騮前。道濟性惡彈鋏歌魚，以其家在括蒼萬山中，山饒楩柟、豫章、扶疏、美箭之屬，乃受計然之策，爲范少伯之游。浮筏所至，風晨月夕，山脊磯頭，皆吟場也。肥腸滿腦，何處非詩，何處非天機也？昔張博望浮星槎得支機石，至今談以爲异。道濟從浮筏中得詩，皆夜光明月，其所得與博望支機石孰多？道濟材足以勝境，而勝會於材；情足以用法，而法就於情，無不至之境，無汎濫之法，則道濟之勝具也。勝具，在道濟則汪洋萬里，何所不可！他日星槎所至，又安知不得支機石哉？

《淇筠志感》二卷，葉澳（爾瞻）著。

勾餘黄良辰曰：平昌葉爾瞻，予石交也。方爾瞻在燕，予索其舊業於仲氏爾環，偕之淇筠讀書處，多片紙盈牀，壁間皆是其閑所爲書。書，爾瞻一時意也。最首紙題云『志感。』徧觀之，多獨見語，爲耳目之所未經睹。不亦前人之曼辭中正其義而暢之者，甚有當。予衷因偕爾環彙次之，分爲四部：經談，曰經部；史談，曰史部；詩賦詞，曰吟部；雜説，曰雜部，仍總之曰《淇筠志感》。淇筠者，爾瞻之别號也。爾瞻著作最富，不朽之大業不止此。而此其可傳之一耳，讀之殊足以啓人之志意，故不忍使之散漫無聞。予意也，亦爾環意也。命剞劂氏爲傳之，俾之知爾瞻者，雖不盡於是，而亦不離於是。

《周易本義通》《四書註翼》，俱葉澳著。

弟葉州曰：予聞之伯兄曰：《四書》有集註，其肖子也紫陽，有陽明言其忠臣也，憾今不聞勾餘之益友耳。當總角從伯兄後，讀《四書》幾二十年，伯兄時多獨悟，輒數語以志不忘，久而成帙，乃彙之以示家塾幼學，曰：『今非敢折衷前輩言，姑窺班一得，不爲附聲逐影常態，亦《四書》之筌蹄，爲註疏者羽翼也。』名其編曰《註翼》云。在同志者聞之棼如，謂予帳中之秘矣。予弗獲辭其請，因梓而應之，鐫工就緒，質之伯氏，伯兄愕不語，既而曰：『將藉弟斯舉爲就正資耶？抑爲附作者末，以觀聽四方乎？恐閩、洛之徒，當唾吾面。』予唯唯否否。蓋誦讀而爲聲，以勞此七尺軀，非予兄弟之素志，顧《註翼》自有不容私者。苟讀者苐如今『博士家説』，以目斯編，則剞劂之罪予任之晚矣。包萬有曰：『葉君於書，無所不讀，七八歲時便隨塾師之四明受業，而父未之知也』其向學如此，比壯，甚爲邑侯湯若士先生所器，雋後得疾如宮辟，遂不復起。所著《制義説書》爲人膾炙，於説《易》尤其所長，向使善攝養之，撰述當不止此也。

《四禮損益》，包萬有似之著。

邑人徐應乾序曰：曩予分巡四明時，則司李武莪何公營精風教，輯《四禮儀節》，徵余預編摭焉。型古揆今，矩矱犁然備已。迨游東粵，攜是編以楷式遐方士。時有知嚮往者，家食以還，獲交於包子似之，每相與上下今古，喜其博雅好修。一日，出《四禮損益》視余，而請序。余輾然曰：季世人惟勢利是鶩，澆靡是競，惡睹所謂『禮節』也者，而搜循之。冠儀曠而不舉，婚媾奓而論財，喪禮繁縟而乏精禋，蓋鄉俗之澌潰也，不啻江河逾下矣。乃包子獨有旨於禮節，而加之損益，則豈真世俗中人哉？竊聞之，禮有情，文兩端，緣情斯立，由文斯行。故戒賓三加，納采共牢，冠婚之文也；順而成德，静好宜家，冠婚之情也。寢苫倚廬，時薦歲享，喪祭之文也；戚容痛心，齊明存著，喪祭之情也。情與文相須，而本永辨焉。方今知四禮之文者眇矣，矧知四禮之情者誰與？《記》稱大禮必簡，尼父稱禮奢寧儉。夫簡豈疏率之謂乎？儉豈靳嗇之謂乎？篤乎情而文，或有節達於文，而情常無窮，乃所謂真簡儉也，是崇本救時之深意也。要之，禮不虛行，顧其人何如耳。故曰：『忠信之人可以學禮。』包子箕裘家學，質直醇茂，鄉閭推忠信焉。援古攄臆，損益四禮，期於標儀節之芳模，挽澆靡之頹習，其志遠，其慮深矣。余因令付之剞劂，將俾披是編者，玩其文，諳其情，庶幾先民之是程少有裨補於風教云爾。於是謬敘其概，以告吾鄉之同志於禮者。於戲，是編也寧獨可風吾鄉也乎哉？

敬衡包氏自序曰：孔子論前知而疑之禮，不外因與損益。夫損之益之，正所以善因者也。又嘗云：『能言夏、殷之禮，而慨齊、宋之無徵，則所賴文獻多矣。』周監二代，《周禮》《儀禮》皆周公攝政之書，《周禮》爲邦國之法度，《儀禮》則身體之威儀也。漢曲臺大、小戴，遞相□録孔門餘論，而爲《禮記》，自《禮記》行，《周禮》《儀禮》廢矣。在漢則有《漢官儀》，在唐則有《開元禮》，但皆駁雜，不得復儀禮之舊。而漢與唐所因，所隕益者，皆可知也。然儀禮爲古大夫元士之禮，後世仕無世官，亦有所不宜者。宋朱文公因司馬温公書儀禮，損益程、張論説，而爲《家禮》，以施於家者也。未成，時爲人竊去。文公没，其書始出，故楊復等有推例悉附之條。至我國家有《大明會典》諸書，乃邱文莊公復採酌品官士庶所通行者，爲《家禮儀節》。余嘗伏讀而約以行之，乃『感因與損益』之説，或所擬議者附焉，題曰『四禮損益』。按《儀禮》，首《士冠禮》，次《士婚禮》，以至《士相見禮》《鄉飲酒禮》《射禮》《燕禮》《大射禮》《聘禮》《公食大夫禮》《覲禮》八篇，皆嘉禮也。《喪禮》則《喪服》《士喪禮》《既夕》《士虞禮》四篇，而《牲特饋食禮》

《小牢饋食禮》《有司徹》三篇爲祭禮，共十七篇。《家禮》分冠、婚、喪、祭，而首論祠堂，爲通禮。今喪服遵《孝慈録》，祠堂依《會典·入祭禮》。若居家惟儀，深衣制度，與夫度式，并另有折衷云。所謂損益者，不過如此，而實則因《家禮》與《儀禮》耳。或以生今反古罪我者，亦聽之矣。後之君子，庶幾文獻之足徵云。

《範數贊辭》，包萬有（似之）著，四卷。

四明周應賓序曰：往予濫竽史館，讀《太玄》《元包》《洞極》《潛虚》諸書，然無若《洪範》《皇極内篇》闡疇數以配《易》象，第迄今未有贊釋其旨者。今年春，平昌徐以清氏走刺視余以《範數贊辭》，乃其友包子萬有似之所譔也。予不獲知包子若以清固訓予郡時如之深者，乃因以清而知包子矣。觀乎《内篇》，數始於一，參於三，究於九，成於八十一，備於六千五百六十一，變化無窮，咎休具見，揭天理，敘民彝，祛世迷，障人欲，雖不與《易》同象，而實與《易》同歸。蓋九疇緣理以著數，九峰衍數以明理，有《内篇》而皇極之旨昭，有贊辭而《内篇》之旨達，則包子不獨羽翼九峰，即謂其羽翼九疇可也。劉須溪不云乎：通身皆《易》，通天地皆《易》，通古今皆《易》，無適而非《易》，則無適而非《洪範》。蓋吾心有自然之理數，即有自然之《洪範》在也。玩《内篇》條晰之《洪範》，反而求諸吾心自有之《洪範》，則所稱皇建有極，平康正直，而斂時五福者，皆其自有之休徵矣。彼徒以象數去者，淺之乎知《易》與《範》哉！

《五經同异》二百卷，包萬有（似之）輯。

自序略曰：漢宣帝甘露三年，詔諸儒講五經同异於石渠閣，各以經議對，丞相奏其議，天子稱制臨決焉。後漢章帝建初四年，修甘露、石渠故事，詔諸儒會白虎觀，講議五經同异，亦稱制臨決，作《白虎議奏》。按：石渠議奏無傳，《崇文總目》所載《白虎通德論》十卷四十四篇，爲班固撰。大抵引經斷論，而無稱制臨決之語，是《白虎通》即所謂《五經同异》也。唐徐苗，家貧好學，爲《儒宗五經同异評》，自是而爲五經剖同析异者，罕有其人。予家世治《詩》，而旁通諸經，年踰四十，棘圍屢北，裂衿自免，以舉子業付兩兒。會所輯《編年合録》成，乃發五經藏而讀之，作而嘆曰：『甚矣，舉業之陋也。經生治一經，喃喃章句，童而習之，櫛而比之。幸者二十年博一第，敝屣弃之矣，烏睹所謂五經之有同异也？』漢儒治經各專其業，代相承受，亦有兼治者，如包咸於《詩》，韓嬰於《易》。唐列九經，有大經兼小經之目，宋取士用經，疑則博詢。至於今，業舉子者，專治一經，徒專訓詁，不復知作經本意，善乎？康節之言曰：『畫前有《易》，删後無詩。』予之説經也：於《易》也，窮圖象於先天而義理之匯合者，若子夏、商瞿也，田何、費直也，焦貢、京房也，王弼、鄭玄也，無不歸源焉，爲《易經同异》；於《書》也，本精一爲心傳，而義理之匯合者，若孔壁、汲冢也，古文、今文也，伏生、安國也，無不聯絡焉，爲《書經同异》；於《詩》也，探《詩》聲爲《樂》源而義理之匯合者，若魯、齊、韓、毛也，《外傳》《逸篇》也，飛潛動植之釋也，無不統會焉，爲《詩經同异》；於《禮》也，直體同節於天地而義理之匯合者，《周禮》則本五官，附《考工記》，而復訂以《禮經》會元。《儀禮》則取《禮記》諸義，附於各篇。《曲禮》則取《少儀》《内則》《玉藻》《表記》《坊記》《緇衣》《深衣》附之，以其餘入於《大戴》，爲《二戴記餘》，而《禮》列爲三矣，爲《禮經同异》。於《春秋》也，尋所志於孔子而義理之匯合者，左邱則以記事者爲傳，其義例與《公羊》《穀粱》附焉。間取《國語》與胡、程、張、吕諸説參之，而《傳》合爲一矣，爲《春秋同异》。至於諸經之總論，與夫後儒之片語考釋也，則首《禮記經解》，次《白虎通五經篇》，并諸子百家所論列者附焉，爲《五經同异解》。《樂經》雖亡，《樂記》猶存，黄泰泉之《樂典》亦備矣。乃取諸史之樂書與《律吕新書》，爲《樂典同异》。至於緯以配經，《隋志》以爲孔子既敘六經，明天人之道，知後世不能稽其同异，故别立緯及讖。《前漢》有《河圖》九篇，《洛書》六篇，云自黄帝至周文王所受。本文又有三十篇，自初起至孔子九聖之所增演。又《七經緯》三十六篇，并孔子所作，并前合爲八十一篇。故《易》之有《易緯》：《乾鑿度》《坤鑿度》《稽覽圖》，是類《謀辨終備》《乾元序制》《坤靈圖》《通驗卦》《河圖》《括地象》也。《書》之有《書緯》：《中候》《璿璣鈐》《考靈曜》《帝命驗》《運期授雒》《罪級五行傳》也。《詩》之有《詩緯》《推度災》《紀曆樞》《含神霧》也。《禮》之有《禮緯》《含文嘉》《斗威儀》也。《春秋》之有《春秋緯》：《演孔圖》《元命包》《文耀鉤》《保乾圖》《運斗樞》《合誠圖》《漢含孳》《感精符》《佐助期》《握誠圖》《潛潭運巴》《説題辭》《命曆序》也。若《樂》之有《樂緯》：《動聲儀》《稽耀嘉》《葉圖徵》也。《孝經》之有《孝經緯》：《援神契》《鉤命決》《左方契》《威拒》也。《論語》之有《論語緯》：《摘輔象》也。此皆於經之外，翼以神奇，東漢信之，六朝時屢禁其書，至唐亦漸廢，惟孔穎達《正義》間引之。而諸儒之崇正經術者，不用作正解云。夫五經皆我註腳，惟操一心以爲之主，則五經且合而爲一矣。孟子不云乎？『博學而詳説之，將以反約也。』余之辨同异也，正斯旨也。

《編年合録》八十卷，包萬有似之輯。

自序曰：古者左史記言，右史記事。言爲《尚書》則別，記事爲《春秋》，則記年。《史記》之紀傳，《尚書》之典謨也；《通鑑》之綱目，《春秋》之經傳也。故正史祖《史記》，編年宗《綱目》。二十一史，正史也；《綱目》及前續，編年也。説者以司馬子長壞編年而成《史記》，謬矣。編年在漢荀仲豫故有作也，温公本《漢紀》以後諸篇作《通鑑》，朱子因《通鑑》作《綱目》。吾遂昌尹起莘氏有《發明》，永新劉有益氏有《書法綱效》；素王目爲左邱《發明》其《穀梁》，《書法》其《公羊》乎？然發凡起例本之朱子，而書成於趙師淵氏，《發明》《書法》奉爲符籙，未免附會。迨《凡例》最後出，則汪克寬氏之《考异》，徐昭文氏之《考證》所由作，可稱《綱目》之忠臣也。元金履祥氏復本《春秋》，始陶、唐爲《綱目前編》，今南軒氏又遡自太昊。成化間，輯宋、元爲《綱目續編》，而周禮氏、張時泰氏亦有《發明廣義》，稱全書矣。第王幼學氏之《集覽》、陳氏之《正誤》、馮智舒氏之《質實》，騈枝浩繁，又非朱子私便節閲之意也。予之起斯録也，《續編》之詳者，略之；《前編》之略者，詳之；《中編》之冗者，汰之。年爲一綱而目繫之，事核評騭，取《發明》《書法》《廣義》，暨後賢所論斷者，繫於其事之目，而折衷之。一稟紫陽之義例，蓋合《春秋》之三傳，如《元經》薛氏耳。題曰『編年合録』，斷自陶、唐，從經世所推爲始，若羲畫道統之説，則治統以祖述爲法，而非所論於卦畫也。又以鄭端簡之《大政記》爲綱，《皇明通紀》憲章録目之，及於嘉、隆以迄三朝，其間四千年之行事，且一編合之矣。遠芟前史騈拇之陋，近成一代未竟之篇，非敢擬筆削於尼山，抑亦仿述作於考亭，所謂私便簡閲，自備遺忘云爾。藏之唐山，以俟來世。知我罪我，其惟《編年》乎？

《史編餘言》，包萬有（似之）著。

古義興許啟洪序曰：崇禎十六年王正月，括蒼包似之文學刻《史編餘言》。是歲夏五，吴人許子爲之敘。敘曰：史有正史，有外史，有野史，有史餘。曷言乎其正也？古者，天子置左右史，左記言，右記動，搜善櫛惡，以示萬世。三代尚矣，春秋雖淩遲衰微，列國有南、董，斷斷乎其慎之也。秦燔圖籍，放斥史官，無有紀録。漢興，太史在丞相上、郡國上，計率二本一上，内府一上，太史公史職最重，論著亦最詳。典午時，陳壽志三國，予奪乖舛。唐、宋以降，奉勅分曹，聚訟滋焉。

上下二千餘年，而乃有外史之作，不下數十百家。曷言乎其外也？史言失實，記事者非盡柱下世守，如孫盛、習鑿齒、劉競、曾鞏等感託興起，悉摭拾舊聞，甲乙紛若，雖褒譏亦頗有足採，不過成一家言。而抉微顯异，傳疑道怪，又歸之野史氏，其言與《齊諧》相彷，固薦紳先生所不道，乃一二好古之儒，不廢梳剔，則何以說今古一抨？學人才子，寸管寸舌，具足千秋，皆不能抹。所云史失而求之野，然與否耶？若史餘，又補三史而爲之。曷言乎其補三史而爲之也？正失之謏，外失之略，野失之龐，參稽同异，鉤核是非，謏者駁之，略者詳之，龐者改訂之，則不知其爲三史之千櫓也，亦不知其爲三史之針石也。如龍門之《索隱》，涑水之《考异》，新安之《發明》，皆其類也。此似之《史餘》所繇作也。然又曷言乎其餘也？夫子作《春秋》曰：『其義竊取』，餘即竊之旨乎？夫子又曰：『慎言其餘。』似之此書，簡而核、廣而信，文而不靡、奇而不詭。盧城南，弃諸生帖括，探二酉六籍，閱三年書成，一字未敢輕落筆。似之《史餘》，其尤得慎之旨也。夫此不但可翼史，并可佐經，是烏可以爲敘？敘之者，陽羨書生許啟洪、任宇父，偶擔鵝籠，寄平昌君子山下，與似之兩郎，一蒙吉，一蒙亨，皆稱文學交。談文之暇，書此付之。

《包氏古史補》二百卷，包蒙吉聖修輯。

自序曰：上古史官，其後爲道家者流，至老子猶爲柱下史，而容成、大庭、伯皇、中央、栗陸、驪畜、軒轅、赫胥、尊盧、祝融、幾蘧、稀葦、冉相等氏，所以見稱於莊子也。孔子作《春秋》，本諸魯史。素臣内外傳及戰國諸史，詳於時而略於古。漢之中葉，以讖緯定禮樂，而緯以配經，《易》《書》《詩》《春秋》《禮》《樂》《孝經》《論語》，皆有緯書數十種。所述上古聖皇之事，其源出於《道藏》，厥後讖緯不行，而書隱矣。惜子長不見也。

司馬子長述《史記》，始黄帝，迄漢，自敘以爲『周公後五百歲至孔子，孔子後五百歲至於今，有能紹明世，正《易傳》，繼《春秋》，本《詩》《書》《禮》《樂》之際，意在斯乎？小子何敢讓焉！』其意亦欲自附於聞知矣。乃班掾取漢事爲《漢書》，譏『子長先黄老而後六經』，而不知道家原出於古之史官也，猶儒家之出於古司徒之官也。蘇子由以《索隱》而正《史記》，始羲皇，至秦爲古史，止取本紀、世家、列傳，而其他表、志胥略焉。其序曰：『古之帝王皆聖人也，其道以「無爲」爲宗，萬物莫能嬰之。』斯言得道家之旨矣。惜其不及三皇之世，而以伏羲、神農、黄帝爲三皇也。羅長源始取緯書諸子而輯《路史》。路者，大也，兆自三皇爲《前紀》，羲皇以至夏後爲《後紀》，以商、周征誅不足紀也，其志誠大矣，間足補古史之未備，然而本紀與侯國列傳不詳分也。吉嘗訝《史記列傳》起自伯夷，而唐、虞、夏、商，何寥寥也？即列國之佐，亦僅僅也。又得近世劉節介夫之《春秋列傳》，并上搜自燧人四佐，以及唐、虞、夏、商之賢，如阿衡、胥靡輩以補之。古者諸侯世國，大夫世家，而《史記》之世家皆侯國也，故以《路史》、蜀山等氏皆稱之曰『侯國』而易夫世家。又以劉向之《列女傳》《列仙傳》補焉，冠以《路史》。自三皇至秦，題曰《包氏古史補》，所以别蘇子由之古史，譙周之《古史考》也。大抵蘇氏取諸《史記》者十之五，而吉取《路史》之前後記者十之二，而其他國名，發揮餘論略焉。夫《史記》之論斷更端，劉子玄《史通》譏其『扯談』。《古史》之論斷據理，乃見稱於朱子，《路史》之論斷宏博，然而多以後事證古事，而吉於所去取者，亦有以備論焉。昔人有言：後世即有司馬子長，亦不能成《史記》，何也？以其君非黄帝、堯、舜、禹、湯、文、武之聖，其臣非搽、禹、皋陶、周、召、姜、吕并孔、孟、老、莊之賢，其書無《詩》《春秋》諸《傳》及《世本》之籍也。親於孔子弟子，子貢一出，存魯亂齊，破吴强晉而覇越，其文出於《吴越春秋》，可見矣。乃長源何幸，得綸書諸子，而輯上古聖皇之紀，以騰越子長也哉！吉不敏，方藉於長源、子由、子長而附驥尾矣。此非吉之私也，家夫子之意也。家夫子以布衣讀書，於經史多所撰述，垂老倦勤，而以授之吉也。吉不識之，無時能誦《四書》正文。六歲入學塾，十年而補弟子員。五奉於鄉，乃以里選貢入成均。既而反初服，得優游於深山僻壞之中，以遂其麇鹿野豕之性。倘過此以往，將《漢嘗》《後漢書》以及魏、吴，將《晉書》以及南、北六朝，將《唐書》以及《五代史》，將《宋史》以及金、遼、元，爲後史補焉，豈非古昔之全史，一大快也哉！雖然，此人史也，其書、志等記事者，則馬氏補杜氏之《通典》爲《通考》，并《通鑑記事本末》，及近時之古今治平，略可按也。嗟夫！後世猥云三教，漢中業以後佛始人中國，其前但有孔、老而已。以孔子爲儒，以老子爲道，何也？蓋畫卦，肇自包羲，孔子《十翼》闡道已至，不過因數謂子夏曰：『女爲君子儒，無爲小人儒。』《禮記》乃有《儒行》之篇。儒者，需也，爲人所需也。老子述黄帝之言，乃稱黄、老謂之道家，而何以自居於爲人所需，舉羲、黄以來之大道，獨讓之老子也耶？可慨也！

《懶雲窩集》《庭訓格言》，俱朱九綸玉几著。

天臺寒山陳函輝序曰：玉几先生，儒之高蹈也。慕薛文清之學，其要止懋達性情，而不多乎道。爲人作止，奉則去其方厲。淵博宏静，義類多姿，而無武庫經笥之容，先型後進皆欽之。舞象應童子試，時湯若士先生令遂昌，拔冠軍，且語曰：『子名當不在吾下。』顧天下才，亦有所砥成。武休吴伯霖，今之文章，古之道德也。爲具脡脯，聆皋比，遂爲伯霖首座。往論海内名宿：若士，才博望峻，好誘後學，然氣殊嚴，故不肯輕許與；伯霖，温栗如玉，坦曠若谷，而胸有古人不可見之概。四方人士，以爲兩先生得當之難也，而不以難先生，先生其可知矣。然而有不可知，兩先生齒若券，而獨不足券。先生十上浙闈，竟以歲例行。嘗説安命之名不漫許、業無足恃者，謂其夢魂原不到青紫也。若乃足乎己，信乎人，全乎天，而猶落落行道心惻，況身歷者乎？而先生泊如也。識知先生，咸謂青氊非其坐席。而先生泊如也，謂官無泠而不可爲也。初訓臨海，而臨士化，謂地無遠而不可至也。繼諭柳城，而柳士皈已。乃教授於越，八邑士人，人有『紫陽夫子』之號，而先生泊如也。維時最心折者，倪鴻寶先生嘗致書曰：『余鄉者建言，以爲生祠既廢，書院宜興，正合坐翁輩於中爲吾道主盟。夫以翁之學與品，上之撐立岩廊，次之亦應不失南面一方，庶幾發抒生平，登進古治。顧乃以泠泠一片席老其身，何説以處此？』嗟乎！此可以知先生矣。先生休行不勝舉，總之打破義利關頭，所以八載廣文，依然一介寒素，而先生泊如也。嘗語厥嗣元⿱囟巳曰：『天下無官不可自見，但須有本領耳。』以故過庭提命與郵筒往來，訓家規俗，長篇短牘，莫非格言。元⿱囟巳奉爲金石，珍如拱璧，手録成帙，欲登梨以垂爲家藏。持示予以問序，余受而讀之。大率根聖賢以爲學問，本道德以爲功名，立心立品，持身持世，叮嚀告誡，彌勘彌精。宋世喬年潛心理學，窮究河洛，爲當世大儒、後學宗師。元晦發先聖之藴，集諸子之成，復爲孔孟功臣。以觀於先生喬梓，不亦重光也乎？書曰：『吉人爲善，惟曰不足。』《傳》稱：『衛武耄年，而學益精。』今先生年踰稀齡，視明聽聰，髮尚蒼然，所以進善懋學，義方式穀，其未有量。予交在紀群間，敢譜其所已，至留未或知，以俟來者。辛巳夏九月，通家子陳函輝拜撰。

《四書述》十卷，《螺青漚言》四集，《螺青蛩鳴》二集，《燕游草》三集，俱明朱家瓚（元⿱囟巳）著。

四明薛岡序曰：文章，經世大物也，闡千聖之藴奧，寫一人之情才。可以觀政，可以觀人，予蓋有以徵諸元⿱囟巳先生矣。先生括蒼奇士，髫年飆庠，馳聲兩淛中士，望之如昂昂千里駒，□□九苞鳳，其遠到不可量。而以奇於數，屢不售。會戊辰龍飛，恩拔至京師，登順天庚午、丙子兩乙榜。無如親老家貧，謁主爵，謂當俾宰百里，以觀其所學，而顧得丞。是何也？夫士挾才於世而售焉，遇也。其終矻矻老牖下而不售者，不遇也。售而不必售，非遇非不遇，此其間有命焉。嗟乎！命之於人微矣。先生有奪命之文，而命終不爲所奪，於是以奪命之政嘗之。思以丞爲基，進進不已，躋九層之臺，還制科大物，故其爲丞如宰，不屑孳孳焉。仰宰眉宇，疇利宜興，疇害宜別，宰未逮而丞嘗啓之。諸要衡鉅細不齊之務，一自先生擘畫，而投棼而割，遘猝而整，無紳衿編氓，無不觀聽悦服。而且旬宣才之，直指才之，制閫又才之，有才練而沉質，端以潔之，剡可以觀政。先生雖恂恂不改書生之舊，然其事上御物，矯矯振刷，不狥流俗，不墮纖趨，恪遵庭訓道德功名一貫之旨，爲鸞鳳不爲鷹鸇，爲狂狷不爲鄉愿，可以觀人時，有民皆德，無上不獲。而最稱知己，則郡李瞻淇馮公，嘗取其《魚麗得雋》與《射策》兩奇歷試冠軍之制義，評選授梓，公之天下，以見先生非丞具。余游友人李金峨宗伯署中時，宗伯嗣君與先生爲同年籍，獲讀其制義，喟然曰：『斯所謂惟賢知賢也。』士有一人知己，可以無恨。雖然，斯人斯文，而竟同東野斯立之遇哉？讀其文，想望其人，以弗及結襪爲歉。辛巳初夏，訪木叔，驤渚先生亦同時相過，得覩眉宇，傾蓋如故，雪膽雲肝，光霽映人。余閱人多矣，道氣雅韻如先生者，指不多屈。木叔嘗推先生爲畏友，知言哉！文如其人，人如其文，因偶讚賞其制義，先生輒嗛嗛復出一帙以示余，《螺青蛩鳴》也。余披誦之餘，牢騷骯髒之槩，固自不乏，而温厚和平之意，亦復蘊含靡盡。先生又善詩哉！姑無論文，即論詩，有唐以詩取士，無功、賓王兩公，非所稱唐代名家耶？而及其拜官，亦僅一丞，千萬世所爲無功賓王重者，唯詩若文，而丞不與焉。當爾時紆青拖紫，争李唐三百餘年公孤之席者，不可枚舉，而聲聞如王、駱，至今赫赫天地間者，幾人耶？先生之詩之文具在，即稱之曰『今之王駱』，誰曰不可？夫文能傳聖賢之精神，詩能抒自己之性靈，又況仁心義質，嚴氣正性，亭然風塵之表，超夐王、駱之上乎！先生方踰強仕，千里九苞，政未可量，東山高卧，非其時也。先生勉乎哉！辛巳端陽盟弟　千仞薛剛題。

荊溪胡世定序曰：才老者藝净，業博者工精，致非一也，歸靡不然。藴隆積者，澍注於潢；嶔嶙遥者，靈集於奥；滂濞衍漾而泛濫者，珍裔於媚而怪麗於幽下。逮輪囷之楠梗，蒸盎之芝箭，阿巢焉，郊游焉，岐集焉。凡爍旭而射芒者，靡不擇精於溥博，鍊美於净遠，而後獲一以貞，沛歸而成，可以逮津於咀芬嚼華，可以膏肓夫六藝，而芳嗽夫後生。吾朱先生元⿺乚乂，其殆是歟！先生少也析子骨，抉經髓，破帖括之元根，犂狐涎之野窟。蒼然涼然，學如初日之浴淵也；燦焉煌焉，文如繁星之麗天也。材集宋、屈，光攫遷、固，理又雪立於濂、閩之庭。攻苦如是，凡數十年，僅得與經生家射一鄉進士，而又棲於枳焉，集於蓼焉，區區以畢吾先生之半生。噫！無怪乎同人有仰天之問也。雖然，先生且老矣，遭寇以來且窮愁矣，而先生所著之書固在。志士擊壺，英雄捫舌，虞卿發憤之著，方欲與天争藴隆，與地争嶔嶙，與名山大川争珍而角麗，區區畢吾先生者，又何足以小吾先生也！先生之《螺青蛩鳴》，先生言志之章也；《漚言四書》，述先生淑世之書也，皆極精博而極净遠。

吾固知先生之才極老而業極博也。三不朽，先生有其二，功名直與彼蒼野俱浮耳，又烏足與瑨瑶争遠近哉！甲午七夕，荊溪社弟伊人胡世定題。

《飛鴻閣詩略》，葉茂林著。

荊溪胡世定序曰：嗜好所結，膏肓隨之；鍼砭所加，表餌行焉。此在工倕之鼻，能與郢倅；離朱之目，能與彩角。轉之者環，釀之者酪，相遇於神識，先默易焉，不知有捖造者也。兵然，醫然，陰陽家皆然，而於詩亦然。詩貴真，真近於椎魯；詩貴厚，厚近於腯碩。晰其源者，與以真易魯，魯颺而去之；得其本者，與以厚易腯，腯骨而析之。颺魯而析腯，則仍其爲魯而加真，仍其爲腯而加厚。郢之鼻，朱之眸，不加明聰，而技愈神巧，此固善轉於環，自志醍酪耳。今天下詩家者，求遠而真，則僉曰：『陶哉！』求近而雄，則僉曰：『杜哉！』然誦陶而不知其陶，則椎魯矣；誦杜而不知其杜，則腯碩矣。即唐之韋、柳，宋之大、小蘇，元之虞、薩，明之北地、信陽，皆未免盡更夫優冠而孟裳也。今吾葉子秀也，古宗陶而律宗杜，神貌骨理，駸駸焉，弈弈焉，已與二賢相浸漬，而又加厲。夫宗工務戛戛乎，其魯腯猗歟！陶、杜不能轉法華，秀也不爲法華轉矣。郢鼻朱眸，當身具在，不假表餌鍼砭，神焉不外。夫秀之爲秀，而詩之爲詩，則固雲泥也。然則，秀之於陶、杜，豈猶夫世人之優冠孟裳也？旹甲午□中節日，社友弟伊人胡世定撰。

《大易統論》（所著《易論》凡九十卷，殘缺過半，兹舉其《統論》刻之）項世臣

太極之理，實而無形，惟其附於氣而形見焉，六十四卦是也。自人生而後，則形顯而理隱，故人日習於形而昧於理，與形親則與理疏。然衆人役於形而爲形用者，聖人純是理而踐其形。理者，統遠近古今而一於常者也。形者，有遠近、有古今而不一於常者也。一於常者，斯爲天之明命，人之恒心，即易之太極，非形之生而始生者也，非形之滅而隨滅者也。不一於常者，則有生有滅矣。有生有滅者，交易變易之謂也。吾於此知莫大莫至者，太極也。太極可以生群卦，而群卦孰能生之乎？太極可以易群卦，而群卦孰能易之乎？故曰：『太極本無極。』六十四卦莫非太極所在，而不可執一卦以限之。惟有交易變易之理，而六十四卦乃生焉。此非他也，一太極之用而已矣。惟有不易之理，而太極乃名焉，此亦非他也，一六十四卦之體而已矣。然而畫前原有《易》也，六十四卦乃其凡例，而無容以筌蹄盡之也。《書》不盡言，言不盡意，神而明之，存乎其人，此無極所由稱乎？凡屬可見、可聞、有聲、有臭者，悉在六十四卦中，而不睹、不聞、無聲、無臭者，則群卦之體是也。體者，太極也。體原不可捉摸，惟從發用處得之，故六十四卦悉太極之理，發動而爲太極之氣，互相摩盪以成者耳。理之根祇處，原不可名，強而名之，則曰『太極』。聖人發出『無首』二字，妙矣哉！實指太極而言也，非定指六陽變爲六陰也。《周易》全經劈頭説一『乾』字，而乾實何所來乎？則曰『無首』宜也。煞腳説『未濟』二字，而未濟實何所終乎？則曰『無尾』宜也。所謂迎之不見其首，隨之不見

其尾也。此則全易之體也。

校注

〔一〕蒼濂奏疏文集，刻本作『滄濂奏疏文集』，據後文具體内容改。

〔二〕醯雜齋稿，刻本作『醯雜齋』，據後文具體内内容補。

卷之十

雜事志

惟怪與神，夫子不語。然宇宙大矣，理所不有，事所不無。靈异叵測，愈以徵浩瀚之兩儀，幻化之二氣也。若夫扶正誅邪，掖忠孝而摧亂賊，又足以輔世教焉。至災祥足以徵人事之休咎，尤關一方利害云。志雜事。

靈异

石棊子

在邑東牛頭山。世傳葉法善與道侶奕局終，擲棊於地，化爲石。後人於其地得石，每一拳石中有石棊子，團滑紺白，初出土尚温軟。就擘取，可足一局。

張貴謨《賦平昌牛頭山》：世傳天師跨虎之地。山行十數里，下蟠一水號『梧桐溪』。溪之陰有石岩，劚其大者剖之，其中復有小石，包絡重重，與禹餘糧相類。又次第剖之，子生其中，紺白而圓，或謂天師棋子之所化也。若有物守之，不可妄求。异時，土人往往薦秬黍，焚楮幣，或諷梵咒而後得，今不可復得矣。按：《圖經》載『太一餘糧』，其怪亦類此。陳藏器云：『太乙神君，禹師也。』天師豈其徒歟？偶得三百六十一，爲之賦，詞曰：物有萬不同，一爲之祖。得一者相禪以生，而不息者未嘗死也。且以五行論之，金得乾一而生水，火得坤一而生土。然生水者不能生木，生土者不能生金。由以一而生一，故五者各有所主。若艮爲石則不然，蓋受數多而氣之聚也。是以體具五色，中含五味，沙而金，虛而水，擊而火，化而土，不灰而木，此以一而生五也。雖然，生與生者俱一，則生者不能返。惟石生數多，爲五行之府也。故木之松，水之沫，金之神，火木之魄，皆能復變爲石，乃五返而爲一。世人或未之睹也。所以《經世皇極》之書，以變爲用，於五行或有所去，於石有所取也，豈不然哉！今夫牛頭之山兮，偉而雄峙。龍翔鳳翥兮，綿亘數里。下蟠梧桐之溪兮，有僊靈之磈礧。剥而視之以石母謂脂兮，石骨以爲子。或曰：『此天師之幻化兮，爛柯之所委如太一之神兮，化餘糧以爲异。』余曰：『此其是也？非邪？』天下之事，自其不可詰者觀之，容或有此理也，而又何議乎？若用之於棊，而投之於廣武之埸，鬬以奕秋之智，決雌雄於劉項，校強弱於蜀魏，路一兮三千六十，局萬兮五十有二，此猶用中之變，涉於數而可紀。彼羽化者，弃而去之，又將離數而進乎道，極變而返乎正也耶？或人曰：『唯』。

畫孩兒

宋遂昌廣仁院佛殿，有邑人毛會者，潛畫一婦乳兒於壁，每夜有兒啼聲，衆皆怪之。一日會至院，僧語及，會笑曰：『若欲止啼，甚易。』乃以筆添乳入口，自後啼聲遂絶，人以會之畫爲神仙筆。

邑令湯顯祖詩：『曾爲娥眉斬畫師，千秋能此畫孩兒，自慚遶佛無飛乳，滿縣兒啼似不知。』

邑人葉澳和詩：『欲問當年好畫師，何從滿縣止兒啼。琴堂願得如君手，畫出慈心百姓知。』

城隍靈籤

萬曆戊午秋，鹽院李公宗著爲孝廉時，北上訪友，遂昌少佐資斧計以叩之神，獲籤，與叩左，乃有『此去化龍知有日』之句。轉而問來春消息，依然前籤。公竊心喜，苐尚有『磨鍊苦煎』之句。則又心畏，爰發一願以求解脱。至杭，果爲病魔淅困，夢神來庇廕，頼有起色，竟爾淹留。迨壬戌，公始得第，方悟知有日爲遲之之詞也。神之憲一至此乎？及奉簡書入越，乃齋宿遺官，設醮以畢前願，題排律以紀不朽云：匹馬孤裘向帝州，經過昌邑亦何求。人情卻笑日中雪，世事頻看水上漚。傲骨前驅旋作恙，齋心夜夢覺全瘳。分明神聖慈仁渥，恍惚官曹翼衛周。异日龍騰先示兆，來科豹變果徵休。不緣玉闕邀佳祉，那得瓊林快壯游？戴德有懷伸一報，留題紀迹耀千秋。洋洋赫濯真如在，護團還期蕩虜酋。

龍丘夜夢

萬曆己亥，知縣段弘璧莅任抵丘，夜夢有遂昌姓尹者來謁。及下車，過尹起莘先生祠，見神像，恍如夢符，捐俸葺之。

滅虎紀异

萬曆癸巳，遂昌多虎患，知縣湯顯祖禱於城隍之神。夢有神告之曰：『觀樞密公意何如？』因立滅虎祠於報願寺之内。初疑樞密公見夢，必平昌有此神也。簡志張公貴謨起家教授，後以吏部郎升樞密衆院，樞密公殆是耶？欲追祀之，社會有言曾論朱紫陽僞學而止。嗟夫！人亦各是其見爾，何必同祀之？滅虎其亦社之意與？公宦游所至，爲其民已災，爲鄉里袪虎，不亦可平？後止稱樞密公，而不以張實之。湯記見《禋祀》。

保嬰顯祐

萬曆末年，痘疹流行，患者恍惚見一女子，曰：『我馬夫人，祀我即吉。』因遞相供奉，無不獲福，競捐貲建廟祀焉。下有祓麟，凡祈禱輒應，皆以馬名。其子云：『即景寧鸕鷀村之護國夫人也。』

岱廟效靈

天啓丁卯，知縣胡順化子孝廉懷北上，至病劇，夢五人力爲救，問之，言在遂昌縣前。公聞子病，亦詣廟祈禱，得吉兆，慨然許新廟。不數月而好音至。甫下令鳩材，是日廟忽崩頹，四圍榆盡拆，獨神像巋然，因就舊式廓之。

華表异驗

宋時有周哲，字孔曾，原籍揚州江都，任遂昌學，升處州府教，因疾復居遂昌西郭，與异人章思廉善。既殁，思廉囑停棺東廂，閉門七日啓之，而黄蟻哺泥護棺，隨壘爲坟。思廉斜揷華表於墓，倒地懸虚尺餘，摇而動，且曰：『華表直，我當復出。』康熙二十五年四月，洪水後，華表漸直立，邑人异之。

蔡相公旗

闢川、石諫、獨山等地，舊祀蔡相公之神。康熙己丑，彭子英賊起，流冦鄉里。將至，鄉人禱於神，忽空中有黄赤幟隱見，賊疑爲官軍，懼奔去，得免蹂躪之患。時鄉人亦多有見之者，互相傳述爲神奇云。

遂昌縣城隍廟

原建於縣治最遠處，自明季以來，香煙冷落，人迹罕到。忽于康熙元年大著靈异。邑有惡人怙終不悛，夢攝其魂於殿中受杖。及覺，兩腿腫爛。至月餘，又兇徒宰牛，杖責亦然。時後殿初建，粧塑神及夫人像，土坯方立，細泥初上，現出花紋如織。迨二十五年大水，殿當水口之衝，上下前後左右民居俱没，獨横倒大樹一根攔截，本殿巋然無恙。

仙釋

尹真人　　葉法善

貫休　劉静虚
游道者　劉應真
章思廉　范叔寶
項舉之　董得時
净空禪師　明慧
馴鼠和尚

記事

隋

尹真人，大業中，煉丹百丈崖溪西山巔，丹成，舉家上昇。今勝因院，其故宅也。迨宋龔侍郎原作《勝因院記》，頗詳其事。後原守揚州時，有道人謁原，題疏欲得錢萬貫，原如數與之。道人至和州創宅，買出置器具交易，標記悉作龔侍郎名字。後原謫和州，道人來請入宅，云：田土器具，皆公揚州捨錢所置。或云道人即尹真人也，報其作《勝因院記》云。

唐

葉法善，字道元，松陽人。年十三，游紫極觀，得煉丹辟穀導引胎息之法，後道益顯。高宗召方士化金爲丹，法善上言：『丹未可遽就，徒費財耳。』初，神龍間，叔祖静能爲尚衣奉御，遷國子祭酒。至先天中，法善拜鴻臚員外，封越國公，黄冠以爲榮。法善又請追贈父惠明銀青光禄大夫、歙州刺史。會李邕爲處州刺史，以文章翰墨名世，善求邕爲其祖有道先生國重作墓碑，文成，并求書，邕不許。一夕，夢法善請曰：『向辱雄文，光賁泉壤，敢再求書。』邕從之。書未竟，鐘鳴夢覺，至丁字，下數點而止。法善刊畢，持墨本往謝，邕驚曰：『始以爲夢，乃真耶？』世謂之《追魂碑》。開元八年卒，距生年百有七歲也。玄宗詔贈越州都督，并御製碑文。至宋宣和二年，加封靈虚見素真人。

四明屠隆《讀追魂碑歌》：尊師傳法勤修煉，功成顯化真人現。出無端兮入無倪，手握風雲駕雷電。粉碎空虚神已冥，揮斥入極色不變。吞刀吐火何足奇，倒海移山未爲幻。李侯才名何籍籍，雙眼睥睨盡辟易。曾爲師成有道碑，五色光芒横相射。但許屬文不許書，一時二絶何由得。夢中不復能自堅，慨然便爲命楮墨。只道夢幻起想因，醒來豈知卻是真。師也持至舉手謝，淋漓隃糜迹尚新。吁嗟乎！神仙道高術甚秘，至人往往好游戲。少君招魂漢武悲，劉根召魂太守悸。左慈匿影入罌瓶，薊子分形散都市。欒巴噀酒雨滿空，麻姑擲米珠在地。廣陵觀燈月府游，師也向能爲狡獪。已作天上控鶴人，復美世間雕龍技。北海名與天壤齊，平居意氣淩虹霓。惜哉綫索不在手，傀儡卻被他人提。醒強崛強夢受役，精魂石上三生迷。師乎師乎好揑怪，播弄文士太無賴。所以古者許葛流，文成弃之如菅蒯。願燒筆硯修大丹，翻然跳出陰陽外。

五代

貫休，號禪月大師。常結廬于唐山，居十四年，夢异人授以寫梵相十八尊者像，獨一像未就，异人復教以臨水爲之，師即此像後身也。及應吴越王召，獻詩有云：滿堂花醉三十客，一劍霜寒十四州。王請改爲『四十州』，師云：『詩亦不改，州亦不添。』蓋先知所據止十四州也。後去蜀，蜀孟氏二女尼欲游天台，師教之來唐山謁尊者，至則衆尊者皆現身，尼告其故。及返蜀見師，述所見，師曰：『信爲諸佛之母，汝能信，則種種應期而現，宜再往勿憚。』後三年復至，獻袈裟、鉢盂、氅橐各十六事而歸。

貫休《山居》詩：『誰是言休即便休，高吟静坐碧峰頭。三間茅屋無人到，十里松林獨自游。明月清風宗炳社，夕陽秋色庾公樓。修心未到無心地，萬種千般逐水流。』

五嶽煙霞連不斷，三山洞穴去應通。石牕欹枕疏疏雨，水碓無人浩浩風。童子念經深竹裏，獮猿拾蝨夕陽中。因嗟往事拋心力，六七年來楚水東。

翠竇煙崖畫不成，桂花瀑沫雜芳馨。撥霞掃雪和云母，掘石移牀得茯苓。好鳥似花窺玉磬，嫩苔如水没金瓶。從他人嘆從他笑，地覆天翻也只寧。

自古浮華能幾幾，游波終日去滔滔。漢王廢院生秋草，吴主荒宫入夜濤。滿屋黄金機不息，一頭白髮氣猶高。豈知物外金仙子，甘露天香滴毳袍。

自休自了自安排，常願居山事偶諧。僧採樹皮臨絶壑，猿争山果落空街。閑擔茶器緣寄嶂，静衲禪袍坐緑崖。虚作新詩反招隱，出來多與此心乖。

劉虚静，字道游，沛國彭城人。其先避地家遂昌。唐肅宗時，與丞相李泌爲友，遇异人，授以吐納之術。肅宗召見，賜緋衣，退居仙都山，結廬金龍洞側。咸通十四年六月解化，自撰《玄虚志》。後數十年，有鄉人見於襄、漢間，弟子啓其墓，所存惟劍履。

游道者，法名善幽，受業於邑之重光院，與人無忤，犯之未嘗失色。每晨摘野蔬，以腐薪烹之，不用常住寸薪粒米。一日，無疾趺坐而逝，納之棺，輒坐如故。吴越錢氏聞之，爲莊嚴真身，建殿祀之，寇亂，院毁。

宋

劉應真，字從道。少有逸氣，既長，隸紫極觀，禮吴若容爲師。壯年受業於龍虎山張虚白，傳法於汪惟德。元祐間，被召至京，命主上清儲祥宫，賜紫衣，號靈寶虚應師。有《道德經解意》若干卷。

章思廉，名居簡，以字行。少業儒經學，名播三舍。既有悟，遂棲迹於壽光宫。終日默坐，蓬頭垢面。出則履步如飛，動作、言語皆寓禍福，時皆以神人目之。高宗聞其名，遣黄門董御藥賫香致禱，大書『慎乃在位』授之。未幾，孝宗名慎，受内禪，每以隱語告人疾病、吉凶，如響應，或授之履而人殂，覆其槁而疾愈之類。乾道丙戌，郡守錢公竿通舍郡齋，兩月不粒食，惟日飲醇酒。忽出游，半日而歸。因問：『呂洞賓今何在？』答曰：『正在張公橋洗紙被。』即命駕往謁之，至則若有聞，曰：『此思廉小兒饒舌矣。』一日，語守曰：『吾欲歸。』乃端坐而逝。舁至天慶觀，七日顏澤不改。越八日，瘞麗水少微山。後有人見其持隻履在東陽洞邊釣魚。發其瘞，惟存隻履。嘗作詩云：『得太極全體，見本來面目。先天一點真，後天卻是屋。』云云。見《金丹大要》。

范叔寶，字子瑨，年十六爲道士，有神仙風骨。宣和間，隨師適京師，遇長髯道人，授以畫牛術，由是得名。言人禍福，無不立驗。行步若飛，每歷處、温、台、明、越、婺、三衢，率三日而周。至青田，畫一橋三虜人於劉氏壁間，衆莫喻意。未幾，金亮稱兵淮南，乃信其爲异人。隆興間，錢郡守招之，寓天慶觀。忽自郡醉歸，夜半坐逝，瘞少微山。後有人數見於茶肆，或一時數十處皆見之。

項舉之，字彦昇，七歲爲紫極觀道士。大觀庚寅，往汴京九成宫，會金明池旱涸，應詔符召池中龍。舉之挺劍結步，池水即湧溢，有七巨魚浮水上，如北斗之次，雨隨沾足。詔改觀爲『紫極壽光宫』，賜御書額及田租。政和丁酉，召赴闕〔一〕，授紫虚大夫、葆光殿校籍，爵秩視朝散大夫。父禮，年百歲，亦蒙恩授宣教耶。

董得時，理宗時充御前祈禱符水道士。咸淳丁卯冬，祈雪大應，特賜修真通元演法法師、龍翔宫全真齋高士。

静空禪師，閩人，有戒行。嘗創精廬於邑之大樓岩，翌日徙居龍安洞，有第四泓，號龍井，師振鋤其側，有黄龍出，受戒。至其巔，虎狼蹲踞，師斥之曰：『亟去！吾欲此居。』遂結廬於中存息。後往弋陽白花岩寺，未幾，入寂寺塑其身置大殿。一夕，假夢其徒欲還本寺，乃迎以歸。迄今像猶存。遠近遇水旱，舁像出禱，願往則輶如一羽，否則數人莫能舉。鄉人敬信，悉繪像供之。

明慧，婺州人。政和初，祝髪於邑之興覺院，學天台教。續更衲子衣，參四明天童山宏智禪師，頓悟性宗，爲首座。衆請主報願法席。未幾，往南明山建大緣事，以禪衲犇湊，遂挈囊鉢之永嘉江心龍翔掛西堂。郡守知之，亟請領院，力辭，復還南明。乾道丙戌冬，結跏趺坐，白衆而逝。

馴鼠和尚，字明宗，新安人，武陵赤佛寺僧。善書畫。後駐錫於開川興善庵，以衾被蔬粥濟行路，常徹夜不眠，終日不食。佛座旁有大鼠數十頭，其出入跳躑，一聽和尚指揮，人咸稱爲馴鼠和尚焉。居二十年，復返武陵。一日，飲酒大醉，坐江干化仙橋而逝。

校注

〔一〕召赴闕，『赴』原作越，據句意改。

祥异

宋

嘉定癸未夏，有蓮呈瑞，一柄雙華。秋粟纍纍，有一本發十八莖，莖生八、九穗。時司馬掀典邑，撫字教化，有仁愛及民，故和氣響應。

明

靖國元年，壽光宫殿西柱生靈芝，九莖連葉，色如粟。

崇禎五年冬，天雨粟，形如黑黍，惟西鄉近三衢有之。崇禎六年七月六日午時，五色禪雲見西北方。

崇禎九年，儒學教諭廳前地，産紫色靈芝一株。時舉人士瓚在任，次年丁丑登進士。

災眚前不可考

宋

嘉熙四年，旱。

寶祐五年，旱。

咸淳十年，旱。

元

延祐元年，螟。

泰定二年〔二〕，螟。

至正十年，螟。

至正十六年，螟。

明

洪武九年，螟。

洪武十七年，大水壞民居田地。

正統三年，大旱。

成化九年，旱。

成化十九年，大水壞民居田地。

正德三年，大旱，民食木草實。

正德十年，地震，大雪積深丈餘。

正德十三年，□□。

正德十六年冬，地震，□□□□。

嘉靖四年，大水。

嘉靖八年，大水，二蛟并出，壞橋堰民居，溺者甚衆。

嘉靖十四年正月朔，大雪，凡四晝夜。

嘉靖十五年閏十二月，大雷、雹，陰霾十餘日。

嘉靖二十九年，大旱。

嘉靖三十四年八月、九月，日下有黑暈相蕩。

嘉靖四十三年，大水，橋堰悉壞。

嘉靖四十四年冬，雷電、大雨、雹。

隆慶二年，大水衝出，壞田屋。

萬曆三年，大旱，艱食。

萬曆五年，彗星見西南方，其形如帚，光芒燭天，月食乃滅。

萬曆十六年，大旱，荒疫。

萬曆二十六年，旱荒。

萬曆三十年冬夜，地震，有聲自北而南，民皆駭愕。

萬曆三十二年十一月，地震。

萬曆三十七年，大水，田禾漂没。

萬曆四十四年正月二日，大雪四晝夜。

萬曆四十六年，東方曉星，白氣上衝數丈，月餘始息。

萬曆四十八年秋，有星如偃月刀，二更出自東方，天曉乃没，如是三月。

天啓五年七月二日，夜有大星流自西，流入東，尾長二十餘丈，光芒如明月，須臾有聲如雷，是月，每夜流星入織。

天啓七年八月，大火，南隅積慶鋪起，延東北縣門左右。

崇禎元年春三月，殞霜殺麥。夏，蝗。

崇禎四年十二月，大雨、雹。

崇禎五年，旱，自七月至次年二月不雨，蔬不熟，多病疫。

崇禎六年秋八月，殞霜，歲大歉。

崇禎七年六月，雨没田禾。

崇禎八年五月，大水，田禾漂没，橋堰盡壞，田去額存。

崇禎九年，大饑，穀價騰貴，每斤至銀壹分貳釐。

崇禎十四年，大饑，穀價與九年仝。

崇禎十五年，大饑。六月初九日，水災异常，東北鄉田園、盧舍漂流殆盡。

順治四年，西鄉民生一子，眼圓而多白，口闊有牙而遼，遍體青黑，大倍凡兒。溺之水，自躍出，乃棓斃而瘞之。

順治六年，西鄉民生三歲子死，已埋園中，雷擊而蘇，取歸養之，有隙者危之，云：『此雷震子也。聞於官，當有罪。』民懼而復斃之。

順治七年六月，大水，漂没天地、道路無筭。

順治八年，大饑，穀價騰至二分五釐一斤。

順治十年閏六月，大火，南隅火起延北隅城山嶺頭縣前一帶，至五馬坊下止。

順治十六年六月，大火，南隅石橋頭起至東嶽殿口止。

康熙五年，大旱。

康熙八年，火，東嶽殿口起至縣前新街止。

康熙九年，大雪，十二月十六日起，二十一日止，積至五尺有奇。

康熙十年，大旱。

康熙十九年，大旱。

康熙二十四年八月，西方彗星現，白氣如練，長數十丈，至五更散。

康熙二十五年，大水。閏四月二十四日夜大雨起，至二十七日止，四晝夜，傾盤不絶。自西門起至南隅、東隅一帶，漂没廬舍無筭，淹死男女甚衆，四鄉衝崩田地不可臆計，一應大小石橋、木樑俱没。

康熙二十八年，大旱，自五月至十二月，絶無大雨滴，井泉皆涸，是年，天妃宫火。

康熙三十一年，火，東隅火衝起至縣前横街止。

康熙三十六年，大旱。

康熙四十年，火，金印山起，上至東嶽殿口，下至縣前新街止。

康熙四十一年，大旱。

康熙四十八年四月初七日，雨天花，有形無蹤。是年，壽光宫火，又南隅攀桂坊延燒店面三十餘間。

康熙五十一年七月二十二，連日雨霪，六都山水陡漲，至新路垵數十餘里一帶地方，零星漂没田禾八十餘畒，衝去橋樑一十三座。其窪下處，推去寮蓬五所，家物無有。獨盧成一寮，男婦五人不知避，胥及溺焉。

校注

〔一〕泰定二年，『泰』原訛作『嘉』，元代没有嘉定年號，按照順序應該是泰定年號，根據句意改。